Shulamith Shahar
Die Frau im Mittelalter

Lebendig und engagiert wird hier das Bild der Frau in der mittelalterlichen Gesellschaft entworfen: ihre Stellung in Staat, Gesellschaft, Kirche und Familie. Dabei werden erstmalig historische Befunde zutage gefördert, die, wären sie nicht anhand von Quellen belegt, eher wie abenteuerliche Erfindungen anmuten würden. So erfahren wir etwa ungewöhnliche Einzelheiten über das arbeits- und konfliktreiche Klosterleben der Nonnen (sittliche Vergehen Einzelner wurden von ihren Schwestern auf das grausamste geahndet), erfahren von der Armut, dem Elend und der Unterdrückung mittelalterlicher Frauen auf dem Land wie in der Stadt, von den selbst im Fall der Edelfrauen außerordentlich begrenzten privaten und öffentlichen Handlungsspielräumen und nicht zuletzt von Ketzerinnen und Hexen, deren Verfolgung schonungslos betrieben wurde. Eine Geschichte also des gesellschaftlichen Lebens der Frauen aller Stände im Mittelalter und gleichzeitig eine Geschichte, deren Spuren bis in die Gegenwart reichen.

Shulamith Shahar studierte Geschichte an der Universität Tel Aviv, promovierte zum Dr. phil. und lehrt dort Mittelalterliche Geschichte. Nach der ersten Veröffentlichung des vorliegenden Bandes folgte sie einer Einladung als Gastprofessorin an die Universität Cambridge. Sie lebt in Jerusalem.
Sie ist Verfasserin zahlreicher historischer Lokalstudien.

Shulamith Shahar

Die Frau im Mittelalter

Übersetzt von Ruth Achlama

athenäum

CIP-Titelaufnahme der Deutschen Bibliothek

Shahar, Shulamith:
Die Frau im Mittelalter / Shulamith Shahar. Übers. von
Ruth Achlama. – Frankfurt am Main : Athenäum, 1988.
   (Athenäums Taschenbücher Die kleine weiße Reihe ; Bd. 115)
   ISBN 3-610-04715-1

NE: GT

athenäums taschenbücher
Band 115
September 1988

Athenäum Verlag GmbH, Frankfurt am Main 1988
Alle Rechte vorbehalten.
© 1981 Athenäum Verlag GmbH, Königstein/Ts.
Umschlaggestaltung: Karl Gerstner, Basel
Motiv: Rogier van der Weyden, „Bildnis einer Frau mit Haube"
Druck und Bindung: Druck- und Verlagsgesellschaft mbH, Darmstadt
Printed in Germany
ISBN 3-610-04715-1

Inhalt

Vorwort	9
1. Zur Geschichte der Frau im Mittelalter	13
2. Öffentliche Ämter und gesetzliche Rechte	24
Öffentliche Ämter	24
Gesetzliche Rechte	26
3. Beterinnen	36
Probleme der Priesterschaft	36
Nonnen	42
Verhalten der Mönchsorden gegenüber Nonnen	47
Befugnisse einer Äbtissin	50
Klosterleben	56
Bildung der Nonnen	62
Beginen	65
Mystikerinnen	68
4. Verheiratete Frauen	76
Kirchentheorien über die Ehe	76
Die Ehe in der weltlichen Literatur	82
Das Eherecht	90
Status der Ehefrau	95
Eheliches Güterrecht	98
Gesetzliche Rechte und Pflichten	99
Witwen	100
Die Frau als Mutter	104
Verstöße gegen das Eherecht	
Ehebruch	112
Bastarde	115
Anwendung von Verhütungsmitteln	123
Abtreibung	126

5. Edelfrauen 128
Adelshochzeiten 132
Die Edelfrau als Mutter 139
Lehnsrechtliche Machtbefugnisse 145
Zusammenarbeit von Edelfrauen mit ihren Ehemännern . 148
Freizeitbeschäftigungen 150
Ausbildung 151
Beiträge zur zeitgenössischen Kultur 160

6. Städterinnen 164
Stadtbürgerrechte der Frau 165
Eheleben in der Stadt 167
Die Städterin als Mutter 174
Frauenarbeit in Städten 179
Dienerinnen 190
Dirnen 192
Ausbildung 198

7. Bäuerinnen 203
Erbrechte 205
Ehen 206
Die Bäuerin als Mutter 211
Witwen 216
Frauenarbeit im Dorf 218

8. Ketzerinnen und Hexen 226
Ketzerinnen 226
Waldenser 230
Katharer 235
Hexen 246

Anmerkungen 261

Hinter jenem Ort lag ein Land, in dem die Frauen
den Verstand von Männern hatten, während die
Männer der Einsicht ermangelten und großen
haarigen Hunden glichen.

(Aus einem mittelalterlichen Reisebuch
über den Orient)

Sie morden nicht, verwunden nicht, verstümmeln keine
Glieder.
Sie kennen weder Verschwörung, noch Verrat, noch
Plünderung.
Sie legen keine Feuer, kürzen keine Erbschaft.
Sie vergiften niemanden, noch stehlen sie Gold und Silber.
Sie erschleichen sich kein Vermächtnis;
Auch Verträge fälschen sie nicht und verursachen nicht den
geringsten Schaden
Weder dem Reich des Königs, noch des Herzogs oder des
Kaisers.
Kein Übel erwächst aus ihren Taten – nicht einmal der
schlechtesten unter ihnen,
Und selbst, wenn es doch eines geben sollte, so fällt man nicht
danach das Urteil, nimmt nicht die Ausnahme zur Regel.

(Christine de Pisan, *L'Epistre au Dieu d'Amour*)

Vorwort

Der zeitliche Rahmen dieses Buches umfaßt das Hoch- und Spätmittelalter, also in etwa die Periode vom beginnenden 12. bis zum zweiten Viertel des 15. Jahrhunderts. Wo vereinzelt auf eine frühere Epoche zurückgegriffen wurde, geschah dies, um den Ursprüngen eines Gedankens, Gesetzes oder Brauchs nachzugehen oder den Anfang einer bestimmten Entwicklung aufzuzeigen, ohne dabei den zeitlichen Schwerpunkt zu verlagern. In die zweite Hälfte des 15. Jahrhunderts führte uns nur der Abschnitt über die Hexen, da deren rücksichtslose Verfolgung nun erst in größerem Maße in Westeuropa einsetzte, während sich Vorstellungen und Glaubenssätze, die die Hexe als Satansgehilfin abstempelten, bereits im Spätmittelalter herausbildeten. Hier erfolgte der zeitliche Übergriff also, um das Ende eines Prozesses zu beleuchten, der seinen Anfang in dem von uns besprochenen Zeitalter nahm.

Geographisch gesehen beschäftigen wir uns mit Westeuropa ausschließlich Skandinavien, Schottland und Irland. In England, den Niederlanden, Deutschland, Frankreich, Italien und den Königreichen der Iberischen Halbinsel herrschte das Feudalsystem. Das 12. und 13. Jahrhundert wird in der westeuropäischen Geschichte als zweites feudales Zeitalter bezeichnet, während die feudale Ordnung sich im 14. Jahrhundert bereits aufzulösen begann, vor allem im militärischen und politischen Bereich. Wirtschaftsaufbau, materielle Kultur und ständische Gliederung waren allen genannten Ländern gemeinsam, ebenso katholischer Glaube und Kirchenorganisation. Das Lateinische bildete die Sprache der höheren Kultur, doch glichen sich die Literaturgattungen, selbst wenn sie in der jeweiligen Landessprache entstanden.

Auf diesem Hintergrund ließ sich die Geschichte der Frau im Hoch- und Spätmittelalter in all diesen Ländern gemeinsam behandeln, obwohl sich dabei zweifellos einige lokale Unterschiede verwischen. Gesetz und Brauch differierten damals nicht nur von Land zu Land, sondern auch von einer Region zur anderen innerhalb eines Landes. Sogar das Lehnswesen selber war nicht einheitlich, wie das Beispiel des von der moslemi-

schen Eroberung deutlich beeinflußten Spanien zeigt. Ferner
waren einzelne Gebiete von besonderen Wirtschaftsentwick-
lungen bestimmt. Hier wäre etwa die frühzeitige Entfaltung der
Städte in Norditalien und Flandern zu nennen. Anderswo –
besonders in Norditalien und Südfrankreich – verbreiteten sich
die Ketzerbewegungen stärker als im übrigen Westeuropa. Die
Hexenanklagen in England sahen anders aus als auf dem
Kontinent. Ich habe mich bemüht, diese Unterschiede im Auge
zu behalten, unter Hinweis auf Studien, die diesen örtlichen
Sonderentwicklungen nachgehen. Trotzdem hat sich eine gewisse Vernachlässigung dieser Verschiedenheiten bei der hier
versuchten Darstellung der Geschichte der mittelalterlichen
Frau nicht vermeiden lassen. Um den Umfang des Buches in
vernünftigen Grenzen zu halten, mußte die Zahl der zur
Erhellung der jeweiligen Probleme und Erscheinungen ange-
führten Beispiele eingeschränkt werden. Die Erforschung des
gesamten Themas steckt noch in den Anfängen.[1] Weitere
Studien über spezielle Fragen werden unser Wissen und Verständnis bereichern.

Anstoß zu dem vorliegenden Werk gab mir meine Beschäftigung mit den häretischen Bewegungen des Mittelalters. Als ich
dabei feststellte, daß Frauen hier einen höheren Status und
umfangreichere Rechte besaßen als in der katholischen Gemeinde, versuchte ich die Verbindung zwischen der theologischen Bewertung der Frau und ihrer tatsächlichen sozialen
Stellung in beiden Lagern zu untersuchen.[2] Die Ergebnisse
führten mich zu einem umfassenden Überblick über das Verhältnis zwischen dem Vorstellungsbild von der Frau in der
Theologie sowie der Literatur und ihrem wirklichen Status in
der damaligen Gesellschaft. In den Jahren 1974–76 erörterte
ich verschiedene Aspekte dieser Frage in drei Seminaren im
Rahmen des Forschungszentrums für Geschichte an der Universität Tel Aviv.

Bei der Erforschung des Themas bildeten die Quellen ein
besonderes Problem, denn nur wenige beziehen sich direkt und
ausschließlich auf die Frau, wie etwa für sie geschriebene
Anleitungsbücher oder Abschnitte in Beichtspiegeln, die sich
den speziell weiblichen Sünden widmen. Dagegen sind die
Ansichten der katholischen Theologen über den Anteil der
Frau an Schöpfung, Erbsünde und Erlösungsgeschichte in die
Erörterung des jeweiligen Gesamtproblems und das kanoni-
sche Recht eingebettet. So findet sich auch das weibliche
Erbrecht in den verschiedenen Kodifikationen des Lehns- oder

Stadtrechts oder im schriftlich fixierten Gutsbrauch nur verstreut. Um jene Frauen aufzuspüren, die Lehen erbten und verwalteten, mußte eine Unzahl von Feudalurkunden durchgegangen werden. Zuweilen berichtet eine lange Chronik nur in vereinzelten Abschnitten von der einen oder anderen Edelfrau. Ebenso erforderte das Studium der Städterin und ihrer Rolle im städtischen Wirtschaftsbetrieb die Durchsicht aller Quellen, die sich mit den Zünften allgemein beschäftigen. Gleiches gilt für die übrigen Bereiche. Selbstverständlich habe ich mich zusätzlich auf zahlreiche Untersuchungen in den verschiedenen Gebieten gestützt, doch wird die Berücksichtigung weiterer Quellen (auch solcher, die bereits zu anderen Zwecken erforscht wurden) zweifellos ein umfassenderes und vielschichtigeres Bild ermöglichen.[3]

Ich danke den Studentinnen und Studenten, die an meinen Tel Aviver Seminaren über verschiedene Aspekte der mittelalterlichen Frauengeschichte teilnahmen und mir mit ihren Fragen, Anmerkungen und Beiträgen manche Anregungen gaben. Ferner gilt mein Dank meiner Freundin und früheren Studentin, Frau Yehudit Naphtali, die mir bei der Stoffsammlung für einen der Abschnitte über die Städterinnen half. Besondere Anerkennung gebührt schließlich meinem Freund Dr. Zvi Razi, der das Manuskript mehrmals kritisch geprüft hat, mir seine Dissertation über die bäuerliche Gesellschaft von Halesowen in der Zeit von 1270–1460[4] zur Verfügung stellte und nicht müde wurde, meine Aufmerksamkeit auf jede Fundstelle in den Quellen oder der historischen Fachliteratur zu lenken, die für die Geschichte der Frau im Hoch- und Spätmittelalter von Bedeutung sein konnte.

Shulamit Shahar

1. Zur Geschichte der Frau im Mittelalter

Soweit ersichtlich, ist noch nie ein Buch mit dem Titel »Die Geschichte des Mannes im Hoch- und Spätmittelalter« geschrieben worden; auch künftig ist ein solches kaum zu erwarten. Was hat uns dann dazu veranlaßt, uns der Frau in diesem Zeitabschnitt zuzuwenden? Läßt sich, abgesehen von der Tatsache, daß Geschichtswerke über das Mittelalter nicht selten die Rolle der Frau schweigend übergehen und damit Lücken in ihrer Gesellschaftsdarstellung verursachen, noch ein weiterer Grund für ein derartiges Unternehmen anführen? Die ausgesprochen hierarchisch gegliederte mittelalterliche Gesellschaft kannte erhebliche Standesunterschiede in der Rechtsstellung, den wirtschaftlichen Verhältnissen und der Lebensführung ihrer Mitglieder. Gab es dennoch Gemeinsamkeiten irgendwelcher Art zwischen den Frauen aller Schichten? Trotz der auch heute noch auf Status und Alltag der Frau einwirkenden Klassenunterschiede definiert die neuere soziologische Forschung die Frauen teils kollektiv als gesellschaftliche Minderheit (die nicht unbedingt zahlenmäßig gemeint sein muß), teils als Randgruppe der Gesellschaft, was als Abgrenzung eher einleuchtet.[1] Doch wenden wir uns von der soziologischen Terminologie unserer Tage den zeitgenössischen Aussagen des Mittelalters selbst zu.

Bekanntlich taucht ab Ende des 10. Jahrhunderts in mittelalterlichen Schriften immer wieder die Einteilung der Gesellschaft in drei Stände (*ordines*) auf: Beter, Kämpfer und Arbeiter (*oratores, bellatores, laboratores*). Dieser Aufbau wird als ausgewogen, sinnvoll und harmonisch dargestellt. Jeder der drei Stände erfüllt eine bestimmte Aufgabe und ist auf die beiden anderen angewiesen wie auch diese wiederum von ihm abhängig sind. Gemeinsam bilden sie die eine harmonische, gottgewollte christliche Gesellschaft. Die Frau wird dabei nicht gesondert erwähnt.

Ab dem 12. Jahrhundert machte diese Dreiteilung auf dem Hintergrund der umfassenden wirtschaftlichen und sozialen Wandlungen jener Zeit jedoch schrittweise einer Neubetrachtung Platz, wenn die alte Ordnung auch noch gelegentlich zitiert wurde (als Ausdruck eines Ideals und schließlich auch als politische Anschauung, die in den Abgeordnetenversammlungen ihre Verwirklichung fand). Gemäß der neuen Auffassung ist die Gesellschaft in »sozial-berufliche« Stände eingeteilt, um den von J. Le Goff geprägten Ausdruck zu verwenden.[2] Zur Bezeichnung dieses (sozial-beruflichen) Standes bedienen sich zeitgenössische Autoren der Begriffe *conditio* und *status* anstelle des *ordo* der dreigeteilten Gesellschaft. Diese von Historikern unter der Bezeichnung »Ständeliteratur« zusammengefaßten Darstellungen bieten kein einheitliches Bild, doch sind zwei Hauptmerkmale allen gemeinsam: erstens wird die Gesellschaft nicht länger als horizontal ausgewogen, sondern eher als vertikal gestuft gesehen und ist damit eher Ausdruck menschlicher als göttlicher Ordnung; zweitens werden die alten Stände *(ordines)* auf sozialberuflicher Grundlage in weitere Untergruppen gegliedert. Die Beter teilen sich in die reguläre und die weltliche Priesterschaft, wobei letztere vom Papst über die Kardinäle und Bischöfe bis zum Gemeindepriester hierarchisch gestuft ist. Herzöge, Grafen, Ritter und Fußknechte bilden den Stand der Kämpfer. Unter den Arbeitern finden wir freie Bauern, Leibeigene, Kaufleute, Notare, Ärzte, Handwerker aller Art, Bettler und Diebe. (Nach den Worten Max Webers wird in der Stadt jede Tätigkeit zum Beruf, einschließlich Bettelei, Verbrechen und Prostitution). Jedem der genannten Gewerbe und Titel werden die für seine Träger charakteristischen Fehler und Sünden zugeordnet. In diesen Gesellschaftsbeschreibungen sowie in anderen Literaturgattungen, die ab dem 12. Jahrhundert entstanden, erscheinen die Frauen in der einen oder anderen Weise fast ausnahmslos als gesonderter Stand. Untergruppen gibt es auch hier, doch richten sie sich mehr nach der sozial-wirtschaftlichen als nach der sozialberuflichen Stellung, wie sie bei den Männern vorherrscht; daneben kann der Familienstand als Differenzierungskriterium dienen, was auf Männer nicht zutrifft. Dafür nun einige Beispiele: Die sozio-ökonomische Betrachtungsweise findet sich in dem Predigerlehrbuch *De Eruditione Praedicatorum* des Dominikaners Humbert de Romans vom Ende des 13. Jahrhunderts. Der Frauenpredigt ist ein eigener Teil gewidmet, dessen erste Kapitel sich mit den Nonnen beschäftigen und spezielle Predigten für die verschiedenen Orden enthalten. Darauf folgt ein Kapitel über weltliche Frauen im allgemeinen *(ad omnes mulieres)*, an das sich einzelne Abschnitte für Edelfrauen, wohlhabende Bürgerinnen, arme Landfrauen, Mägde und Dirnen anschließen.[3] Dagegen betrachtet Etienne Fougères in seinem Sittenbuch *Livre de manières* aus der zweiten Hälfte des 12. Jahrhunderts die Frauen zwar ebenfalls als Sondergruppe, untergliedert sie jedoch nach dem Familienstand, wenn er das richtige Verhalten lediger Mädchen, verheirateter Frauen und Witwen jeweils getrennt bespricht.[4] Auch eine gemischte Unterteilung nach beiden Kriterien tritt gelegentlich auf. Dies geschah etwa ab dem 15. Jahrhundert im Totentanz, der in Wandmalereien und Gedichten überliefert ist. Frauengestalten bilden dort eine Sondergruppe, die von einem bestimmten Zeitpunkt ab zu den bis dahin allein dargestellten Männerfiguren hinzutrat. Unter den vom Tod mitgerissenen Frauen befinden sich eine Königin, eine Äbtissin, eine Nonne, eine Straßenhändlerin und eine barmherzige Schwester. Soweit haben wir eine Einteilung nach Beruf oder Ehrenstellung vor uns. Daneben erscheinen Frauen in verschiedenen familiären, körperlichen und emotionalen Situationen: die Jungfrau, die Geliebte, die Braut, die Jungverheiratete, die Schwangere.[5] Da die Frauen als Stand galten, wurden ihnen auch, wie den anderen Ständen, Fehler und Sünden zugeschrieben, die sich teils auf jede einzelne Untergruppe von ihnen, teils auf alle Frauen bezogen. In die letzte Kategorie fielen unter anderem Eitelkeit, Stolz, Gewinnsucht, Leidenschaft, Eßsucht, Trunksucht, Launenhaftigkeit und Wankelmut. Dazu lesen wir in zeitgenössischen Schriften: Man soll sie von öffentlichen Ämtern fernhalten, damit sie nicht Richterinnen werden oder Herrschaftsbefugnisse in ihre Hände gelangen. Sie gehören nicht in öffentliche Räte und Versammlungen. Ihnen obliegt es, sich auf ihre häuslichen Aufgaben zu konzentrieren. Eine gute Frau ist die, die ihren Mann liebt und versorgt und ihre Kinder erzieht.[6] Auch in den Beichtspiegeln ist den angeblich typisch weiblichen Sünden meist ein besonderer Abschnitt gewidmet.

Im Gegensatz zu der Ungleichheit zwischen Mann und Frau, die in der irdischen Kirche ebenso bestand wie in Staat und Gesellschaft, erkannte das Christentum die Gleichheit der Geschlechter in bezug auf Gnade und Erlösung an, wie es im Galaterbrief heißt: »Hier ist nicht Jude noch Grieche, hier ist nicht Sklave noch Freier, hier ist nicht Mann noch Frau; denn ihr seid alle einer in Christus Jesus.« (3, 28). Trotzdem stellte der Kirchenschriftsteller und Abt des Klosters Flavigny, Hugo, in seiner Anfang des 12. Jahrhunderts entworfenen »metaphysischen Hierarchie« die Frauen als gesonderte Gruppe ans Ende. Seine himmlische Rangfolge sah damit wie folgt aus:

Petrus und Paulus, Johannes der Täufer, die übrigen Apostel, die heiligen Einsiedlermönche, vollkommene Mönche, die in Gemeinschaft leben, gute Bischöfe, gute Laien, Frauen.[7]

Wie die Ständeliteratur, so waren auch die Predigten und die Darstellungen der himmlischen Gnadenfolge das Werk von Männern. Chaucer legt in seinen »Canterbury-Erzählungen« der Frau von Bath die Worte in den Mund: »Bei Gott, wenn die Frauen ebensoviele Geschichten geschrieben hätten wie diese gelehrten Schreiberlinge in ihren Zellen, dann hätten sie mehr von der Schlechtigkeit der Männer berichten können, als alle Söhne Adams je wieder gutmachen könnten!«[8] Ihre Worte leuchten ein; wenn sich allerdings im Mittelalter tatsächlich einmal eine Frau fand, die sich über soziale und sittliche Fragen äußerte, so stellte auch sie ihre Geschlechtsgenossinnen als gesonderten Stand dar. Christine de Pisan, die Ende des 14. und Anfang des 15. Jahrhunderts eine große Anzahl von Lyrik-, Geschichts- und Sittenbänden verfaßte und durchaus erkannt hatte, daß Männer das Vorstellungsbild von der Frau schufen, schrieb unter anderem den »Staatskörper« *(Corps de police)*, eine politische Moralschrift, in der sie die einzelnen Stände, die den Aufbau des Staates bestimmen, und deren jeweilige Pflichten bespricht. Frauen finden darin keine Erwähnung. Ihnen widmete sie einen eigenen Band mit dem Titel »Das Buch der drei Tugenden« *(Le livre de trois vertus)* oder »Der Schatz der Frauenstadt« *(Le trésor de la cité des dames)*, wie er in einigen anderen Handschriften überliefert ist. Entsprechend dem »Staatskörper« befaßt sich diese Abhandlung mit den Pflichten der Frauen verschiedener Stände sowie dem richtigen Verhalten junger Mädchen, verheirateter Frauen und Witwen.[9]

Es scheint zuzutreffen, daß die meisten mittelalterlichen Autoren Frauen auf ihre Weise als eigenen Stand betrachteten und somit eine Berechtigung dafür lieferten, sich mit der Geschichte der Frau im Mittelalter gesondert zu beschäftigen. Bisher war jedoch nur von der Theorie die Rede. Das Gesellschaftsmodell, in dem Frauen eine eigene Klasse bilden, ist Teil der Theorie über die Frau im Mittelalter und des über sie existierenden Vorstellungsbildes. Im weiteren Verlauf bleibt nun zu prüfen, ob diese Theorie mit der Wirklichkeit übereinstimmte und ob Frauen in ihrer Gesamtheit einen Stand mit mittelalterlichen Standesmerkmalen und eigenem Recht *(jus)* konstituierten. Dabei haben wir bereits gesehen, daß sich die zeitgenössischen Verfasser der vorhandenen Klassenunterschiede innerhalb des

Frauenstands sehr wohl bewußt waren, wie die von ihnen vorgenommene Unterteilung beweist. Es ergibt sich von selbst, daß wir uns den Vertreterinnen jeder dieser Untergruppen getrennt zuzuwenden haben, wenn wir die von Frauen wahrgenommenen Aufgaben, die ihnen zugestandenen Rechte und die ihnen auferlegten Beschränkungen untersuchen wollen, ebenso wie wir ihre Biographien innerhalb jeder Schicht für sich betrachten müssen, wenn wir uns ihren Alltag veranschaulichen wollen. Wir werden demgemäß Verhaltensweisen, Rechte und Benachteiligungen einer Adelstochter mit denen eines Edelmanns vergleichen und dann ebenso mit der Städterin und Bäuerin verfahren. Frauen war selbst einer der Wege verschlossen, die Söhnen aus niedrigen Klassen offenstanden, wenn sie aus ihrem Stand ausbrechen wollten, nämlich Ausbildung in einer Klosterschule, Eintritt in den Kirchendienst und Aufstieg in der geistlichen Hierarchie; wie Philippe de Novare feststellte: »Durch die Kirche wurden arme Menschen oft zu großen Kirchenmännern und gelangten zu Reichtum und Ehre.«[10] Daß dies häufig geschehen sei, ist zwar eine Übertreibung, aber es kam doch vor; demgegenüber traten nur Frauen der oberen Klassen ins Kloster ein, die weltliche Kirche blieb ihnen verschlossen.

Während manche Autoren die wirtschaftlichen Unterschiede zwischen den Vertreterinnen verschiedener Stände hervorhoben, betonten andere stärker den Familienstand. Nicht ohne Grund fügten die Verfasser von Listen aller Art weiblichen Namen den Familienstand hinzu: ledig (ohne speziellen Vermerk), verheiratet (mit Namen des Ehemannes) oder verwitwet. Bei Männern geschah das nicht. (Ein ähnlicher Eintrag bei Witwern hätte den Demographen die Feststellung der durchschnittlichen Lebenserwartung von Männern und Frauen im Mittelalter erheblich erleichtert!) Die Tatsache, daß sich in den modernen europäischen Sprachen unterschiedliche Anredeformen für verheiratete und ledige Frauen erhalten haben (wie Frau, Fräulein, Miss, Mrs., Mlle., Mme. usw.), während es für Männer jeweils nur eine Bezeichnung gibt (Herr, Mr., M. usw.), mag darauf hindeuten, daß die öffentliche Meinung über das Wesen und die gesellschaftliche Stellung einer Frau immer noch stärker von ihrem Familienstand beeinflußt wird, als das beim Mann der Fall ist.[11] Im Mittelalter jedenfalls war dies nicht nur eine Meinungs- und Anredefrage, sondern es bestanden auch Unterschiede in gesetzlicher Stellung und tatsächlichen Rechten der Ehefrau gegenüber denen der Junggesellin oder Witwe. Dies galt für alle Gesellschaftsschichten, wie wir in den folgenden Kapiteln sehen werden. Hier sei lediglich eine Unterscheidung vermerkt: Nach der Satzung des Leprakrankenhauses von Amiens wurde ein Patient, der eine verheiratete Bedienstete als Dirne betitelte, mit 20 Tagen Haft bestraft, während jemand, der eine Ledige mit dem gleichen Namen belegte, nur 10 Tage erhielt...[12]

Es besteht kein Zweifel daran, daß sich die Hierarchisierung von Frauen, gleichgültig ob sie nach Klassenzugehörigkeit oder Familienstand erfolgte, in vieler Hinsicht mit der Wirklichkeit im Einklang befand; doch stimmt kein Muster oder Vorstellungsbild je vollständig mit der Praxis überein, auch nicht das vorliegende. Darüber hinaus kam es im Mittelalter auch nie zu einer völligen Deckung von Gesetz und tatsächlicher Stellung eines Teils der Frauenschaft. Die Frage, ob Frauen in ihrer Gesamtheit wirklich einen gesonderten Stand bildeten, wird uns noch im weiteren Verlauf des Buches beschäftigen. Hier soll lediglich an einem Beispiel aufgezeigt werden, wie Ständeliteratur und Wirklichkeit zuweilen auseinanderklafften, um damit deutlich zu machen, daß zwischen literarischem Erscheinungsbild, theoretischem Modell und sogar Gesetz einerseits und der Realität andererseits unterschieden werden muß. Wie bereits erwähnt, unterteilt Humbert de Romans die Gruppe weltlicher Frauen in Edelfrauen, wohlhabende Bürgerinnen, städtische Dienstmädchen, arme Dörflerinnen und Dirnen. Im Totentanz des 15. Jahrhunderts stehen je eine Königin, Äbtissin, Nonne, Straßenhändlerin und barmherzige Schwester vierzig Gewerben und Ehrentiteln unter den dargestellten Männern gegenüber. Wenn wir einmal nur die Städterinnen herausgreifen, so wirkten Frauen, abgesehen von den Wohlhabenden, die nicht arbeiteten, lediglich als Mägde, Straßenhändlerinnen, barmherzige Schwestern und Dirnen. Wer jedoch das von Etienne Boileau im 13. Jahrhundert verfaßte Gewerbebuch *(Livre de métiers)* zur Hand nimmt, in dem die Satzungen aller damals in Paris bestehenden Zünfte aufgeführt sind, der erfährt, daß von den hundert aufgezählten Berufen sechsundachtzig auch von Frauen ausgeübt wurden. Über eine äußerst breite Auswahl von Handwerksberufen, denen sich Frauen zuwandten, berichten auch die Satzungen und Register der verschiedenen Zünfte in den übrigen westeuropäischen Städten dieser Zeit. Der Anteil der Frau am städtischen Gewerbebetrieb des Mittelalters stellt vielleicht das interessanteste Kapitel in der Geschichte der damaligen Stadtbewohnerin dar.

Soweit zum Unterschied zwischen theoretischem Gesellschaftsmodell und Wirklichkeit.

Möglicherweise noch größere Abweichungen von der Realität zeigen sich im literarischen Vorstellungsbild von der Frau, wie F.L.Lucas in seinem Buch über die griechische Tragödie schreibt: »Es bleibt eine eigenartige und nahezu unerklärliche Tatsache, daß in der Stadt Athenes, wo Frauen in fast orientalischer Unterdrückung als Haremsdamen oder Arbeitssklavinnen gehalten wurden, die Bühne Gestalten wie Klytämnestra, Kassandra, Atossa, Antigone, Phädra, Medea und all die übrigen Heldinnen hervorbringen konnte, die die Schauspielschule des »misogynen« Euripides kennzeichnen ... das Paradox dieser Welt, in deren wirklichem Leben eine ehrbare Frau sich kaum allein auf der Straße sehen lassen konnte, während sie auf der Bühne dem Manne gleichgestellt ist oder ihn gar übertrifft, ist noch niemals zufriedenstellend erklärt worden.«[13]

Das griechische Drama stellt die menschliche Seele und ihre ewigen Wahrheiten in psychologischen und gesellschaftlichen Urgestalten dar, sagt aber nichts aus über die tatsächliche politische, soziale oder familiäre Stellung der Frau seiner Zeit. Im mittelalterlichen höfischen Roman werden wir jene Tiefe des griechischen Dramas vergeblich suchen, doch ist auch er kaum dazu angetan, uns die Wirklichkeit vor Augen zu führen. Realistisch stellt er lediglich die äußere Lebensweise des Adels dar. In der Hauptsache beschreibt er ein Ideal, wie E. Auerbach in seiner »Mimesis« ausführt: »(Der höfische Roman) ist nicht dichterisch gestaltete Wirklichkeit, sondern ein Ausweichen ins Märchen. Gleich zu Beginn, in der vollen Blüte ihrer Kultur, gab sich diese herrschende Schicht ein Ethos und ein Ideal, das ihre wirkliche Funktion verdeckte, und schilderte ihre eigene Existenz außergeschichtlich, zweckfrei, als absolutes ästhetisches Gebilde.«[14]

Die Minnedichtung, die die Frau besang, hatte mit der Realität noch weniger zu tun. Daraus folgt, daß vereinfachende Schlußfolgerungen vom Bild der Frau im höfischen Roman auf die damalige Stellung der Edelfrau nicht zulässig sind. Größer ist die Wirklichkeitstreue in der moralisch-satirischen städtischen Literatur, die uns stärker als der höfische Roman mit der faktischen Lebensweise von Mann und Frau in der städtischen Gesellschaft vertraut macht. Weder tragisch noch überheblich berichtet sie über das bewußte Verhalten des Städters gegenüber der Frau seines Standes. Gleich ob es sich dabei um

Moralgeschichten oder einfache Possenreißerei, um konventionelle Beschreibungen des »Klassentypus« oder um einfallsreichere Schöpfungen mit individualistisch geprägten Hauptfiguren handelt, wobei Ansichten und Geschmack des Verfassers sich nicht unbedingt mit denen seines Publikums decken, ist sie geeignet, Einblicke in den sozialen Status von Frauen abzurunden. Wie wir noch sehen werden, fehlt es in dieser Literaturgattung nicht an feindseligen Äußerungen über die Frau, wobei man allerdings nicht vergessen darf, daß derartige mehr oder weniger ernst gemeinte Aussagen nicht notwendig auf eine untergeordnete Stellung hindeuten müssen. Selbst in der zweiten Hälfte des 20. Jahrhunderts, in der die Frau in der westlichen Welt, wenn auch keine völlige Gleichberechtigung, so doch größere rechtliche Parität erreicht hat, als in jeder anderen uns bekannten Gesellschaftsordnung, sind Bücher verfaßt worden, die es beim Thema Frauenfeindlichkeit und Mißgunst mit denen der mittelalterlichen Städte aufnehmen können.[15] Wir haben nicht alle Schriftwerke jener Zeit herangezogen, die sich in der einen oder anderen Form mit der Frau beschäftigen. Um die Mitte des 12. Jahrhunderts beispielsweise schrieb Bernardus Silvestris ein Schöpfungsgedicht mit dem Titel »Über das Universum« *(De universitate mundi)*, das Ernst Robert Curtius als Mischung von kosmogonischer Spekulation und Lobgesang auf die Geschlechtlichkeit gewertet hat. In diesem ganz im Zeichen des Fruchtbarkeitskults stehenden Gedicht spielt *Noys,* die weibliche Form der Gottheit, eine wichtige Rolle. Ihr wendet sich *Natura,* die Mutter der Schöpfung und unermüdliche Gebärmutter *(mater generationis, uterus indefessus)* zu. Sie herrscht über Fruchtbarkeit, Vermehrung und den gesamten Lebenskreislauf. Sie formte die Materie, bestimmte der Sterne Lauf und gab der Erde Samen. Der Gottheit ist sie durch Noys und deren Gehilfinnen verbunden; gemeinsam mit ihnen lenkt sie den Menschen und sein Schicksal.[16] Obwohl die Darstellung des Urtyps der »großen Mutter« in diesem außergewöhnlichen Gedicht von großem Interesse ist, handelt es sich dabei doch um ein rein literarisches Werk, das weder die Realität wiedergab, noch auf sie einwirkte. Der Fruchtbarkeitskult der »*Magna Mater*« war in der christlichen Zivilisation des Mittelalters nahezu erloschen, abgesehen vielleicht von der »offenen Jungfrau«, einer Statue der heiligen Mutter, deren offener Leib Gottvater und Gottessohn erkennen läßt, die in ihm Schutz finden, während sie sonst als Herrscher der Himmel dargestellt werden, die die Jungfrau gnädig zu sich aufnehmen. Es versteht sich von selbst, daß den Dogmatikern diese Statue ein Greuel war.[17] Auch die konventionelle Literatur ist nicht erschöpfend berücksichtigt worden; vielmehr haben wir nur Beispiele ihrer verschiedenen Gattungen herangezogen, um das Bild von der Stellung der Frau in Kirche, Staat, Gesellschaft und Familie zu vervollständigen.

Da die Frauen im Mittelalter eine Randgruppe bildeten, lassen sich im Blick auf sie all die Fragen stellen, die bei Randgruppen im allgemeinen auftauchen: Erkannten sie, daß ihre Rechte im Vergleich zur herrschenden Gruppe der Männer beschränkt waren? Oder akzeptierten sie anstandslos die bestehende Lage als Teil der natürlichen Ordnung auf dieser Welt? Falls sie sich ihrer Benachteiligung bewußt waren, gab diese Erkenntnis dann zu Unmut- und Zorngefühlen Anlaß oder aber zu einem psychologischen Anpassungsprozeß, dessen Resultat ein Sich-Abfinden war? Zu welcher Reaktion führte dieser möglicherweise vorhandene Unmut und Ärger? Zur Flucht ins Irreale oder zu Auflehnungsbestrebungen innerhalb des gegebenen Systems? Wir wissen, daß beide Wege von einzelnen Frauen beschritten worden sind, doch ist es unergiebig definieren zu wollen, welche Reaktionen als Flucht in die Irrealität und welche als Aufstandsversuch zu verstehen sind. Dies ist letzten Endes eine Frage der Wertung, die nicht nur in verschiedenen Epochen, sondern sogar bei verschiedenen Menschen derselben Epoche unterschiedlich ausfallen wird. Wir wissen nicht, welche relative Bedeutung jenen Frauen zukam. Da Frauen selbst nur selten zur Feder griffen, müssen wir unser Wissen überwiegend aus indirekten Zeugnissen schöpfen. Fest steht, daß alle Bemühungen nur konkreten Einzellösungen galten. Keine der politischen oder sozialen Aufstandsbewegungen kämpfte für eine Statusänderung der Frau. Auch bildete sich keine Frauenbewegung zur Verbesserung ihrer allgemeinen und rechtlichen Lage, abgesehen vielleicht von einem einzigen Fall, den die Annalen der Dominikaner von Colmar in knappen Worten vermerken: »Es kam eine Jungfrau aus England, von sehr schönem Angesicht und großer Redegewandtheit, die sagte, sie sei der Heilige Geist, Fleisch geworden, zur Erlösung der Frauen. Sie taufte die Frauen im Namen des Vaters, des Sohnes und ihrer selbst.« Der Verfasser schließt: » ... nach ihrem Tode wurde sie auf dem Scheiterhaufen verbrannt.«[18] War dies eine Flucht ins Irreale oder ein Versuch der Auflehnung zwecks Änderung der herrschenden Verhältnisse? Auf der konventionelleren Ebene hören wir von Frauen, die die

Gelübde nicht aus einem Gefühl religiöser Berufung, sondern aus anderen Gründen ablegten, sei es, weil sie im Kloster relativ frei von männlicher Autorität waren oder dort eine umfassendere Bildung erlangen konnten als im weltlichen Leben oder gar, weil sie als Äbtissinnen oder Inhaberinnen anderer Klosterämter außerordentlich weitreichende Vollmachten auszuüben und damit ihre Organisations- oder Lehrfähigkeiten einzusetzen vermochten. Wir wissen, daß so manche unglücklich verheiratete Frau den Schutz der Klostermauern suchte. Andere zogen den Witwenstand einer Neuvermählung vor. Christine de Pisan, die früh verwitwete und keine zweite Ehe einging, schrieb, daß es für sie besser sei, sich nicht wieder zu vermählen, da das Los einer verheirateten Frau nicht selten bitterer sei als das sarazenischer Gefangenschaft. Zahlreiche Frauen schlossen sich den Ketzerbewegungen an, die ihnen im Vergleich zur katholischen Kirche einen höheren Status und größere Rechte einräumten und auch die sonst übliche männliche Bevormundung ein wenig lockerten. Allerdings war die Besserstellung der Frau kein zentrales Anliegen dieser Sekten. Auch in der Entwicklung der höfischen Literatur (die zwar überwiegend von Männern geschrieben wurde, deren Dichter aber in Frauengunst standen) mit ihrer Idealisierung der außerehelichen Liebe und ihrer Darstellung des Liebhabers als Vasall seiner Herrin kann man einen Ausdruck, wenn nicht des Protests gegen die bestehende Ordnung, so doch der Sehnsucht nach einer anderen, sehen. Wir werden an späterer Stelle auf diese Probleme zurückkommen.

Aufbau und Kapitelfolge des vorliegenden Buches wurden in erheblichem Maße von den Verfassern der mittelalterlichen Ständeliteratur bestimmt. Das folgende Kapitel behandelt kurz die öffentlichen Ämter und gesetzlichen Rechte von Frauen, das dritte beschäftigt sich mit den Nonnen. Das vierte Kapitel wendet sich den verheirateten Frauen zu, da der Familienstand einer Frau, wie wir gesehen haben, einen der Maßstäbe für ihre gesellschaftliche Einordnung bildete. Weitere Kapitel befassen sich mit den Edelfrauen, den Frauen der städtischen Gesellschaft und den Bäuerinnen. Bei der Analyse der verschiedenen Stände haben wir uns auf die besonderen Formulierungen konzentriert, die die im zweiten und vierten Kapitel angeschnittenen Rechts- und Ehegesetzfragen erfuhren. Das letzte Kapitel ist den der Ketzerei oder Hexerei beschuldigten Frauen gewidmet. Nicht besprochen werden Königinnen, da im Hoch- und Spätmittelalter nur Mathilde, Tochter König Heinrichs I.

von England, und Konstanze, Tochter Rogers I. von Sizilien die Krone erbten, beide aber nicht eigentlich regierten. Auch Jeanne d'Arc haben wir ausgeklammert. Sie war eine solche Ausnahmeerscheinung, daß sie sich kaum in das Gesamtbild einfügen läßt. (Außerdem liegen bereits unzählige Monographien über sie vor.) Weiterhin haben wir uns nicht eingehend mit den Frauen beschäftigt, die als Mütter, Schwestern, Ehefrauen oder Mätressen von Königen und großen Feudalherren aufgrund ihrer starken Persönlichkeit erheblichen Einfluß auf die jeweiligen Herrscher ausübten und sie hinter den Kulissen lenkten. Dieses Thema hat schon zu lange das geschichtliche Bild der Frau in der einschlägigen Fachliteratur bestimmt. So ist z. B. Agnes Sorel ausgelassen worden, obwohl sie dem Rat Karls VII. von Spanien angehörte. Unser Ziel war die Auseinandersetzung mit der allgemeinen rechtlichen und tatsächlichen Stellung der Frau im Rahmen der mittelalterlichen Ständegesellschaft und nicht mit dem Status, den einzelne in Ausnahmefällen allein aufgrund ihrer Persönlichkeit erreichten. Zweifellos gab es Frauen, die weniger berühmt waren als Agnes Sorel und doch gleichfalls mit ihren Brüdern, Ehemännern oder Liebhabern zusammenarbeiteten, sie beeinflußten oder sogar im Verborgenen dominierten; ihnen war es aber nicht vergönnt, die Aufmerksamkeit der Chronisten für ihre Taten zu gewinnen.

2. Öffentliche Ämter und gesetzliche Rechte

Öffentliche Ämter

Die rechtliche Stellung der Frau variierte je nach Familienstand und Klassenzugehörigkeit, doch gab es daneben gesetzliche Einschränkungen von Rechten, die alle Frauen betrafen. Dies war einer der Gründe dafür, sie innerhalb der Ständeliteratur als gesonderte Klasse zu behandeln.

Laut Gesetz hatte die Frau keinerlei Anteil an der Herrschaft in Staat und Gesellschaft. Öffentliche Ämter wurden ihr ebenso versagt wie eine Mitgliedschaft in staatlichen Körperschaften: von grundherrlichen Gerichten über städtische Regierungseinrichtungen bis zu Königsräten und Abgeordnetenversammlungen in einzelnen Ländern. So lesen wir in der Ständeliteratur: Man soll sie von jedem öffentlichen Amt fernhalten. Sie sollen sich ihrer weiblichen und häuslichen Angelegenheiten befleißigen.[1] Und der englische Rechtsgelehrte Glanville formulierte: »Frauen sind nicht berechtigt, nicht verpflichtet und auch nicht gewohnt, im Dienst ihres königlichen Herren zu stehen, weder im Heer noch in anderen königlichen Diensten.«[2] Das Verhältnis der mittelalterlichen Zivilisation zu Frauen wurde jedoch nicht durch ein unreflektiertes Vorverständnis bestimmt;[3] vielmehr wurden genaue Gründe für die Einschränkung ihrer Rechte angeführt, und zwar sowohl von kirchlicher als staatlicher Seite. Das Kirchenrecht berief sich dabei auf die zweitrangige Stellung von Frauen innerhalb der Schöpfung und ihren Anteil an der Erbsünde; im Kapitel über Nonnen werden wir uns hiermit ausführlicher beschäftigen. Innerhalb der weltlichen Gesetzgebung wurde die Beschneidung der öffentlichen Rechte von Frauen mit ihrer Unwissenheit, ihrem Leichtsinn (*imbecillitas sexus*), ihrer List und Habsucht[4] gerechtfertigt -- mit Argumenten also, die in ähnlicher Formulierung bereits in römischer Zeit vorgebracht wurden.

Aus solcher generellen Einstellung gegenüber Frauen in der mittelalterlichen Gesellschaft erklärt sich, daß Frauen keine Ämter bekleiden und keine öffentlichen Aufgaben auf Landgütern übernehmen durften, nicht in den Gremien der Stadtverwaltung oder in Regierungsstellen der Feudalherren zu finden waren. Sie taten weder Dienst bei Hofe, noch gehörten sie

Stadträten oder Abgeordnetengremien an; folglich waren sie auch nicht an der Bildung neuer Schichten, wie etwa dem Berufsbeamtentum, das sich ab dem 12. Jahrhundert herausbildete, beteiligt. Zwar billigte man in England den *peeresses* das Recht zu, Titel und Oberhaussitz an Ehemänner und Söhne weiterzugeben, doch wurde ihnen nicht gestattet, diesen selbst einzunehmen.[5] Auf Landgütern durften ledige Frauen und Witwen immerhin an Versammlungen teilnehmen, doch auf diesen keine Ämter übernehmen. Waren sie hingegen Lehnserbinnen, so konnten sie über ein Landgebiet herrschen, den Vorsitz bei Zusammenkünften ihrer eigenen Vasallen innehaben, Zusammenkünfte, die der Rechtsprechung, Rechtsetzung oder der Erörterung politischer und wirtschaftlicher Probleme dienten. Daneben wurde ihnen erlaubt, an Lehnsversammlungen des in ihrem Gebiet zuständigen Seniors teilzunehmen. Nicht jedes Amt ging jedoch automatisch mit einem ererbten Lehen an eine weibliche Person über; es gab durchaus solche, die ausschließlich von Männern wahrgenommen werden durften.[6] Besonders weitreichende Befugnisse besaßen Äbtissinnen (fast ausnahmslos Frauen aus dem Adel) durch ein ihrem Kloster verliehenes Erblehen.

Die Lehnsverfassung gab also einem Teil von Frauen so weitreichende Herrschaftsrechte, wie sie weder in der römischen noch germanischen Gesellschaft üblich waren: ja, bis ins 20. Jahrhundert hinein war es Frauen verwehrt, jene Rechtspositionen zu erlangen, die ihnen aus Erbgründen durch die mittelalterliche Lehnsverfassung zufallen konnten. Daß es sich hier um Ausnahmen handelte, die mit der allgemeinen Ständeliteratur nicht in Übereinstimmung zu bringen waren, versteht sich von selbst.

Bürgerrechte und -pflichten gingen in der mittelalterlichen Gesellschaft nicht Hand in Hand. So mußten Frauen in der Stadt und auf dem Land Abgaben leisten, obgleich sie ansonsten aller öffentlichen Rechte entbehrten. Eine Junggesellin oder Witwe hatte die gleiche Steuerlast zu tragen wie die Männer ihres Standes oder Einkommens. Bei Ehepaaren indessen zeichnete der Mann für die Zahlungen beider Partner verantwortlich: verheiratete Frauen wurden neben ihren Ehemännern aufgelistet. Hatte eine Ehefrau einen unabhängigen Beruf, etwa als Kauffrau oder Handwerkerin, so bezahlte sie die Steuern selbst.[7] Steuerregister und Stadtverordnungen sind in dieser Hinsicht aufschlußreich; aus den Pariser Gemeindesteuerlisten etwa der Jahre 1296, 1297 und 1313 erfahren wir von Junggesellinnen, Witwen und verheirateten Frauen, die ein unabhängiges Gewerbe betrieben.[8] In London beispielsweise waren im Jahre 1319 4% aller Steuerzahler weiblichen Geschlechts, unter ihnen begüterte Witwen, die von einer Rente lebten, und Berufstätige;[9] auch in Registern über Kopfsteuer begegnen uns 1377 in England Ledige, Witwen und Verheiratete.[10] Die Stadt Oppy (Artois), die sich besonders großzügig verhielt, insofern sie bei Abgabeneintreibungen auf ihre Bewohner keinerlei Druck ausübte, bezieht dabei ausdrücklich steuerzahlende Witwen ein.[11] Strenger ging es dagegen in London zu: Hier wurde persönliches Eigentum von Frauen beschlagnahmt, wenn sie ihren steuerlichen Verpflichtungen nicht nachkamen. Mehr noch: alle bis zum festgesetzten Termin nicht ausgelösten Gegenstände wurden von den Stadtbehörden verkauft.[12]

Gesetzliche Rechte

Im Hoch- und Spätmittelalter durften Frauen von Gesetzes wegen zwei Tätigkeiten nicht ausüben: die einer bezahlten Richterin und einer Bevollmächtigten anderer vor Gericht *(procurator).*[13] Nur eine verheiratete Frau durfte ihren Mann vor Gericht vertreten. Selbst die englischen *peeresses,* deren Recht, von den *peers* im Oberhaus gerichtet zu werden, im Jahr 1442 anerkannt wurde, waren nicht berechtigt, selbst richterliche Funktionen auszuüben.[14] Frauen wurden als unfähig betrachtet, vor Gericht Zeugnis abzulegen oder als Eideshelferinnen zu dienen. Diesen Sachverhalt hält der französische Rechtsgelehrte Beaumanoir fest: »Das Zeugnis einer Frau ist nicht anzunehmen, es sei denn, es gäbe keinen anderen Zeugen, der in der betreffenden Sache aussagen könnte; auf ihre alleinige Aussage hin soll niemand gehenkt oder verstümmelt werden.«[15] Ähnlich heißt es beim Engländer Bracton: »Auch im Prozeß gegen eine Frau müssen Männer Eideshelfer sein.«[16] Ebenso war das gerichtliche Klagerecht einer Frau eingeschränkt. Nur ledigen Frauen erlaubte das Gesetz, zivilrechtliche Klagen bei Gericht einzureichen, Verträge zu schließen, ein Testament zu machen oder Kredite zu gewähren. In solchen Angelegenheiten durften sie in der Regel selbst vor Gericht erscheinen, mit Ausnahme der Regionen Brabant und Sizilien, in denen es üblich, wenn auch nicht gesetzlich verpflichtend war, daß sie von einem männlichen Familienmitglied oder einem Rechtsgelehrten (gegen Entgelt)[17] vertreten wurden. Im

Unterschied zur Ledigen durfte eine verheiratete Frau nur mit Zustimmung ihres Ehemannes Zivilklage erheben, abgesehen von der unabhängigen Kauffrau, die als Verheiratete klageberechtigt blieb. Innerhalb des Strafrechts jedoch machte man keinen Unterschied zwischen Verheirateten und Unverheirateten: Jede Frau durfte das Gericht wegen erlittener Körperverletzung, Vergewaltigung oder Beleidigung anrufen. Wurde beispielsweise ihr Ehemann ermordet, konnte die Betroffene als Nebenklägerin auftreten, wie u. a. in Art. 54 der Magna Charta festgelegt.[18] Alle Strafprozesse jedoch durften generell nicht von Frauen eingeleitet werden, und zwar gleichgültig, welchen Familienstandes sie waren – eine Rechtsbeschränkung, die sich bis ins 13. Jahrhundert hinein verstärkt auswirkte. Bis zu diesem Zeitpunkt nämlich war die Anklage (etwa bei Ermordung oder Körperverletzung eines Familienmitglieds) in den meisten Ländern Sache des einzelnen, während sie danach mehr und mehr von einer öffentlichen Anklage abgelöst wurde. Entgegen der allgemeinen gerichtlichen Praxis aber sowie der herrschenden Meinung der Rechtsgelehrten – die weibliche Zeugnisunfähigkeit und das Verbot propagierten, Frauen als Eideshelfer auftreten zu lassen – stützten sich Gerichte dennoch in bestimmten Fällen auf Zeugenaussagen von Frauen, die sie daraufhin als Eideshelfer zuließen. Das galt sowohl für weltliche wie kirchliche Gerichte. Frauen etwa konnten bezeugen, welcher Zwilling der Erstgeborene war, oder ob ein minderjähriger Erbe existiert hatte, der gleich nach der Geburt gestorben war (für Erbschaftsprozesse z. B. relevant). Auch bei delikateren Problemen fungierten Frauen als Eideshelferinnen: Wenn etwa eine Frau Antrag auf Scheidung wegen Impotenz ihres Mannes einreichte; wenn Anklage auf Vergewaltigung erhoben wurde, untersuchten Frauen die Klägerin auf entsprechende Merkmale; oder aber im Fall eines ermordeten Säuglings wurden Frauen ausgeschickt, die Brüste aller Frauen in der Umgebung zu prüfen, um festzustellen, welche schwanger gewesen und heimlich geboren hatte. Da in solchen Fällen das Zeugnis eines Mannes nicht herangezogen werden konnte, erkannten Gerichte in der Praxis weibliche Aussagen an. Ja, in Paris, der Normandie und andernorts existierte sogar für derartige Fälle eine Amtsstelle eigens für Frauen, die Zeuginnenaussagen zu beschaffen hatte. Ein Beispiel hierfür: In Pariser Gerichtsprotokollen taucht eine gewisse »Emmeline la Duchesse, vereidigte Matrone des Königs und unser selbst« (d. h. des Gerichts) gleich siebenmal als Zeugin bei Anklagen von Frauen auf, die behaupteten, im schwangeren Zustand geschlagen oder vergewaltigt worden zu sein, wodurch sie eine Fehlgeburt erlitten hätten.[19]

In Frankreich wurden bisweilen Aussagen von Frauen in Strafprozessen anerkannt, wenn auch gemäß geltendem Gesetz nicht als einziges Zeugnis.[20] Auch in England verhielten sich Gerichte hin und wieder vergleichsweise großzügig: Strafanklagen von Frauen ließ man nicht nur bei Ermordung des Ehemannes, sondern auch des Sohnes, Bruders oder Neffen zu.[21]

Im Gegensatz zu den gesetzlichen Vorschriften, nach denen nur Männer Eideshelfer von Frauen sein durften, übernahmen in einigen englischen Städten Frauen diese Aufgabe für ihre Geschlechtsgenossinnen: etwa wenn eine Frau wegen mangelnder Rückzahlung einer Anleihe verklagt wurde und bestritt, die von ihr geforderte Summe zu schulden; oder bei der Klage gegen eine Frau, sie habe Bier gebraut und verkauft, das nicht den königlichen Verordnungen entsprochen habe.[22] Vor Kirchengerichten waren weibliche Eideshelfer in den Fällen zugelassen, in denen Frauen wegen unsittlichen Verhaltens oder Ehebruchs angeklagt waren. Es wurde hier sogar Wert darauf gelegt, daß z. B. eine der Unzucht verdächtigte Nonne Eideshelferinnen aus dem Kreis ihrer Mitschwestern bestimmte.[23]

Eine Ausnahme hingegen stellte es dar, wenn vor einem Stadtgericht eine Frau als Bevollmächtigte einer anderen auftrat.[24] Daß bei Urkunden weibliche Unterschriften von Belang sein konnten, belegen zahlreiche uns überlieferte Dokumente.[25] Daneben hatten in manchen Gegenden Witwen das Recht, neben einem männlichen Vormund in gleicher Eigenschaft für ihre eigenen oder fremde Kinder aufzutreten; sie durften dort auch das Amt eines Testamentsvollstreckers ausüben.[26] Angesichts der verbreiteten Ablehnung weiblicher Zeugnisfähigkeit ist die herausragende Stellung weiblicher Zeugen, die über Leben und Wundertaten von Kandidaten und Kandidatinnen für die Heiligsprechung im 13. Jahrhundert berichteten, ein bemerkenswertes Faktum; mehr als die Hälfte aller Aussagen stammen hier von Frauen.[27] Offenbar war die Kirche bei solchen Verfahren zu weitgehenden Zugeständnissen bereit. Erwähnenswert ist ferner der Prozeß gegen Jeanne d'Arc, weil bereits im Ermittlungsverfahren, im Jahr 1456 auf Befehl König Karls VII. zur erneuten Überprüfung der Anklagen eingeleitet, der überwiegende Teil aller Aussagen vor Gericht von Frauen stammte, vor allem von Zeuginnen aus ihrem Heimatdorf.

28

Bevor wir uns der Frau als Angeklagte vor Gericht zuwenden, wollen wir eine spezifisch weibliche Anklage näher beleuchten: die der Vergewaltigung; bei ihr gab es unterschiedliche Strafzumessungen: In Frankreich und England konnte Notzucht mit Blendung, Kastrierung oder sogar Hinrichtung geahndet werden.[28] Nach der Gesetzgebung Friedrichs II. in Sizilien stand auf Vergewaltigung generell (auch einer Dirne) die Todesstrafe; wer die Hilferufe einer Frau hörte und ihr nicht beistand, erhielt eine massive Geldbuße.[29] Anders in Deutschland: Hier begnügte man sich mit der Auspeitschung des Täters, wobei in Ausnahmefällen der vergewaltigten Frau erlaubt wurde, an der Austeilung von Schlägen mitzuwirken.[30] In den spanischen Städten Cuenca und Sepúlveda verhielt es sich wenig anders: Der Notzuchttäter erhielt eine Geldstrafe und wurde aus der Stadt vertrieben.[31] Wenngleich in Frankreich und England die staatliche Gesetzgebung – unterstützt von Entscheidungen der Rechtsgelehrten – bei Vergewaltigung schwerste Strafen vorsah, so ließ man es doch im allgemeinen, speziell in bäuerlichen Kreisen, mit einer Geldstrafe bewenden. Eine besonders pikante Form von Großzügigkeit zeigten hier bisweilen Gerichte: Sie gewährten Straffreiheit, wenn Täter und Opfer im Anschluß an die Tat heirateten;[32] dies geschah hin und wieder, wenn beide derselben Gesellschaftsschicht angehörten.

Gesetzgeber und Richter machten einer Vergewaltigten die Klage nicht leicht. So enthielten die meisten Gesetzessammlungen den Fall, daß eine Frau einen Mann böswillig der Vergewaltigung bezichtigte, entweder, um ihn dadurch zur Eheschließung zu zwingen, oder um sich an ihm zu rächen und seine Hinrichtung oder Verstümmelung zu bewirken. Das Gesetzeswerk Friedrichs II. weist darauf hin, daß solche Verleumdungen von weiblicher Seite vielfach zu unstandesgemäßen Ehen geführt hätten.[33] Friedrichs II. Behauptung trifft auf eine Vielzahl von Fällen zu, die sich in Gerichtsprotokollen nachlesen lassen.[34] Worauf er allerdings nicht eingeht, sind zweierlei Faktoren: daß Gerichte genauestens prüften, ob es sich um eine Vergewaltigung oder eine Fehlanzeige handelte, so daß entsprechende Verleumdungen juristisch selten zum Tragen kamen; sodann, daß Gerichte von Notzuchtopfern eine Widerlegung des Verdachts erwarteten, sie hätten bei der Tat Lust empfunden. Eine Südfranzösin etwa machte im 13. Jahrhundert vor Gericht geltend, sie sei eines Nachts von einem Burggast vergewaltigt worden, während sich ihr Mann auf einem Rundgang befunden habe. Daß sie ihm nichts davon erzählt hatte, begründete sie mit ihrer Furcht davor, er werde sie nach Männerart beschuldigen, am erzwungenen Geschlechtsakt Gefallen gehabt zu haben.[35] Daß eine solche Reaktionsweise nicht individuell, sondern auch unter Richtern verbreitet war, zeigt die Tatsache, daß beispielsweise englische Richter des 13. Jahrhunderts Notzuchtsanklagen von Frauen abwiesen, wenn sie infolge der Tat schwanger geworden waren.[36] Eine solche richterliche Praxis läßt sich nur verstehen vor dem Hintergrund der abwegigen Vorstellungen über weibliche Physiologie und Geschlechtlichkeit: So meinte man, daß der einer Befruchtung dienende Samen einer Frau nur ausgeschieden würde, wenn sie zur vollen sexuellen Befriedigung gelange. Ergo: war sie bei einem Vergewaltigungsakt schwanger geworden, mußte sie Lust empfunden haben – und damit galt ihre Anklage als unbegründet.[37] Bei Notzuchtsanklagen ohne Schwangerschaftsfolgen wurden infolgedessen Reflexionen auf mögliche weibliche Lustgefühle außer acht gelassen.

Wenn wir uns zuletzt Frauen als Angeklagten oder Beklagten vor Gericht zuwenden, so ist zunächst hervorzuheben, daß sie trotz ihrer beschränkten gesetzlichen Rechte ebenso wie Männer gerichtlich belangt wurden, und zwar unabhängig von ihrem Familienstand. Welche waren die häufigsten Fälle? Um sie herauszufinden, sind wir auf Gerichtsprotokolle angewiesen. In ihnen gibt es eine Vielzahl von Frauen, die in bürgerlichen Rechtsstreitigkeiten wegen unterlassener Schuldenrückzahlung, Vertragsbruchs oder auch der Herstellung und des Verkaufs von Bier unter Umgehung der Vorschriften angeklagt wurden. Daneben werden Spinnerinnen genannt, die eine gute Rohseide ihres Kunden verpfändet oder verkauft und statt dessen minderwertiges Material benutzt hatten. Städtische Frauen wurden nicht selten wegen einer auffälligen Kleidung, die städtischen Verordnungen widersprach, gerichtlich belangt. Weitere Straftatbestände: Beleidigung und Verleumdung, Hausfriedensbruch oder handgreifliche Auseinandersetzungen mit Geschlechtsgenossinnen oder Männern. Auch Prozesse wegen Diebstahl, Ketzerei, Hexerei, Brandstiftung, Kindstötung und Mord gehörten keineswegs zu Raritäten. Bemerkenswert ist in diesem Zusammenhang, daß die Zahl der wegen Mordes angeklagten Frauen im Mittelalter (und bis in die heutige Zeit) erheblich geringer war als die der Männer. Laut Gerichtsprotokollen aus den englischen Grafschaften Norfolk, Oxford, Warwick, London, Bedford, Bristol und Kent machten Frauen im 13. Jahrhundert nur 8,6% aller Mordverdächtigen

aus. 77,6% der beschuldigten Frauen hatten Männer getötet.
Interessant war folgendes: Im Fall männlicher Tatverdächtiger
hing das Ergebnis des Prozesses wesentlich davon ab, ob das
wirkliche oder vermeintliche Opfer männlichen oder weiblich-
en Geschlechts war; so wurden nur 15% der eines Männer-
mords beschuldigten Männer tatsächlich für schuldig befunden
und hingerichtet gegenüber 50% der eines Frauenmordes
angeklagten Männer.[38] Dies besagt offenbar, daß es weniger
falsche Anschuldigungen gab für den Fall der Ermordung einer
Frau durch einen männlichen Täter als umgekehrt: bei Ermordung eines Mannes durch einen Geschlechtsgenossen. Nach
Aufzeichnungen englischer Gerichte aus dem 14. Jahrhundert,
und zwar über Einwohner ländlicher Gebiete, machten Frauen
nur 7,3% aller des Mordes Beschuldigten aus. Unter den
Fällen, in denen Familienangehörige umgebracht wurden, kam
der bei weitem höchste Prozentsatz sowohl auf die Ermordung
einer Ehefrau durch ihren Ehemann als auch umgekehrt.[39]
Erhielten Frauen bei identischem Tatbestand dieselben Strafen
wie Männer? In der Regel ist diese Frage zu bejahen, und zwar
bei Ketzerei oder Hexerei, bei der z. B. männliche und weibliche Täter auf dem Scheiterhaufen endeten. Dabei muß allerdings berücksichtigt werden, daß die Zahl der der Hexerei
beschuldigten Frauen weitaus größer war als die der Männer,
nicht nur im 16. und 17. Jahrhundert, sondern auch im Mittelalter. Unterschiedlich wurde lediglich folgendes Vergehen bestraft: Männer, die gleichgeschlechtlichen Verkehr praktizierten, endeten stets auf dem Scheiterhaufen, während wir von
keiner Frau wissen, die wegen lesbischer Beziehungen angeklagt wurde; zeitgenössische Beichtspiegel liegen auf derselben
Linie: Ihnen galt weibliche Homosexualität als geringere Sünde
denn männliche.[40] Als besonders schwerer Verrat wurde in
diesem Zusammenhang angesehen, wenn etwa ein Vasall seinen Senior oder ein Diener seinen Herrn umgebracht hatte.
Das Urteil lautete dann stets: Tod auf dem Scheiterhaufen.[41]
Derartige Vergehen rangierten juristisch auf derselben Ebene
wie der Gattenmord.
Wurden also, wie wir gesehen haben, Männer und Frauen bei
identischen Verbrechen vor Gericht gleich behandelt, so gab es
doch in einem Fall eine Ausnahme: beim Ehebruch. Während
außereheliche Beziehungen von Männern nicht überall als
Ehebruch gewertet wurden, machten speziell Kirchengerichte
bei Frauen keine Ausnahme. So stimmten sie häufiger einer
Scheidung zu, wenn ein Ehebruch von weiblicher Seite vorlag.

Die Gesetzgebung Friedrichs II. zog eine grausamere Trennungslinie: Auf weiblichen Ehebruch stand als Strafe Abhakken der Nase, während ein männlicher Ehebrecher gelinder davonkam.[42] Auch in vielen anderen europäischen Ländern wurde weiblicher Ehebruch besonders hart bestraft: Frauen kamen auf den Scheiterhaufen oder wurden lebendig begraben, wohingegen diese Methode im Fall von Männern durch den Galgen ersetzt wurde.

Um schließlich Strafpraktiken in den verschiedensten Ländern zu beleuchten: In Deutschland hackte man Frauen bei Meineid im Wiederholungsfall ein Ohr ab, Männer aber wurden unverzüglich hingerichtet.[43] Gegenüber schwangeren oder stillenden Frauen verhielt man sich, sofern sie zum Tode verurteilt waren, in der Regel gemäßigt. Sie wurden, speziell im Gebiet der heutigen Niederlande und in Frankreich, nicht zu Tode gefoltert,[44] was noch nicht besagte, daß ihre Hinrichtung aufgehoben war. Da man das Leben des Kindes schonen wollte, wartete man die Geburt ab, um sodann die Strafe zu vollstrecken. Daß Frauen nicht selten eine Schwangerschaft als Mittel zu begrenztem Überleben benutzten, geht aus Gerichtsprotokollen hervor. Sie enthalten den Fall einer Frau aus der Grafschaft Northamptonshire, deren Hinrichtung vertagt wurde, weil sie zur Zeit des Prozesses ein Kind erwartete. Im Gefängnis gelang es ihr, noch zwei weitere Male schwanger zu werden, wodurch sie die Vollstreckung erneut hinauszögern konnte.[45] Weibliche Gefangene hatten übrigens in manchen europäischen Ländern weitaus menschlichere Haftbedingungen als männliche Insassen[46]; so verzichtete man etwa in Frankreich darauf, Frauen in Ketten zu legen. Wurden männliche und weibliche Gefangene voneinander getrennt, wie etwa auf Anordnung König Johanns II., so kamen Frauen häufig in den Genuß, von sog. »ehrbaren Frauen« bewacht zu werden.[47] Wenngleich es Zweck jener Verordnung war, die Sittlichkeit in den Gefängnissen aufrechtzuerhalten, so ergab sich daraus doch gleichzeitig ein bestimmter Schutz für Frauen.[48] Allerdings ging man mit ihnen in Gefängnissen nicht immer sorgsam um: Für hohn-, schimpf- oder streitsüchtige Übeltäterinnen ersann man in Frankreich das Mittel, sie mit einem unter den Achseln verknoteten Strick mehrfach im Flußwasser unterzutauchen. Kam ein Mann des Weges, der sie in solch mißlicher Lage verspottete, so erhielt er nicht nur eine Geldstrafe, sondern wurde gleich mituntergetaucht.[49]

Der mittelalterliche Strafvollzug bei zum Tode verurteilten

Frauen war von besonderer Grausamkeit gekennzeichnet: Sie endeten auf dem Scheiterhaufen oder durch ein Begräbnis bei lebendigem Leib. Wenngleich einige französische Gesetzeswerke derartige Hinrichtungsarten für Frauen nicht vorsahen[50], so wurden sie dennoch in besonderen Fällen praktiziert, und zwar bei Mord, Kindstötung und bei schwerer Kuppelei mit Vergewaltigungsfolgen.[51] Kamen Männer bei denselben Delikten im allgemeinen an den Galgen, so wurde das Verfahren lediglich geändert, wenn Brandstiftung, Ketzerei und Hexerei vorlagen. Bei solchen Verbrechen blieb auch ihnen der Scheiterhaufen nicht erspart. Der französische Chronist Jean Chartier berichtet uns von zwei Zigeunern und einer Zigeunerin, die im Jahr 1449 entgegen der sonst üblichen grausameren Strafe des Scheiterhaufens vor den Toren von Paris wegen Diebstahls und Raubes gehenkt wurden. Nach seinen Worten war dies das erste Mal, daß eine Frau am Galgen starb. Um die gleiche Zeit etwa geschah dies mit einer Frau in Montpellier.[52] Italien, Deutschland und Brabant dagegen praktizierten dieses Verfahren für Todeskandidatinnen bereits wesentlich früher und hielten es während des gesamten Mittelalters aufrecht.[53] Nur im Fall männlicher Ketzerei, Hexerei, Homosexualität, Herrenmord oder Brandstiftung wurde auch hier als Exekutionsart der Scheiterhaufen gewählt, da jene Verbrechen als die übelsten galten.[54]

Von seiten der Historiker ist immer wieder darauf hingewiesen worden, daß Frauen allein aus Gründen der Sittlichkeit verbrannt oder lebendig begraben und nicht erhängt worden seien. Die Leichen der Hingerichteten habe man anfangs aus erzieherischen Absichten nackt hängen lassen, damit sie von jedem gesehen würden. Im Laufe der Zeit allerdings verfiel man auf den Gedanken, daß es unter sittlichem Aspekt ebenso bedenklich sei, einen weiblichen Leichnam nackt zur Schau zu stellen. Deshalb ging man im 15. Jahrhundert dazu über, Frauen, die durch den Strang hingerichtet wurden, in lange Gewänder, die Knöchel zusammengebunden, zu kleiden. Es entbehrt nicht des Makabren, wenn der deutsche Historiker Wilda auf das Schamgefühl der Deutschen hinweist, das sie dazu veranlaßt habe, Frauen auf dem Scheiterhaufen oder lebendig im Grab zu töten – eine Auffassung, der der französische Rechtsgelehrte Violett indirekt zustimmt, indem er den Ursprung solcher Verfahren auf christliche Einflüsse zurückführt, während sein Landsmann Brissaud sittliche Bedenken als Ursache ins Feld führte[55] (allerdings ohne diese zu loben). Daß Geschichtswissenschaft-

33

ler sich mit solchen Aussagen beinahe wörtlich an die mittelalterlichen Verfasser belehrender Schriften über den hohen Wert weiblicher Sittlichkeit anlehnen, vermag sie kaum zu entlasten, berücksichtigen sie doch mit keinem Wort die entsetzlichen Qualen solcher Hinrichtungsarten; Qualen, derer man sich im Mittelalter durchaus bewußt war, wie die Tatsache zeigt, daß diese Methoden nur bei ärgsten Verbrechen angewandt wurden, und zwar, weil man bei Gewährung milderer Strafen den Zorn Gottes gegen die gesamte Gesellschaft befürchtete. Wenn geltend gemacht wird, daß Hinrichtungen von Frauen durch Scheiterhaufen oder »lebendiges Grab« der Aufrechterhaltung von Sittlichkeit durch Abschreckung gedient hätten, so läßt sich dies wohl nur mit der sprichwörtlichen Sinnlichkeit mittelalterlicher Zivilisation erklären. Auf der einen Seite begegnen wir immer wieder, nicht nur auf seiten der Kirche, dem Gebot der Sittlichkeit, auf der anderen finden wir allein in Paris mehr als zwei Dutzend gemeinsamer Badehäuser für Männer und Frauen und eine offizielle Anerkennung des Prostitutionsgewerbes. Das läßt sich ebensoschwer zusammenbringen wie das Ideal christlicher Nächstenliebe mit grausamsten Tötungsarten. Welch starken Einfluß diese häufig auf das Verhalten von Frauen hatten, läßt sich daran erkennen, daß bei Selbstmorden Täterinnen in mehr als der Hälfte aller Fälle zum Strang griffen, um sich längere Qualen zu ersparen.[56]

Frauen, nicht weniger als Männer (mit einigen Ausnahmen, die wir erwähnt haben), waren also innerhalb der mittelalterlichen Gesellschaft, in der Gewalt und Grausamkeit vor aller Augen verübt wurden, eine Quelle makabrer Lust und emotionaler Entspannung für die Zuschauer, die etwa bei Hinrichtungen massenweise herbeiströmten.[57] Bemerkenswert ist, daß sich unter der Menge der Schaulustigen, wie uns anläßlich der Erhängung des Zigeunerpaars in Paris berichtet wird, Frauen und Mädchen in der Überzahl befanden;[58] bemerkenswert deshalb, weil die Zahl weiblicher Gewaltverbrecher insgesamt wesentlich geringer als die der männlichen war und – weil es Männer waren, die härteste Gesetze erließen und härteste Urteile fällten. Ihnen sind auch die verschiedenen Exekutionsarten für Frauen zuzuschreiben, und zwar unter Anwendung der berichteten Methoden, die sich selbst auf dem Hintergrund exzessiver Strafen in der mittelalterlichen Gesellschaft als eminent grausam ausnehmen. Heißt dies, daß man in einer zum Tode verurteilten Frau ein größeres Scandalon sah als in einem Mann, der wegen desselben Verbrechens unter Anwendung vergleichsweise milderer Methoden getötet wurde? Oder herrschte die Auffassung vor, man müsse alle Schuld und Sühne einer Frau aufbürden, indem man sie in Flammen aufgehen ließ, weil man sie als Quelle allen Übels betrachtete? Oder wollte man durch solch grausige Verfahren einen männlichen Eros- und Thanatostrieb befriedigen? Fragen, die wir um ein weiteres Nachdenken anzuregen, stellen wollten – auch, wenn sie sich wohl nicht eindeutig und verbindlich beantworten lassen.

3. Beterinnen

Probleme der Priesterschaft

Eine Christin war vom Altardienst ausgeschlossen. Sie konnte weder das Sakrament der Priesterweihe (*ordinatio*) empfangen noch priesterliche Funktionen erfüllen; selbst die Predigt blieb ihr untersagt. Dazu schreibt Paulus: »Wie in allen Gemeinden sollen die Frauen in der Gemeindeversammlung schweigen; denn es ist ihnen nicht gestattet, zu reden, sondern sie sollen sich unterordnen, wie auch das Gesetz sagt. Wollen sie aber etwas wissen, so sollen sie daheim ihre Männer fragen. Es steht der Frau schlecht an, in der Gemeinde zu reden.« (1. Korinther 14, 34–35). »Einer Frau gestatte ich nicht, daß sie lehrt, auch nicht, daß sie den Mann zurechtweist, sondern sie sei still. Denn Adam wurde zuerst geschaffen, danach Eva. Und nicht Adam wurde verführt, sondern die Frau wurde verführt und ist der Versuchung erlegen. Sie wird aber dadurch gerettet werden, daß sie Kinder zur Welt bringt, wenn sie im Glauben bleiben und in der Liebe und in der Heiligung samt der Zucht.« (1. Timotheus 2, 12–15). Das Christentum setzte damit den Weg des Judentums fort, das Frauen seit jeher von religiösen Ämtern ferngehalten hatte. Auch die Hebräerin der biblischen Zeit nahm nicht aktiv als Priesterin oder Levitin am Tempeldienst teil; außerdem wurde ihr ein besonderer Bereich im Tempel zugewiesen. Während das Alte Testament jedoch keine unmittelbare Begründung für diese religiöse Zurücksetzung angibt, nennt das Neue Testament in diesem Zusammenhang die zweitrangige Stellung der Frau innerhalb der Schöpfung und ihren Anteil an der Erbsünde. Nach den Worten Paulus' rechtfertigen diese zwei Argumente ihren Ausschluß aus dem Kirchendienst wie auch ihre Unterordnung unter den Mann, ungeachtet der Tatsache, daß auf der Ebene von Gnade und Erlösung die Gleichheit von Mann und Frau anerkannt war: »Hier ist nicht Jude noch Grieche, hier ist nicht Sklave noch Freier, hier ist nicht Mann noch Frau; denn ihr seid alle einer in Christus Jesus.« (Galater 3, 28). An diesem Gedanken hielt die mittelalterliche Kirche unverrückbar fest, wenngleich sie sich dennoch nicht veranlaßt sah, beide Geschlechter innerhalb der irdischen Kirche gleichzustellen.

Die skizzierte paulinische Auffassung war praktisch maßgebend für den religiösen Status, den die katholische Kirche Frauen einräumte. Zunächst durften sie keine Meßdienste übernehmen. Zwar existierten im 3. Jahrhundert Diakonissen, die bei der Taufe von Frauen assistierten, religiösen Unterricht erteilten und weibliche Kranke besuchten; doch galten diese Tätigkeiten nicht als spezifisch priesterliche. Über den Rang einer Diakonissin hinaus hatten sie keine Aufstiegsmöglichkeiten; selbst jenes Amt war hauptsächlich eingerichtet worden, um in der Zeit einer Erwachsenentaufe größtmögliche Sittlichkeit zu gewährleisten. Soweit es im Hochmittelalter hier und da noch existierte, räumte es seinen Trägerinnen erheblich geringere Aufgaben als im 3. Jahrhundert ein.[1] Anfang des 6. Jahrhunderts durften katholische Frauen in Nordgallien und Irland an der Seite männlicher Priester zelebrieren, womit sie eine alte keltische Überlieferung im Rahmen der christlichen Kirche fortsetzten. Doch da dieser Brauch auf den Widerstand der Bischöfe stieß, kam er schnell zum Erliegen.[2] In der Folge versahen Frauen Altardienste lediglich außerhalb der anerkannten Kirche.

Im Rahmen kirchlicher Überlieferung wurde die paulinische Auffassung von Theologen und Kirchenrechtlern jahrhundertelang weiterentwickelt. Kirchenväter wurden nicht müde, Frauen als Töchter und Erbinnen Evas anzuprangern, als Urheberinnen allen Unheils, von der Last der Erbsünde gebeugt und damit den Toren Satans gleich. Eine Frau sei es gewesen, die den Mann verführt habe, was der Widersacher nicht vermocht hatte; so habe der Sohn Gottes sterben müssen, obgleich ihr die Todesstrafe gebührt hätte.[3] Als ewige Verführerin des Fleisches sei sie in die Menschheitsgeschichte eingegangen. Nach Johannes Chrysostomos richtete sie nur Zerstörung an, weshalb sie niemals lehren dürfe.[4] Dialektischer und feinsinniger ging Augustinus vor. Im Anschluß an das Wort des Apostels »Und nicht Adam wurde verführt...« (1. Timotheus 2, 14), wies er darauf hin, daß auch Adam nicht frei von Sünde sei. Weil der Satan wußte, daß der Mann auf ihn nicht hören werde, habe er sich an den schwächeren Teil des Menschengeschlechts, die Frau, gewandt in der Überzeugung, daß ihr der Mann nachgeben werde. Zunächst also habe die Frau sich von den Worten der Schlange täuschen lassen und im Anschluß daran Adam von Eva. Sehenden Auges habe er gesündigt, so daß seine Schuld nicht geringer gewesen sei als die der Frau.[5] Dennoch, so fährt Augustinus fort, könne man nur dann davon sprechen, daß die Frau nach dem Bilde Gottes geschaffen sei, wenn Mann und Frau als eine Einheit betrachtet würden; der Mann hingegen trage in jedem Falle Gottes Antlitz. Die zwangsläufige Unterordnung der Frau unter den Mann sei damit Frucht ihrer Sünde.[6] Darstellungen von Frauen als sündige Töchter Evas sind in der Literatur des Hochmittelalters verbreitet. So schreibt Petrus Damiani am Ende des 11. Jahrhunderts. »Es kann nicht wundernehmen, daß unter den Nachkommen Evas immer noch jener Speer bebt, den der alte Feind auf Eva schleuderte.«[7] Und nach Thomas von Aquin herrschte selbst im Zustand der Unschuld vor dem Sündenfall keine Gleichheit zwischen den beiden Geschlechtern. Vielmehr habe die weibliche Unterordnung unter den Mann als natürlich zu gelten, da dieser von Natur aus mit größerer Logik und Klugheit ausgestattet, die Frau also ihm unterlegen sei.[8] In bezug auf die physische Schwäche von Frauen konnte sich Thomas von Aquin auf einschlägige biologische und medizinische Schriften von Hippokrates, Aristoteles und Galenus stützen.[9]

Solchen Auffassungen kontrastierte eine Marienverehrung, die ab dem 12. Jahrhundert erheblichen Aufschwung erfuhr. Bereits von den Kirchenvätern und auf den Konzilien des 5. Jahrhunderts (Ephesus 431, Chalcedon 451) war die Geburt des Messias durch die Jungfrau Maria als Glaubenssatz formuliert worden, wie auch derjenige von der heiligen Mutter als Mittlerin zwischen den Gläubigen und Gott. Nunmehr begannen sich diese Vorstellungen zu vertiefen. Anselm von Canterbury etwa führte aus: Wie die Sünde als Quelle unseres Verlustes durch eine Frau in die Welt kam, so wurde auch der Urheber unserer Freisprechung und Erlösung von einer Frau geboren.[10] Die Nähe der Jungfrau Maria zu Gott-Vater sieht Anselm im Gottessohn begründet, dessen Mutter sie ist; ihre Nähe zum Heiligen Geist darin, daß sie durch ihn empfing.[11] Als weitere Eigenschaften werden Maria zugesprochen, daß sie Sünder zur Buße bewege und Wunder unter Christen wie Ungläubigen vollbringen könne. Allein die Anrufung ihres Namens vertreibt böse Geister. Durch ihre Vermittlung zwischen den Gläubigen und ihrem Sohn verbinde sie – wie die Leiter Jakobs – Himmel und Erde.[12] Bernhard von Clairvaux, sowohl eine der einflußreichen Autoritäten im westlichen Christentum wie einer der bedeutendsten Mystiker des 12. Jahrhunderts, verfaßte nicht nur eine ausführliche Exegese über Mariä Verkündigung nebst zahlreichen Predigten, sondern beteiligte sich auch aktiv an der

theologischen Diskussion über die Frage ihrer unbefleckten Empfängnis.[13] Ihm zufolge waren Seele, Leib und Leben Marias rein. Sie sei Königin aller Jungfrauen durch ihre Geburt des Gottessohnes, der die Sünde vernichtete, indem er der Menschheit das Tor zur Erlösung öffnete. Durch den Heiligen Geist sei sie auserkoren worden, habe ihre Erwählung mit allen aus der Fleischwerdung Gottes folgenden Leiden bereitwillig angenommen und dadurch die Menschheit von Evas Sünde erlöst.[14] Auch Abälard, der bedeutende christliche Philosoph des 12. Jahrhunderts, widmete der heiligen Mutter manche Predigten und führte in einem Brief an Héloise aus, daß Maria die Sünde Evas bereits getilgt habe, bevor Adams Sünde durch Jesus gesühnt worden sei.[15] Wie sich innerhalb der Kirche das Ave Maria zu einem der wichtigsten Gebete neben dem Vater Unser und dem Glaubensbekenntnis entwickelte, so widmeten auch Malerei, Bildhauerkunst und Drama der Gestalt der Jungfrau zunehmend größere Aufmerksamkeit[16]: Es entstanden Gedichte und Hymnen zu ihrem Lob, zum Ruhm einer im Glanz erstrahlenden Mutter, die den Erlöser gebar, oder auch zum Ruhm der Schmerzensreichen am Fuß des Kreuzes.[17]
Interessant ist, daß parallel mit dem Marienkult auch die Verehrung Maria Magdalenas, der reuigen Sünderin, zunahm. Bereits Anselm von Canterbury sah sie vorrangig unter dem Gesichtspunkt ihrer Mittlerrolle zwischen Mensch und Gott; so schrieb er: »Es wird dir nicht schwerfallen, von deinem teuren und geliebten Freund zu erhalten, was immer du begehrst.«[18] Noch vor dem 12. Jahrhundert trat die Gestalt Maria Magdalenas besonders in szenischen Darstellungen des Grabbesuchs hervor.[19] Später breitete sich ihre Anrufung im Gebiet um Seine und Loire, in England und Italien, aus. Eine ihr geweihte Basilika im burgundischen Vézelay, die ihre Reliquien enthält, gewann als Wallfahrtsstätte überregionale Bedeutung. Im 13. Jahrhundert wurde daneben die Kirche des heiligen Maximian zu einem Zentrum ihrer Verehrung.[20] Wie Bernhard von Clairvaux ihre Kraft bei der Erweckung von Reue lobte, sowie ihre Fähigkeit, bei Gott um Vergebung für die Menschen nachzusuchen[21], so ergänzte Abälard: Ich habe Maria Magdalena Apostel der Apostel genannt, da sie es war, die den Jüngern die Auferstehung Jesu verkündigte.[22]
Solche weitreichenden Beschäftigungen mit der Heiligkeit und dem besonderen Rang der Gottesmutter hatten teilweise eine Rehabilitation der Frau zur Folge. Ihre Rolle im Rahmen der Menschheitsgeschichte wurde neu überdacht und neu gewertet,

da man sie in die Nähe der gläubigen, aufopfernden Erlöserin rückte. Bei Bernhard von Clairvaux begegnen uns Schilderungen der Jungfrau Maria, wie sie den Kopf der Schlange zertritt[23], bei Petrus Venerabilis finden wir diese Vorstellung auf Héloise bezogen: »Du zertratst mit dem Absatz den Satan, der unablässig der Frau auflauert.«[24] Eingehender noch bemühte sich Abälard darum, das Ansehen der Frau im Zusammenhang mit der heiligen Mariengestalt zu stärken, wohingegen Héloise in ihren Briefen darauf beharrte, Frauen als Erbinnen Evas darzustellen. Beide entwickelten gänzlich verschiedene Vorstellungsbilder bzw. Urgestalten. Während Héloise Frauen – von Delila über die Gefährtin Salomos und Hiobs bis zu sich selbst – als Ursprung männlichen Unheils betrachtet[25], zitiert Abälard als Gegenbilder die Gestalten der Prophetinnen, heiligen Frauen und Nonnen; weibliches Flehen habe zur Auferstehung der Toten im Alten und Neuen Testament geführt; das Gebet Chlothildes die Christianisierung Chlodwigs und damit des ganzen fränkischen Volkes bewirkt.[26] Frauen hätten auch zu den treuesten Gefolgsleuten Jesu gehört[27], wobei eine von ihnen sogar den Messias habe salben dürfen. Außerdem sei Christus von einer Jungfrau empfangen und geboren worden, wodurch er dem schwachen Geschlecht den Glanz seiner Demut habe verleihen wollen.

In seinen Erörterungen bezieht sich Abälard allerdings nicht auf Frauen allgemein, sondern ausschließlich auf Nonnen. Eine Frau, die auf natürliche Weise empfängt und gebiert, bleibt für ihn ein minderwertiges Geschöpf, das Abscheu erregt. So heißt es: »Der Erlöser hätte einen anderen Teil des weiblichen Körpers für seine Empfängnis und Geburt wählen können, anstelle jenes verabscheuungswürdigen Leibes, dem die Menschensöhne entstammen...« Im gleichen Atemzug, in dem er die jungfräuliche Geschlechtlichkeit Marias rühmt, gibt er seiner Verachtung für eine normal gebärende Frau unmißverständlich Ausdruck. Das erinnert an den Vers einer manichäischen Hymne: »Ich habe meinen Herrn nicht aus unreinem Schoß hervorgehen lassen.« Im gleichen Brief reflektiert Abälard über jungfräuliche Gestalten aus vergangenen Zeiten: »Und es gab unter ihnen solche, deren Verlangen nach einem keuschen Leben so stark war, daß sie nicht zögerten, sich selbst zu entstellen, um nur ihre Unschuld nicht zu verlieren, deren Bewahrung sie gelobt hatten, um jungfräulich zum Bräutigam der Jungfrauen einzugehen.«[28] Wie Abälard zwischen Nonnen und Frauen strikt unterscheidet, so auch Bernhard von Clairvaux. In seinem Brief an eine junge Nonne namens Sophia äußert er die Ansicht, daß sittliche Stärke bei Frauen seltener als bei Männern zu finden sei; einer Jungfrau hingegen, die das Keuschheitsgelübde abgelegt habe, werde göttliche Gnade zuteil; sie sei qualitativ von allen übrigen Menschen abgehoben und werde als Makellose im Jenseits von ihrem Bräutigam empfangen.[29] In einem weiteren Brief an eine Frau, die sich fürs Klosterleben entschieden hatte, geht Bernhard auf die segensreichen Wirkungen von Gelübden ein sowie die Unterschiede zwischen einer irdischen Existenz, die praktisch dem Tode gleich käme, und einem christlich bestimmten klösterlichen Leben. Er beschwört seine Adressatin: »Wenn du aber das göttliche Feuer, das in deinem Herzen brennt, erlöschen läßt, so sei gewiß, daß dir nichts weiter bleiben wird als jenes irdische. Laß die Glut des Heiligen Geistes fleischliche Begierden ersticken, denn wenn, was Gott verhüten möge, das heilige Verlangen, das in deinem Herzen bebt, durch körperliche Leidenschaft erstirbt, so überantwortest du dich den Flammen der Hölle.«[30]

Hier begegnen wir einer frühen Antizipation des Archetyps des Unterbewußten, der (himmlischen und irdischen) Anima C. G. Jungs[31], allerdings mit dem Unterschied, daß die natürlichen Gesetze von Zeugung und Geburt abgelehnt werden. Das heißt: Die Weiblichkeit einer Frau wurde im Mittelalter allein in Gestalt der Keuschheit einer Nonne gebilligt, vergleichbar den jungfräulichen Göttinnen im Pantheon. Solche Ablehnung der sexuellen Physiologie des Weibes entspricht eher den laodicäischen Vorschriften aus dem 4. Jahrhundert, denn der durch Christus verbreiteten Lehre. Während jene Vorschriften Frauen ein Betreten des Altarraumes aufgrund ihres Menstruationszyklus untersagten, gestattete Christus einer Frau, deren Blutfluß über zwölf Jahre anhielt, in seine Nähe zu kommen (Matthäus 9,20).

Trotz der – im Vergleich zu allen übrigen Frauen – deutlichen Höherstellung von Nonnen, durften sie weder ein heiliges Amt übernehmen, noch zur Priesterin geweiht werden. Nach kanonischem Recht war es ihnen untersagt, geweihte Gefäße und Gegenstände zu berühren, Weihrauch zu entzünden oder sich dem Altar während des Gottesdienstes zu nähern. Nicht einmal bei heiligen Handlungen durften sie als Braut Christi dem Priester assistieren.[32] Wie abwegig der Gedanke weiblicher Priesterschaft war, geht aus einem Brauch hervor, der am 1. April eines Jahres gefeiert wurde. Ein Merkmal dieses

»Narrentages« bestand darin, daß menschliche und gesellschaftliche Situationen auf den Kopf gestellt und eine Welt
außerhalb der anerkannten Normen hergestellt wurde. Geistliche traten in einer Prozession auf, bei der sie ihre Gewänder
verkehrt herum angelegt und sich mit Hilfe von Tierhäuten,
Blättern und Blumen als Wilde oder Frauen verkleidet hatten,
wobei sie mit lüsternem Gesichtsausdruck unzüchtige Lieder
sangen.[33] Eine weibliche Priesterschaft, das sollte hier symbolisiert werden, glich nach allgemeiner Vorstellung der Ordina-
tion eines Wilden.

Ziehen wir die Summe aus all den genannten Fakten, so ergibt
sie: Ein Recht auf religiöse Amtsausübung war allen Frauen
untersagt, und zwar gleichgültig, ob sie dem Adel, den städtischen Gesellschaftsschichten oder der Bauernschaft angehörten. Das Ablegen religiöser Gelübde änderte hieran nichts:
Nonnen zählten ein für allemal zur Gruppe der Beter, nicht
aber zum Stand der Priester.

Nonnen

Die Tradition frommer Schwesternschaft geht auf die Anfänge
des Christentums zurück. Wie die Mönche widmeten Nonnen
ihr Leben vorrangig dem Gebet. Sie hatten ihren Platz unter
den Betern und zählten damit zur Gruppe derer, die den
höchsten Rang innerhalb der kirchlichen Wertskala besaßen.
Auf diese Weise würdigte die mittelalterliche Gesellschaft
speziell Menschen, die freiwillig den christlichsten Lebensweg
gewählt und sich damit für die vollkommenste Art des Gottesdienstes entschieden hatten. Noch vor der Entstehung eines
festen Ordenswesens gab es in christlichen Gemeinden eine
Vielzahl von Jungfrauen, aber auch Witwen, die sich zu einem
Leben in Keuschheit bekannten. Bereits im Frühchristentum
galt sexuelle Enthaltsamkeit zwar nicht als Verpflichtung, wohl
aber als gottgefälligste Lebensform für Mann und Frau. So
heißt es im Neuen Testament: »Und Jesus sagte zu ihnen: Die
Kinder dieser Welt heiraten und lassen sich heiraten; die aber,
die würdig sind, an der jenseitigen Welt und der Auferstehung
von den Toten teilzuhaben, werden weder heiraten noch sich
heiraten lassen.« (Lukas 20, 34–35). Und im 1. Korintherbrief
lesen wir: »Den Unverheirateten und Witwen aber sage ich: Es
ist gut für sie, wenn sie bleiben wie ich. Wenn sie sich aber nicht
enthalten können, sollen sie heiraten, denn es ist besser zu

heiraten, als sich in Begierde zu verzehren.«[34] Keuschheit als eine besondere Tugend[35] gehörte neben Armut und Gehorsam zu den drei Gelübden, die Mönche und Nonnen ablegen mußten; dabei wurde weibliche Jungfräulichkeit besonders hoch geachtet. Eine Nonne, Braut Jesu, trug als Zeichen ihrer mystischen Verlobung mit dem Heiland einen Ring; ihre Beziehungen zum himmlischen Bräutigam wurden nicht selten in erotischen Wendungen geschildert, die dem Hohelied entlehnt waren. Da wir ähnliches bereits aus den Schriften Bernhard von Clairvaux' und Abälards kennengelernt haben, begnügen wir uns hier mit einem Beleg aus seinem Briefwechsel mit Héloise: »Ich nenne dich meine Dame, denn mir obliegt es, die Braut meines Herrn als meine Herrin zu bezeichnen ... Dir ist die Ehre zuteil geworden, mit dem König aller Könige das Lager zu teilen, und du bist damit auf eine höhere Stufe erhoben worden, als alle Diener des Königs.«[36] Volksglauben und Legenden zufolge besaßen Jungfrauen spezielle Kräfte. Nach ihnen legte beispielsweise das Einhorn, jenes Fabeltier, das sich von keinem Menschen berühren ließ, seinen Kopf bereitwillig in den Schoß einer Jungfrau; und in einem Lied der Carmina Burana heißt es: »Siehe, er zähmt das Einhorn durch die Liebkosungen einer Maid.«[37]

Während des gesamten Mittelalters gab es Nonnen, die außerhalb von Kirchen oder Klöstern als Einsiedlerinnen, als *reclusae* bzw. *anachoretae* lebten[38]; doch gliederte sich die Mehrzahl von ihnen mit Entstehung des Ordenswesens in klösterliche Gemeinschaften ein. Frauenorden, die parallel zu denen der Männer entstanden, übernahmen deren Regeln mit bestimmten Veränderungen. So existierten ab dem 6. Jahrhundert Benediktinerinnen; auch im Hochmittelalter gehörte ein großer Teil von Frauenklöstern zu diesem Orden. Einige Nonnen lebten als Kanonikerinnen oder *sanctiomonales* in Gemeinschaften, während andere es vorzogen, allein für sich von bestimmten Zuwendungen zu leben, ähnlich wie weltliche Chorherren. Sie zogen damit den Zorn Jakobs von Vitry und anderer auf sich.[39] Ab dem 12. Jahrhundert wurden weitere Frauenklöster in Parallele zu neuen Mönchsorden errichtet; ihre Reformbestrebungen liefen darauf hinaus, die Benediktinerregel in ihrer ursprünglichen Reinheit wiederherzustellen. Die Ordensgemeinschaften der Zisterzienser und Prämonstratenser, deren Askese wesentlich strenger war als die der Benediktiner, kamen zu entsprechender Blüte; Anfang des 13. Jahrhunderts entwickelten sich sodann die Orden der Franziskaner und

Dominikaner; ihnen entsprachen auf seiten der Nonnen die Gemeinschaften der Klarissen – gegründet von der heiligen Klara unter Einfluß Franz von Assisis – sowie die Dominikanerinnen, die ihrer Brudergemeinschaft als Zweitorden angegliedert waren. Im Unterschied zu den Mönchen beider Ohren, die überwiegend als Prediger, Lehrer und Missionare innerhalb der städtischen Gesellschaft, der sie entstammten, wirkten, lebten die Nonnen jener parallelen Ordensgemeinschaften ebenso abgeschieden von der Welt wie die Benediktinerinnen. Sofern sie lehrten, geschah dies in Klosterschulen, die ihrem Konvent angeschlossen waren. Da sie ihr Kloster nicht verlassen durften, konnten sie sich nicht einmal der Armenpflege widmen; auch Predigten waren ihnen untersagt. Solch strenge Klosterregeln entsprachen durchaus nicht den Absichten der Gründerin des Klarissenordens, hatte diese doch nach breiter Wirksamkeit innerhalb der Welt gestrebt. So wollte sie beispielsweise nach Marokko ziehen, als sie vom dortigen Martyrium einiger Franziskanerbrüder erfuhr, um ihr Leben ebenfalls zu opfern. Daß ihr dies nicht gestattet wurde, machte sie, wie einer ihrer Biographen mitteilt, äußerst unwillig; gemeinsam mit ihren Mitschwestern beklagte sie, daß Franz von Assisi sie »für immer eingekerkert« habe. Auf diese Weise sei ihnen die Befolgung des wichtigsten Ordensgrundsatzes, des apostolischen Lebens durch Predigt und Tätigkeit in der Welt, verwehrt worden.

Den Äbtissinnen aller Orden war es nicht erlaubt, vor ihren Mitschwestern zu predigen; ein Verbot, das der Dominikaner Humbert de Romans durch Hinweis auf die Sünde Evas zu rechtfertigen suchte.[40] Auch durften weder sie noch die Inhaberinnen anderer Klosterämter an Konzilien und Kapiteln ihres Ordens teilnehmen. Einen Ausweg fanden die Äbtissinnen von Zisterzienserklöstern: Eine Zeitlang organisierten sie allgemeine Zusammenkünfte für Vertreterinnen ihrer Häuser als Pendant zu Mönchsversammlungen. Innerhalb der neuen Orden unterstanden die Frauenklöster zudem der Aufsicht von Beauftragten ihrer Bruderorganisation, im Fall der Benediktiner dem örtlichen Diözesanbischof. Da Nonnen nirgends ordiniert werden konnten, waren alle Frauenklöster auf die Dienste von Priestern angewiesen. Äbtissinnen hatten nicht einmal ein Recht darauf, Gelübde entgegenzunehmen, die Beichte ihrer Mitschwestern zu hören oder sie offiziell zu segnen. Nach dem Buchstaben des Gesetzes stand ihnen lediglich eine organisatorische oder leitende Autorität zu, vermöge derer sie die Befolgung der Ordensregel und die Aufrechterhaltung allgemeiner Disziplin im Kloster verlangen konnten, gegebenenfalls unter Einsatz von Disziplinarstrafen. In manchen Klöstern übten Äbtissinnen solche Rechte auch gegenüber männlichen Würdenträgern aus, die den Gottesdienst abhielten. So mußten etwa Priester, die im 13. Jahrhundert nach Ablauf eines Probejahres in Zisterzienserinnenklöstern aufgenommen wurden, der Äbtissin Gehorsam schwören, wobei sie vor ihr zu knien und die Hand auf die Ordensregel zu legen hatten. Die Autorität einer Äbtissin wurde jedoch keineswegs als richterliche gewertet, da diese allein an die Schlüsselgewalt der Kirche gebunden war; aus diesem Grund durften Äbtissinnen den ihnen unterstellten Nonnen keine Kirchenstrafen, wie beispielsweise die Exkommunikation, auferlegen. Generell unterstanden Frauenorden der Gerichtshoheit jeweiliger Diözesanbeamter oder, wie im Fall der Franziskaner und Dominikaner, den zuständigen Ordensprälaten.[41] Der Status von Äbtissinnen unterschied sich also unwesentlich von dem weltlicher Frauen: Beiden untersagte das Kirchengericht die Wahrnehmung richterlicher Befugnisse.[42]

Seit Beginn des Mönchtums existierten Doppelklöster. Das heißt: Mönche und Nonnen, die demselben Orden angehörten, lebten zwar in getrennten Gebäuden, jedoch unter gemeinsamer Leitung, und zwar im gesamten Mitteleuropa von Irland bis Spanien. Besonders berühmt war die englische Abtei Whitby, im 7. Jahrhundert von einer Äbtissin, der heiligen Hilda, geleitet. Solange die Institution der Doppelklöster bestand, hatte sie zahlreiche Gegner. Der Grund: Man war um die Aufrechterhaltung von Sitte und Ehre der Nonnen besorgt; so verfügten Konzilsbeschlüsse und päpstliche Bullen wiederholt ihre Auflösung. Obgleich Doppelklöster im Gefolge der gregorianischen Reform spürbar zurückgingen, verschwanden sie doch definitiv erst gegen Ende des Mittelalters. Besonders radikal hatte jene Reform mit den von Frauen geleiteten Institutionen aufgeräumt.[43] Interessant ist, daß Gemeinschaften, in denen Brüder der Autorität einer Mitschwester unterstanden, gerade in jener Epoche an ihr Ende gelangten, in der der weibliche Faktor generell an Ansehen gewann, in der die Rolle der heiligen Gottesmutter und sündenreinen Fürsprecherin bei Gott theologisch untermauert und Loblieder auf die Nonne als Braut Christi und Sinnbild Marias gesungen wurden. Das Element des Weiblichen erfuhr zwar eine Aufwertung, ohne daß sich jedoch der tatsächliche Status der Frau oder auch nur die Stellung einer Nonne innerhalb der religiösen Gemeinschaft verbessert hätte. Im Zusammenhang mit einer stärkeren Zentralisierung und Festigung der hierarchischen Strukturen der Gesellschaft, u. a. durch kirchliche Reformen im ausgehenden 11. Jahrhundert bewirkt, schien auch die Bereitschaft gesunken zu sein, weibliche Autorität über Mönche anzuerkennen. Selbst in reinen Frauenklöstern wurden die Aufgaben von Äbtissinnen nun strenger überwacht. Überschritten sie die Schranken ihrer Vollmachten, so reagierten die kirchlichen Institutionen mit äußerster Schärfe. Innozenz III. gab in einem Schreiben an die Bischöfe von Burgos und Valencia seinem Erstaunen Ausdruck, daß Äbtissinnen es wagten, wie Priester ihre Mitschwestern zu segnen, ihre Beichte zu hören und nach Verlesung des Evangeliums öffentlich zu predigen. Innozenz IV. ging noch einen Schritt weiter: In seiner Bulle aus dem Jahre 1247 bestimmte er, daß die Priorin, die vom Abt eines Prämonstratenserordens eingesetzt worden war, künftig nicht mehr als *prioressa,* sondern als *magistra* zu bezeichnen sei, da sie keinerlei richterliche Befugnisse habe.[44]

Um zum Schluß auf Abälard zurückzukommen: Seine Vorschläge für eine Doppelabtei unter männlicher Ägide sind vor allem im Blick auf ihre Begründung aufschlußreich. Geweihte Priester, so führt er in seinem Schreiben an Héloise an – die ihn um eine Regel für das von ihr geleitete Stift gebeten hatte –, dürften einer Äbtissin nicht unterstellt werden, weil dies gegen die natürliche Ordnung der Dinge verstoße; zudem müsse verhindert werden, daß Mönche durch Äbtissinnen verführt und verbotene Leidenschaften in ihnen geweckt würden. Im Anschluß daran folgt eine Kette frauenfeindlicher Äußerungen, in denen geläufige Vorurteile wiederholt werden; so etwa die angeborene Herrschsucht von Frauen, ihre schwache Konstitution, die sie jeder Versuchung ausliefere, ihr unsteter Geist, die fleischlichen Leidenschaften, von denen sie beherrscht würden, und nicht zuletzt ihre Untugend der Geschwätzigkeit.[45] Hier scheint Abälard – im Gegensatz zu seinen sonstigen Auffassungen vom hohen Rang einer Nonne – bestrebt zu sein, die Herrschaft eines männlichen Klostervorstehers als Bestandteil der natürlichen Weltordnung auszulegen.

Es steht außer Frage, daß die mittelalterlich-christlichen Auffassungen über Frauen durch und durch ambivalent sind – eine Ambivalenz, die sich ab dem 12. Jahrhundert im Gefolge eines vertieften Marienglaubens und einer größeren Verehrung Ma-

46

ria Magdalenas verschärfte. Eine Frau, die sündigte und verführte oder auch nur ein normales Sexualleben führte, galt als Inkarnation Evas – eine Nonne und Braut Jesu dagegen als Sinnbild Marias. Solch widersprüchliches Verhalten gegenüber dem weiblichen Geschlecht war jedoch nicht auf die christliche Gesellschaft des Mittelalters beschränkt; vielmehr kam es auf die eine oder andere Weise in verschiedenen Gesellschaftsordnungen zum Ausdruck. Lassen sich die vielfältigen Schwankungen in den Anschauungen von Männern über Frauen quellenmäßig belegen, so nicht umgekehrt; Frauen scheinen in ihren Urteilen wesentlich zurückhaltender gewesen zu sein; ihre Ansichten definierten sie weder theoretisch, noch hielten sie diese in irgendeiner Form schriftlich fest. Lediglich aus bestimmten Bräuchen sind sie indirekt abzulesen, ein Faktum, auf das wir im folgenden näher eingehen werden.[46] Die allgemeine Einstellung von Theologen gegenüber Frauen läßt sich anhand folgenden Beispiels generalisieren: dem von Kirchenrechtlern häufig erörterten Problem, ob das Frauendiakonat im Frühchristentum eine offizielle kirchliche Rangstellung beinhaltet habe oder nicht. Im Verlauf dieser Diskussion setzten sich selbst Geistliche, wie Johannes »der Teutone« oder Raimund von Peñaforte, nicht für eine Zulassung von Frauen zum Altardienst ein, obgleich sie überzeugt waren, daß der Ausschluß von Frauen aus der Priesterschaft jeglichen gesetzlichen Fundaments entbehre.[47] Das Ergebnis unserer Betrachtung lautet damit: Wenngleich beiden Geschlechtern von seiten der Kirche derselbe Anteil an Gnade und Erlösung zugestanden wurde, so wurde ihre Gleichstellung innerhalb der irdischen Kirche dennoch abgelehnt.

Verhalten der Mönchsorden gegenüber Nonnen

Im allgemeinen verhielten sich Ordensoberste gegenüber Schwestern, die ihre Regel akzeptierten und einer eigenen oder Parallelgemeinschaft angehörten, auf die unterschiedlichste Weise. Nonnen hingegen waren einhellig daran interessiert, daß der Orden, dem ihre Klöster angeschlossen waren, auch die Verantwortung für diese übernahm; gewöhnlich konnten sie bei solchen Bestrebungen auf die Unterstützung der Päpste rechnen. Wir wissen, daß einige der größten Männer der Kirche die Errichtung von Frauenklöstern förderten und ihren Insassinnen mit Rat und Tat zur Seite standen, von Hieronymus und

Augustinus bis zu Franz von Assisi und Dominikus. Während sich die neuen Orden, wie etwa die Franziskaner und Dominikaner, aufgrund ihrer zentralisierten Organisation (nach Beendigung der Herrschaft der Diözesanbischöfe) mit Problemen der Abgrenzung von Eigenverantwortlichkeiten auseinanderzusetzen hatten, waren die Benediktiner, die keine umfassende Dachorganisation besaßen, von solchen Fragen weitgehend unbehelligt. Frauen- wie Männerklöster genossen weitgehende Selbständigkeit, während sie in gottesdienstlichen und rechtlichen Angelegenheiten zumeist von Ortsbischöfen abhängig waren. Im Fall der bereits erwähnten Doppelklöster unterstanden die weiblichen Abteilungen männlicher Aufsicht. Im Verlaufe der Zeit jedoch weigerten sich die Oberhäupter jener Institutionen, die Verantwortung für ihre Ordensschwestern zu tragen, sei es aus sittlichen, organisatorischen oder wirtschaftlichen Motiven. Einige Beispiele: Innerhalb des Prämonstratenserordens existierten zunächst Doppelklöster. Nonnen spannen, webten, nähten und wuschen für die Mönche und halfen ihnen bei der Betreuung der Kranken im nahegelegenen Hospital. Nach und nach machten sich jedoch Verletzungen von Zucht und Sitte bemerkbar, was den gesamten Orden in Verruf brachte. So wurde im Jahr 1137 eine Aufteilung der prämonstratensischen Doppelklöster beschlossen. Papst Innozenz III. bestätigte 1198 jene Entscheidung, nach der innerhalb des Ordens keine weiteren Frauenklöster eröffnet werden sollten. Ca. 70 Jahre später kam man zum Entschluß, selbst in den bereits bestehenden Häusern keine weiteren Nonnen unterzubringen, ja, sogar den Insassinnen nahezulegen, sich anderen Orden anzuschließen. Ein Teil der prämonstratensischen Frauenklöster wurde aufgelöst.

Bei den Zisterziensern existierten von vornherein keinerlei rechtliche Beziehungen zwischen Mönchs- und Nonnenklöstern, die derselben Ordensregel verpflichtet waren. Zwar gab es eine Reihe von Abteien, die die Verantwortung für Frauenklöster auf sich genommen hatten, doch unterstand die Mehrzahl der Zisterzienserinnen entweder der Aufsicht eines Diözesanbischofs oder ihres Mutterhauses. Vom Zisterzienserinnenkloster im französischen Langres ist uns bekannt, daß es allein 18 Frauenklöster beaufsichtigte und jährlich Versammlungen der Vertreterinnen dieser Häuser einberief. Ebenso zeichneten die spanischen Zisterzienserinnen von Las Huelgas bei Burgos für eine stattliche Anzahl von Schwesterinstitutionen verantwortlich. Die Äbtissinnen beider Orte verfügten eine

Zeitlang über außerordentlich weitreichende Aufsichtsbefugnisse. Ihre Brüder in Christo, die über lange Zeit jegliche rechtliche und wirtschaftliche Zuständigkeit abgelehnt hatten, bemühten sich später um eine geistliche Unterweisung von Nonnen, die der Zisterzienserregel verpflichtet waren, bisweilen auch von Beginen.

Wenn wir die unterschiedlichen Verhaltensweisen von Mönchsorden gegenüber Schwesterinstitutionen zusammenfassen wollen, so läßt sich folgendes feststellen: an den verschiedensten Orten wurden jeweils dieselben Argumente für und gegen die Förderung von Frauenklöstern ins Feld geführt; auf der einen Seite zollte man ihnen Respekt und Wertschätzung und bediente sich bisweilen des wirtschaftlichen Nutzens aus ihrem klösterlichen Besitz. Auf der anderen Seite sah man in ihrem Anschluß eine finanzielle Belastung, die speziell für den Franziskanerorden folgenreich war; wirtschaftliche Verantwortung der Mönche bedeutete ja zu Anfang, daß sie für ihre Schwestern, die die Klostermauern nicht verlassen durften und keinen Besitz hatten, Almosen erbetteln mußten. Da sich viele Brüder auf die Dauer zu solchen Diensten nicht bereitfanden, mußten etwa die Klarissen ziemlich rasch nach Gründung ihres Ordens das Gebot völliger Armut ad acta legen, damit den zweitwichtigsten Grundsatz aller Bettelorden. Selbst wenn Frauenklöster über reiche Besitztümer verfügten, ihr Anschluß also männlichen Orden wirtschaftliche Vorteile versprach, so führten sie ihn dennoch häufig nur zögernd durch; und dies aus zwei Gründen: Zum einen fürchteten sie gelegentlich finanzielle Probleme, zum anderen sah man in einer solchen Verbindung Gefahren für das sittliche Verhalten der Ordenspriester und Visitatoren, die die Schwesterneinrichtungen regelmäßig aufsuchen mußten. Solchen Gefahren versuchte man lieber von Anfang an auszuweichen. Und nicht zuletzt gab es neben Respekt und Wertschätzung für Nonnen natürlich auch eine Vielzahl feindlicher und verächtlicher Äußerungen über sie. So wurde etwa im Prämonstratenserkloster Marchthal nach Auflösung des weiblichen Ordenszweiges folgende Verlautbarung verfaßt: »Da es auf dieser Welt nichts gibt, was in seiner Schlechtigkeit den Frauen gleichkommt, und das Gift von Vipern und Drachen dem Mann weniger schadet als ihre Nähe, verkünden wir hiermit, daß wir zum Wohle unserer Seele, unseres Leibes und unserer Besitztümer von nun an keine Schwestern mehr in unseren Orden aufnehmen und uns von ihnen wie von wildgewordenen Hunden fernhalten werden.« –

Selbst Franz von Assisi wollte trotz seiner Sympathie für das Haus der heiligen Klara keine zusätzlichen Nonnenklöster innerhalb seines Ordens dulden; von ihm ist der Ausspruch überliefert: »Gott hat unsere Frauen genommen, und nun kommt der Satan und gibt uns Schwestern.«[48] Offenbar, das zeigen diese Beispiele, geriet die Unterscheidung zwischen einer Nonne als Inbegriff der Jungfrau Maria und allen übrigen Frauen als Sinnbildern Evas zunehmend in Vergessenheit. Während es insgesamt für Mönchsorden ein leichtes war, Beziehungen zu schwesterlichen Institutionen abzubrechen, konnten Nonnen auf ihre Verbindung zu Brudergemeinschaften schwerer verzichten, da ihnen nach der erwähnten klerikalen Reform eine Gründung getrennter Frauenorden durch die neu organisierte Kirche untersagt worden war.

Befugnisse einer Äbtissin

Äbtissinnen besaßen keine kanonische, sondern lediglich organisatorische, bzw. leitende Autorität; trotz Beschränkungen einzelner Rechte, erfreuten sich speziell jene, die reichen Klöstern mit ausgedehntem Landbesitz vorstanden, weitgehender Machtbefugnisse; etwa in England, Frankreich und den Niederlanden sowie in Süditalien, Deutschland und Spanien. Sofern sie Grundbesitzerinnen waren, und zwar gleichgültig, ob es sich um ihr Eigentum oder um ein Lehen handelte,[49] übten sie gegenüber Bauern, die ihre Ländereien bewohnten und bearbeiteten, die gleichen Rechte wie Feudalherren aus. Im Fall großer Landstriche hatten sie nicht nur gutsherrliche Autoritätsbefugnisse (d. h. Rechte eines Gutsbesitzers gegenüber Bewohnern seiner Besitzungen, einschließlich Gerichtsbarkeit in Gutsverwaltungsangelegenheiten und der Aufsicht über Eintreibung von Abgaben, Ernteanteilen und Schulden sowie über Erfüllung von Dienstleistungspflichten), sondern auch lehnsherrliche Hoheitsrechte (d. h. Regierungsbefugnisse, die Gutsbesitzern als Feudalherren nach Lockerung der zentralen Staatsgewalt zugefallen waren). Äbtissinnen mit Lehnsrechten standen innerhalb ihrer Gemarkungen wie Senioren an der Spitze des jeweiligen weltlichen Gerichts; einige von ihnen besaßen sogar eine höhere Gerichtsbarkeit, zu der Entscheidungsgewalt in Strafsachen sowie in Rechtsstatusgelegenheiten ihrer Untertanen gehörte. Mit Hilfe weltlicher Beamter (Vögte) verfügten sie Bußgelder, bestellten Berufskämpfer, wenn

Zweikämpfe gerichtlich ausgetragen wurden, und urteilten Verbrecher ab.[50] Innerhalb ihres Herrschaftsgebiets beglaubigten sie die Übertragung, den Verkauf oder die Verpachtung von Bodenbesitz und genehmigten die Veranstaltung von Märkten und Messen.[51] Vor weltlichen und kirchlichen Gerichten verteidigten sie ihren Besitz, ihr Eigentum oder ihre Gerichtsgewalt sowohl gegen adlige Lehnsherren wie kirchliche Institutionen.[52] Abgesehen von solcher weltlichen Macht besaßen einige Äbtissinnen daneben große Autorität innerhalb der Kirchenverwaltung der Diözese ihres Klosters: So durften sie Bezirkssynoden einberufen, Benefizien an geistliche Würdenträger verteilen, Priesterernennungen bestätigen und für die kirchliche Abgabe des Zehnten auf ihr Kloster sorgen.

Auch im Innern verfügte eine Äbtissin durchaus über Herrschaftsgewalt; nicht nur waren ihr Nonnen zu absolutem Gehorsam verpflichtet; Priester, die den Gottesdienst zelebrierten, unterstanden ihrer Aufsicht ebenso wie die übrigen männlichen und weiblichen Bediensteten. Daß es sich häufig nicht um eine kleine Zahl von »Untertanen« handelte, läßt sich statistisch belegen: Die Klöster der Zisterzienserinnen und Dominikanerinnen im Deutschland und Flandern des 14. Jahrhunderts beheimateten weit über vierzig Nonnen, bei den Klarissen lag der Schnitt zwischen fünfzig und achtzig (die höchste Zahl betrug einmal zweihundertfünfzig Schwestern), und bei den englischen Benediktinerklöstern betrug sie durchschnittlich dreißig.[53] Frauenklöster neuer Orden unterstanden allgemein der Aufsicht eines Ordensbeauftragten; diese Aufgabe wurde bei den Benediktinern von Diözesanbischöfen oder deren Vertretern wahrgenommen. Zweifellos bot das Amt einer Äbtissin – trotz gewisser Einschränkungen[54] – Frauen eine Möglichkeit, ihr Talent zur Führung, Organisation und Lehre unter Beweis zu stellen – eine Möglichkeit, die innerhalb der weltlichen Gesellschaft nur Lehnserbinnen offenstand. Aus diesem Grund hatte ein Klosterleben für adlige Töchter durchaus Anziehungskraft. Damit kommen wir zur Frage, welche Frauen klösterliche Gelübde ablegten und warum.

Selbstverständlich gab es Männer und Frauen, die in erster Linie aus religiösen Gründen und dem Gefühl wahrer Berufung ins Kloster gingen; wie hoch der Anteil derer war, bei denen andere Erwägungen in stärkerem oder geringerem Maße mitspielten, läßt sich für einen Historiker schwer feststellen. Selbst bei Heiligen, deren Biografie von Chronisten aufgezeichnet wurde, wäre es äußerst kompliziert, die feinen Verästelungen psychologischer und religiöser Faktoren auseinanderzudividieren. Bereits die Existenz von Klöstern war Ausdruck der Suche nach einem sinnvolleren, erfüllteren religiösen Leben, als es innerhalb der Gesellschaft möglich erschien; gleichzeitig aber auch des Wunsches, der Welt zu entfliehen, sei es aus Protest oder der fehlenden Kraft zur Auseinandersetzung mit ihr. Im Fall von Frauen spielten zusätzlich handfeste wirtschaftliche Motive eine nicht unwichtige Rolle.

Obwohl theoretisch jeder ungebundene Mann Priester oder Mönch, bzw. jede ungebundene Frau Nonne werden konnte, wurden ins Kloster fast ausnahmslos Töchter aus dem Adel und dem wohlhabenden Bürgertum aufgenommen. Frauen aus niedrigeren sozialen Schichten dienten höchstens als Laienschwestern oder Mägde. Entrichtete z. B. ein leibeigener Bauer seinem Herren ein Befreiungsgeld, wenn er seinen Sohn in eine Religionsschule und anschließend in den Kirchendienst schickte, so ist uns über entsprechende Zahlungen für Töchter nichts bekannt. Selbst unter den männlichen Benediktinerklöstern gab es solche, die ausschließlich Nachkommen aus vornehmen Familien akzeptierten – wie sich überhaupt die Mehrzahl ihrer Mönche aus dem Adel rekrutierte. Franziskaner und Dominikaner hingegen nahmen in großer Zahl Angehörige aus niedrigeren Gesellschaftsklassen auf.[55] Die hauptsächliche Ursache für die Exklusivität von Frauenklöstern läßt sich unschwer erraten: Alle Mädchen hatten de facto eine Mitgift abzuliefern, wenngleich dies laut Kirchengesetz nicht zur Bedingung gemacht werden durfte; doch ließ sich dieser Brauch nicht ausrotten. Petrus Waldes, Gründer der Waldenserbewegung, sorgte etwa im Zuge der Beordnung seiner finanziellen Angelegenheiten zunächst dafür, daß die Mitgift seiner Töchter an ein Kloster sichergestellt war, bevor er seinen Besitz an die Armen verteilte.[56] Wenngleich der erforderliche Betrag unter demjenigen lag, den die oberen Gesellschaftsschichten üblicherweise dem Bräutigam zahlten, so war er doch in ärmeren Kreisen nicht aufzubringen. Häufig blieben Töchter von Adligen und Patriziern nicht aus freier Entscheidung ehelos, sondern allein deshalb, weil ihre Väter die für eine standesgemäße Ehe notwendige Mitgift nicht zu leisten vermochten. Hin und wieder kam es vor, daß Söhne begüterter Familien in den Dienst der Kirche eintraten oder ein weltliches Junggesellendasein führten, aus dem einzigen Grund, eine Aufsplitterung des Familienvermögens zu vermeiden.[57] Im Unterschied zur ledigen Frau boten sich einem unverheirateten Mann diverse

Möglichkeiten der Betätigung in Kirche und Gesellschaft, so daß er aufs Mönchstum nicht angewiesen war. In Adels- und wohlhabenden Stadtbürgerfamilien wurde bisweilen das gesamte verfügbare Vermögen aufgebracht, um zumindest eine Tochter in ein Geschlecht von Ansehen und Gesetz einheiraten zu lassen; die übrigen Geschwister wurden in solchen Fällen fürs Klosterleben abgestellt. Obgleich Prediger derartige Handlungen verurteilten[58], wurde von den betroffenen Eltern zweierlei zu ihrer Rechtfertigung geltend gemacht: Einmal genössen Nonnen ein höheres gesellschaftliches Ansehen als ledige Frauen, zum anderen seien Mädchen im Kloster vor außerehelichen Beziehungen geschützt, die über ihre Familien nur Schande brächten. Eltern befürworteten den Eintritt ihrer Töchter in Klöster, speziell dann, wenn ihnen auf diesem Weg ein weibliches Familienmitglied vorangegangen war, denn jüngere hatten nur eine geringere Mitgift abzuliefern und kamen zudem unter die Obhut der Älteren.[59] Wie Söhne im Fall eines bischöflichen Onkels diesem zur Erziehung übergeben wurden, so verfuhr man mit Töchtern analog, wenn verwandtschaftliche Beziehungen zu einer Äbtissin bestanden. Ein Londoner Testament etwa vom Ende des 13. Jahrhunderts berichtet vom letzten Willen eines Vaters, der seinen drei Töchtern und der ihnen verwandten Äbtissin eine jährliche Rente vererbte.[60] Legte eine Waise ihre Gelübde ab, so konnte sie ihre Erbschaft als Mitgift verwenden.[61]

Zahlreiche Frauenklöster unterhielten Verbindungen zu den Adelsgeschlechtern ihres Schutzherrn oder Gründers und nahmen traditionell deren weibliche Nachkommen auf. Bisweilen wurde das Äbtissinnenamt solchen Familien vorbehalten, die das Stift als zu ihrem Lehnsgut gehörig betrachteten und sich entsprechend ihm gegenüber verhielten. In manchen Klöstern akzeptierte man ausdrücklich nur Adelstöchter: So etwa im 10. Jahrhundert in Katalonien, in den deutschen Kaiserabteien, in der Diözese Lüttich, im bekannten sächsischen Kloster Helfta und in den meisten lothringischen Gemeinschaften. Hier entstammten denn auch Äbtissinnen überwiegend den Gründerfamilien.[62] Auf diese Weise gelangten fast ausnahmslos adlige Frauen in dieses Amt; unbehinderter als innerhalb der weltlichen Gesellschaft konnten sie sich hier eine umfassende Bildung aneignen und überdies ein religiös erfüllteres Leben als in der säkularen Umgebung führen.

Neben dem Zustrom von Frauen, die sich aus religiösen Gründen oder als Alternative zur Ehe fürs Kloster entschieden, wurden bei den frommen Schwestern uneheliche, verwachsene oder geistig zurückgebliebene Töchter abgeliefert. Wie mancher in Ungnade gefallene Mann sich statt im Gefängnis im Kloster wiederfand, so diente dieses gleichermaßen als Kerker für Frauen, die aus politischen oder persönlichen Gründen Herrschern mißliebig geworden waren, oder auch ihren Ehemännern bzw. Verwandten.[63] Daneben gab es eine Vielzahl von Frauen, die aus religiöser Furcht vor der Sünde des Fleisches nicht heirateten, eine Furcht, die von Priestern, Beichtvätern und Predigern genährt wurde. In einem provençalischen Minnelied aus weiblicher Feder begegnen wir beispielsweise zwei Frauen, die den Rat einer älteren erbitten, ob es sinnvoll ist, sich zu vermählen, da jede Geburt mit Schmerzen und einem Verfall körperlicher Schönheit verbunden sei. Die Ratgeberin legt ihnen nahe, sich mit demjenigen zu verloben, der ihre Reinheit nicht verletze, da die Ehe mit einem solchen Mann ewiges Leben bedeute.[64] Auch eine Vielzahl von Witwen zog das Ablegen von Gelübden einer Wiedervermählung oder einem Witwendasein in der weltlichen Gesellschaft vor; daneben hatten Klöster Zuzug von seiten verheirateter Frauen, die sich im Einvernehmen von ihren Ehemännern getrennt hatten.

Bereits mit 14 bis 15 Jahren konnten Mädchen Nonnen werden; die meisten traten jedoch schon früher als Novizinnen ins Kloster ein, manche sogar als kleine Kinder, wie etwa die heilige Gertrud. Im Italien des ausgehenden Mittelalters war neun das übliche Aufnahmealter. Obwohl im 12. Jahrhundert festgesetzt wurde, daß Eltern nicht das Recht hatten, für minderjährige Töchter Gelübde abzulegen[65], und Mädchen zum Zeitpunkt ihrer Volljährigkeit das Kloster theoretisch verlassen durften, haben wir keinen Grund anzunehmen, daß sie de facto solche Entscheidungsfreiheit besaßen, wie sie ihnen nach dem Buchstaben des Gesetzes zustand; waren sie doch seit ihrer Kindheit dort aufgewachsen, vom Elternhaus abgeschnitten und ihre Mitgift häufig schon bei ihrer Übersiedlung entrichtet worden. Von einem Gefühl religiöser Berufung läßt sich in den meisten dieser Fälle ohnehin nicht sprechen; ausgenommen die heiligen Viten von Nonnen, aus denen hervorgeht, daß sich jene schon in der Kindheit fürs Kloster entschieden und nur Christus angetraut sein wollten. Über die heilige Douceline von Digne wissen wir beispielsweise, daß sie, noch bevor sie lesen, schreiben und beten gelernt hatte, auf dem Balkon ihres Vaterhauses zu knien pflegte, den Blick gen

Himmel richtete und die Hände zum Gebet faltete.[66] Bei solchen Lebensläufen handelte es sich fast immer um spätere Mystikerinnen und Heilige. Auf die vielen anderen, die als Kinder und ohne ausdrücklichen Wunsch ins Kloster gebracht wurden, sind zweifellos jene Worte des Dominikaners Humbert de Romans gemünzt, mit denen er melancholische Nonnen schildert, deren Schwermut die Ruhe ihrer Mitschwestern störe, oder die erregbar seien wie angekettete Hunde.[67] Wenn Geistliche trotzdem die Tradition förderten, Mädchen bereits im Kindesalter aufzunehmen, so geschah dies aus der Überlegung, daß eine früh einsetzende Erziehung Nonnen gefügiger mache und es ihnen erleichtere, den Anforderungen der Klosterregel zu genügen. Die Erfahrung gab ihnen insofern recht, als es manchen Damen aus der vornehmen Gesellschaft, die als Witwen ins Kloster eintraten, schwer fiel, die Herrschaft einer Äbtissin anzuerkennen, woraus sich nicht geringe disziplinarische Probleme ergaben. Der Bruch eines Gelübdes galt als schwerste Sünde; die Exkommunikation einer Frau, die dem Kloster den Rücken gekehrt hatte und heiratete, war unaufhebbar.[68]

Genaue Daten darüber, wie viele Nonnen es im Hochmittelalter in den einzelnen Ländern gab, liegen uns nicht vor. E. Power kommt nach seiner Auswertung von Angaben über englische Klöster aus der zweiten Hälfte des 14. und dem 15. Jahrhundert zu einer Schätzung von ca. 3500, und zwar bei einer Gesamtbevölkerung von über 2 Millionen. Diese Zahl, so gibt er an, sei im Verlauf des 15. Jahrhunderts spürbar zusammengeschrumpft. Auch im deutschen Kaiserreich hatten die Benediktinerinnen im selben Zeitraum erheblich weniger Zulauf. R. Trexler hingegen behauptet für die Toscana im Spätmittelalter, daß die Anzahl von Nonnen in Städten wie Florenz, Venedig und Mailand um 13% höher gelegen habe.[69] Das einzige, was festzustehen scheint ist, daß im 13. und 14. Jahrhundert mehr Kandidaten an die Tore der Klöster pochten als aufgenommen werden konnten. Damit war einer der Grundsteine für die Verbreitung der Beginenbewegung gelegt, die zwar religiösen, doch nicht kirchlichen Charakter hatte. Ähnlich wie im Fall der Frauenorden läßt sich ihre Blüte aus der Suche nach einer gottgefälligen Lebensführung – unter Einschluß wirtschaftlicher und gesellschaftlicher Motive – erklären.

Klosterleben

Zu Beginn des 12. Jahrhunderts schlossen sich viele Frauen den neuen Gemeinschaften der Zisterzienser und Prämonstratenser, nur wenige den Kartäusern an[70]; hundert Jahre später folgte eine stattliche Zahl dem Ruf der Bettelorden. Manche, wie etwa die Benediktinerinnen, verließen ihre eigenen Klöster und wechselten entweder in die neuen Orden über, da diese eine getreuere Befolgung der Benediktinerregel, größere Strenge und Askese auf ihre Fahnen geschrieben hatten, oder schlossen sich den Klarissen an, die völlige Armut und ein Wanderpredigerdasein im Geiste der Apostel praktizierten.

Anfangs verrichteten Zisterzienserinnen und Prämonstratenserinnen mehr körperliche Arbeit als andere, doch nahm man innerhalb kürzester Zeit in Männer- wie Frauenklöstern hiervon Abstand: Das herrschaftliche Leben, für die Benediktinerabteien charakteristisch, hielt auch bei ihnen Einzug. Da die Klarissen auf kirchlichen Befehl ebenso abgeschieden lebten wie die Benediktinerinnen und das Praktizieren absoluter Armut ein Sonderrecht blieb, das lediglich – auf Bitten der heiligen Klara – dem Kloster S. Damian, später auch Agnes von Prag, zugestanden wurde, ließ sich ihre Klosterregel bald kaum noch von der der Benediktinerinnen oder Zisterzienserinnen unterscheiden. E. Powers Bericht über das Leben in englischen Benediktinerinnenklöstern trifft weitgehend auch auf andere Frauenorden zu, abgesehen vielleicht von den Kartäuserinnen, die eine strengere Askese und längere Klausurstunden einzuhalten pflegten. Ihnen gehörten jedoch nur wenige Frauen an.

Beten, arbeiten und lesen bestimmten den Tageslauf einer Nonne. Wie bei Mönchen beanspruchten Stundengebet und liturgische Hymnen die meiste Zeit; die erste Andacht dauerte von zwei Uhr morgens bis Sonnenaufgang, die letzte begann um acht Uhr abends. Rund fünf Stunden pro Tag blieben der Arbeit vorbehalten, die übrigen verteilten sich auf Lektüre und drei Mahlzeiten, wobei das Mittagessen von Lesungen und »nüchternen Vergnügungen« begleitet war. Nur wenige Schwestern betätigten sich innerhalb der Landwirtschaft – mit Ausnahme der ärmsten Klöster und der ersten Gründungsjahre der Zisterzienserabteien. Wo Not herrschte, besorgten Nonnen selbst die Hauswirtschaft einschließlich Kochen, Waschen, Spinnen und Weben. In der Beschaffung ihrer Lebensmittel waren die meisten Klöster nahezu autark: Gemüse, Fleisch und

Milchprodukte stammten aus eigener Produktion. Das Brot war selbstgebacken, das Bier eigenhändig gebraut. Nur Fisch, Salz und Gewürze mußten von außen geliefert werden. In reichen Klöstern erledigten Laienschwestern oder Mägde die Hausarbeit, während Nonnen sich mit Stickerei, Spinnerei, der Illumination oder Abschrift von Büchern beschäftigten. Neben der Äbtissin und ihrer Stellvertreterin existierte eine Reihe weiterer Amtsträgerinnen, wie die für Kirchengewänder und Kerzen verantwortliche Sakristantin, eine Kammernonne, die für die Tracht ihrer Mitschwestern zuständig war, und eine Kellermeisterin, die Verpflegung, Bedienstete und Nutzgarten beaufsichtigte. Der Lebensstandard, der sich u. a. an der Anzahl von Mägden, den Wohnverhältnissen und der Qualität der Mahlzeiten ablesen ließ, differierte in den einzelnen Klöstern beträchtlich. Zwar waren nach der Klosterregel feste Tage für Fleisch- und Fischgerichte vorgesehen, doch deren Menge und Qualität hingen wesentlich von der gesamtwirtschaftlichen Situation der Klöster ab: Im Spätmittelalter gerieten viele englische Klöster in Finanznöte, sei es, daß sie von Anbeginn keine ausreichenden Mittel besessen, sei es, daß sie eine vorhandene Ausstattung nicht zu nutzen gewußt hatten. In Erlassen, die nach Visitationen von Männer- und Frauenklöstern ergingen, untersagten Bischöfe den Klostervorstehern, ohne offizielle Zustimmung Bäume zu fällen, Renten zu gewähren oder Besitz zu veräußern, um durch solche Maßnahmen den wirtschaftlichen Verfall aufzuhalten. Auch die deutschen Benediktiner hatten in jener Zeit mit extremen Geldschwierigkeiten zu kämpfen.[71] Zwecks Abhilfe ließen manche Klöster Frauen aus Adelskreisen gegen Bezahlung in einem getrennten Gebäude wohnen, beispielsweise für die Zeit der Abwesenheit eines Ehemanns oder, im Fall von Witwen, bis zu ihrem Tod. Wie in Visitationsberichten nachzulesen ist, scheinen diese Damen, die sich weiterhin modisch-elegant kleideten, Schoßhündchen und Dienerinnen hielten und Gäste empfingen, auf Nonnen einen schlechten Einfluß ausgeübt zu haben. So versuchten die Bischöfe, derartige Gewohnheiten zu beenden, wenngleich es den Klöstern im allgemeinen schwer fiel, auf solche Einnahmequellen zu verzichten. Der Diözesanbischof von Lincoln berichtet über ein Vorkommnis in der Abtei Rothwell: Hier brachen Unbekannte in ein abgelegenes Nonnenkloster ein, entführten gewaltsam eine dort lebende Frau und vergewaltigten sie. Nonnen, die ihr zu Hilfe eilten, wurden zu Boden geworfen und mit Füßen getreten. Nach zeitgenössi-

scher Auffassung ein Beweis dafür, daß selbst eine Nonnen-
tracht Frauen vor Angriffen nicht zu schützen vermochte.[72]
Auch Ehepaare lebten hin und wieder gemeinsam im Kloster.
Speziell diese Erscheinung wurde von visitierenden Bischöfen
auf das strengste verurteilt, da sie ein »Erwachen der Fleischeslust« bei Nonnen befürchteten.[73]
Für die weltliche Gesellschaft jener Zeit waren Frauenklöster
nur von begrenztem Nutzen. Manche unterhielten Internats-
schulen für Mädchen und Jungen aus dem Adel und den
wohlhabenden städtischen Schichten. Wenn Eltern und Verwandte das Schul- und Verpflegungsgeld pflichtgemäß entrichteten, wurde das als eine willkommene Einnahmequelle begrüßt. Die allgemeine Bildung des Volkes wuchs durch solche
Institutionen jedoch nicht, da die Schüler zumeist aus den
gehobenen gesellschaftlichen Klassen stammten. Auch gab es,
zumindest in England, nur wenige Schulen dieser Art. Verbreiteter waren sie hingegen in italienischen Städten. Zisterzienserinnen durften generell keinen Unterricht für Knaben erteilen.
Einen anderen gesellschaftlichen Beitrag leisteten wohlhabende Mönchs- und Nonnenklöster, indem sie Almosen an die
Armen vergaben. Schwestern, denen ein Besuch der Elends-
viertel verboten war, spendeten ihre Gaben an Bedürftige in
ihrer näheren Umgebung. Daneben halfen Nonnen den Mönchen bei der Krankenpflege, und zwar speziell im Rahmen
frühmittelalterlicher Doppelklöster der Benediktiner sowie der
Prämonstratenser im 12. Jahrhundert. Allgemein wurden
Kranke im Hoch- und Spätmittelalter entweder von speziellen
Frauenorden versorgt oder von Laienschwestern, die, in religiöser Gemeinschaft lebend, einem Kloster als »dritter Orden«
angeschlossen waren. Im 13. Jahrhundert fügten Nonnen, die
der Augustinerregel folgten, ihren drei Gelübden ein viertes
hinzu, das Krankenpflege zu ihrer Pflicht machte. Sie waren es,
die die Leidenden im berühmten Pariser Hôtel Dieu betreuten.
Der Johanniterorden beispielsweise nahm Schwestern auf, die
in Hospitälern des Heiligen Landes, Zyperns und in verschiedenen europäischen Regionen gedient hatten. Auch unter Männern und Frauen, die sich im 13. und 14. Jahrhundert als
»dritter Orden« den Franziskanern und Dominikanern assozi-
ierten, widmete sich ein Großteil der Krankenpflege. Bei
Stiftungen an englische Krankenhäuser werden oftmals namentlich Brüder und Schwestern erwähnt, die dort ihren Dienst
versahen. Beispiele sind u. a. St. Catherine's in London,
St. Bartholomäus, das Heiligengrabhospital und St. Margaret in

58

Gloucester.[74] Ferner verdienen jene Nonnen Erwähnung, die ab dem 13. Jahrhundert im Hôtel Dieu von Angers oder in den verschiedensten Leprakrankenhäusern Westeuropas tätig waren. Die Betreuung von Kranken war allerdings im Mittelalter nicht ausschließlich eine Angelegenheit von Frauen; vielmehr arbeiteten hier Männer und Frauen Seite an Seite, wobei das Wort Krankenhaus nicht im modernen Sinn zu verstehen ist; ähnelten die damaligen Hospitäler doch eher Armenasylen und Altenheimen. Mit Ausnahme der Krankenpflege konnten die Zeitgenossen aus Frauenklöstern nur beschränkt Nutzen ziehen, im Vergleich zum gesellschaftlichen Beitrag, den die Mönche durchschnittlich leisteten. Dies trifft im Grunde auf die Gesamtheit des damaligen Geisteslebens zu, auch auf jene Bereiche, die, wie Kirchenführung und Mission, Nonnen verschlossen waren. Vergessen werden darf in diesem Zusammenhang nicht, daß das vorrangige Ziel eines Klosters nicht in tätiger Nächstenliebe bestand, sondern dem Seelenheil von Mönchen und Nonnen, sowie der Fürsprache der übrigen Mitmenschen galt. So läßt sich der Vorwurf nicht aufrechterhalten, daß Schwestern durch ihr abgeschiedenes Leben ihrer eigentlichen Zielsetzung untreu geworden wären; heißt es doch in den für sie verfaßten Leitfäden ausdrücklich: Verwandelt euer Kloster nicht in eine Schule; ein Grundsatz, den Petrus Damiani auch den Mönchen empfahl.[75] Wenngleich die Franziskaner und Dominikaner in ihrer evangelisierenden, weltlichen Tätigkeit einen anderen Weg beschritten, so hinderten sie doch von Anfang an die weiblichen Mitglieder ihres Parallelordens daran, es ihnen gleichzutun.

Obwohl fehlendes oder begrenztes Wirken innerhalb der Welt gegen die obersten Ziele des Klosterlebens nicht verstieß, so ist daraus nicht etwa die Schlußfolgerung abzuleiten, Abweichungen vom idealen Pfade seien nicht vorgekommen. Ganz im Gegenteil. Moralschriften jener Epoche und Berichte der Bischöfe und Ordensvertreter liefern uns manch ergiebiges Material. Ein beispielsweise in den Moralschriften des 13. und 14. Jahrhunderts wiederkehrender Vorwurf an Nonnen lautet, sie sännen stets auf neue Ausreden, um ihre Gebäude verlassen und sich mit ihren Liebhabern treffen zu können.[76] Jungen Männern sei es zudem ein leichtes, in ihre Klöster einzudringen. Sie gerierten sich häufig wie Damen der weltlichen Gesellschaft, und ihr Hauptinteresse gelte ihrer äußeren Schönheit. Daneben breite sich zunehmend die Gewohnheit unter Nonnen aus, mit ihren jugendlichen Besuchern zu singen und zu tanzen.

Unter den Zisterzienserinnen und Klarissen schließlich gäbe es solche, die sich eine eigene Zofe hielten und ihren Privatbesitz für persönliche Zwecke verwendeten[77] – eine Praxis, die uns daneben aus Testamentsprotokollen, in denen Nonnen von Familienmitgliedern ein Vermögen zu ausdrücklich persönlichem Gebrauch vererbt bekamen, überliefert ist.[78] Visitationsberichte über englische Benediktinerklöster geben uns im einzelnen Kenntnis darüber, daß Mönche und Nonnen es mit der Einhaltung von Gebetsstunden nicht immer genaunahmen. Wir erfahren pittoreske Details wie diese: Bei der ersten Andacht um zwei Uhr morgens pflegten sie sich zu verspäten oder ihre Kapelle unter merkwürdigen Ausflüchten vorzeitig zu verlassen, einige nickten ein, andere rasselten ihre Gebete widerwillig und in Windeseile herunter, verschluckten Silben und Wörter, damit sie schneller fertig würden. Die Aussagen visitierender Bischöfe stimmten mit der Kritik der Moralschriften darin überein, daß sie Nonnen der Eitelkeit bezichtigten und behaupteten, sie tanzten überaus gern und hielten sich ebensogern Schoßhunde. Das zum Teil luxuriöse Klosterleben geht aus einschlägigen Haushaltslisten hervor: Diese weisen einen Großteil von Posten für alkoholische Getränke, Spiele, Fackeln und Musikanten aus. Listen aller Kleidungs- und Schmuckstücke, die Nonnen verboten werden sollten, wurden auf Konzilen erstellt – jedoch vergeblich. Die modische Tracht der Schwestern ließ sich ebensowenig wie das Halten von Haustieren (Äffchen, Eichhörnchen, Vögel und vor allem kleine Hunde) verbannen. Kirchenführer, die hierin eine schwerwiegende Verletzung der Disziplin sahen, wurden nicht müde darauf hinzuweisen, daß solch mangelnde Lösung der Schwestern vom diesseitigen Leben, besonders ihr häufiger Empfang von Besuchern, ein schweres Schuldkonto darstelle.

Einem Großteil von Schwestern wurde vorgehalten, daß sie ihr Domizil ohne ausreichenden Grund verließen. Madame Eglantine, Vorsteherin eines kleinen Klosters, hat Chaucer nicht ohne Grund in seine »Canterbury-Erzählungen« aufgenommen. Sie bietet ein Beispiel für eine elegant gekleidete Nonne mit gepflegtem Benehmen, die sich einen Pinscher hält und jede Gelegenheit begrüßt, ihre Klostermauern für Wochen hinter sich lassen zu können, um – entgegen den bischöflichen Anordnungen – das Grab des heiligen Thomas Beckett aufzusuchen.[79] Wie in Visitationsberichten nachzulesen ist, begingen Nonnen hin und wieder außerhalb des Klosters »Sünden des Fleisches«[80], was die Verfasser von Moralschriften ohnehin behauptet hatten. Eine im 12. Jahrhundert verbreitete Legende erzählte in diesem Zusammenhang, die Jungfrau Maria habe in ihrer Güte das Neugeborene einer Nonne an sich genommen und es treuen Pflegeeltern übergeben. Vergleicht man die bischöflichen Berichte über Männer- und Frauenklöster, so ist das Ausmaß »abweichenden Verhaltens« bei beiden gleich: unziemliche Kleidung, Ausgang ohne ausreichenden Grund und mit der Absicht, einen Vertreter des anderen Geschlechts zu treffen, Empfang von Gästen über das erlaubte Maß hinaus, Wohnerlaubnis für Laien, Privatbesitz, Alkoholkonsum und großzügige Auslegung der Gebetszeiten;[81] all dies finden wir hier wie dort. Das einzige Delikt, dessen Nonnen im Hochmittelalter seltener als Mönche oder Priester bezichtigt wurden, waren homoerotische Beziehungen. Zwar lassen Anweisungen an Frauenklöster erkennen, daß ihre Verfasser sich solcher faktischen oder möglichen Vorkommnisse durchaus bewußt waren. So verfügten etwa Pariser Konzilsbeschlüsse ausdrücklich, daß Nonnen nicht zusammen schlafen und das Licht in ihrem Schlafsaal über Nacht nicht löschen durften; entsprechendes galt für Mönche seit der Benediktinerregel aus dem 6. Jahrhundert. Visitatoren der Diözese Lincoln verboten wiederholt, männliche oder weibliche Gäste im Dormitorium von Schwestern übernachten zu lassen. In einem für Nonnen grundlegenden Handbuch werden sie überdies angewiesen, bekleidet und gegürtet zu schlafen. Pierre Dubois, der sich für eine Reduzierung der Zahl von Klöstern einsetzte, wollte mit seinem Reformprogramm eine Reihe sündiger Praktiken beenden; abgeschafft werden sollten vor allem die Aufnahme von Nonnen gegen Bezahlung sowie die Wahl ungeeigneter, bzw. unwürdiger Frauen für das Amt einer Äbtissin oder Priorin. Wesentlich entschiedener räumte eine Schrift mit Übelständen bei den Lollarden auf: Hier heißt es, Mädchen und Witwen sollten besser heiraten, denn Gelübde ablegen. Sie seien im Durchschnitt schwach, besäßen kein Gefühl wahrer Berufung und begingen deshalb schwerste Sünden, wie lesbische Beziehungen, Sodomie und Onanie.[82]

Die englischen Klöster des 14. Jahrhunderts standen im Zeichen eines kulturellen Niedergangs. Körperliche Arbeit war zumeist weltlichen Mägden überlassen. Für eine Vielzahl von Nonnen gerieten die langen Gebetsstunden ohne den Ausgleich geistiger oder körperlicher Betätigung zur ermüdenden Routine. So verwundert es nicht, daß Schwestern – nach der Schilderung Humbert de Romans' – zu Müßiggang und Langeweile neigten.[83] Sofern das Moment eines aktiven Glaubens, damit ein Gefühl innerer Befriedigung und Ruhe fehlte, waren harmlose, zum Teil verbotene Freuden der einzige Schutz gegen Depression und Melancholie. Vom kulturellen und sittlichen Verfall waren indessen nicht alle Klöster jener Zeit betroffen. Für Deutschland und die Niederlande etwa brachte das 14. Jahrhundert eine Blüte der Nonnenorden und religiösen Frauenbewegungen. Deutsche Schwestern nahmen aktiv Anteil an den mystischen Strömungen jener Epoche, hörten Predigten der bedeutenden Mystiker, wie Meister Eckhart und Johannes Tauler, und zeichneten diese für die Nachwelt auf.

Bildung der Nonnen

In zahlreichen Klöstern waren fromme Frauen mit dem Abschreiben von Büchern beschäftigt, was eine gewisse Bildung zur Voraussetzung hatte. Die Unterweisung von Nonnen setzte mit den Anfängen des weiblichen Ordenswesens ein. Manche erwarben sich einen Grundbestand an Wissen vor ihrem Eintritt ins Kloster, andere, die bei ihrer Aufnahme Kinder waren, erhielten zugleich Unterricht im Lesen, Schreiben und Beten. Da die meisten kaum das Lateinische beherrschten, lernten sie Gebete und bisweilen ganze Abschnitte aus dem religiösen Schrifttum auswendig, was größere Sprachkenntnisse vortäuschen sollte. Abgesehen von lateinischen Gebeten und Kirchenliedern wurden Nonnen mit ausgewählten Kapiteln aus der Heiligen Schrift, den Werken der Kirchenväter, den Lebensgeschichten der Heiligen und Ordensgründer sowie der Regel ihres Klosters in Übersetzung vertraut gemacht. Das Studium dieser Werke war bestimmten Stundes des Tages vorbehalten. Daneben war es üblich, daß während einer der Mahlzeiten Texte in lateinischer Sprache vorgetragen wurden, etwa Homilien, Abschnitte aus der Ordensregel, der Liturgie, den Werken der Kirchenväter u. a. m. Einige Lateinkenntnisse erwarben die Zuhörerinnen während dieser Lesungen.[84]
Da Schwestern zum überwiegenden Teil des Abschreibens kundig waren, gehörte die Übertragung und Illumination von Büchern zu ihren traditionellen Beschäftigungen. Einige Frauenklöster, wie die Zisterzienserinnen von Nazareth bei Lierre und La Ramée, entwickelten sich in der ersten Hälfte des 13. Jahrhunderts zu in Westeuropa bekannten Zentren der Buchmalerei und Kalligraphie.

Das Recht einer Nonne auf Ausbildung war allgemein anerkannt, selbst von den frauenfeindlichen Autoren didaktischer Schriften.[85] Auch Abälard, der ansonsten Frauenklöster der Herrschaft eines Abtes unterstellt wissen wollte, setzte sich für eine gründliche Unterweisung von Schwestern ein.[86] Ende des 13. Jahrhunderts beschloß das Provinzkapitel der deutschen Dominikaner, gelehrte Brüder mit der Unterweisung von Nonnen zu beauftragen. Im 12. Jahrhundert übernahmen Domschulen diese Funktion, im 13. schließlich Universitäten und Dominikanerkollegien. Was Universitäten betrifft, so waren Nonnen nicht privilegierter als ihre weltlichen Geschlechtsgenossinnen: Beiden blieben sie verschlossen. Insgesamt läßt sich feststellen, daß Klöster im Hochmittelalter nicht mehr Brennpunkte zeitgenössischer Gelehrsamkeit waren, wie etwa in der Karolingerzeit Fulda, St. Gallen und St. Martin de Tour oder noch im 11. Jahrhundert das Kloster Bec.

Die geschilderten generellen Zustände schlossen natürlich nicht aus, daß einzelne Schwestern sich mit Unterstützung von Priestern und Ordensbrüdern in Form eines Selbststudiums weiterbildeten und dabei ihre Kenntnisse über das übliche Maß ausdehnten und vertieften. Einige wurden zu Mysterikerinnen und Heiligen, deren Schriften uns überliefert sind. Obgleich die meisten gebildeten Nonnen in der Zeit des Hochmittelalters anzutreffen sind, gibt es doch bereits in früheren Epochen analoge Erscheinungen; so etwa im 10. Jahrhundert die Benediktinerin Roswitha von Gandersheim. Nicht nur war sie in der Bibel wie in den Schriften der Kirchenväter äußerst bewandert, sondern kannte gleichermaßen die Werke der römischen Dichter Vergil, Horaz, Ovid, Plautus und vor allem Terenz, den sie sich bei ihren Stücken zum Vorbild nahm. Sie verfaßte mehrere Heiligenlegenden, Gedichte, Schauspiele und ein historisches Epos über die Regierungszeit Ottos des Großen. In ihren Stücken kontrastierte sie den leichtsinnigen und charakterschwachen Frauengestalten aus den Komödien Terenz' die Frömmigkeit und Glaubensstärke christlicher Frauen und Märtyrerinnen.

Mechthild von Hackeborn und die heilige Gertrud sind weitere Beispiele äußerst gebildeter Nonnen. Nachdem sie viel Zeit auf das, wie Gertrud bekennt, sündige Studium der sieben freien Künste verwandt habe, sei sie von einer Grammatikerin zur Theologen geworden. Neben mystischen Visionen verfaßte sie Bücher über das Leben von Heiligen sowie ein Gebetbuch mit dem Titel »Geistliche Übungen«.[87] Als dritte herausragende

Persönlichkeit verdient Mechthild von Magdeburg Erwähnung. Ihr ist das erste mystische Werk in deutscher Sprache zu verdanken, das die gesamte deutsche Mystik nachhaltig beeinflußte; dennoch war sie weniger umfassend gebildet als die beiden genannten Vertreterinnen. Zum Werk Hildegards von Bingen schließlich aus der ersten Hälfte des 12. Jahrhunderts gehört neben Visionen und theologischen Abhandlungen ein umfangreicher Briefwechsel, den sie mit kirchlichen und weltlichen Größen ihrer Zeit unterhielt; sodann ein Mysterienspiel, Lebensbeschreibungen des Ortsheiligen Rupert und eines irischen Missionars, heilkundliche Bücher sowie eine Sammlung musikalischer Kompositionen, die ihr zugeschrieben wurden. Ihre Visionen und übrigen Schriften zeugen von großen naturwissenschaftlichen Kenntnissen. Daneben scheint sie mit der Bibel ebenso vertraut gewesen zu sein wie mit einzelnen Werken von Augustinus, Boëthius, Isidor von Sevilla, Bernardus Silvestris, Aristoteles und Galenus. Offensichtlich, das zeigen ihre Erörterungen, rangieren für sie faktische Geschehnisabläufe, moralische Wahrheiten und geistige Erfahrungen auf ein und derselben Ebene: Sie werden beschrieben, als seien sie insgesamt die Frucht von Eingebung und Offenbarung, hierin Dantes »Göttlicher Komödie« vergleichbar.[88]

Die Liste gelehrter Schwestern aus dem Hochmittelalter ließe sich anhand schriftlicher Zeugnisse beliebig fortsetzen. Sie verdeutlicht, daß eine begabte und differenzierte Nonne die Fundamente ihrer Bildung wesentlich bequemer und unbehinderter ausbauen konnte als weltliche Frauen; obwohl ihr Wissenserwerb von der Gesellschaft widerspruchslos akzeptiert wurde, blieben ihr dennoch die universitären Bildungsanstalten verschlossen. Somit konnten Schwestern an der Entwicklung der zentralen Bereiche hochmittelalterlichen Kulturschaffens, der scholastischen Philosophie und Theologie sowie den Rechts- und Naturwissenschaften nicht aktiv mitwirken. Das einzige Gebiet, das sie maßgeblich beeinflußten, war die Mystik. Ob sich ein wesentlich anderes Bild abgezeichnet hätte, wenn Frauen eine Möglichkeit zur philosophischen und theologischen Ausbildung auf Universitäten und Kollegien erhalten hätten, muß dahingestellt bleiben.

Beginen

Die Beginenbewegung trug eindeutig religiöse Züge. Aus diesem Grund kann man ihre Mitglieder zu den Beterinnen rechnen, obwohl sie nicht kirchlich institutionalisiert waren. Sie entstand Ende des 13. Jahrhunderts spontan, und zwar von belgischen Städten ausgehend, und verbreitete sich dann über das Rheinland sowie Nord- und Südfrankreich. Ihrem Charakter nach glich sie den religiösen Bewegungen Nordeuropas, deren Anhänger ein erfülltes Glaubensleben suchten und eine Nachfolge Jesu durch Keuschheit, Buße, Gebet, Armut, körperliche Arbeit und ein Wirken unter Kranken und Elenden anstrebten. Frauen, die sich vom Beginentum in seiner Frühzeit angezogen fühlten, schlossen sich anerkannten Nonnenorden aus unterschiedlichen Erwägungen nicht an; etwa, weil ihnen das Klosterleben als zu leicht und bequem erschien. Zudem konnten bestehende Klöster nicht alle potentiellen Kandidatinnen aufnehmen, nachdem insbesondere der weibliche Zweig der Prämonstratenser aufgelöst war und die Dominikaner sich ihrer Verantwortung für ihre Schwestern entledigt hatten. Die ersten Beginen stammten, hierin den Nonnen vergleichbar, fast ausnahmslos aus dem Adel und wohlhabenden Stadtbürgertum; sie waren von jenem Wunsch nach einem apostolischen Leben erfüllt, das einen Teil der Oberschicht kennzeichnete. Nach und nach wurde das Beginentum jedoch zum Anziehungspunkt für Städterinnen, die hier insofern ihre wirtschaftlich-sozialen Probleme lösen konnten, als das Einbringen einer Mitgift nicht erforderlich war. So stieg vor allem im 14. Jahrhundert angesichts der miserablen gesamtwirtschaftlichen Situation die Mitgliederzahl ärmerer Frauen. Als die Zünfte sich mehr und mehr abriegelten, schrumpften die Arbeitsmöglichkeiten für Frauen in der Stadt spürbar zusammen: Sie waren die ersten Leidtragenden der Krise. Das Beginentum erlaubte ihnen, außerhalb der Zünfte zu spinnen, zu weben[89], zu nähen oder Wäsche in Heimarbeit zu waschen. Andere erwarben sich ihren Lebensunterhalt durch Krankenpflege, vor allem in einzelnen belgischen Städten wie Lüttich, Löwen, Brügge und Brüssel. Daß daneben manche Stadtschulen von Beginen geführt wurden, läßt sich den Steuerlisten entnehmen.[90] Durch ihren Fleiß ernteten sie viel Anerkennung, wie aus den Äußerungen Humbert de Romans' hervorgeht, der ihnen zu Ehren das »Lob der tüchtigen Hausfrau« aus den Sprüchen Salomons zitiert.[91]

Anfangs wohnten Beginen allein oder im Elternhaus, spendeten einen Teil ihres Vermögens einemKloster oder den Armen und beschäftigten sich mit Gebet und barmherzigen Werken. Nach und nach begannen sie, sich in Häusern zusammenzutun, in denen sie ein streng geregeltes Leben unter Aufsicht einer Hausmutter führten. Wohltätigkeit, Gebet und Arbeit, sowie die Befolgung einer selbstgewählten Regel, bestimmten ihren Tageslauf. Sie rekrutierten sich aus Mädchen, verheirateten Frauen, die sich von ihren Männern getrennt hatten, und Witwen. Einige Geistliche, wie Jakob von Vitry, erkannten frühzeitig die Kraft dieser religiösen Frauenbewegung und ersuchten um eine päpstliche Erlaubnis dafür, sie beaufsichtigen, anleiten und sie in ihrem Unterhalt unterstützen zu dürfen. Im Jahre 1233 wurde ihrer Bitte nachgegeben: Papst Gregor IX. erkannte in seiner Bulle *Gloriam virginalem* die Bewegung, wenn auch nur indirekt, an.[92] Örtliche Pfarrgemeinden waren den Beginen behilflich, indem sie ihnen Gelände für die Einrichtung ihrer Häuser zuwiesen; von seiten der Stadtverwaltungen erhielten sie Steuerfreiheit. Auch führende Zisterzienser und Dominikaner bemühten sich um ihre geistliche Betreuung. Trotz ihrer beginnenden Tendenz zu einem »abgeschiedenen« Leben in Wohngemeinschaften und ihrer Teilanerkennung durch Päpste verwandelte sich die Bewegung jedoch weder in eine kirchliche noch semikirchliche Institution, wie die »dritten Orden« der Franziskaner und Dominikaner. Sie blieben vielmehr von Privilegien der Stadtregierungen abhängig, und ihre wirtschaftliche Betätigung unterlag den Satzungen der Zünfte. Wie sich bei ihnen keine feste Hierarchie, keine einheitliche Regel oder ein Aufsichtssystem entwickelte, so legten Beginen auch keine ewigen Gelübde ab. Sie konnten zu jeder Zeit die Gemeinschaft verlassen und heiraten. Eine Verpflichtung, ihren gesamten Besitz an die Armen zu verteilen oder Beginenhäusern zu übergeben, existierte nicht.[93] Dies alles zeigt: Von Anfang an gab es innerhalb dieser Bewegung mehr individuelle Handlungs- und Bewegungsfreiheit als innerhalb der Nonnenorden. Von ihren Mitgliedern wurden manche zu einflußreichen und hochgeachteten Persönlichkeiten, wie beispielsweise Marie von Oignies, eine Tochter aus reicher Familie, die ihr Vermögen an die Bedürftigen verteilte, sich einvernehmlich von ihrem Ehemann trennte, ein Leben in Keuschheit führte und auf andere wohlhabende Laien Einfluß nahm, damit sich diese ebenfalls von irdischem Besitz zugunsten des Mönchtums lösten. Auch Mystikerinnen und Heilige, wie Douceline von Digne, gehörten zur Beginenbewegung, die sich insgesamt bis zum Ende des 14. Jahrhunderts durch große geistige Aktivität auszeichnete. Der individualistische Geist, nicht durch Regeln und Überwachungssysteme eingeengt, hatte eine Kritik des kirchlichen Establishments zur Folge. Speziell ihre Bemühungen, die Heilige Schrift ins Deutsche oder Französische zu übertragen und eine neue Exegese zu verfassen, stieß auf kirchliche Ablehnung; ebenso ihre Erörterungen von Glaubensfragen in Anlehnung an übersetzte theologische Schriften. Das mytische Werk der Begine Margarete Porete mit dem Titel »Der Spiegel einfacher Seelen« wurde von kirchlicher Seite als häretisch verdammt und brachte sie 1310 auf den Scheiterhaufen.

Besonderen Zorn erregten jene Beginen, die nicht in Wohngemeinschaften, sondern weiterhin »inmitten der Welt« lebten. Man beschuldigte sie der Herumtreiberei, Bettelei, der unerlaubten Predigt, dogmatischer Abweichungen, bisweilen auch der Prostitution oder lesbischer Beziehungen.[94] Manche von ihnen hatten offenbar, wenn wir Jakob von Vitry Glauben schenken, paradigmatische mystische Erlebnisse, während derer sich einige jahrelang nicht von ihrem Lager erhoben;[95] andere überließen sich schlicht hysterisch-erotischen Träumereien. Durch diejenigen Beginen, die zu den Ketzern überwechselten, meist im Gefolge der Joachiten oder der Bewegung des »Freien Geistes« – die eine völlige Identifikation mit Gott bis zur Aufgabe des Ich propagierten –, geriet die Bewegung zunehmend in Verruf. Visionen über das dritte Zeitalter, in dem der Heilige Geist sich in einer Frau verkörpern werde, spielten hier eine ebenso wichtige Rolle[96] wie das Faktum, daß einige Beginen den spiritualen Franziskanern nahestanden, die als Ketzer galten.

Obwohl Bischöfe wie Päpste in ihren Dekreten zur Unterdrükkung der Bewegung im allgemeinen zwischen dogmatisch Irrenden und häretischen Beginen auf der einen Seite und deren »guten« Schwestern auf der anderen unterschieden, die in Gemeinschaften lebten, arbeiteten und rechtgläubig blieben, schlugen nicht selten Verfolgungswellen über allen zusammen. So wurden Beginen in der zweiten Hälfte des 14. Jahrhunderts in einem Zug mit Ketzerbewegungen von seiten der Inquisition verfolgt, weil man sie zu Unrecht mit jenen identifizierte. Auch von seiten der Zünfte waren sie Repressalien ausgesetzt: Aus Konkurrenzangst und Ärger über die Steuerfreiheit der Beginen wurden ihre gewerblichen Betätigungsmöglichkeiten eingeschränkt; Zünfte setzten Höchstgrenzen der Produktion für sie fest, untersagten ihnen die Benutzung bestimmter Werkzeuge und verlangten, daß sie ihre Erzeugnisse nicht unter eigenem Namen verkauften, um ihre Geltung auf dem Markt zu schwächen. So wurden Beginenhäuser im 15. Jahrhundert mehr oder weniger zu Zufluchtstätten von Anhängern, die sich weder mit theologischen Fragen beschäftigten, noch in der Lage waren, sich durch eigener Hände Arbeit zu ernähren. Ein Résumé der Bewegung in einem Satz könnte lauten: Durch das Beginentum hatten Frauen einen wesentlichen Anteil an nicht-institutionalisierten Glaubensbewegungen, der gesellschaftlich ebenso maßgeblich war wie jener an berühmten Orden und ketzerischen Bewegungen.[97]

Mystikerinnen

Ihren wichtigsten Beitrag zum mittelalterlichen Geistesleben leisteten Frauen zweifellos auf dem Gebiet christlicher Mystik, die ohne Gestalten wie Angela von Foligno, Brigitte von Schweden, Katharina von Siena, die heilige Gertrud, Hildegard von Bingen, Juliana von Norwich, Mechthild von Hackeborn und Mechthild von Magdeburg nicht vorstellbar wäre.[98] Da wir im Rahmen einer Geschichte der Frau im Mittelalter nicht eine eingehende Analyse ihrer Schriften vornehmen und auch nicht das Wesen christlicher Mystik erörtern können, wenden wir uns zwei Problemkreisen zu: Der Stellung von Mystikerinnen innerhalb der mittelalterlichen christlichen Gesellschaft sowie der Frage, ob ihre Werke spezifische Merkmale aufweisen, die sie von denen ihrer männlichen Kollegen unterscheiden.
Die großen Mystikerinnen waren angesehen und geehrt wie kaum andere Frauen jener Epoche. So schrieb Bernhard von Clairvaux im 12. Jahrhundert an Hildegard von Bingen: »Wir preisen die göttliche Gnade, die in dir wohnt... Wie kann ich dich zu lehren oder zu beraten wagen, die du verborgenen Wissens teilhaftig geworden bist, und der Einfluß von Christi Salbung in dir weiterlebt. Du bedarfst keiner Unterweisung mehr, denn von dir sagt man, daß du fähig seist, die himmlischen Geheimnisse zu prüfen und im Lichte des Heiligen Geistes zu erkennen, was jenseits menschlicher Erfahrung ruht. An mir ist es, dich zu bitten, mich und diejenigen, die mir in geistiger Brüderlichkeit verbunden sind, vor Gott nicht zu vergessen...«[99] Aus diesen Worten geht die Anerkennung

einer der Mystikerin eigenen Heiligkeit hervor, die weder an Amt noch Titel gebunden war. Sie ist dem Ruhm weniger Prophetinnen aus dem Alten und Neuen Testament vergleichbar. So zählte denn auch ein Teil der Mystikerinnen zu christlichen Heiligen, denen bisweilen zu Lebzeiten besondere prophetische Kräfte zugesprochen wurden (ihre Kanonisierung erfolgte erst nach ihrem Tod). Bei einem Chronisten lesen wir über Hildegard von Bingen und Elisabeth von Schönau: »Gott offenbarte seine Stärke durch das schwache Geschlecht, durch zwei seiner Dienerinnen... sie waren von der Fähigkeit der Prophetie erfüllt...«[100] Auch Franz von Assisi glaubte an Heilkräfte der heiligen Klara; seinen Bruder Stephan sandte er zu ihr, da sich sein Geist verwirrt hatte. Nachdem sie das Zeichen des Kreuzes über ihm gemacht hatte, legte er sich an dem Ort schlafen, an dem sie gewöhnlich betete; als er am nächsten Morgen aufstand, war er geheilt.[101] Im Verhalten der Kirche gegenüber Mystikerinnen berief man sich beinah einhellig auf folgende Unterscheidung: Zwischen einer Kraft, die von Gott geschenkt und allein auf der Persönlichkeit beruhe, und priesterlicher Autorität und Würde; dazu Thomas von Aquin: »Die Prophetie ist kein Sakrament, sondern eine Gabe Gottes... Das weibliche Geschlecht versinnbildlicht nicht die Überlegenheit ihres Standes, hat es sich doch unterzuordnen; das heißt: Einer Frau steht das Sakrament der Priesterweihe nicht zu. Da sie sich aber in ihrer Seele nicht vom Manne unterscheidet, so folgt daraus, daß sie die Gabe der Prophetie empfangen kann, nicht jedoch das priesterliche Sakrament.«[102] Derartigen Vorstellungen über die zweitrangige Stellung von Frauen und ihre notwendige Unterordnung im Diesseits widersprachen Mystikerinnen nicht. Hildegard von Bingen etwa führt aus: »Als Gott den Menschen sah, sah er, daß er gut war, denn er war nach seinem Bilde und seiner Gestalt geschaffen. Bei der Erschaffung der Frau nahm Gott aber den Menschen zu Hilfe... Die Frau ist also eine Schöpfung des Mannes. Der Mann symbolisiert das Göttliche im Menschen, die Frau das Menschliche. Daher führt der Mann den Vorsitz beim diesseitigen Gericht, denn er regiert alle Geschöpfe, während die Frau seiner Herrschaft untersteht und sich ihm unterordnet.«[103] Mit dieser Interpretation der Schöpfungsgeschichte hielt Hildegard von Bingen an anerkannten Glaubenssätzen fest; sie sprach nicht im Namen eigener Weiblichkeit, sondern im Namen Gottes. Vielfache Anerkennung wurde ihr zuteil: Nicht nur von Bernhard von Clairvaux, sondern auch von Papst Eugen III.

und anderen Kirchenführern ihrer Epoche sowie den weltlichen Großen; unter ihnen König Heinrich II. von England und Eleonore von Aquitanien. Ihre Visionen wurden als Prophezeiungen betrachtet, und schließlich schrieb man ihr noch zu Lebzeiten Wundertaten zu. Katharina von Siena war nicht minder berühmt: Sie unterhielt Verbindungen zu wichtigen Zeitgenossen in Kirche und Staat und setzte sich beispielsweise für eine Rückkehr des Papstes von Avignon nach Rom ein. Zur Zeit des Schismas ergriff sie im Jahr 1378 Partei für Papst Urban VI. Auch jene Mystikerinnen, die weniger als Hildegard und Katharina am Zeitgeschehen teilnahmen, wurden von Äbten ihres Ordens und von ihren Beichtvätern anerkannt, denen sie hin und wieder ihre mystischen Visionen und Erlebnisse diktierten. In Büchern von Geistlichen über diese Frauen zeigt sich die Neigung, die Gabe ihrer Inspiration hervorzuheben, gleichzeitig aber ihre Bildung herunterzuspielen. So räumt denn Vincent de Beauvais zwar ein, daß Hildegard von Bingen ihm ihre Visionen lateinisch diktiert habe, meint jedoch, dies habe in der Stunde ihrer Inspiration nur wie im Traum geschehen können, da sie eine ungebildete Laiin gewesen sei.[104] Offensichtlich sahen jene Kirchenführer Bildung zu sehr in der Nachbarschaft von Amt und Titeln, wohingegen Eingebung als ein persönliches Geschenk Gottes gewertet wurde. Aufgrund dessen wurden Mystikerinnen zum klassischen Beispiel von Ausnahmegestalten, gesellschaftlich anerkannt und geachtet; waren doch Frauen, die sich in Kirchen- und Staatsführung einmischten, Herrschende anwiesen, wie sie zu handeln hätten, Gebete verfaßten und Visionen diktierten, eine radikale Abweichung von allen sonstigen anerkannten gesellschaftlichen Normen.

Betrachtet man die Gesamtheit der Mystikerinnen, die gebildeten und weniger gebildeten, so ist festzustellen, daß keine von ihnen ein ihren männlichen Kollegen vergleichbares umfassendes theologisches oder philosophisches Wissen besaß. Dabei haben wir durchaus anhand ihrer Schriften die Unterschiede in intellektuellen Fähigkeiten, im Bildungsstand und der schriftstellerischen Begabung einzelner berücksichtigt.

Analog den männlichen Mystikern des christlichen Abendlandes wirkten viele ihrer Schwestern innerweltlich. Religiöses Erleben führte bei ihnen nicht zur Abkehr, vielmehr zur Teilnahme am irdischen Geschehen. Wenngleich manche bereits in ihrer Kindheit eine Hinwendung zu religiöser Lebensführung, Gebet und Meditation erkennen ließen und erklärten, daß sie allein Jesus angetraut werden wollten, wurden sie doch als Erwachsene auf verschiedenen Gebieten tätig. Hildegard von Bingen stellt ein prominentes Beispiel dar: Sie reagierte auf alle wichtigen Ereignisse ihrer Epoche, prangerte in ihren Predigten die Sünden ihrer Zeitgenossen an; gleichzeitig war sie Äbtissin; zunächst lebte sie in einem Kloster bei Dissenberg, später wurde für ihre Benediktinerinnen ein eigenes Haus in der Nähe von Bingen gebaut, von wo aus sie ein Tochterkloster errichten ließ. Häufig entfernte sie sich aus den Klostermauern, um mit kirchlichen und weltlichen Persönlichkeiten zusammenzutreffen. Neben ihren vielfältigen Aktivitäten verfaßte sie Briefe an zahlreiche Zisterzienseräbte, um sie von einer Amtsniederlegung abzuhalten. Klostervorsteher ersuchten sie um ein Gutachten über die moralische und organisatorische Lage ihres Ordens, wobei Hildegard mit ihrer Kritik am Verhalten einzelner Mönche und ihrer Abweichung von der Klosterregel nicht zurückhaltend war. Das Faktum, daß man ihr mystische, exegetische und zuweilen theologische Probleme vorlegte, beweist, daß sie als moralische und religiöse Autorität galt.[105] Katharina von Siena war nicht weniger wirksam: Jahrelang widmete sie sich der Pflege von Armen und Kranken sowie der Rückkehr reuiger Sünder in den Schoß der Kirche; ferner übernahm sie den Vorsitz in einer großen Gemeinschaft, die zum dritten Orden der Dominikaner gehörte, beteiligte sich an der Vorbereitung eines Kreuzzuges gegen die Türken, mischte sich in die Auseinandersetzung der Florentiner mit dem Papsttum ein und bemühte sich um eine Rückkehr des Papstes nach Rom.

Jakob von Vitrys bereits erwähnte Charakteristik jener Beginen, die sich in eine Form ekstatischer Liebe zu Jesus steigerten (»sie verzehrten sich völlig in ihrer wundersamen Liebe zu Gott, bis es schien, als brächen sie unter der Last des Verlangens zusammen, und viele Jahre verließen sie ihr Lager nur zu seltenen Gelegenheiten... In stillem Frieden mit dem Herrn ruhend, wurden sie körperlich verformt, doch getröstet und gestärkt im Geiste...«)[106], trifft auf die großen Mystikerinnen nicht zu. Derart exzentrische Erscheinungen schienen mehr auf mangelnde Selbstdisziplin denn mystische Neigungen zurückzugehen. Wenngleich einige Mystikerinnen eine Periode totaler Abgeschiedenheit durchmachten, teilweise von körperlicher Schwäche begleitet, so folgte ihr doch in der Regel eine Zeit der Aktivität, die nur hin und wieder von Klausurintervallen unterbrochen wurde. Einsiedlerinnen wie Juliana von Norwich gehörten zu den bemerkenswerten Ausnahmen. Ansonsten ließen sich viele Mystikerinnen durch Feiertage innerhalb des katholischen Kirchenjahrs und neue Anbetungsformen, wie etwa die Herz-Jesu-Verehrung, inspirieren; besonders die heilige Gertrud sowie Mechthild von Hackeborn förderten ihre Verbreitung im Kreise der Mönche und Mystiker des 13. und 14. Jahrhunderts in wesentlichem Maße.[107] Die belgische Mystikerin Juliane von Cornillon, überzeugt von ihren Visionen, setzte sich dafür ein, daß eingedenk der Stiftung der heiligen Eucharistie, dem Leib Christi ein besonderer Feiertag gewidmet wurde. Nachdem er zunächst von Mönchen und Nonnen der Zisterzienser, Franziskaner und Dominikaner und den Beginen gefeiert wurde, breitete er sich rasch nach seiner Anerkennung durch Theologen über die gesamte westliche Christenheit aus.[108]

Unterschieden sich, um zu unserer zweiten Frage zu kommen, die Schriften der Mystikerinnen in spezifischer Weise von denen ihrer männlichen Kollegen? Kritiker lieben es, auf den Gefühlsüberschwang in weiblichen Schriften hinzuweisen, der an Hysterie und Narzißmus grenze.[109] So betont z. B. Gershom Scholem den ausgeprägt sentimentalen Charakter weiblicher Mystik neben ihren autobiographischen und subjektiven Zügen. Im Gegensatz dazu sei die jüdische Kabbalah nüchterndistanzierter, objektiver und lehrhafter, eine Form von Mystik, die in historischer wie metaphysischer Perspektive vom männlichen Geist geprägt sei.[110] Wenngleich solcher Kritik eine gewisse Berechtigung nicht abzusprechen ist, so darf sie doch nicht an der weiblichen Natur festgemacht werden. Vielmehr ist die Emotionalität mystischer Visionen von Frauen vor dem Hintergrund bestimmter christlicher Symbole zu betrachten, mit Hilfe derer das Bild der Jungfrau Maria oder der Dreieinigkeit entworfen wurde.[111] Ein Hauptthema mystischer Betrachtung war die Person Gottes in Menschengestalt, der menschliche Körper des am Kreuz leidenden Heilands. Bei Angela von Foligno ist zu lesen: »Er erschien mir mehrere Male im Traum und im Wachen, ans Kreuz geschlagen, und forderte mich auf, seine Wunden zu betrachten...«[112] Wenn Mystikerinnen sich an einen männlichen Gott in Menschengestalt wandten, so taten sie dies in der Vorstellung, dessen Braut, Witwe oder auch trauernde Mutter zu sein. In einer ihrer Visionen diktierte Angela von Foligno: »Als ich am Kreuze stand, legte ich meine Kleider ab und bot mich ihm selbst dar. Dabei versprach ich ihm, meine Keuschheit zu bewahren und ihn nicht durch eines meiner Glieder zu verletzen.«[113] Erotische Untertöne sind hier unüberhörbar – eine Form von Anspielung auf erotische Elemente, die eine lange Tradition hatten, und aus der Beziehung zwischen Mann und Frau auf das Verhältnis des Menschen zu Gott übertragen worden waren. Bereits frühchristliche Denker und Mystiker griffen auf Vorstellungen aus dem Ehe- und Liebesleben zurück zwecks Versinnbildlichung religiöser Erlebnisse und kirchlicher Organisationsformen. Während beispielsweise im 3. Jahrhundert Christen das Hohelied im Sinne eines Dialogs zwischen Christus und der Kirche interpretierten, trug Bernhard von Clairvaux entscheidend dazu bei, es im Sinne eines Zwiegesprächs der Seele mit Gott zu verstehen. Das Hohelied betrachtete er als Ausdruck eines seelischen Verlangens nach Gott und als mystischen Hochzeitsgesang.[114] Wer die Ausführungen der Mystikerinnen über ihre spirituelle Ehe mit Jesus nicht als Sinnbild geistigen Erlebens, vielmehr als Surrogat sexueller Bedürfnisse versteht, kann mit demselben Recht die Visionen der Mystiker als Ersatzhandlungen für Beziehungen zu Vater, Mutter oder Frau, bzw. für homoerotische Beziehungen auslegen. Beispiele hierfür lassen sich in Hülle und Fülle beibringen; etwa der Brief Bernhards von Clairvaux an einen jungen Adligen, der sich fürs Klosterleben entschieden hatte, und in dem es heißt: »Wenn du den Stich einer Versuchung spürst, so sieh die eherne Schlange an, die über dem Kreuz erhöht ist, und die Wunden des Gekreuzigten und seine Brust werden deinen Durst stillen. Er selbst wird dir Mutter sein und du ihm Sohn; die Nägel können den Gekreuzigten nicht verletzen, ohne daß deine Hände und Füße berührt würden.«[115] Oder bei Philipp dem Kartäuser ist in einem Marienlied zu lesen: »Du bist mir Vater, Mutter, Bruder und Schwester, Leben und Heil, in dir bin ich nicht verloren. Du bist mein geliebter Bräutigam. Dir gebe ich meine Jungfräulichkeit, du bist mein Gatte, voll Anmut. Meine Seele sehnt sich immerfort nach dir, mein Geliebter und Freund.«[116] Und in der mystischen Schrift »Buch der Liebenden«, von Raimundus Lullus im 14. Jahrhundert verfaßt, heißt es: »Du bist alles und durch alles und in allem. Ich gebe dir mein ganzes Selbst, damit du ganz mein bist und ich ganz dein... Die Geliebte antwortete: Ich kann nicht ganz dein werden, wenn du nicht ganz mein bist, und der Geliebte sprach: Wohlan, ich werde ganz dein und du wirst ganz mein... Die Liebenden trafen sich, und die Geliebte sagte zum Geliebten: Es ist nicht nötig, daß du zu mir sprichst. Gib mir nur ein Zeichen mit den Augen, denn dies sind

Worte zu meinem Herzen – damit ich dir alles geben kann, was du begehrst.[117] Ähnlich hört Mechthild von Magdeburg der Liebe Stimme zu sich sprechen: »Ich habe dich gefangen, weil es mein Wille war; ich habe dich gefesselt und bin froh darüber. Ich habe dich verletzt, damit du dich mit mir vereinen kannst. Wenn ich dir Schläge erteilt habe, so dazu, damit du mein würdest.«[118] Solche Hervorhebungen der Liebe innerhalb der christlichen Mystik, und zwar auf männlicher wie weiblicher Seite, bestehen auf der christlichen Vorstellung, daß Gott aus Liebe zum Menschen Mensch wurde, um ihn von seinen Sünden zu erlösen, somit die Liebe Gottes zum Menschen der Liebe des Menschen zu Gott vorausging.

Nach den Viten jener Heiligen, die Mystiker waren, zu urteilen, ähnelten sich die Wege beider Geschlechter zum mystischen Erleben weitgehend: Träume bei Nacht, Gesichte beim Erwachen und schwere Krankheiten. Viele waren förmlich auf Leidenserfahrungen versessen; mit inneren Qualen, die einen Reinigungs- und Lösungsprozeß von der Knechtschaft weltlicher Sinnenhaftigkeit und Leidenschaft begleiteten, begnügten sie sich keineswegs. Leiden und Armut wurden als mystische Werte begriffen und im Blick auf eine seelische Befreiung idealisiert. Im Zusammenhang hiermit ist eine Erscheinung unter Nonnen und Beginen des 14. Jahrhunderts bemerkenswert: Angeregt durch eine zunehmende Verehrung des Leibes Christi, brannten viele von ihnen geradezu darauf, das Sakrament der Eucharistie zu empfangen, in dem sich ihnen der Heiland offenbarte. Nicht selten verloren Nonnen jegliche Selbstbeherrschung beim Empfang des Sakraments. Ordensobere der Zisterzienser untersagten ihnen daraufhin, an ihm teilzuhaben. Da solches Verhalten auch unter den Zisterzienserbrüdern überhand nahm, sah sich der Abt des Klosters von Villers dazu gezwungen, anzuordnen, daß Mönche höchstens einmal pro Woche kommunizieren durften.[119]

Die Gesamtheit der Schriften von Mystikerinnen zeigen unterschiedliche Merkmale; manche zeichneten sich durch einen vergleichsweise nüchternen und nuancierten Stil aus; so etwa diejenigen Mechthilds von Magdeburg, die stets aufs neue hervorhob, daß ihre Visionen nicht äußerlicher Natur seien: »Die Gabe Gottes läßt sich mit natürlichen Sinnen nicht erfassen; daher irren jene, deren Geist sich nicht der unsichtbaren Wahrheit öffnet. Was man mit leiblichen Augen sehen, mit leiblichen Ohren hören, mit leiblichem Mund ausdrücken kann, unterscheidet sich von der Wahrheit, die der liebenden Seele offenbar wird, wie das Licht der Kerze von der Sonne.«[120] Auch die Schriften Julianas von Norwich sind relativ frei von Exzessivität und Hysterie, betont sie doch den entscheidenden Unterschied zwischen Mensch und Gott und: daß der Mensch im Göttlichen nicht aufzugehen vermöge.[121]

Wie schwierig es in Einzelfällen sein konnte, die Inhalte mystischer Werke von denen häretischer abzugrenzen, zeigt das Beispiel des bereits erwähnten Buches »Der Spiegel der einfachen Seelen« von Margarete Porete, einer Begine. Sie hatte sich vor einem Pariser Gericht zu verteidigen, lehnte es aber ab, die ihr gestellten Fragen zu beantworten. Im Jahr 1310 endete sie auf dem Scheiterhaufen. Inhalt ihrer Schrift waren die sieben Stufen göttlicher Gnade, die die Seele auf dem Weg ihrer Vereinigung mit Gott zu bewältigen hatte. Die siebte und höchste Sprosse würde erst in der jenseitigen Welt erreicht. Auf der sechsten jedoch gleiche die Seele bereits den Engeln: Nichts trenne mehr ihre Liebe von der göttlichen. Da sie Gott in sich selbst gefunden habe, brauche sie auch nicht mehr die Sakramente der Kirche. Der Prozeß gegen Margarete fand in einer von Spannung und Nervosität erfüllten Zeit statt: Die Templer standen vor Gericht; eine Reihe anderer Personen wurde angeklagt, Hexenkünste zu politischen Zwecken eingesetzt zu haben. Obwohl die Richter nur einzelne, von der Inquisition gebrandmarkte Passagen des Buches zur Kenntnis nahmen, sprach bereits gegen Margarete, daß sie nicht Nonne, sondern Begine war, wie sich überhaupt die zeitgenössische Kirche äußerst ambivalent gegenüber dem Beginentum verhielt. Angesichts dieses Faktums ist es besonders aufschlußreich, daß zahlreiche Abschriften des Buches in diversen Klöstern aufbewahrt wurden – und das, nachdem man sie als Ketzerin verbrannt hatte. Im 15. Jahrhundert wurde ihr Buch dem bekannten flämischen Mystiker Jan Ruysbroek zugeschrieben. Offensichtlich tat man sich schwer damit, zwischen Werken männlicher und weiblicher Mystiker zu unterscheiden.[122] So liegt die Vermutung nahe, daß, untersuchte man die Gesamtheit mystischer Schriften, man herausfinden würde, daß ihre Eigenheiten weniger geschlechtsspezifisch, denn durch maßgebliche christliche Glaubenssätze bestimmt sind.

4. Verheiratete Frauen

Beterinnen, einschließlich jener, die keine Gelübde ablegten, sondern sich für das enthaltsame Leben einer Laienschwester, Tertiarin oder Begine im Schatten eines Nonnenordens entschieden, stellten unter mittelalterlichen Frauen eine Minderheit dar. Speziell Frauen aus der Arbeiterschicht zogen häufig ein weltliches Junggesellendasein aus finanziellen oder persönlichen Gründen einer kirchlichen Alternative vor; dasselbe galt für einen Teil der Witwen. Wenngleich man gemeinhin unwillkürlich den Begriff Mittelalter mit dem des Mönchstums assoziiert, so gilt doch für die gesamte Epoche, daß die geistige, psychologische und kulturelle Bedeutung des Mönchstums und seines Keuschheitsideals sich umgekehrt verhielt zur Zahl derjenigen, die diese Lebensform tatsächlich praktizierten.[1]

Kirchentheorien über die Ehe

Wie wir in früherem Zusammenhang gesehen haben, wurde Keuschheit schon in frühchristlicher Zeit zwar nicht zur Pflicht, doch christlichen Lebensweise erklärt. Paulus sah in der Ehe eine Konzession an die Schwäche des Fleisches: »Wenn sie sich aber nicht enthalten können, sollen sie heiraten; denn es ist besser zu heiraten als sich in Begierde zu verzehren.« (1.Korinther 7,9). Nach paulinischer Auffassung besitzt die Ehe keinerlei Eigenwert: Sie hat ihr Ziel in der Fortpflanzung. Indem sie von der Kirche im 8.Jahrhundert zu einem Sakrament erklärt wurde (dem einzigen, das nicht vom Priester gespendet, sondern von Ehegatten einander gespendet wird), waren eheliche Beziehungen zwischen Mann und Frau – im Gegensatz zu außerehelichen Verhältnissen – vom sündigen in einen geheiligten Bezirk verlagert worden. Weitere Ehegesetze und -bräuche wurden von der Kirche schrittweise entwickelt; ab dem 11.Jahrhundert mußten Familienrechtsangelegenheiten vor kanonischen Gerichten verhandelt werden. Unter Berufung auf Textstellen aus dem Neuen Testament stellten Geistliche eine positive Ehetheorie auf, wenngleich die Vorstellung, sie sei im Vergleich zur Keuschheit als eine niedrige Lebensform einzustufen, direkt oder indirekt immer wieder auftauchte.

Eheliche Liebe und Freundschaft verbinden sich bei Paulus mit der Feststellung, daß ein Ehemann Herr und Meister seiner Frau sei: »So sollen auch Männer ihre Frauen lieben wie ihren eigenen Leib. Wer seine Frau liebt, der liebt sich selbst.« (Epheser 5,28). »Frauen sollen sich ihren Männern unterordnen wie dem Herrn. Denn der Mann ist das Haupt der Frau, wie auch Christus Haupt der Gemeinde ist, die er erlöst hat.« (Epheser 5,22-23). Die hier gezogene Parallele zwischen Mann und Frau auf der einen und Christus und seiner Gemeinde auf der anderen Seite wird im folgenden deutlicher formuliert: »Ihr Männer, liebt eure Frauen, wie auch Christus die Gemeinde geliebt und sich selbst für sie hingegeben hat, um sie zu heiligen.« (Epheser 5,25). Unter Hinweis auf weitere Aussagen im Neuen Testament (Matthäus 5,31-32, Lukas 16,18) wurde die Ehe für unauflöslich erklärt, wiederum in Anspielung auf die Beziehung zwischen dem Heiland und seiner Herde. Ferner dienten Gleichnisse aus dem Bereich oder Ehe oder auch des Liebeslebens dazu, die Struktur kirchlicher Institutionen oder religiösen Lebens zu versinnbildlichen. Der eindrucksvolle zeremonielle Rahmen, innerhalb dessen eine junge Novizin ihre Gelübde ablegte und damit zur Braut Christi wurde, zeigt Anklänge an einen Traugottesdienst. Der Nonne wird ein Ring zum Zeichen ihrer mystischen Verlobung mit dem Heiland übergeben – und ihre Beziehungen zum himmlischen Bräutigam finden oftmals Ausdruck in erotischen Bildern aus dem Hohelied. Bei Einsetzungsfeierlichkeiten für einen neuen Bischof erhält auch dieser einen Ring zum Zeichen seiner Vermählung mit der Kirche. Während der kirchlichen Reform im 11. Jahrhundert verfaßte Schriften verglichen einen Bischof, der sein Amt käuflich erworben oder auf Druck eines weltlichen Herrschers erhalten hatte, mit einem Bräutigam, den man der Braut, also der Kirche, aufgezwungen habe. Solche Nötigung mache eine Braut zur Hure, einen Bräutigam zum vergewaltigenden Ehebrecher. Auch in Berichten über mystische Erlebnisse lesen wir immer wieder erotische Wendungen, die die Nähe der Begegnung mit Gott veranschaulichen sollen. Als eine Frau, die nach eigenen Worten jungfräulich vor den Herrn treten wollte, durch die »Schwäche ihres Fleisches« aber befleckt war, die heilige Gertrud um Rat ersuchte, antwortete ihr die Mystikerin in Christi Namen: »Wenn die Jungfräulichkeit durch menschliche Schwäche verletzt worden ist, die Betreffende aber von ganzem Herzen bereut, so werden die Flecke in den Augen des Erlösers wie Falten im Gewande erscheinen, und er wird die Reuige an seine Brust drücken. Ist sie jedoch durch zu viele Sünden verunreinigt, so werden sie der Süße der Liebe im Wege stehen, wie zuviele Kleider der Braut die Bewegung des Bräutigams behindern, der sie zu umarmen sucht.«[2]

In jenen geistlichen Schriften des Hochmittelalters, die die Ehe ausdrücklich bejahen, begegnet uns der Gedanke von Liebe und Partnerschaft häufig. So erklärt Petrus Lombardus etwa, warum die Frau aus des Mannes Rippe und nicht aus einem anderen Glied erschaffen wurde: Nicht aus dem Kopf, weil das den Anschein erweckt hätte, sie sei zu seiner Herrin bestellt; nicht aus dem Fuß, was hätte heißen können, sie solle seine Dienerin sein. Nicht Herrin noch Dienerin, sei sie aus des Mannes Rippe geformt worden, damit er erkenne, daß sie seine Gefährtin sei und daß ihre Verbindung sich auf Liebe gründen solle.[3] Auch Thomas von Aquin beschreibt die Ehe mit den Worten einer unauflöslichen Vereinigung der Herzen und einer Beziehung größtmöglicher Freundschaft zwischen den Partnern. Da Freundschaft Gleichheit erfordere, müsse die Ehe monogam sein, denn die Erfahrung lehre, daß Frauen durch Polygamie zu Sklavinnen würden; diese sei auch deshalb verboten, weil jedes Kind Anrecht auf einen Vater habe. Unter dem Einfluß der aristotelischen Lehre betont er daneben stets aufs neue die Natürlichkeit der Ehe.[4]

Weder Theologen noch Kirchenrechtler des Hochmittelalters betrachteten Vergnügen und Lust als Sinngebung ehelichen Geschlechtsverkehrs; beschrieben sie die Liebe von Partnern zueinander, so jeweils ohne die Komponente der Sexualität. Schon in den ersten frühchristlichen Jahrhunderten wurde unter dem Einfluß von Judentum und stoischer Philosophie und in Auseinandersetzungen mit der Frage der Geschlechtsbeziehungen von seiten der Gnostiker und Manichäer, die eine Fortpflanzung strikt ablehnten, folgendes erklärt: Empfängnis sei ein Rechtfertigungsgrund, wenn nicht für die Ehe überhaupt, so doch für sexuelle Aktivität. Indem sie die paulinische Auffassung von der Ehe als eines Schutzes gegen Unzucht außer acht ließen, beriefen sich die Kirchenväter zur Abstützung ihrer Anschauungen auf jene Stellen im Alten Testament, in denen Ehepartner zur Fortpflanzung verpflichtet werden, sowie auf entsprechende neutestamentarische Verse, und schließlich auf die Naturgesetze der Stoiker. Der Ablehnung geschlechtlicher Beziehungen aus einem Lustbedürfnis korrespondierten sowohl eine Idealisierung der Keuschheit, als auch christliche Vorbehalte gegen eine als heidnisch betrachtete zeitgenössische Sexualmoral. Dadurch daß die Kirche sexuelle Aktivität dem Zweck der Fortpflanzung unterordnete, antwortete sie damit gleichzeitig auf gnostische und manichäische Lehren.[5] Augustinus, der einen außerordentlichen Einfluß auf das christliche Denken des Mittelalters hatte, kommt wiederholt auf die Anschauung zurück, daß Geschlechtsverkehr, der nicht zum Zweck der Fortpflanzung geübt werde, reine Wollust bedeute, die ihren Ursprung in der Erbsünde habe. Einem Christenmenschen sei sie untersagt. Wenn der eheliche Verkehr schon zu dulden sei, so allein zum Zweck, Nachkommen zu zeugen.[6] Gratian, der im 12. Jahrhundert das kanonische Recht systematisierte, stellte fest, daß, wer seine Frau zu überschwänglich liebe, einem Ehebrecher gleichkomme;[7] sein wichtigster Kommentator, Huguccio, witterte unter Hinweis auf Gregor den Großen in jedem Geschlechtsakt – selbst dem zwecks Zeugung – Sündiges, und zwar wegen der ihm eigenen Lust.[8]

Aufgrund solcher Auffassungen lehnten Theologen und Kirchenrechtler nicht nur eine Anwendung von Verhütungsmitteln innerhalb der Ehe ab,[9] sondern auch jegliche Art sexuellen Verkehrs, die sich nicht eignete, eine Schwangerschaft herbeizuführen. Wie im 3. und 4. Jahrhundert mußte sich die Kirche im Hochmittelalter erneut mit den Auffassungen der Ketzerbewegungen auseinandersetzen: dieses Mal mit den Katharern, die, wie die Gnostiker und Manichäer, Sexualität und Fortpflanzung verurteilten. Gegen die Häretiker gerichtet machte sie deshalb geltend, daß auch verheiratete Menschen das Himmelreich erlangen könnten.[10]

Innerhalb dieses Problemkomplexes tauchten in der Diskussion weitere Komplikationen auf: Obwohl der eheliche Verkehr im Blick auf eine Zeugung von Kindern gebilligt wurde, und zwar im frühen Christentum bis über das Hochmittelalter hinaus, wurde dennoch nicht die Nachkommenschaft als ein höchster Wert betrachtet. So schrieb etwa Johannes Chrysostomos mit Bezug auf jene eschatologischen Spannungen, die die christlichen Gemeinden der ersten Jahrhunderte beherrschten: »Die Ehe wurde nach dem Sündenfall eingesetzt zum Trost für die Strafe des Todes, die den Menschen auferlegt war. Ein zum Sterben Verurteilter lebte in seinen Kindern weiter. Christi Auferstehung aber hat den Tod verschlungen.«[11] Und in einem

Brief des Hieronymus vom Ende des 4. Jahrhunderts an Eustochion heißt es: »Mögen jene heiraten und Kinder zeugen, an die sich der Fluch richtet: Im Schweiße deines Angesichts sollst du dein Brot essen, und die Erde soll dir Dornen und Disteln tragen; mein Same aber wird hundertfach aufgehen.«[12] Der verbreitete Glaube, daß Nachkommenschaft keinen Wert an sich darstelle, erwies sich als beharrlich. Extremen Ausdruck fand er im 12. Jahrhundert bei Burkhard von Morlaix, auch Bernhard von Cluny genannt, in seinem Buch »Über Weltverachtung«. Seine Zeitgenossen, weltliche wie kirchliche, kritisiert er hier aufs heftigste wegen ihrer verderbten Sitten. Frauen verdammt er als Ursprung der meisten Sünden, seien sie doch Fleisch, und nicht wie der Mann Geist. Da der große Bevölkerungszuwachs ihm Sorge bereitet, nimmt er auch die Ehe ins Kreuzfeuer. Die Herde von Menschen ohne religiöse Frömmigkeit breite sich ebenso ungezügelt aus, wie die Fleischeslust immer ungezügelter werde.[13]

Angesichts dessen, daß Kindersegen nicht hoch im Kurs stand, rühmten gemäßigtere Autoren, wie etwa Petrus Lombardus und Thomas von Aquin, stets aufs neue die Tugend absoluter Keuschheit, und zwar selbst im Rahmen der Ehe. Als mustergültiges Beispiel dienten ihnen Maria und Josef in ihrer Enthaltsamkeit. Über sie äußert Thomas von Aquin lapidar: Wie Petrus Lombardus vermerkt, ist eine Ehe ohne Sinnlichkeit heiliger.[14] Auf der anderen Seite rechtfertigten Theologen den Geschlechtsverkehr nicht nur mit dem Wunsch nach Kindern, sondern gelegentlich auch mit einem zweiten Gesichtspunkt: dem der gegenseitigen ehelichen Pflichten. Damit griffen sie indirekt auf den paulinischen Gedanken einer Vorbeugung von Unzucht durch die Ehe zurück, der sich auch bei Albertus Magnus findet.[15] Bestimmungen der Theologen und Kirchenrechtler über das sexuell Erlaubte bzw. Verbotene galten im allgemeinen für beide Geschlechter. Wie Keuschheit innerhalb der Ehe nur mit gegenseitigem Einverständnis geübt werden durfte, so benötigte auch der Partner, der sich in ein Kloster zurückziehen wollte, die Einwilligung des anderen.[16] Ivo von Chartres verfügte in seiner Epistel über den Templerorden, daß ein Kandidat die freiwillige Zustimmung seiner Frau brauche, da er sonst gewissermaßen nicht sich selbst, sondern den anderen opfere.[17]

In den Gedanken wechselseitiger ehelicher Verpflichtungen spielt die Auffassung von einer speziell weiblichen Geschlechtlichkeit hinein, die in kirchlichen Schriften unumwunden zum

Ausdruck gebracht wird. So richtet sich eine Reihe von Beichtfragen, die im 11. Jahrhundert von Burkhard von Worms
formuliert und später in einen Beichtspiegel aufgenommen
wurden, ausnahmslos an Frauen; in ihnen geht es neben der
Sünde der Abtreibung und Anwendung empfängnisverhüten-
der Mittel um folgende sexuelle Vergehen: lesbische Beziehungen, Erregung der Vagina mittels Gegenständen, die dem
männlichen Glied ähnlich sind, und um Verkehr mit Tieren.[18]
Fragen dieser Art kehren in späteren Beichtspiegeln wieder,
wie beispielsweise dem von Johannes Gerson aus dem 14. Jahrhundert;[19] sie zeugen von der Annahme, Frauen begingen
derartige Sünden mit dem Ziel einer Befriedigung ihres Ge-
schlechtstriebs, während im Fall weiblicher Beziehungen mit
einem Mann andere Beweggründe vermutet werden; z. B. der
Wunsch, ihm zu Willen zu sein und die eheliche Pflicht zu
erfüllen, Nachgeben durch Zwang oder Aussicht auf Belohnung. Jene Beichtfragen zeigen, daß ihre Verfasser vom Gedanken eines besonders ausgeprägten weiblichen Sexualtriebs
durchdrungen waren. Daher auch ihre Auffassung, eine Frau
verführe als ewige Versucherin der Heiligen und Mönche einen
Mann nicht nur, um ihn zu beherrschen oder zu Fall zu bringen,
sondern vor allem um eigener Sinnesbefriedigung willen. Beim
Thema weiblicher Sexualität stimmten die Einstellungen von
Theologen und Kanonikern mit medizinischen Schriften und
Werken der weltlichen Literatur überein. Nach der ärztlichen
Lehrmeinung jener Zeit beruhte die sexuelle Triebhaftigkeit
einer Frau auf ihrer besonderen physiologischen Natur, derzu-
folge sie den Geschlechtsakt stärker als ein Mann genieße, da
sie sowohl Samen abgäbe als auch aufnehme. Darüber hinaus
vermutete man einen engen Zusammenhang zwischen Lust-
gefühl und Empfängnis. Die Begründung lautete: Eine Frau
erzeuge in ihrem Innern Samen, der sich in der Gebärmutter
ansammle. Zur Befruchtung müsse der Samen ausgestoßen
werden. Allein im Fall einer Befruchtung habe die Frau volle
sexuelle Befriedigung erlangt.[20] Solche medizinischen Erklärungen waren dazu angetan, die theologischen Auffassungen
von der Rechtfertigung sexueller Beziehungen, sofern diese
einer Fortpflanzung dienten, abzustützen, und zwar durch das
Faktum eines angeblich höchsten Lustgewinns im Fall einer
Befruchtung. Doch beschäftigten sich jene Theologen, die ein
Recht auf Lustgefühle beim Beischlaf negierten, in der Regel
nicht mit medizinischen Ansichten über die weibliche Sexualität; umgekehrt ließen Verfasser medizinischer Fachschriften

den sittlich-religiösen Aspekt der Sache zumeist außer acht. Weltliche Schriftsteller behandelten gern in Breite den weiblichen Geschlechtstrieb, wobei sie Kritik an derjenigen Ehefrau übten, die ihren Mann nicht liebte, sondern versuchte, ihm gegenüber die züchtig Fromme herauszukehren.[21] Eine Verweigerung körperlicher Liebe gehörte ins literarische Bild der »bösen Frau«.[22] So verurteilte Antonius von Florenz in seinen Predigten jene Frauen, die ihr Nachtgebet künstlich verlängerten, um sich dadurch vor der Erfüllung ihrer ehelichen Pflichten zu drücken.

Die Ehe in der weltlichen Literatur

In einem Teil der weltlichen Literatur erscheint die Ehe in ihrer maßgeblichen Bedeutung für das Leben des Einzelnen wie der Gesellschaft; diese Auffassung verdeutlicht etwa die von Walters Leuten an ihren Landesherrn gerichtete Bitte in den Canterbury-Erzählungen: »Befreit uns von unserer drückendsten Sorge und nehmt ein Weib!«[23] Doch nur wenige Werke beschreiben die Ehe als Quelle von Liebesglück und nur wenige Liebesaffairen enden am Traualtar. In der bezaubernden Erzählung »Aucassin et Nicolette« aus dem 13. Jahrhundert sind zahlreiche Anfechtungen, elterliche Ablehnung, natürliche und menschliche Hindernisse zu überwinden, bis Aucassin seine Nicolette schließlich findet und sie zur Frau nimmt.[24] Unter den Dichtern gestaltete Matfre Ermengau eine Liebesheirat in besonderer Weise, wobei er die ehefeindlichen Katharer ebenso angriff wie die Minnesänger, die das Ideal der außerehelichen Liebe besangen; ihnen entgegnete er, daß wechselseitige Zuneigung auch im Rahmen einer Ehe möglich sei. Eine solch dauernde Bindung stützt sich bei ihm nicht etwa auf wirtschaftlichen Vorteil sowie erzwungenen Gehorsam gegenüber dem Mann, sondern auf die Liebe beider Partner.[25] In einem »Leitfaden für Frauen«, der sich von den übrigen dadurch abhebt, daß sein Verfasser, ein Pariser Haushälter, ihn für seine eigene Frau schrieb, ist die ideale Ehe von Kameradschaft und Liebe geprägt. Immer wenn die Partner nicht zusammenseien, dächten beide in ihrem Herzen: »Wenn ich ihn (oder sie) sehe, werde ich dies oder jenes für ihn (sie) tun, ihm (ihr) dies oder jenes erzählen.« Quelle ihres Vergnügens und ihrer Freude sei es, einander glücklichzumachen, in gegenseitiger Liebe und Unterordnung.[26] (Dabei zögert der Autor allerdings nicht,

Treue und Gehorsam einer Frau gegenüber ihrem Mann mit denen eines Hundes gegenüber seinem Herrn zu vergleichen.)

Unter den positiven Stimmen soll schließlich eine Frau zu Wort kommen, Christine de Pisan, die ihre eigene Ehe beschreibt. In ihren belehrenden Schriften beschäftigte sie sich ausführlich mit den Pflichten von Mann und Frau im ehelichen Leben. Ungleich interessanter und anregender aber ist die Darstellung der Beziehung zu ihrem Mann, die sie als Witwe aufzeichnete. Darin bietet sich uns ein bewegendes Bild von Zuneigung, Respekt und gegenseitiger Rücksichtnahme. Unter anderem beschreibt sie die Behutsamkeit, die er in ihrer Hochzeitsnacht walten ließ, als sie ein 15jähriges Mädchen und er ein junger Mann von 24 war. Am Abend berührte er sie nicht, da er ihr offensichtlich Zeit lassen wollte, sich an seine Gegenwart zu gewöhnen. Erst am folgenden Morgen küßte er sie anhaltend und schwor ihr, daß Gott ihn nur erschaffen habe, um zu ihr gut zu sein. Nach ihren Worten steigerte sich im Verlauf der Ehe ihre Liebe und Zuneigung derart, daß sie eins zu werden wünschten. Ihre Herzen seien einander in guten und schlechten Zeiten mehr zugetan gewesen, als die von Bruder und Schwester.[27] Auch in einer ihrer Balladen besingt Christine die Liebe und Treue ihres Mannes. Nie habe er sie belogen, in all ihrem Tun sie ermutigt. Weshalb nörgelten dann unzählige Frauen über ihre Männer?[28] Eine Antwort fällt nicht schwer, wenn man bedenkt, daß solche Schilderungen eine rühmliche Ausnahme angesichts der Fülle negativer Schriften darstellten.

Die der Ehe gegenüber feindlich eingestellte weltliche Literatur enthält z. T. Gedanken, die bereits im klassischen Zeitalter entwickelt wurden. Ein Beispiel ist die Forderung an den Philosophen, er habe ledig zu bleiben. Noch Boccaccio schrieb über Dantes Frau, sie habe ihren Mann bei seinen philosophischen Betrachtungen gestört. Uralte Motive kehren dabei in verschiedenen Kulturen wieder, wie etwa das Mißtrauen des Mannes gegenüber seiner Frau und seine Furcht vor ihren magischen Kräften. (Thomas von Aquin vertrat die Ansicht, der starre Blick einer Menstruierenden könne einen Spiegel erblinden und zerbrechen lassen.[29] Außerdem war man seit dem Schwarzen Tod des Jahres 1348 bis zu den Pestseuchen des 17. Jahrhunderts – solange keine vernünftige Erklärung gefunden war – der Meinung, unzüchtiger Verkehr schade allein der männlichen Virilität, nicht aber der Frau.)[30] Hinzu kamen zeitgenössische Vorstellungen, die durch die kirchliche Haltung zu Ehe und Weiblichkeit beeinflußt waren. Ein erheiterndes

Beispiel dafür, in welcher Weise religiöses Gedankengut in die weltliche Literatur einfloß, bieten die Worte der Frau von Bath bei Chaucer. Obwohl sie für die Ehe ist, zitiert sie dennoch gegnerische Auffassungen, in denen sich – humoristisch verkehrt – zahlreiche geistliche Anschauungen wiederfinden: Die Jungfräulichkeit sei zwar ein empfehlenswerter Zustand, besser jedoch sei es, zu heiraten, als sich vor Begierde zu verzehren; Keuschheit ziere eine Ehe, doch seien Geschlechtsbeziehungen zwecks Zeugung erlaubt. Begründung: Wenn die Ehe auf Erden »ausgerottet« würde, könnten auch keine Jungfrauen mehr geboren werden.[31]

Ehefeindliche Äußerungen sind nicht selten mit Schmähungen der Frau verknüpft, wobei allerdings zu betonen ist, daß umgekehrt eine positive Einstellung zur Ehe nicht notwendig das Bild der Frau günstig beeinflußte, ebensowenig wie ihre tatsächliche soziale Stellung. Gleichermaßen war eine absolute Verneinung der Ehe nicht ausnahmslos mit einer Herabsetzung des Status einer Frau verbunden. Obwohl im Judentum sexuelle Betätigung zwecks Zeugung verfügt wurde, besaß eine Frau in Synagoge und Gesellschaft keine Autorität, weder zu biblischer Zeit noch in den Diasporagemeinden: so lassen sich z.B. in der Midraschliteratur durchaus frauenfeindliche Aussprüche finden.[32] Im Gegensatz dazu lehnten die Katharer Ehe, Sexualität und Fortpflanzung zwar ab, beteiligten die Frau aber aktiv am Gottesdienst der Sekte. In der christlichen Kultur jedoch vollzogen sich Abwertung der Geschlechlichkeit und Frauenfeindschaft parallel. Da Sinnenlust hier Sünde bedeutete, war das Geschlechtsleben notgedrungen von Schuldgefühlen begleitet. So machte die Frau den Mann zum zweifachen Sklaven, ihrer selbst und der Sünde. Diese feindlichen Empfindungen durchziehen beinahe alle Gattungen der christlichen Literatur, von den Kirchenvätern bis zu den Spätwerken Lew Tolstojs.

Ein Beispiel für eine Ablehnung der Ehe ohne gleichzeitige Verleumdung der Frau findet sich in manchen Worten Héloises an Abälard. In dem als »Geschichte meiner Leiden« *(Historia calamitatum)* bekannten Brief berichtet Abälard über Héloises Einwände gegen eine Vermählung und über die Gesichtspunkte, die sie geltend macht, um auch ihn von der Heirat abzubringen. Einmal glaubte sie nicht daran, daß die Trauung den Zorn ihres Onkels Fulbert besänftigen werde, der die Beziehungen der beiden entdeckt hatte, zum anderen meinte sie, daß sie Abälards Stellung als christlichem Philosophen und Lehrer nur schaden und ihn daher belasten würde. Liebe und Verzichtsbereitschaft waren folglich die eigentlichen Gründe der Weigerung Héloises, doch führte sie, um Abälard von der Richtigkeit ihres Schritts zu überzeugen, daneben zahlreiche Anschauungen an, die in der einschlägigen religiösen und weltlichen Literatur gegen die Ehe vorgebracht wurden. Ihre Argumente sind überwiegend nicht neu; sie reflektieren daher mehr als nur eine subjektive und charaktermäßig bedingte Sicht ihrer Beziehungen zu Abälard. Ihre Bildung ermöglichte ihr, sich auf religiöse wie klassische Texte zu stützen. Die Ehe ist nach ihren Worten sowohl ein gravierendes Hindernis für einen Christen, der nach Nähe zu Gott strebt, als auch für einen Philosophen. Als belastende Knechtschaft hindert sie den Menschen, sich dem Dienst Gottes oder philosophischer Betrachtung hinzugeben. Paulus wußte das: »... bist du nicht gebunden, so suche keine Frau. Wenn du aber doch heiratest, sündigst du nicht, und wenn eine Jungfrau heiratet, sündigt sie nicht; doch werden die, die das tun, in äußere Bedrängnis kommen.« (1. Korinther 7,27–28). Ebenso wie er, erkannten das die Kirchenväter. Wenn Abälard nicht bereit sei, ihrem Rat zu folgen, so solle er auf die Philosophen hören, wie es die Kirchenväter taten. Hieronymus wiederholte alles, was Theophrastos über die Leiden und Mühsalen des Ehelebens geäußert hatte, und schloß seine Ausführungen mit dem Satz: »Kann ein Christ Theophrastos' Worte hören, ohne zu erröten?« Ferner verwies er auf Cicero, der nach dem Tode Terentias nicht ein zweites Mal heiraten wollte, weil er, wie er meinte, nicht das gleiche Maß an Aufmerksamkeit der Philosophie und einer Frau widmen könne. Bei Heiden, Juden und Christen gleichermaßen gab es immer wieder Einzelne, die sich von der Welt zurückzogen, um ein asketisches Leben zu führen. Wenn sie diesen Weg wählten, war es dann nicht auch Abälards Pflicht, es ihnen nachzutun? Wenn ihn schon nicht die Sorge um seine Aufgabe als Mann der Kirche bewege und er keine Gottesfurcht im Herzen trage, solle er zumindest um sein Ansehen als Philosoph besorgt sein. Wie würde die Umwelt solch eine Heirat aufnehmen? Weder Kirche noch Philosphen würden es ihr, Héloise, je verzeihen, wenn sie ihn sich hörig mache, ihn, den die Natur für die ganze Menschheit bestimmt hatte. In weniger gelehrten, dafür aber umso persönlicheren Worten, fragt Héloise ihn, wie ein Philosoph in einem armen Haushalt werde denken und schreiben können, wo das Geplauder der Dienerinnen sich mit Schlafliedern und Kinderweinen mische und ständige Unordnung und Lärmerei herrsche.

Im weiteren Verlauf geht Héloise auf die Verbindung zwischen ihnen ein, wobei deutlich wird, daß sie eigentlich körperliche Enthaltsamkeit nicht wünscht, sondern ihre Ablehnung primär gegen die Ehe richtet. Sie will die Beziehung nicht abbrechen, sondern diese ohne Heirat fortsetzen; eine solche Lösung zieht sie der Ehe vor. Die Bezeichnung ›Freundin‹ sei ihr teurer und für Abälard ehrenwerter als der Titel Ehefrau. Sie werde ihn durch die Kraft einer Liebe fesseln, die der völligen Freiheit und nicht dem Zwang ehelicher Bindungen entspringe. Auch würden lange Perioden der Trennung den Zauber ihrer seltenen Treffen erhöhen. Abschließend stellt sie fest, daß Abälard in der Ehe jedes Schamgefühl verlieren und für immer in den Strudel der Sünde geraten werde.[33] Die Ehe hat in ihren Augen keinerlei Wert für den Christen oder Philosophen; sie trägt zur Liebe nicht bei. Wo Héloise den Zauber ihrer seltenen außerehelichen Treffen erwähnt, nähert sie sich den Idealen höfischer Liebe. In bezug auf Abälards Versinken in der Sünde klingen manichäisch-katharische Auffassungen an: Geschlechtsbeziehungen innerhalb der Ehe taugen nicht mehr als außereheliche; wenn sie zur Gewohnheit werden, nimmt die Sünde zu. Bei diesen Argumenten gibt Héloise ihre Quellen allerdings nicht an.

Abälard kam in einer seiner Predigten auf Héloises Aussagen in scharfem, bitterem Ton zurück und stellte sie als allgemeine, nicht nur persönliche Wahrheiten hin. An Hiob 30,5 anknüpfend, unterschied er zwischen dem wilden und zahmen Esel. Im Gegensatz zum letzteren lebe der erste in Freiheit, weit ab von der menschlichen Gesellschaft und ihren Sorgen, frei vom Joch. Ersterer gleiche dem Ledigen, der zweite dem Ehemann. »Kann es eine stärkere Fessel geben als die zwischen Eheleuten?« fragt er. »Ist bedrückendere Unterjochung denkbar als die des Menschen, der nicht mehr Herr seines eigenen Körpers ist? Existiert ein leidvolleres Leben als jenes, bei dem sich der Mensch täglich mit den Aufgaben abplagt, die die Sorge um Frau und Kinder mit sich bringt? Gibt es ein Dasein, das dem Lobe Gottes weniger dienlich ist als eines, das durch Liebesbande an die Welt kettet?«[34] In diesen Gedanken Abälards, die Héloises Empfindungen wiederholen, nun aber als Grundwahrheiten und nicht zur Rechtfertigung eigenen Verzichts, liegt eine klare Rückkehr zur paulinischen Auffassung: »Wer ledig ist, der sorgt sich um die Sache des Herrn, nämlich wie er dem Herrn gefällt; wer aber verheiratet ist, der sorgt sich um die Dinge der Welt, nämlich wie er der Frau gefällt.« (1. Korinther 7,32–33). Für alle übrigen Ansichten Héloises gab es in der Welt Abälards keinen Platz mehr.

Nach dem Briefwechsel zwischen Héloise und Abälard wollen wir die bürgerliche Literatur und ihre geläufigste Gattung, die sog. Fabliaux (lustige Versgeschichten mit und ohne Moral), betrachten. Hier werden nicht mehr Argumente gegen die Ehe vorgebracht, sondern negative Ehebilder gezeichnet, deren Mitte ebenfalls verwerfliche Frauengestalten bilden. Ein friedliches Familienleben erscheint in diesen überwiegend satirischen Werken als eine Folter für den Mann, die bestenfalls in faktischen Schwierigkeiten der Versorgung von Frau und Kindern gründet. Gleichsam in die Grube gefallen, trägt der Mann nun das Joch von Nachwuchs und Haushalt, obwohl das gemeinhin als Sache der Frau gilt. Die weibliche Persönlichkeit trägt hier kräftig dazu bei, die Ehe zur Hölle werden zu lassen. Da diese Literatur vor allem unterhalten will, schildert sie die Abläufe mehr oder weniger humoristisch, sarkastisch und nicht gerade taktvoll; zuweilen schlagen Zynismus, Grobheit und Feindschaft gegenüber Frauen durch. Viele Satiren beschreiben die Frau als herrschsüchtig, aufsässig, zänkisch und anspruchsvolle Person, die sich herumtreibt und sich für andere Männer interessiert. Zu alledem ist sie faul, vernachlässigt den Haushalt und läßt der Dienerschaft ebenfalls die Zügel locker (entsprechende bürgerliche Schwänke behandeln meist die Mittel- und Oberschicht, nicht das städtische Arbeitermilieu).

Innerhalb der bürgerlichen Literatur zum Thema Ehe nimmt die Sexualität einen besonderen Platz ein; sie zählt zu den Quellen ehelicher Freuden; dagegen wird jener in kirchlichen Schriften gepriesene Gedanke gegenseitiger Partnerschaft hier nicht erwähnt. Auch findet sich kein Hinweis darauf, daß die Fortpflanzung Zweck des Geschlechtsverkehrs sei; statt dessen wird das Wissen von der Existenz sexueller Triebe und Lustgefühle bei beiden Geschlechtern offengelegt. Die Frau von Bath ist unwiderruflich, wie wir gesehen haben, das prominente Beispiel einer Frau, die die Sinnlichkeit liebt und deren sexuelle Beziehungen zu ihrem Mann breiten Raum im Familienleben einnehmen. Körperliche Liebe ist nach Vollzug der Trauung erlaubt. Darin sind sich kirchliche und weltliche Autoren einig, doch meinen beide nicht das Gleiche. So sagt Januarius in der Erzählung des Kaufmanns (Canterbury-Erzählungen): »Gesegnet sei das Joch, das uns verbindet! Was immer wir treiben, es ist keine Sünde mehr. Mit seinem Weibe kann der Mann nicht sündigen, denn dieses Spiel erlaubt uns das Gesetz.«[35] Das gesegnete Joch der Ehe ermöglicht dem Einzelnen, sich nach Belieben zu verhalten, ohne daß dies als Sünde gilt. Von Fruchtbarkeit ist keine Rede, dafür um so mehr von sexueller Lust, die die Männer der Kirche tadelten.

Ein Blick auf die gesamte bürgerliche Literatur zeigt uns: sie ist zwar frauenfeindlich, doch nicht ehefeindlich. Und das aus zwei Gründen: trotz ihrer negativen Aspekte (Joch, Versklavung, Abhängigkeit) bildet die Ehe hier den Mittelpunkt menschlichen Daseins. Sodann: eine vernünftige Alternative zu ihr wird nicht aufgezeigt. Bei den Liebesliedern für junge Mädchen und Männer, von Angehörigen der Kirche verfaßt, sowie denen der Vaganten und Minnesänger, verhält es sich umgekehrt: sie sind ehe –, doch nicht frauenfeindlich.

Die mittelalterliche Liebesdichtung für junge Männer knüpfte an die klassische homosexuelle Poesie an, wandte sich jedoch im Unterschied zu dieser meist auch an das junge Mädchen, wie das folgende Lied zeigt:

Ja, man wirft mir wohl vor, ich hätte nach Weise des Jünglings Liebesverse gesandt Mädchen und Knaben zumal. Schrieb ich doch gar manches, worin von Liebe gesagt wird; Meinen Gedichten gefällt ein und das andere Geschlecht.[35a]

Verfasser dieser Art von Poesie waren Männer, die auf die Ehe verzichtet hatten: Mönche und Priester, unter ihnen führende Persönlichkeiten der Kirche. Homosexualität galt zwar im Mittelalter als spezifische Sünde des geistlichen Standes – sie scheint im 12. Jahrhundert, als der Priesterschaft das Zölibat durch die gregorianische Reform aufgezwungen wurde, gestiegen zu sein – doch ist nicht sicher, ob die Verfasser eigene Erlebnisse schilderten, oder literarische Vorbilder aus römischer Klassik nachahmten. Die komplizierten Beziehungen des Homosexuellen zur Frau bilden einen eigenen Problemkreis, der von unserer Fragestellung abweicht. Anzumerken wäre noch, daß nach allem, was uns bekannt ist, im Mittelalter keine lesbische Liebesdichtung entstand, während sie im antiken Griechenland überwiegend Ausdruck weiblicher Ablehnung der Männerwelt war.

Die Vaganten besangen die außereheliche Liebe voller Sinnlichkeit, ähnlich der klassisch-heidnischen Poesie; in vielen ihrer Lieder kritisierten sie die gesellschaftlichen Einrichtungen, gingen gegen die anerkannte Moral vor, negierten das Ideal der Jungfräulichkeit und priesen den Körper und seine

Freuden. Nirgends sprachen sie sich klar gegen die Ehe aus; um so direkter, ursprünglicher und sinnlicher ist ihre Einstellung zur Liebe. Das junge Mädchen wird zum Lustobjekt der Dichter, die sich nicht weiter in seine Empfindungen und Gefühle vertiefen. Zwar durften die Vaganten heiraten, da sie wie Abälard Kleriker (nicht Priester) waren, doch zeigen ihre Lieder, daß sie Frühling, Wein und spielerische Liebe suchten, nicht aber die Ehe. So heißt es in einer Vagantenbeichte:

Herr Prälat, laß deine Huld
Mich drum nicht verscherzen–
Aber süß ist solcher Tod,
Wonnig seine Schmerzen;
Mägdelein sind gar so hold
Und mein Sinn nicht erzen;
Brech ich sonst die Ehe nicht,
Brech ich sie im Herzen.

Zwingen läßt sich die Natur
Nimmermehr mit Bännen,
Und an einer Jungfrau Bild
Muß der Sinn entbrennen;
Wie soll auch der Jugendmut
Regel halten können
Und dem leicht erregten Blut
Seinen Wunsch mißgönnen?[35b]

In ihrer Vielfalt wirft die höfische Literatur schwierige Probleme auf, die uns später noch beschäftigen werden. So stellt sich etwa die Frage, ob die höfische Liebe als platonische gedacht war oder nicht. Wie läßt sich ihr Ideal der außerehelichen Zuneigung mit dem kirchlichen und feudalen Sittenkodex ihrer Zeit vereinbaren? Existierte sie in der Lebenswirklichkeit oder nur als literarische Konvention? Fand sie weibliche Förderung, und erhöhte sie den sozialen Status der Frau? Das sind einige der Fragen, auf die wir zurückkommen werden. Innerhalb der Literaturgattungen jedenfalls, die die Ehe, aber nicht die Frau negativ bewerteten, können wir die höfische Dichtung als hervorragendes Beispiel anführen. Welche Bedeutung die sie prägende Verehrung der Frau auch gehabt haben mag, sie steigerte nachweisbar ihr eigenes und der Liebe Ansehen.

Das Eherecht

Familienrechtliche Fragen kamen in erster Linie vor Kirchengerichte. Ab dem 14. Jahrhundert vollzog sich in den meisten westeuropäischen Ländern eine Übernahme von Personenstandsangelegenheiten durch die weltliche Gerichtsbarkeit. Die Kirche bestimmte die für Trauungen verbotenen Tage und das erforderliche Mindestalter (bei Mädchen zwölf, bei Jungen vierzehn Jahre). Eine ordnungsgemäße Heiratszeremonie verlief in drei Abschnitten: Verhandlungen zwischen den betroffenen Familien, Verlobung, kirchliche Trauung. Ein Vertreter der Kirche wirkte bei Verlobung und Heiratsvertrag mit. Am festgesetzten Tag bekundeten Braut und Bräutigam am Kirchenportal ihren Wunsch, einander anzugehören und spendeten sich gegenseitig das Sakrament der Ehe. Ferner mußte verbindlich festgelegt werden, welchen Teil die Frau aus dem Vermögen des Mannes erhalten sollte, falls er vor ihr starb. Dieses sog. *dos* betrug gewöhnlich zwischen einem Drittel und der Hälfte seines Besitzes. Danach begab sich das Paar zur Hochzeitsmesse ins Innere. Dem Gottesdienst folgte ein Hochzeitsgelage, das, wie Johan Huizinga bemerkt, in allen gesellschaftlichen Schichten von grobschlächtigen Possen und anzüglichen Liedern begleitet war. Weshalb? Zurückzuführen ist dies auf den Einfluß heidnischer Religionen. Sie sahen in der Hochzeitszeremonie eine geheiligte Kulthandlung, die mit dem Mysterium der Paarung zusammenhing. Im Christentum übertrug die Kirche jenes kultische Moment als heiligendes auf das Sakrament und beanspruchte so das Mysterium für sich. Damit blieben für das Fest nach dem Kirchgang lediglich niedrige und grobe Elemente der Erotik – Kultüberreste, die zu rauhen Spielen und leeren Vergnügungen abgesunken waren.[36]
Drei Wochen vor dem geplanten Hochzeitstag wurde das Aufgebot an der Kirchentür angeschlagen, damit jeder seine Einwände vorbringen konnte. Überdies dehnte die Kirche den Begriff der Inzucht im Vergleich zur Bibel (3. Mose 18) weitgehend aus und erklärte diese Maßnahme mit neuen Grundsätzen.[37]
Von Anfang an hatte die Kirche Polygamie untersagt, sowohl unter dem Einfluß römischen Rechts, als auch aufgrund ihrer Einstellung zu Wesen und Zweck der Ehe. Demzufolge räumten bereits das lombardische und fränkische Recht einer Frau die Möglichkeit ein, ins Elternhaus zurückzukehren, wenn ihr Mann sich eine Konkubine genommen hatte.[38] Im Gegensatz

90

zum römischen, alttestamentarischen und teils auch altgermanischen Gesetz erkannte die Kirche keine Scheidung an, sondern gewährte allein unter gewissen Umständen eine Gütertrennung oder diejenige körperlicher Gemeinschaft. Einmal getrennte Partner durften nicht wieder heiraten. Außerdem wurde eine Ehe aufgelöst, wenn ein kirchliches Gericht zur Auffassung gelangte, daß sie von Anfang an ungültig gewesen sei. Dies galt dann, wenn die Partner in einem zu engen Verwandtschaftsverhältnis standen, einer der beiden bereits verheiratet war, die Ehe gegen den freien Willen der Beteiligten aufgrund von Zwang geschlossen oder wegen männlicher Impotenz nicht vollzogen war.

Neben dem Verbot der Vielehe und Scheidung lag im Erfordernis eines Einverständnisses beider Partner ein weiterer wichtiger Unterschied zum germanischen Recht; dort mußte nicht die Frau zustimmen, sondern derjenige, unter dessen Schutz sie stand (Vater, Bruder oder ein anderer männlicher Verwandter); laut Kirchenrecht dagegen hing der Vollzug allein von der Willensäußerung des Paares ab. Dieser Grundsatz, wonach eine Einwilligung beider Partner die Ehe konstituiert, wurde endgültig am Ende des 12. Jahrhunderts festgelegt. Damit hatte sich die von Petrus Lombardus vertretene Auffassung durchgesetzt.[39] Weder eine Übereinkunft der beteiligten Familien noch ein vollzogener Beischlaf befestigten die eheliche Bindung, sondern allein das Jawort der Partner. Ohne Zustimmung der Kirche jedoch machte eine Trauung eine Frau zur Hure und den Bräutigam zum ehebrecherischen Frauenschänder. Eine Eheschließung war auch dann wirksam, wenn sie gegen den Willen der Eltern stattfand. Die von der Kirche entwickelte Eheauffassung eröffnete somit dem Einzelnen die Möglichkeit, gegen den Willen seiner Angehörigen oder des Lehns- bzw. Gutsherrn zu handeln. Allerdings erhebt sich hier die Frage, inwieweit es jungen Leuten innerhalb der verschiedenen Stände gelang, dieses kirchlich sanktionierte Recht in die Praxis umzusetzen. Zwar konnte der weltliche Gesetzgeber keine Bestimmungen gegen das Kirchenrecht erlassen, doch verfügte er nicht selten Strafen für diejenigen, die ohne Einwilligung der Eltern heirateten, um sie dadurch von ihrer Verbindung abzuhalten.[40]

Der Grundsatz gegenseitiger Einwilligung ist maßgeblich für die Tatsache, daß die Kirche zwar prinzipiell eine religiöse Trauung mit ordnungsgemäßem Aufgebot forderte, jedoch auch Eheschließungen billigte, die ohne ihr Zutun vorgenommen wurden. Diese Privattrauungen bezeichnete man als *sponsatio per verba de praesenti*. Bei dieser widerwillig gegebenen kirchlichen Legitimation spielte die theologische Auffassung eine Rolle, daß die Brautleute sich gegenseitig das Sakrament der Ehe spenden. Damit war die Kirche zu älteren Gesellschaftsordnungen, wie etwa der römischen, zurückgekehrt, innerhalb derer eine Ehe als Privatangelegenheit betrachtet wurde.[41]

Trauungen dieser Art brachten zahlreiche Probleme mit sich. Häufig gab einer der Partner später ein zweites Mal sein Jawort, worauf der verlassene Teil die Gültigkeit der neuen Ehe vor Gericht anfocht. Erwies sich die erste als legitim, wurde die zweite auch dann aufgehoben, wenn sie nicht ohne Folgen geblieben war; das Kind galt in diesem Fall als unehelich. Weltliche Stellen drängten die Kirche, Privattrauungen zu untersagen, weil sie Prozessen um Ehrlichkeit, Erbansprüche und Witwenrechte Tür und Tor öffneten. Obwohl die Kirche daraufhin Privattrauungen verurteilte, verschwanden sie erst nach dem Ende des 14. Jahrhunderts. Besonders zählebig waren sie innerhalb des Bauernstandes, der sich nur zögernd zur Befolgung religiöser Ehegesetze entschloß.[42]

Bisher ausgewertete Kirchengerichtsprotokolle geben Aufschluß über Häufigkeit und Problematik von Privattrauungen. So vermerken die Aufzeichnungen der englischen Diözese Ely für die Jahre 1374-1382 101 Eheschließungen, davon 89 (also 88 %) private. Bei 66 % aller ungültigen Ehen war Bigamie der Aufhebungsgrund. Da Erst- und Zweitehe des beschuldigten Partners privat, häufig noch dazu ohne anwesende Zeugen geschlossen waren, ließ sich nur unter Schwierigkeiten feststellen, welche von beiden Gültigkeit besaß. Meist bezeugte die Frau für, der abermals getraute Mann gegen die Legalität der ersten Verbindung; zuweilen ging die Anfechtung auch von männlicher Seite aus. Zwei von sechs Einwänden gegen öffentliche Aufgebote stammten von Männern: sie behaupteten, bereits mit der betreffenden Braut privat verheiratet zu sein, so daß ihre beabsichtigte Neuvermählung sie zur Bigamistin machte. Die Aufzeichnungen anderer Gerichtshöfe enthalten Beispiele dafür, daß es gelegentlich auch Frauen waren, die um Auflösung ersuchten. So begründete eine die angebliche Unwirksamkeit ihrer Ehe damit, sie habe die zustimmenden Worte zwar mit den Lippen, nicht aber mit dem Herzen gesprochen (obwohl sie dem Kläger ein Kind geboren hatte).

Wiewelt die kirchengerichtlichen Anordnungen befolgt wurden, läßt sich nicht sagen, Bestimmte das Urteil in einer Bigamieklage, daß A der rechtmäßige Ehemann der B sei und sich daher von C, mit der er zusammenlebte, zu trennen habe, so besitzen wir kaum Anhaltspunkte darüber, ob dies auch geschah.[43] Nach Protokollen aus den Jahren 1384-87 hob das Pariser Bischofsgericht von 10 ungültigen Ehen 8 wegen Bigamie auf, wobei es in 4 oder 8 Fällen Frauen waren, die ihren Partner verließen und sich neu vermählten. Dagegen stammten 80 % der Klagen auf Einhaltung des Eheversprechens von weiblichen Antragstellern, die zu beweisen suchten, was die Männer bestritten: den Beischlaf nach der Verlobung, wodurch diese nach kanonischem Recht unauflösbar wurde.[44]

Kann man aus diesen Registern schließen, daß es den Paaren gelang, ihr Recht auf formlose Eheschließung auszunutzen? Ich glaube kaum; ist doch zu beachten, daß Trauungen, die keine Probleme aufwarfen, die Gerichte auch nicht beschäftigten. Vermutlich bildeten solche, die auf Vermittlung der Familien zustande kamen, die Mehrheit. Allgemein gilt überdies, daß Adlige die beschränkteste Wahlmöglichkeit besaßen und somit selten privat heirateten. Dafür kamen bei ihnen Kinderehen häufig vor. Nach dem Kirchenrecht konnten solche Verbindungen, solange sie nicht körperlich vollzogen waren, auf Antrag der volljährigen Partner gelöst werden. Nach Pariser Parlamentsberichten aus dem 14. Jahrhundert scheinen speziell Mädchen unter Zwang gestanden zu haben, wenn durch ihre Ehe finanzielle Abmachungen zwischen den Familien berührt wurden; dies traf in verstärktem Maße zu, wenn nicht die Eltern, sondern entferntere Verwandte ihre Hand im Spiel hatten.[45] So lesen wir etwa in den Briefen des niedrigen englischen Adelsgeschlechts der Pastons, wie junge Leute zu Verbindungen gedrängt wurden, die ihrer Familie finanzielle oder ständische Vorteile brachten und folglich beschlossen wurden. Obwohl auch Söhne nicht frei wählen konnten, trugen doch Töchter die Hauptlast. Eine Zwanzigjährige beispielsweise, die einen leidenden Witwer von fünfzig heiraten sollte, weigerte sich entschlossen, ihr Jawort zu geben, worauf ihre Mutter derart erbarmungslos auf sie einschlug, daß sie Schädelbrüche davontrug. Das Bündnis scheiterte schließlich nicht etwa an mütterlicher Kapitulation vor der Standfestigkeit der Tochter, sondern am Widerstand der Angehörigen des Bräutigams. Allerdings kamen auch Ausnahmen vor, nach denen junge Leute ihr kirchlich verbürgtes Recht auf Eheschließung ohne elterlichen Segen nutzten. So heiratete eines der Paston-

Mädchen gegen den Willen der Eltern deren Gutsverwalter. Die Familie erkannte die Verbindung nicht an, verstieß die Tochter, konnte jedoch die Ehe nicht auflösen.[46]

Darüberhinaus verzeichnen die Gerichtsprotokolle Fälle, in denen geistliche Richter den Partnern eine Trennung gestatteten. Diese bezog sich im allgemeinen lediglich auf den Besitz, selten nur auf völlige Aufhebung der Lebensgemeinschaft. Allerdings bot eine Gütertrennung praktisch Gelegenheit, einen eigenen Haushalt zu errichten, wenn die Partner theoretisch auch verpflichtet blieben, die ehelichen Pflichten zu erfüllen. In keinem Fall durften getrennte Eheleute zu Lebzeiten des andern wieder heiraten. Weiblicher Ehebruch führte häufiger als männlicher zu einer Trennungsgenehmigung, obwohl Theologen wie Kanoniker die Treue beider Gatten forderten und entsprechend Eheverletzungen gleichwertig behandelten. Das Kirchenrecht bestand jedoch nicht auf Trennung nach einem Ehebruch, sondern stellte es den Betroffenen frei, einander zu vergeben; zur Buße wurde ihnen häufig für eine bestimmte Zeit Keuschheit auferlegt. Daneben existierten weitere Trennungsgründe: männliche Impotenz, Trunkenheit einer Frau, zu strenge Behandlung einer Frau durch ihren Mann, männliche Verschwendung des Familienvermögens, Erkrankung an Aussatz oder häretische Neigungen eines Partners. Nicht selten übernahm das Kirchengericht die Rolle eines Eheberaters, Schiedssprechers oder Vermittlers. Wenn es die Trennung genehmigte, traf es im allgemeinen auch die mit ihr verbundenen Entscheidungen, wie etwa Alimentenregelung für Frau und Kinder. So berichtete eine Bittstellerin, daß ihr Mann sie mit dem Messer angegriffen habe (wofür es Zeugen gab) und sie daher weinend aus dem Hause geflohen sei. Ein anderes Mal habe er sie mit einem Dolch überfallen, am Arm verletzt und ihr eine Rippe gebrochen. Der Ehemann brachte vor, daß alles, was er getan habe, angemessen war und in erster Linie einem guten Zweck gedient habe: seine Frau auf den rechten Weg zurückzuführen. Das Gericht erlaubte daraufhin die Trennung nicht und nahm dem Mann lediglich das Versprechen ab, künftig größere Vorsicht walten zu lassen.[47]

All diese Vorkommnisse belegen, daß die weltliche Gesetzgebung im Fall ehelicher Trennungen von der kirchlichen Ordnung nur unwesentlich abwich[48;] sie enthielt daneben all die Fälle, die einer Frau keinen hinreichenden Grund gaben, das Haus ihres Ehemannes zu verlassen. Auffallend ist insgesamt, wie unterschiedlich die Vorstellungen waren, die beide Ehepartner über sich selbst hatten. So kennzeichnete etwa eine Frau ihren Mann vor dem Kirchengericht folgendermaßen: »Ein furchtbarer Wüstling, verschlagen und schlecht.« Der Betroffene dagegen betrachtete sich selbst als »aufrichtig, mild, beherrscht, fromm, umgänglich, ruhig, friedliebend«. Und die Worte eines anderen Ehemannes über seine Frau lauteten: sie sei »ungehorsam, grausam, furchtbar, schlecht, ruhelos, laut, marktschreierisch, abscheulich, ein Mannweib!«[49] Dagegen die Frau über sich selbst: »Ehrlich, gut, nachgiebig, zart.« Vergleicht man beide Äußerungen, so liegt eine Schlußfolgerung nahe: zumindest die Kunst der Beschränkung verstanden die Frauen besser als ihre Männer.

Was schließlich das bereits erwähnte Problem der ambivalenten Haltung von Frauen gegenüber dem anderen Geschlecht betrifft, so haben wir bereits gesehen, daß Frauen ihren Gefühlen selten schriftlichen Ausdruck verliehen, dafür aber um so drastischer handelten. Das belegt folgende Episode: Eine Frau beantragte eine Trennung mit der Behauptung, ihr Mann sei impotent. Das Kirchengericht von York beauftragte darauf sieben Zeuginnen mit der Überprüfung des Sachverhalts. Sie umstellten den Beklagten und versuchten, ihn auf verschiedene Weise zu erregen (von denen der Gerichtsschreiber jede einzeln vermerkte). Als sie dabei scheiterten, beschimpften sie ihn einhellig, weil er es gewagt habe, hinterlistig eine junge Frau zu heiraten, ohne die Fähigkeit zu besitzen, ihr Begehren zu erfüllen. Zwar hatte das Gericht die Frauen mit der Beweisaufnahme beauftragt, doch entledigten sie sich dabei ihrer Aufgabe mit besonderer Grausamkeit. In England schrieb man gar der heiligen Uncumber, deren Statue in der St. Paul's Kathedrale stand, die Kraft zu, Ehemänner unzufriedener Frauen zu beseitigen, wenn letztere ihr eine Handvoll Hafer opferten.[50]

Status der Ehefrau

Nach Auffassung einiger Historiker trug die Kirche wesentlich zur allgemeinen Benachteiligung von Frauen im Mittelalter bei (Absprache religiöser Rechte, u. a. m.). Um die Ursachen dieses Prozesses zu erhellen, wäre es notwendig, den Status von Frauen in der spätrömischen Gesellschaft und den germanischen Stämmen vor ihrer Bekehrung zum Christentum zu erkunden, den Veränderungen nachzugehen, die aus der allmählichen Festigung und Verbreitung des neuen Glaubens resultierten, und jene daraufhin zu untersuchen, ob sie durch religiöse oder andere Einflüsse bedingt waren. Eine so notwendig weitverzweigte Untersuchung würde allerdings unser Thema sprengen. Daher beschränken wir uns auf den Hinweis, daß bereits durch den Schöpfungsakt, durch Sündenfall und befohlene Unterordnung der Frau unter den Mann, direkt wie indirekt, ihr zweitrangiger Status in der mittelalterlichen Familie und Zivilisation moralisch untermauert wurde und die kirchliche Vorstellung von ihrer Minderwertigkeit zementierte. Zwar war es nicht die Kirche, die Männer dazu veranlaßte, ihre Frauen zu schlagen, doch akzeptierte sie stillschweigend diesen Brauch, solange er nicht übertrieben wurde, und verlieh ihm sogar durch ihre Lehre von der männlichen Überlegenheit sittliche Rechtfertigung.[51]

Getreu dem Standpunkt, daß die Ungleichheit der Geschlechter Teil der diesseitigen Weltordnung sei, wohingegen Gnade und Erlösung beiden unterschiedslos zuteil würden, bestimmte Gregor IX. in seiner Gesetzgebung aus der 1. Hälfte des 13. Jahrhunderts, daß die Frau, wenn sie es wünsche, nicht neben ihrem Mann begraben werden müsse, da sie bei der Bestattung nicht mehr männlicher Autorität unterstehe.[52] In Testamenten aus dem 13. und 14. Jahrhundert legten Männer und Frauen fest, wo sie begraben sein wollten; trotz päpstlicher Freistellung wählten sie doch meist den Platz neben ihrem Partner, bei mehrfacher Verehelichung überwiegend denjenigen neben ihrem ersten Mann. So heißt es im Testament einer Londonerin, daß sie neben dem ersten ihrer zwei Ehemänner ihre letzte Ruhe finden wolle,[53] obgleich beide Pfefferhändler gewesen seien.

»Laß die Henne nicht vor dem Hahn krähen«, sagte ein beliebtes mittelalterliches Sprichwort.[54] Es entsprach durchaus der Ansicht gelehrter Juristen und didaktisch orientierter Schriftsteller. Wie der englische Rechtsgelehrte Bracton schrieb, schulde die Frau dem Manne absoluten Gehorsam, es sei denn, er befehle ihr, gegen Gottes Gebote zu verstoßen. In diesem Zusammenhang führt er einen Fall an, in dem ein Ehepaar gemeinsam eine königliche Urkunde fälschte. Die Sache wurde entdeckt, der Mann durch den Strang hingerichtet, die Frau jedoch freigesprochen, was Bracton damit erklärt, daß sie der Herrschaft ihres Mannes unterstand[55], folglich nicht umhin konnte, mit ihm zusammenzuarbeiten. In unterschiedlichen Wendungen findet sich diese Feststellung in zahlreichen westeuropäischen Gesetzeswerken des Hochmittelalters.[56] Das englische und französische Recht sah den Mord einer Frau an ihrem Ehemann als Tat eines Untergebenen gegenüber seinem Herrn an, vergleichbar der Ermordung eines Seniors durch seinen Vasallen, eines Herrn durch seinen Diener, oder eines Bischofs durch einen Priester oder Laien seiner Diözese.[57] Häufig jedoch begnügten sich Gesetzgeber und Kommentatoren nicht damit, die Gehorsamspflicht einer Ehefrau generell festzustellen, sondern legten im einzelnen dar, welche legitimen Mittel dem Mann zur Verfügung stünden, um seine Frau zur Gefolgschaft zu zwingen, oder ihre moralische Besserung herbeizuführen. Beaumanoir gestand einem Mann jede Methode zu, die er zur Erziehung seines Weibs für geeignet hielt. Er durfte sie nach Gutdünken bestrafen, allerdings nicht verwunden oder töten.[58] Eine Besonderheit stellen die Gesetze der flämischen Stadt Aardenburg aus dem 14. Jh. dar: sie berechtigten den Mann dazu, seine Frau zu schlagen, zu verletzen, sie von Kopf bis Fuß zweizuteilen und seine Füße in ihrem Blut zu wärmen. Wenn er sie später wieder auf die Beine brächte, so daß sie am Leben bliebe, liege darin keinerlei Gesetzesbruch.[59] Abgesehen von solchen Kuriositäten war ein männliches Züchtigungsrecht in Maßen allgemein anerkannt. Bei Übertreibung kamen Männer vor Gericht und erhielten eine Geldstrafe. Wie wir gesehen haben, gestattete das Kirchengericht zuweilen auch eine Trennung, wenn ein Mann zu große Härte anwandte. Das Stadtgericht von Ypern zwang einen Ehemann, der seine Frau mit dem Messer verwundet hatte, zu einer Geldbuße, obwohl der Angeklagte jeden Vorwurf mit der Begründung zurückwies, er habe ja nur seine Angetraute verletzt.[60] Ein Pariser Gericht bestrafte gleichermaßen einen Mann, der seine schwangere Frau geschlagen hatte, wie einen Bäcker, der solange auf seine Vermählte eingedroschen, bis sie ihr Sprechvermögen verloren hatte.[61] Natürlich wissen wir nicht, wie viele Frauen es waren, die ein ähnliches Schicksal erlitten, ohne vor weltlichen Gerichten zu klagen oder bei Kirchenrichtern ihre Trennung zu beantragen. Zweifellos gab es ebenso Männer, die das Recht, das ihnen Gesetz wie Moralliteratur zusprachen, weitgehend ausnutzten, wie Frauen, die ihr sanktioniertes Los ohne Klage hinnahmen. Andererseits gab es auch im Mittelalter, wie in jeder anderen Epoche, starke Frauenpersönlichkeiten, die – häufig hinter verschlossenen Türen – ihren Männern entweder nicht in allem Folge leisteten oder sie gar das Fürchten lehrten. An manchen Orten erwartete einen Mann, der sich von seiner Frau hatte schlagen lassen, dieselbe

demütigende Strafe, die bei Dirnen und Ehebrechern angewandt wurde. Er mußte rücklings auf einem Esel sitzen und sich
mit den Händen an dessen Schwanz festklammern.[62]

Eheliches Güterrecht

Im Hochmittelalter hatte sich der Grundsatz des Agnats *(agna-
tio)*, der Zugehörigkeit zu väterlichen Blutsverwandten, durchgesetzt. Er war das Ergebnis eines äußerst langwierigen Prozesses. Seine nur allmähliche Durchsetzung ist dadurch bezeugt,
daß eheliche Nachkommen oft den Namen der Mutter erhielten. Noch Jeanne d'Arc erzählte, daß sie zwar Jeanne d'Arc
nach ihrem Vater heiße, doch auch nach ihrer Mutter Jeanne
Romée genannt werde, da in ihrem Dorf bisweilen Mädchen
den mütterlichen Namen trügen. Allgemein jedoch wurden
Nachkommen dem väterlichen Geschlecht zugerechnet. Eine
Tochter dagegen, die durch ihre Heirat einem Mann folgte,
konnte zur väterlichen Linie nichts mehr beisteuern. Deshalb
wurde ihr Anteil am Familienerbe häufig verringert. Die Mitgift oder der Erbteil, den jede Frau in die Ehe einbrachte,
wurde durch den finanziellen Beitrag des Bräutigams für seine
neugegründete Familie aufgewogen. In dieser Regelung verbanden sich römische Traditionen (Mitgift) mit Bräuchen der
germanischen Gesellschaft, denen zufolge ein Bräutigam das
Brautgeld zu entrichten hatte.[63] In einigen Ländern Westeuropas galt das Vermögen der Eheleute lediglich für die Dauer
der Ehe als Gemeinschaftseigentum. Auch solche Zwischenlö-
sungen kamen vor: nur der während einer Ehe erzielte Zuge-
winn wurde als gemeinschaftlich betrachtet, nicht aber die bei
der Hochzeit vorhandenen Güter. Jedenfalls gehörten das
bewegliche Vermögen und die Früchte aus dem gesamten
Besitz fast ausnahmslos zum Gemeinschaftseigentum, wobei
der Ehemann für ihre Verwaltung verantwortlich war. So heißt
es in einem deutschen Rechtsbuch aus dem 13. Jahrhundert,
dem Sachsenspiegel: »Wenn ein Mann eine Frau nimmt, so
nimmt er sie in seine Gewere und all ihr Gut zu rechter
Vormundschaft.«[64] Ferner wird der Frau befohlen, ihrem
Mann in Vermögens- und anderen Sachen zu gehorchen.[65]
Nach dem Buchstaben des Gesetzes war eine Frau, solange sie
mit ihrem Mann zusammenlebte, nicht berechtigt, ohne seine
Einwilligung etwas aus ihrem Besitz zu verkaufen, zu verpfänden, zu übertragen oder zu tauschen. Auch testamentarisch

konnte sie lediglich über ihre eigenen Kleider und Schmuckstücke bestimmen. Testamente verheirateter Frauen mit Verfügungen über andere Güter durften nur mit männlicher Genehmigung aufgesetzt werden.[66] Der Ehemann seinerseits
konnte mit seinem eigenen Vermögen beliebig verfahren,
jedoch das Eigentum seiner Ehefrau nicht ohne ihre Zustimmung verkaufen, verpfänden usw. Dieses Verbot erstreckte
sich auf alle Gegenstände, die sie mit in die Ehe gebracht hatte,
auf spätere Erbeinnahmen wie auch das ihr vom Mann versprochene *dos*. In einigen Gegenden räumte man allerdings einer
Frau ein Recht auf Bestätigung der Transaktionen aus ihrem
Gemeinschaftseigentum ein. Manche Gesetzeswerke untersagten es ausdrücklich, Druck auf Frauen auszuüben, um ihre
Einwilligung zu erwirken.[67] Andere Gerichte befragten eine
Frau jeweils, bevor sie ihr Rechtsgeschäft durchführte, ob sie
tatsächlich freiwillig gehandelt habe.[68] Völlig verschieden dagegen war der Status jener Frauen, die ein mit Herrschaftsrech-
ten ausgestattetes Lehen geerbt hatten. Ihnen werden wir uns
im Kapitel über Edelfrauen zuwenden.

Gesetzliche Rechte und Pflichten

Ledige volljährige Frauen unterstanden im Hochmittelalter
keinerlei Vormundschaft. Sie durften selbst vor Gericht auftreten und klagen, entsprechend der Gesetzgebung Friedrichs
II. in Sizilien: »Wir bestätigen die Tatsache, daß jene, die das
18. Lebensjahr noch nicht vollendet haben, sowohl Männer als
Frauen, minderjährig sind. Sobald sie dieses Alter erreicht
haben, gelten sie als Erwachsene, bei Vertragsabschlüssen wie
Gerichtsverhandlungen und allen anderen Angelegenheiten.«[69] Verheiratete Frauen standen dagegen unter der Vormundschaft ihrer Männer, waren damit teilweise auf das beschränkte Recht einer Minderjährigen zurückgeworfen. Von
Gesetzes wegen konnten sie keine Verträge abschließen, nirgends Anleihen aufnehmen oder Zivilklage erheben, ohne die
Einwilligung ihres Mannes einzuholen, und zwar allein aufgrund ihres Personenstandes.[70] Nur wenn der Ehemann zu-
stimmte, war eine Frau befugt, vertragliche Bindungen einzugehen, ein Testament aufzusetzen oder Klage einzureichen.
Vor Gericht durfte sie dann in den erwähnten bürgerlich-
rechtlichen Angelegenheiten entweder selbst auftreten, oder
ihren Mann, bzw. einen anderen bevollmächtigen.[71] Aus-

nahmsweise verzichtete das Gesetz in zivilen Streitigkeiten auf eine Genehmigung dann, wenn ein Mann in klarer Weise gegen seine Frau oder ihren Besitz gehandelt hatte.[72] Ebenso durfte sie ohne Einwilligung klagen oder Abkommen schließen, wenn ihr Mann geisteskrank war, im Gefängnis saß oder sich ohne Hoffnung auf Wiederkehr in einem fernen Land aufhielt.[73] Schließlich konnte sie in Vertretung ihres Ehemannes klagen; entsprechende Protokolle geben Aufschluß darüber, daß es sich um Frauen aller Gesellschaftsschichten handelte, die im Auftrag ihrer Männer vor Gericht erschienen.

Sofern es um Strafsachen ging, war eine Frau nur dann berechtigt, ohne Genehmigung ihres Mannes Anklage zu erheben, wenn sie geschlagen, verletzt, vergewaltigt oder beleidigt worden war.[74] Auch hier sind verschiedene Gerichtsaufzeichnungen einschlägig.[75]

Eine gewisse Sonderstellung hatte die selbständige Kauffrau inne: in ihren gewerblichen Angelegenheiten konnte sie unabhängig vom Willen ihres Mannes Klage erheben. Dieser interessante gesellschaftliche Fall wird uns im Zusammenhang mit der Städterin beschäftigen.

Witwen

Wenn Frauen zu Witwen wurden, so legte ihnen die Kirche nahe, folgende paulinische Worte zu beherzigen: »Den Unverheirateten und Witwen aber sage ich: Es ist gut für sie, wenn sie bleiben wie ich.« (1.Kor.7,8). Keuschheit also als christlicher Lebensweg, so lautete die Maxime. In der frühen Kirche bildeten Witwen, die nicht wieder heirateten – speziell die älteren unter ihnen – einen besonderen Stand, der Hilfeleistung und Respekt verlangte; aus seiner Mitte rekrutierten sich die Diakonissen. Das Hochmittelalter kannte diesen speziellen Witwenstand nicht mehr. Manche der betroffenen Frauen führten ein weltliches Einzeldasein, andere schlossen sich einem Orden an, sei es als Nonne oder Laie im Schatten eines Klosters; viele heirateten ein zweites oder drittes Mal, sogar mit dem Segen der Kirche.[76] Selbst in ihrer Auseinandersetzung mit den katharischen Ketzern verteidigte sie allgemein die Institution der Ehe und betonte, daß Neuvermählungen von Witwen erlaubt seien.[77] Als Relikt ihrer ursprünglich ablehnenden Haltung in dieser Frage blieb lediglich eine Regel übrig: sie untersagte es Klerikern (die ja heiraten durften), eine Witwe zu

ehelichen, oder sich nach dem Tod ihrer ersten Frau erneut zu
vermählen.[78] Auch die Verfasser didaktischer Schriften sahen
die Wiederheirat einer Witwe als natürlich an. So schreibt
einer von ihnen, es sei zwar nicht angebracht, vor Ablauf des
Trauerjahres eine neue Ehe einzugehen, doch brauche die
Zurückgebliebene den Verstorbenen nicht lebenslänglich zu
beweinen.[79] Francesco Barberino gibt überdies Hinweise, wie
eine Witwe sich in zweiter Ehe zu verhalten habe: In Anwesenheit ihres zweiten Mannes solle sie nicht zuviel vom ersten
sprechen; war dieser besser, so müsse das der zweite nicht
unbedingt zu hören bekommen; im neuen Haushalt dürfe sie
nicht die gleichen Gewohnheiten wie im alten einführen wollen; schließlich solle eine Witwe allerhöchstens dreimal ihr
Jawort erteilen.[80] Ein alter Pariser Haushälter geht in seinem
Anleitungsbuch ganz selbstverständlich davon aus, daß seine
junge Frau nach seinem Tode wieder heiraten werde, ja meint
sogar, daß es ein schlechtes Licht auf ihn würfe, wenn sein
Nachfolger sie nicht ebenfalls als hervorragende Hausfrau und
Gefährtin betrachte; würde das doch bedeuten, er habe sie
während der Dauer ihrer Ehe nicht richtig angewiesen.[81] Aus
zahlreichen Testamenten können wir entnehmen, daß ein
Mann häufig seiner zweiten (oder dritten) Gemahlin einen
Teil seines Besitzes vererbte, während er gleichzeitig eine
bestimmte Summe für Seelenmessen zum Heile seiner ersten
Frau abzweigen ließ und verfügte, neben ihr begraben zu
werden. Das Parallelbeispiel jener Londonerin, die nachein-
ander mit zwei Pfefferhändlern verheiratet war, beide überlebte und neben dem ersten ihre letzte Ruhe zu finden
wünschte, haben wir bereits erwähnt.[82] Das Positive mehrfacher Eheschließungen soll nicht verschwiegen werden: sie
milderten nicht selten den Männern– oder Frauenmangel an
einem bestimmten Ort und halfen, die Zahl der unfreiwillig
Ledigen zu verringern.[83]
Da Witwen zum von der Kirche traditionell geschützten, weil
potentiell benachteiligten Personenkreis gehörten, unterlagen
sie bis zum 14. Jh. kanonischer Rechtsprechung. In Wirklichkeit jedoch waren sie, bei gutem Auskommen, womöglich freier als jede andere Frau der mittelalterlichen Gesellschaft. Vom
Augenblick an, da sie ihren Mann verloren, standen sie nicht
länger unter Vormundschaft und erlangten nach den Worten
Beaumanoirs volle Eigenverantwortlichkeit zurück.[84] Als Erwachsene schuldeten sie weder Vater noch Bruder Gehorsam,
wobei anzunehmen ist, daß auch die Ehejahre sie im allgemei-

101

nen gegen verwandtschaftliche Eingriffsversuche in ihr Leben abgesichert hatten. Das heißt: ihre Unabhängigkeit war nicht nur im Gesetz verbürgt, sondern sie griff relativ weitgehend auf ihren Alltag über. Der Lebensunterhalt einer jeden Witwe war – je nach Umfang männlichen Vermögens – durch ihr Recht auf ein *dos* gesichert; dies zusätzlich zu ihrem eigenen Erbe, das, soweit vorhanden, mit dem Tod ihres Mannes ohne Abstriche in ihren Besitz überging. Im Rahmen des *dos* erhielt die Witwe ein Drittel bis zur Hälfte aller Güter ihres Mannes für ihren täglichen Bedarf: die Früchte aus diesem Besitz durfte sie bis an ihr Lebensende genießen;[85] danach gingen sie auf die Familie ihres Mannes über. Witwen stand es folglich frei, ihren Besitz nach eingenem Gutdünken zu verwalten; in den meisten Gegenden konnten sie zusätzlich als Vormund ihrer minderjährigen Kinder fungieren und deren Eigentumsangelegenheiten regeln.[86] Wie die Register zeigen, waren es tatsächlich Frauen aller Gesellschaftsschichten, die eine Vormundschaft über ihre jungen Söhne und Töchter ausübten.

Wenn wir zum Schluß die Rechte von Witwen mit denen von Ehefrauen vergleichen (weltliche Junggesellinnen gab es fast nur in der Arbeiterschicht; ledige Töchter der höheren Kreise pflegten sich ins Kloster zurückzuziehen), so dürfen wir nicht jene früher erwähnten Beschränkungen vergessen, die auf alle Frauen, unabhängig von ihrem Familienstand, zutrafen. Wie wir zuletzt gesehen haben, war überdies der Status einer Jungfer oder Witwe gänzlich verschieden von dem einer verheirateten Frau; im Gegensatz dazu hatte die rechtliche Stellung eines Mannes mit seinem Personenstand nichts zu tun. In primitiven Gesellschaften wurden Frauen nicht selten nach ihren physischen Entwicklungsstadien hierarchisch gestuft: Einsetzen der Menstruation, Defloration, Schwangerschaft, Geburt, Wechseljahre. Anders verhielten sich die Dinge in der mittelalterlichen Gesellschaftsordnung, in der der kulturelle Überbau seine eigenen Regeln entwickelte, die nicht immer mit den Naturgesetzen übereinstimmten. Die speziell für weibliche Leser bestimmte didaktische Literatur beschäftigte sich überwiegend damit, junge Mädchen durch entsprechende Hinweise vor dem Dasein einer »alten Jungfer« zu bewahren und eine verheiratete Frau den richtigen Umgang mit ihrem Ehemann zu lehren. Dennoch gab es nicht wenig Frauen, die auf die Ehe überhaupt verzichteten (oder aber auf eine zweite), weil ihnen u. a. ihre Freiheit lieb war. Ob Witwen in der Mehrzahl wieder heirateten oder nicht, läßt sich kaum feststellen. Aus Registern

102

geht allenfalls die Gesamtzahl aller Witwen an einem bestimmten Ort zu einer bestimmten Zeit hervor. Wie gesagt: Zweit- und Drittehen kamen in allen Gesellschafsschichten häufig vor, vom Hochadel (wie das Beispiel Margarets, der Gräfin von Lincoln, zeigt) über Städterinnen (Frau von Bath aus den Canterbury-Erzählungen gab allein fünfmal ihr Jawort) bis zu den Bäuerinnen. Schon Hieronymus erkannte, daß manche nicht deswegen Witwen blieben, weil sie künftig ein keusches, gottgeweihtes Leben führen wollten, sondern einzig aus Freiheitsliebe.[87] Und Thomas von Stitny gibt freimütig die Äußerungen seiner verwitweten Großmutter wieder – nach seinem Urteil eine Frau mit hervorragenden Eigenschaften: »Bei Gott, wie kann es angehen, daß der Lohn der Witwen höher ist als der der Ehefrauen, wo doch unser Witwenstand soviel besser und bequemer erscheint als unser Leben einer Verheirateten.«[88] Beim Nonnenstand läßt sich kaum von Freiheit sprechen, es sei denn im Sinn fehlender männlicher Bevormundung. Unter den Edelfrauen, denen das Kloster offenstand, wählten manche diesen Weg nach dem Tod ihres Mannes, wie etwa Loretta, die Witwe des Grafen von Leicester, die zur bekannten Einsiedlerin wurde, oder Ella, die Gräfin von Salisbury, die ein von ihr gegründetes Augustinerinnenkloster leitete. Exemplarisch für eine Frau, die entgegen dem Drängen ihrer Familie nicht wieder heiratete, sondern zwölf Jahre in weltlicher Umgebung Witwe blieb, ist die Mutter Gilberts von Nogent. Erfolgreich verwaltete sie Haushalt und Besitz und kümmerte sich um die Erziehung ihrer Kinder. Erst als Gilbert, der Jüngste, das zwölfte Lebensjahr erreicht hatte, zog sie sich ins Kloster zurück.[89] Einen Teil der Schwierigkeiten, mit denen Witwen im weltlichen Alltag zu kämpfen hatten, schilderte uns aus eigenem Erleben Christine de Pisan: Große Mühe habe es sie gekostet, bis sie ihren rechtmäßigen Anteil am Besitz ihres verstorbenen Mannes erhielt. Einflußreiche Persönlichkeiten, Gerichtsangestellte und Finanzinstitute seien nicht müde geworden, sie immer wieder zu vertrösten. Habe sie sich bei hochgestellten Herren für ihre Sache eingesetzt, so munkelte man hinter ihrem Rücken, sie suche anderes als die Erledigung ihrer Familienangelegenheiten. Die Beamten seien ihr nicht selten grob begegnet und hätten sich auf ihre Kosten lustiggemacht. Langsam, so erzählt sie, gewann sie an Selbstvertrauen und überwand ihre Furcht; Körper und Stimme wurden kräftiger, und sie sei schließlich in der Lage gewesen, hart für das Wohlergehen ihrer Familie zu arbeiten.[90] Viele andere fühlten sich, wie jener Pariser Haushälter in seinem Leitfaden berichtete, durch ihre Witwenexistenz entweder vereinsamt, oder fanden sich trotz ihrer größeren Freiheit nicht dazu bereit, dem Leben in einer von Männern regierten Welt die Stirn zu bieten; daher zogen sie es vor, erneut zu heiraten.

Die Frau als Mutter

Zeitgenössische Quellen, die sich mit der Frau als Mutter beschäftigen, sind außerordentlich spärlich. In der gesamten Eheliteratur, sei sie didaktischer oder unterhaltender Art, wird dieses Thema kaum angesprochen; das Gleiche gilt für die Schriften von Theologen und Kirchenrechtlern. Die Kultur des Mittelalters betonte zweifellos stärker die Rolle von Mann und Frau als die von Vater und Mutter. Die Exegeten äußerten sich in der Regel kaum über den einzigen Vers des Neuen Testaments, der die Aufgabe der Frau als Mutter anspricht und deren Erfüllung mit ihrer Erlösung in Verbindung bringt: »Sie wird aber dadurch gerettet werden, daß sie Kinder zur Welt bringt, wenn sie im Glauben bleibt und in der Liebe und in der Heiligung samt der Zucht.« (1. Tim 2,15). Nach kanonischem Recht war die Sorge eines Vaters für seine Nachkommen Teil des Naturgesetzes.[91] Ferner weisen Theologen in groben Zügen auf die Pflicht jedes Einzelnen hin, seinen Kindern eine religiöse Erziehung zukommen zu lassen. Häufig taucht dieser Punkt bei der Erörterung von Unzucht und Ehebruch auf; dabei wird wie folgt argumentiert: Das Kind brauche einen Vater, um christlich erzogen werden zu können. Sexuelle Verfehlungen führten zur Geburt von Bastarden, die nicht wissen, wer sie gezeugt habe. Ein anderer als ihr natürlicher Vater zöge sie groß oder sie müßten ganz ohne männliche Führung aufwachsen. Selbst im Rahmen einer Familie könne es nicht als Tugend gelten, lediglich Kinder in die Welt zu setzen; erst ihre richtige christliche Unterweisung würde als Wert betrachtet. Lobenswert sei weder der Wunsch eines Menschen nach Erben, noch der Gedanke der Arterhaltung, sondern allein das zum Dienste Gottes erzogene Kind.[92] Thomas von Aquin betont, daß dort, wo von Nachkommenschaft als Ziel der Ehe die Rede sei, selbstverständlich auch die Erziehung angesprochen werde. Bemerkenswert ist, daß solche theologischen Feststellungen im Gegensatz zu einem Teil der didaktischen Literatur stehen: ihr ist lediglich zu entnehmen, daß Kinder den Namen des Vaters tragen und damit sein und seiner Familie Angedenken auf Erden bewahren sollen.[93]

Das Verhältnis von Marienkult und mittelalterlicher Vorstellung über Frauen als Mütter gehört zu den interessanten Phänomenen. Angesichts der Marienkult-Blüte im 12. Jahrhundert und einer zunehmenden Verehrung der strahlenden Gottesmutter wie auch Schmerzensreichen am Fuß des Kreuzes lägen Entsprechungen beider durchaus nahe. Sucht man sie, wird man enttäuscht: sie sind so gut wie nicht vorhanden. Zwar gehörte im Hoch- und Spätmittelalter die Mariengestalt als Schwangere, als Mutter mit dem Jesuskindlein auf dem Arm und Leidende, die den vom Kreuz abgenommenen Leichnam ihres Sohnes hält (Pietà), zu den beliebtesten Themen in Malerei und Bildhauerkunst. Häufig sieht man an Domportalen auch die Statue der heiligen Mutter, die neben ihrem Sohn kniend um Vergebung für die Sünder fleht. Zahlreiche Kathedralen wurden ihr geweiht – Chartres, Rocamadour, Ipswich, Walsingham, u. a. –, die große Pilgermassen anzogen. Andere Kirchen richteten zu ihrer Ehre Kapellen ein. Feiertage waren den herausragenden Stationen ihres Lebens gewidmet. Ferner eroberte sie sich einen festen Platz im religiösen Schauspiel.[94] Sogar »literarische Akademien« entstanden in einigen westeuropäischen Städten des Spätmittelalters, die Gedichtwettbewerbe zum Lobe der heiligen Mutter, ihrer Reinheit, ihres Edelmuts und ihrer Güte veranstalteten; den Verfassern der schönsten Lieder winkten Preise. Daneben diente Maria als Schutzpatronin von Städten, Zünften und Bruderschaften aller Art. Zweifellos erfreute sich ihre Anbetung beim Volk großer Beliebtheit. Und trotz allem hatte die Mariengestalt auf das allgemeine Bild der Mutter, die ihre Kinder auf natürliche Weise empfing und aufzog, kaum Einfluß. Obwohl die höfische Literatur die Frau preist, verzichtet sie doch, auf Eigenschaften wie Zartheit, Milde und Selbstaufopferung einzugehen, die normalerweise im Zusammenhang mit Mutterschaft auftauchen. Die Heldin der Minne ist vorwiegend Gegenstand der Verehrung. In seiner Liebe zu ihr erreicht der Ritter sittliche Vollkommenheit; nach zeitgenössischer Tugendlehre kam diese in Treue und heldenhaftem Kampf zum Ausdruck. Die Aufgaben, die sie dem Ritter auferlegt, sind oft erschreckend hart. Sie verkörpert nicht mütterliche Qualitäten, trägt nicht jene zarten, aufopfernden und erlösenden Züge, die für die heilige Jungfrau charakteristisch sind. Nur selten finden wir in der höfischen Literatur Bilder der Hingabe und Opferbereitschaft auf seiten der Frau. Eine Ausnahme ist ein englischer Prediger, der eine liebende Mutter schildert, die ihr frierendes Kind im Winter wärmt, es pflegt, als es krank ist, und im Gebet ein Gelübde für den Fall seiner Genesung ablegt.

Im Unterschied zur Frau als Mutter wurde jedoch eine Nonne, Christi Braut, als Sinnbild der Jungfrau Maria betrachtet. Aber auch hier lagen die Dinge nicht eindeutig, wie die Geschichte des Ailred von Rievaulx über Schwestern des Gilbertinischen Doppelklosters von Watton aus dem 12. Jh. zeigt. Sie erzählt von einem kleinen Mädchen, das mit vier Jahren ins Kloster gesteckt und dort erzogen wurde, um zu gegebener Zeit die Gelübde abzulegen. Es wuchs heran, zeigte jedoch keine Anzeichen von Frömmigkeit, ja nicht einmal die Bereitschaft, die Ordensregel zu befolgen. Sein Blick war frech, die Sprache zügellos, der Gang aufreizend. Schließlich lernte sie einen der Mönche des Klosters kennen, der sich durch besondere Anmut auszeichnete. Beide empfanden Liebe zueinander und trafen jede Nacht heimlich zusammen. Der junge Mann entfloh nach einiger Zeit dem Kloster, kehrte jedoch nächtlich zum Stelldichein mit seiner Geliebten zurück. Als das unter den Mitschwestern ruchbar wurde, entbrannte wütender Eifer um die Ehre ihres Klosters. Sie rangen die Hände, fielen über die Nonne her und entrissen ihr den Schleier. Einige Mitschwestern waren dafür, sie zu verbrennen, andere wollten ihr die Haut über die Ohren ziehen und wieder andere rieten, sie an einen Pfahl gefesselt langsam über glimmenden Kohlen versengen zu lassen. Endlich schlug man sie und warf sie ins Klostergefängnis. Eines Tages mußten ihre Mitschwestern jedoch feststellen, daß sie hochschwanger war. Erneut weinten und jammerten sie, daß Schande über sie kommen und alle in Verruf bringen werde. Abermals stürzten sie sich auf die Unglückliche. Als ihre Wut verebbt war, berieten sie, was nun mit ihr geschehen solle. Einerseits fürchteten sie, daß, hielten sie sie weiterhin im Kloster, durch ihre Schreie bei der Geburt die allgemeine Schmach verraten würde, andererseits schreckten sie davor zurück, sie auszustoßen, da sie an Hunger sterben könnte. Daher befahlen sie der Schwangeren, ihrem Geliebten eine Nachricht zu schicken und ein Treffen zu vereinbaren; denn sie hatten vor, ihm, »der abscheulichen Quelle ihrer Sünde«, bei seiner Ankunft »die ehebrecherische Hure mit ihrem geschwollenen Leib« zu übergeben. Sie benachrichtigten die Mönche über ihren Plan. Diese lauerten ihrem Mitbruder am vereinbarten Treffpunkt auf, packten ihn und schlugen mit ihren Stäben auf ihn ein. Anschließend lieferten sie ihn den Nonnen aus, die ihn zum Eingeständnis seiner Sünde zwingen wollten. Längst schon beabsichtigten sie nicht mehr, ihn mit dem Mädchen seines Weges ziehen zu lassen. Statt dessen warfen sie ihn zu Boden, fesselten ihn mit Stricken, legten »den Grund seiner Sünde« vor aller Augen bloß, gaben ihm ein Messer in die Hand und zwangen ihn, sich selbst zu kastrieren. Als Höhepunkt ihrer Rache schleuderte eine der Nonnen die blutgetränkten Überreste seiner Männlichkeit in den Mund seiner Geliebten. Soweit die Geschichte. Ihr Erzähler schloß: »Wie das Schwert Levis und die Eifersucht des Pinhas, waren Eifer und Heldentum dieser Nonnen. Die Reinheit ihres Geschlechts siegte, und das Jesu angetane Unrecht wurde durch diese unerschrockenen Jungfrauen gerächt. Ich preise nicht die Tat, sondern ihren Eifer, nicht daß sie Blut vergossen, sondern daß sie in ihrer Hingabe den Heiligen glichen. Was würden sie nicht tun, um ihre Keuschheit zu bewahren, wenn sie soviel unternahmen, um sie zu rächen?«[95] Diese Geschichte des Grauens, (deren Wahrheitsgehalt unzweifelhaft ist), veranschaulicht mehr als die ungeheuerliche Perversität, die dem Klosterleben potentiell innewohnte; auch kennzeichnet sie nicht allein den Anteil, den Frauen an jener Grausamkeit mittelalterlicher Zivilisation hatten; sie sagt vor allem etwas aus über einschlägige Vorstellungen von einer Nonne und wie diese das Denken eines gelehrten Kirchenmannes – auch »der heilige Bernhard des Nordens« genannt – geprägt haben, der nicht einmal ein religiöser Fanatiker war. Bei ihm liegt der Akzent offenbar auf einer rücksichtslosen Einhaltung des höchsten Klostergelübdes: der Keuschheit. Folglich zeigt er nicht nur Verständnis dafür, daß die geschwängerte Nonne bei ihren Mitschwestern blutigen Haß und Zorn erntet, sondern akzeptiert auch die Mittel, die jene zur Verteidigung ihres Keuschheitsgelübdes sowie zur Bestrafung derjenigen einsetzen, die es gebrochen hat. Daß solche Vorstellungsbilder von der Nonne aufs krasseste der Mariengestalt als dem Inbegriff von Güte und Barmherzigkeit entgegengesetzt sind, bedarf wohl keiner weiteren Erläuterung.

In der bürgerlichen Literatur begegnen wir der Frau als Mutter nur selten. In Chaucers »Canterbury-Erzählungen« werden zwar verschiedene Frauentypen und mit ihnen unterschiedliche Beziehungen zwischen Ehepartnern beschrieben, doch nicht der Typus einer Mutter. Wenn auch im Zusammenhang mit der treuen Griselda deren Kinder erwähnt werden, so doch nur als Beweis ihres unerschütterlichen Gehorsams gegenüber ihrem

Ehemann. Voller Hingebung und Demut besteht sie alle Proben, die er ihr auferlegt, bereit, sogar ihre Kinder ans Messer zu liefern, um nur ihre eheliche Gehorsamspflicht nicht zu verletzen. Hier wird der Begriff der idealen Frau ad absurdum geführt: sie erscheint in erster Linie als gefügige und ergebene Ehefrau, nicht als gütige Mutter. Einmal abgesehen davon, ob matriarchalische Gesellschaftsformen bei Urvölkern existierten, wie sie einige Anthropologen zu beweisen suchen, oder ob sie nur matrilinearen Charakter hatten, so lassen sich jedenfalls altüberlieferte Literaturerzeugnisse anführen, in denen matriarchalische und patriarchalische Ideale aufs heftigste kollidierten, wobei beide durch entsprechende Göttinnen und Götter versinnbildlicht wurden. Nach matriarchalischen Vorstellungen bestand die vornehmste Aufgabe einer Frau in der Erfüllung ihrer Mutterpflichten, wurden doch Blutsbande als fundamentalste betrachtet. Das patriarchalische System dagegen gab den Beziehungen zwischen Mann und Frau den Vorzug, und zwar über Blutsverwandtschaft und Mutter-Kind-Bindungen hinaus. Obwohl das Agnatsprinzip sich nur langsam durchsetzte und mütterliche Bindungen eine gewisse Bedeutung behielten, traten dennoch im mittelalterlichen Schrifttum matriarchalische Elemente hinter den dominierenden patriarchalischen Ideen vollständig zurück.[96]

Die Verfasser der Ständeliteratur sind fast ausnahmslos mehr um die Pflichten der Frau gegenüber ihrem Mann, als um ihre mütterlichen Aufgaben besorgt. Das gleiche gilt für allgemein didaktische Werke. Der bereits mehrfach erwähnte Pariser Haushälter verbreitet sich zwar über Kleidungs- und Verhaltensregeln, Haushaltsführung und sachgemäße Umsorgung des Ehegemahls; doch kommt bei ihm Kinderpflege nicht vor. Höchstens zu Analogiezwecken werden Kinder erwähnt: Stiefeltern, die die ihnen anvertrauten Kinder vernachlässigen und sich wundern, wenn diese ausreißen wollen, vergleicht er mit einer Ehefrau, die sich nicht um ihren Mann kümmert, ihm Vorwürfe macht, wenn er nach Hause kommt, und ihn schließlich ganz aus dem Hause grault. Es sind also nicht Kinder, die in diesem Zusammenhang interessieren, sondern einzig der Mann und die ihm gebührende Pflege.

Auch Geistliche nennen in ihren Predigten nicht die Hingabe an Kinder als vornehmste Aufgabe einer Frau. Gottesdienst sei wichtiger. In einer seiner Frauenpredigten tadelt der Dominikaner Humbert de Romans heftig diejenigen, die sich zu sehr auf die Angelgenheiten dieser Welt einlassen und zu wenig

Gott dienen. Manche Frauen willigten, wie er ausführte, ein, wenn ihre Männer Zinsanleihen gäben; sie würden damit zu Mittäterinnen. Andere wiederum machten sich über die Maßen im Haushalt zu schaffen, beschäftigten sich zu sehr mit ihren Kindern und liebten sie ›allein um des Fleisches willen‹.[97]

Woraus erklärt sich diese negative Bewertung der Aufgaben einer Mutter und ihre völlige Randstellung? Wie wir gesehen haben, ist sie mit der mittelalterlichen Einstellung zum Kind verknüpft. So betrachtet Philippe Ariès zu Recht das Kinderbild als einen Spiegel, der die verschiedenen Aspekte der zeitgenössischen Kultur gebündelt reflektiert: pädagogische Schriften, Portraits sowie Lehrmethoden. Dabei gelangt er zum Ergebnis, daß das Kind in der damaligen Gesellschaft so gut wie keinen Platz hatte. Auf mittelalterlichen Gemälden erscheine es als kleiner Erwachsener; auch die zeitgenössische Literatur kenne keine lebendigen Kindergestalten. Das Kind hebe sich nicht von der Erwachsenengesellschaft seines Standes ab. Empfindungen ihm gegenüber seien selten. Bliebe es am Leben und erreiche das Erwachsenenalter, so könne es sich an gemeinsamen Unternehmungen beteiligen und stärke dadurch die Familie; doch bestünde keine existentielle Bindung zwischen Eltern und Kindern. Auch die Kernfamilie inspiriere Dichter und Künstler nicht, da sie lediglich eine soziale und sittliche, doch im Unterschied zur Großfamilie, dem sogen. Geschlecht, keine emotionale Wirklichkeit besäße.[98]

Kirchliche Schriften sehen Kinder häufig als Last und indirekte Ursache der Sünde: Manche Eltern würden sich ihr Leben lang plagen, ihren Besitz beleihen und verpfänden, nur um ihre Kinder durchzubringen.[99] Eine didaktische Schrift gibt folgende zynische Empfehlung: ›Wenn ihr Kinder habt, so freut euch und zieht sie auf, wie es sich gebührt. Wenn sie jung sterben, so nehmt euer Schicksal an. Klagt und trauert nicht über die Maßen. Denkt an all den Kummer, der euch so erspart bleibt.‹[100] Über Glück und Freude an Kindern hat die mittelalterliche Literatur nur Spärliches zu berichten. Eine der seltenen Äußerungen zu diesem Thema stammt von Philippe de Novare: für keinerlei Gewinn sollten Eltern ihr Kinderglück eintauschen. Wenig später jedoch relativiert er seine Ansicht: Kinder brächten nur inneren Reichtum, während derjenige, der auf das irdische Leben verzichte, um Gott zu dienen und das Heil zu erlangen, geistigen Reichtum für seine Seele ernten würde.[101]

Eustache Deschamps, dessen Gesamtwerk von äußerstem Pessimismus durchzogen ist, wirft düsterste Blicke auf Zeugung und Erziehung: Glücklich der Mensch, der keine Kinder habe. Solange sie klein seien, brächten sie nichts als Weinen und Gestank, Kummer und Sorge. Sie wollten gekleidet, beschuht und ernährt sein. Ständig bestünde Gefahr, daß sie sich bei einem Sturz verletzen oder an Krankheit sterben würden. Seien sie schließlich erwachsen, so gerieten sie leicht auf den falschen Weg oder landeten im Gefängnis. Kein Glück, das sie je bereiteten, könne all die Ängste, Mühen und Ausgaben für ihre Erziehung aufwiegen. Und gäbe es schließlich ein größeres Verderben, als entstellte Säuglinge in die Welt zu setzen? Denn wessen Glieder verkrümmt, dessen Gedanken seien es ebenfalls – voller Sünde und Schlechtigkeit.[102] Beim Chevalier de la Tour Landry ist in einem Leitfaden für seine Töchter zu lesen, daß man sich nicht zu sehr über die Geburt eines Kindes freuen und sie erst recht nicht prunkvoll feiern solle, denn dies könne den Unwillen Gottes erregen, und zum Tode des Neugeborenen führen.[103] Interessant ist, daß hier nicht vom bösen Blick oder Teufelswerk die Rede ist, sondern davon, daß ein Kind durch Gotteshand sterben könne. Der Geburt folgen demnach Schuldgefühle entsprechend der Auffassung, Kinder würden in Sünde gezeugt und lenkten vom Dienst Gottes ab. Hinzu kommt das Wissen, daß Gott, der gegeben hat, auch wieder zu nehmen vermag. Die Furcht, die sich dahinter verbirgt, geht über eine natürliche Besorgnis der Eltern um ihre Kinder hinaus. Im Mittelalter hatte sie ihren guten Grund: die Kindersterblichkeit war außerordentlich hoch; man fürchtete sich vor dem Eingriff Gottes, nicht des Satans. Die Anschauungen der Katharer über Fortpflanzung schließen den Kreis: Kinder sind für sie zwar Quellen des Glücks und der Freude, doch gleichzeitig Werke des Teufels. In einem katharischen Mythos heißt es, der Satan habe die Engel mit folgenden Worten zu verführen gesucht: »Ich gebe euch Frauen zu Gefährtinnen, ihr werdet Heim und Kinder haben und an einem Kind, das euch geboren wird, mehr Freude finden als an all der Ruhe, die ihr in der himmlischen Welt genießt.«[104] Ein solch dualistisches Denken war der christlichen Lehre des Mittelalters fremd. Jenem zufolge stellte die gesamte materielle Welt einschließlich Körper, Sexualität und Fortpflanzung das Werk des Teufels dar. Doch klangen auch in der christlichen Lehre, in ihrer Unterscheidung von Körper und Seele, Materie und Geist, Diesseits und Jenseits, antagonistische Momente an. Die Fortpflanzung galt zwar als Rechtfertigung des Geschlechtsverkehrs, jedoch besaß sie keinen Eigenwert. Darüber hinaus betonte die Kirche zwar die elterliche Sorgepflicht, vergaß aber nicht zu erwähnen, daß Kinder ihre Eltern am Gottesdienst hindern oder sie von ihrer völligen Hingabe an ein religiöses Leben abhalten könnten. All die zitierten Autoren waren überwiegend Geistliche, die weder heirateten, noch Kinder zeugten. Eine ähnliche Haltung war Frauen, die diesen Weg gewählt hatten, eigen. Die heilige Douceline beispielsweise bemühte sich, Jesu Geburt jeden Anschein von Körperlichkeit zu nehmen. In einer ihrer Visionen sah sie die heilige Maria, aus deren Schoß ein Sonnenstrahl, an seiner Spitze das Jesukind, hervortrat. Nachdem Angela von Foligno Mystikerin geworden war, diktierte sie dem Dominikaner, der ihre Visionen aufzeichnete, folgendes: »Zu einer bestimmten Zeit starb durch Gottes Willen meine Mutter, die für mich ein schweres Hindernis war; ihr folgten kurz aufeinander mein Mann und alle meine Kinder. Da ich mich für das religiöse Leben entschieden und Gott gebeten hatte, sie sterben zu lassen, war ihr Tod ein großer Trost für mich.«[105] Hier wie in zahlreichen Zeugnissen mittelalterlicher Literatur treffen wir immer wieder auf dieselbe negative Einstellung zum Kind und zur Mutterrolle. Zwei Gründe waren hierfür entscheidend: die kirchliche Auffassung, daß alle Menschen in Sünde gezeugt seien, sowie eine außerordentlich hohe Kindersterblichkeit in allen Volksschichten. Viele Kinder starben gleich nach der Geburt, beziehungsweise in zartem Alter. Man beeilte sich, das Neugeborene taufen zu lassen, da man sein Seelenheil sicherstellen wollte. So werden im Totentanz Kinder an der Seite von Erwachsenen dargestellt. Offenbar beabsichtigten die Schriftsteller, Eltern auf den möglichen Tod ihrer Kinder vorzubereiten und sie dadurch zu trösten. So schreibt etwa John Wicliffe, daß Mütter, die ihre Kinder verloren hätten, nicht trauern sollten, da Gott ihnen große Barmherzigkeit dadurch erwiesen habe, daß er sie von dieser Welt verschonte.[106] Nach Philippe Ariès' Meinung waren es nicht nur die Prediger, die Eltern auf ihr potentielles Schicksal vorbereiteten; diese selbst hätten sich frühzeitig einen Abwehrmechanismus geschaffen; er habe darin bestanden, angesichts der geringen Überlebenschancen eines Kindes keinerlei feste Bindungen aufkommen zu lassen. Ob es sich de facto so verhielt, werden wir in den folgenden Kapiteln überprüfen.

Verstöße gegen das Eherecht

Ehebruch

Die Kirche verlangte von Eheleuten gegenseitige Treue. Kam ein Ehebruch vor ihre Gerichte, so bestrafte sie im allgemeinen Mann und Frau im selben Maße. Wünschte dagegen ein Partner aufgrund von Ehebruch die Trennung, so waren die geistlichen Richter eher bei weiblichem als bei männlichem Vergehen geneigt, dem Antrag zu entsprechen. Buße durch Fasten, Beten und temporäre Enthaltsamkeit, eine Geldstrafe oder – seltener – der Pranger erwarteten den Schuldigen. Häufig urteilten auch weltliche Gerichte in Fällen dieser Art und setzten dann selbst die Strafe fest. Ziel des weltlichen Gesetzgebers war es, die nach germanischem Recht erlaubte Privatrache soweit als möglich einzuschränken. Im Gesetz Johanns von England hatte derjenige, der einen anderen wegen Ehebruchs mit seiner Frau entmannte, mit der Konfiszierung seines Bodenbesitzes zu rechnen, es sei denn, er konnte beweisen, daß er den anderen rechtzeitig davor gewarnt hatte, sich seinem Hause zu nähern.[107] Nach Beaumanoirs Auffassung war ein Ehemann, der Frau samt Liebhaber ermordete, nur dann freizusprechen, wenn er jenen zuvor beschworen hatte, nicht in die Nähe seiner Frau zu kommen, beide dann doch zusammen ertappte und sie im ersten Wutanfall tötete. Vater oder Bruder seien dazu nicht berechtigt. Ermordete der Betrogene den Täter erst einige Zeit nach dem Vorfall, so mußte er dessen Schuld beweisen; gelang ihm das nicht, wurde er gehenkt.[108] Gleiches galt nach der Rechtsverordnung Friedrichs II. von Sizilien.[109] Ebenso erlaubten die Gesetze der Städte Sepúlveda und Cuenca einem Mann nur dann die Tötung seiner Frau und ihres Liebhabers, wenn er beide auf frischer Tat ertappte. In Sepúlveda wurde allerdings das gleiche Recht auch den Verwandten der Frau zugebilligt.[110] Chroniken wissen von furchtbaren Vergeltungsmaßnahmen zu berichten. Zuweilen richtete der betrogene Ehemann sie ausschließlich gegen den Galan, während er seine Frau lediglich demütigte. Andere wandten sich gerade gegen ihre untreue Gemahlin, wie Fulk Nerra, der seine Frau Elisabeth bei lebendigem Leibe verbrannte.[111] Über Edelfrauen hingegen, die sich an ihren ehebrecherischen Männern rächten, ist uns nichts bekannt. Kirchenrichter und weltliche Gerichte machten in der Regel keinen Unterschied zwischen Frauen und Männern, wenn sie auch bei letzteren eher einmal ein Auge zudrückten. In manchen Gegenden allerdings galt eine verheiratete Frau, die sich mit einem Fremden einließ, (sein Familienstand spielte dabei keine Rolle) als Ehebrecherin, während ein verheirateter Mann, der sich eine Junggesellin oder Witwe für ein Schäferstündchen aussuchte, nur den Tatbestand der Unzucht erfüllte. Diese nachsichtigere Haltung gegenüber dem Mann basierte nicht auf kirchlicher Auffassung oder Rechtsprechung, sondern resultierte aus dem höheren gesellschaftlichen Ansehen des Mannes sowie einer Rücksichtnahme auf seine Furcht, er werde seine eigenen Kinder nicht von Bastarden unterscheiden können.[112] Im Spanien der Reconquista erwarteten eine Christin, die es mit einem Juden oder Moslem getrieben hatte, schwerste Strafen; erwischte man sie in flagranti, wurden beide Beteiligten hingerichtet. Im umgekehrten Fall, in dem ein christlicher Ehemann einen Fehltritt mit einer Andersgläubigen begangen hatte, haben wir keinerlei Anhaltspunkte für eine analoge Bestrafung.[113] Im Gegenteil: man betrachtete ihn als einen, der lediglich eine Nichtchristin verletzt und gedemütigt hatte, was im damaligen Spanien erlaubt, wenn nicht gar erwünscht war. Die von weltlichen Gerichten verhängten Ehebruchsstrafen sind insgesamt uneinheitlich; mal fielen sie leichter, mal strenger aus. Nach den Gesetzen Friedrichs II. von Sizilien hackte man einer weiblichen Täterin die Nase ab und verjagte sie aus dem ehelichen Haushalt. Zeigte sich ihr Mann zur Vergebung bereit, behielt sie zwar ihre Nase, konnte aber nicht vor öffentlicher Auspeitschung bewahrt werden. Ein männlicher Täter kam mit einer Geldstrafe davon.[114] In einer südfranzösischen Stadt wurde ein verurteiltes Paar gezwungen, nackt und in demütigender Weise aneinandergefesselt unter Peitschenhieben durch die Straßen zu laufen. Bekannt ist nicht, inwieweit diese Strafen stets in ganzer Härte vollzogen oder aber in hohe Geldbußen umgewandelt wurden. Ein Gesetz der Stadt Alais im Südosten Frankreichs bestimmte, daß jene Strafe nicht durch Zahlungen abzulösen sei und, wie es weiter hieß, »es der Frau obliegt, voranzulaufen«.[115] Die Rechtsprechung dieser Städte machte beim verheirateten Mann keine Unterschiede dahingehend, ob seine Mitsünderin ledig oder verheiratet war; sie bietet damit ein markantes Beispiel für die Gleichbehandlung beider Geschlechter. Betrachten wir dagegen ländliche Gegenden mit Gütern kirchlicher und weltlicher Grundherrn, so begegnen uns fast ausnahmslos Geldstrafen bei Unzucht, Ehebruch und unehelicher Geburt. In England gehörte es zu den Aufgaben der Gutsgerichtsgeschworenen, jeden derartigen Fall dem Schreiber des Gutsherrn zu melden, damit das Bußgeld eingezogen werden konnte.[116] Fast ausnahmslos wurden Zahlungen einer Frau oder ihrem Vater auferlegt; die eingehenden Beträge waren eine sichere, zusätzliche Einnahmequelle für den Gutsherrn. Im Fall leibeigener Bäuerinnen gelangte solche Angelegenheit im allgemeinen nicht vor ein Kirchengericht; geschah es dennoch, so wurde bisweilen auch der Mann bestraft.[117] In Katalonien war ein Gutsherr berechtigt, die Hälfte des Eigentums einer wegen Ehebruchs verurteilten Frau zu beschlagnahmen; hatte ihr Mann in die Tat eingewilligt, sogar den Gesamtbesitz.[118] Auf der anderen Seite gab es innerhalb des Bauernstands zahlreiche Leute, die unverheiratet zusammenlebten. Im kleinen Pyrenäendorf Montaillou, das keiner gutsherrlichen Domäne angehörte, waren es 6 von 50 Paaren, das heißt über 10%.[119] Analoge Erscheinungen ließen sich auf manchen englischen Gütern feststellen, wo Bauern unter der strengeren Aufsicht und Kontrolle einer gutsherrlichen Beamtenschaft standen. In den Gerichtsprotokollen des Klosterguts Bec z. B. erscheinen weibliche Namen mit dem Zusatz ›Frau des soundso‹ *(uxor)*, falls die Trägerin verheiratet war. Eine gewisse Agnotta dagegen wurde offiziell als Gefährtin *(amica)* eines Schäfers geführt.[120]

Während die Kirche Ehebruch und Unzucht von Mann und Frau gleichermaßen bestrafte, kam es der homiletischen und didaktischen Literatur vor allem darauf an, Frauen vor Sünde zu bewahren und ihre Sittlichkeit zu stärken. Fabliaux und höfische Literatur betrachteten beide Handlungen nicht als schwere Verfehlungen. Ganz im Gegenteil: außereheliche Beziehungen wurden innerhalb der Fabliaux eher von der humoristischen Seite gesehen. So erscheinen hier häufig Frauen, die ihrem Mann Hörner aufsetzen. Der Betrogene wird in der Folge mit Spott und Sarkasmus geschildert; Schuldgefühle kamen erst gar nicht auf.

Wendet sich die Troubadourlyrik an die verheiratete Frau, so ist häufig Gegenstand des höfischen Romans die verbotene Beziehung zwischen einem zumeist ledigen Mann und einer verheirateten Frau (bisweilen erscheint sie als Ehefrau seines Seniors); Beziehungen also, die praktisch auf Ehebruch und Verrat in einem hinauslaufen. Zwei Fragen drängen sich hierbei auf: wie konnte der damalige Leser den Zwiespalt zwischen krichlichen und feudalistischen Idealen auf der einen und den höfischen Idealen auf der anderen Seite aufheben, wurde doch der Geliebte der lehnsherrlichen Ehefrau als Held dargestellt? Und:

114

wie konnte die höfische Liebe realisiert werden, da doch auf
Ehebruch besonders schwere Strafen standen? Beide Fragen
haben zu einer Neubewertung der höfischen Literatur geführt.
So wurde von F. Benton zu beweisen versucht, daß der verräte-
rische Ehebrecher nicht stets als Held erscheine. Chrétien de
Troyes habe durchaus, wenn auch versteckt und unterschwellig,
seinen Helden Lancelot getadelt. Seine Einkerkerung im Turm
sei für die Zuhörer entsprechend unmißverständlich gewesen.
Benton zufolge schockierte der Ehebruch weder seinen Verfasser, noch die zeitgenössische Gesellschaft; auch sei er keinesfalls
zur Nachahmung empfohlen worden. Wichtig scheint Benton
darüber hinaus die Bedeutung des Wortes *amor* (Liebe) innerhalb der Troubadourlyrik sowie der mittelalterlichen Kultur
überhaupt. Da von Liebe *(amor)* ebenso zwischen Lehnsherr
und Vasall wie zwischen Mönchen die Rede gewesen sei, zeige
dies, daß sie im wesentlichen nicht als geschlechtliche Liebe
aufgefaßt wurde. So sei auch die Verehrung edler Frauen von
seiten der Troubadoure nicht in diesem eindeutigen Sinn zu
verstehen.[121] Der ungelöste Rest, der in diesen Interpretationen
bleibt, ist das Faktum, daß in der städtischen Gesellschaft wie in
der Bauernschaft zahlreiche Fälle von Unzucht, Ehebruch und
unehelichen Geburten vorkamen – auch wenn die bürgerliche
Literatur darauf verzichtet, außereheliche Liebe als Ideal wider-
zuspiegeln. Derartige Widersprüche, kennzeichnend für die
mittelalterliche Zivilisation auf den verschiedensten Gebieten,
können u. E. kaum aufgelöst werden. Die große Zahl unehelicher Geburten in allen Bevölkerungsschichten legt von ihnen
ein beredtes Zeugnis ab.

Bastarde

Wie groß der Prozentsatz an Bastarden innerhalb der Gesamtgesellschaft war, läßt sich nicht ausmachen; gewiß aber ist, daß
sie in allen Schichten geboren wurden. Gravierende Probleme
stellten sich fast ausnahmslos im Fall lediger Mütter; denn das
uneheliche Kind einer verheirateten Frau wurde normalerweise in die Familie aufgenommen und von allen als legitim
betrachtet. Weder Ehemänner noch Gesetzgeber wollten der
Sache allzusehr auf den Grund gehen: die einen wegen öffentlicher Schande, die anderen, weil es äußerst schwierig war, die
Unehelichkeit zu beweisen.[122] Charakteristisch ist eine Geschichte des uns bereits vertrauten Pariser Haushälters: Eine
Venezianerin gestand ihrem Manne auf dem Sterbelager, daß

eins ihrer Kinder nicht von ihm stamme. Um der Ehre seiner Frau willen, vergab er ihr nicht nur, sondern wollte nicht einmal hören, welches Kind sie meinte.[123]

Nach religiöser Auffassung galt ein Bastard als Verkörperung von Sünde, als Frucht verbotener Geschlechtsbeziehungen, der Unzucht und des Ehebruchs. Da die Kirche für den Schutz des Lebens und christliche Barmherzigkeit plädierte, lehnte sie Abtreibung und Kindstötung ausdrücklich ab. Dementsprechend verhielt sie sich gegenüber Bastarden tolerant. Diese durften heiraten oder, mit besonderer Erlaubnis, in den Dienst der Kirche treten.[124] Da laut kanonischem Recht die Sorgepflicht eines Vaters für seine Kinder Teil des Naturgesetzes war, konnte eine uneheliche Mutter den Vater ihres Kindes vor einem Kirchengericht auf Alimente verklagen.[125] Obwohl die weltlichen Gesetze unter kirchlicher Aufsicht erlassen wurden, enthielten sie doch in bezug auf das Recht zu erben, zu vererben oder den väterlichen Namen zu tragen, lokale Besonderheiten.[126] Entsprechende Bestimmungen in regionalen Rechtsbüchern, Königsgesetzen, Stadtverordnungen und Zunftsatzungen weisen darauf hin, daß es sich dabei nicht um eine seltene Erscheinung handelte. Auch die didaktische Literatur zeugt vom Geist dieser Gesetze. So schreibt Francesco Barberino in seinem Belehrungsbuch für weibliche Leser, daß es Pflicht einer Ehefrau sei, uneheliche Kinder ihres Mannes zu versorgen und zu beschützen. Eine Witwe hatte demzufolge nicht nur ihre eingenen Sprößlinge großzuziehen und für das Seelenheil ihres verstorbenen Mannes zu beten, sondern auch die Sorgepflicht für seine illegitimen Nachkommen.[127] Unser Pariser Haushälter erzählt zwecks Nachahmung vom Verhalten einer Pariser Rechtsanwaltsgattin. Ihr Mann hatte eine uneheliche Tochter von einer armen Frau. Das Kind wurde zwar von einer Kinderschwester erzogen, doch als es zu Auseinandersetzungen zwischen ihr und dem Vater kam, drohte sie, die Angelegenheit aufzudecken. Als die Ehefrau davon erfuhr, traf sie eine großzügige Abmachung mit der Kinderschwester, gab die uneheliche Tochter, als sie herangewachsen war, zu einer Schneiderin in die Lehre und sorgte schließlich sogar noch für ihre Heirat.[128]

In der Epoche vor der gregorianischen Reform gingen viele Bastarde zu Lasten der Priesterschaft; sie erhielten stets den Namen der Mutter. Nachdem jene Reform den Zölibat zur Pflicht gemacht hatte, verringerte sich offenbar die Zahl der Priesterkinder, doch ging sie nicht völlig zurück. Nicht selten ist

in Registern neben einem Namen der Vermerk »Priestersohn«
eingetragen.[129] Aufzeichnungen des Gerichts von Lincolnshire
berichten sogar von einer ganzen Priesterfamilie. Ein Neffe
klagte dort um die Hinterlassenschaft seines Onkels, eines
Priesters und Bastards, und: Sohn eines Priesters und Bastards![130] In den südfranzösischen Pyrenäen sowie in Katalonien lebten Priester im 14. Jahrhundert mit ihren Mätressen,
wie uns erzählt wird, noch ungezwungener als ihre Kollegen im
Norden.[131] Von Straffreibriefen, die Frauen, wegen Kindes-
tötung angeklagt, gewährt wurden, erhielt einen die Geliebte
eines Priesters. Sie wohnte in seinem Hause, gebar ihm ein Kind
und mußte es unter seinem Zwang sofort nach der Geburt
töten.[132] Solche und ähnliche Fälle sind nicht nur innerhalb der
einfachen Priesterschaft bezeugt. Johannes von Salisbury z. B.
berichtet in seinem Brief an Papst Hadrian über den Erzdiakon
Walkelin, dessen Mätresse ihm einen Sohn schenkte, während
er sich gerade auf dem Rückweg vom päpstlichen Hofe nach
England befand; deshalb habe er ihn Hadrian genannt: Später
habe er die erneut schwangere Frau verlassen, allerdings nicht
ohne zu bestimmen, daß ein zweiter Sohn Benevento heißen
sollte, da sein Vater dorthin eine Pilgerfahrt unternommen
habe, eine Tochter aber Hadriana. Worauf Johannes mit
folgenden Worten schließt: Welch ein treuer Anhänger des
römischen Papstes! Auch in seiner Sünde vergißt er ihn nicht, ja
er benennt sogar die Frucht seiner Sünde nach ihm.[133]
In italienischen, südspanischen und portugiesischen Städten
brachten Sklavinnen aus dem Orient und Afrika Kinder zur
Welt, die nicht selten gleich ehelichen Abkommen den Namen
ihres Vaters erhielten.[134] Da eine Mutter ohnehin unfrei war,
verschlechterte sich ihre Stellung nicht durch eine Geburt,
sondern verbesserte sich. Stadtgesetze und -verordnungen, von
England bis Spanien, verzeichneten die Rechte eines Bastards
sowie die ihm auferlegten Beschränkungen im Hinblick auf sein
Erbrecht und seine Bürgerschaft.[135] Ebenso enthalten sie diverse Rechtsstreitigkeiten bei unehelichen Nachkommen und
ihnen zugedachten Hinterlassenschaften. Ein Rechtsanwalt des
Pariser Parlaments etwa hinterließ seiner Cousine und der
unehelichen Tochter, die sie ihm geboren hatte, ein gerichtlich
beglaubigtes Vermächtnis.[136] Ein anderer Pariser Bürger erkannte nicht nur seine uneheliche Tochter an und bewirkte
einen entsprechenden Nachweis für sie, sondern gab sie überdies einem Mann seines Standes zur Frau und vermachte ihr
einen Teil seines Besitzes. Das erregte den Zorn und die

Habsucht seiner Verwandten, denen es schließlich nach seinem Tode gelang, ihr des Vaters Vermächtnis vorzuenthalten.[137] Angesichts der Vielzahl von Streitigkeiten im Zusammenhang mit Bastarden, seien kurz einige aufgezählt, die besonders häufig waren: Der Bruder eines florentinischen Kaufmanns holte die uneheliche Tochter seines Bruders im Alter von 10 Jahren aus Sizilien nach Florenz, da er es für seine Pflicht hielt, sie aufzuziehen und sich um sie zu kümmern;[138] ein Londoner Kaufmann dagegen vermachte seiner unrechtmäßigen Tochter nur eine kleine Mitgift (10 Pfund), was einen Knappen Richards II. nicht davon abhielt, sie dennoch zu heiraten.[139] Solche Vorkommnisse, Situationen und Zustände wichen unwesentlich von dem in Adelskreisen Üblichen ab. Anfang des 15. Jahrhunderts stiegen Bastarde aus dem französischen Adel in herausragende Machtpositionen auf: unter ihnen Erzbischöfe, Bischöfe, maßgebliche politische Amtsträger und hochrangige Militärbefehlshaber. Das erklärt sich u. a. daraus, daß der Adel angesichts des erstarkenden Königtums darauf bedacht war, möglichst viele Kräfte aus seinen eigenen Reihen aufzubieten, um seine Machtstellung zu festigen. Zu diesem Zweck waren selbst Bastarde willkommen.[140] Auch Angehörige des niedrigen Adels erkannten gelegentlich ihre unehelichen Abkömmlinge an.[141] Soweit für uns ersichtlich, verhielten sich Städter und Adlige ihren unehelichen Söhnen und Töchtern gegenüber gleich, ohne letztere zu benachteiligen. Eine Ausnahme bildete allerdings ein Brauch im niedrigen Adel in Franche Comté, wonach nur männliche, nicht jedoch weibliche Bastarde erben konnten.[142] Außerdem wurden jene bisweilen zu besonderen Vertrauten ihrer Väter, von deren Gnade sie abhingen, und dienten als ihre treuen Helfer und Gesandten, wohingegen Töchter sich nicht in gleicher Weise gebrauchen ließen. Im allgemeinen kümmerten sich jedoch die Väter um ihre unrechtmäßigen Kinder; auch deren legitime Brüder und Schwestern nahmen sie unter ihre Fittiche. In England sind uns Töchter von Edelleuten und Kirchenführern bekannt, deren Väter ihre Zukunft als Äbtissinnen oder Priorinnen sicherstellten, indem sie die erforderliche Mitgift entrichteten und sich um eine Sondergenehmigung bemühten, mit deren Hilfe sich der »Makel« ihrer Abstammung überwinden ließ.[143]

Auch im Bauernstand ging es nicht rechtmäßiger zu. Eine Untersuchung anhand der Aufzeichnungen des Gutsgerichts von Halesowen bei Birmingham zeigt, daß in der ersten Hälfte des 14. Jahrhunderts 7,6-10,85 % aller Neugeborenen Bastarde waren und auf 1,9 Frauen, die heirateten, eine außerehelich Gebärende kam. Dabei waren gerade auf dem Land wirtschaftliche Faktoren im Fall unehelicher Geburten mitbestimmend: die Mehrzahl lediger Mütter entstammte den ärmsten Kreisen des Dorfes. Töchter der Wohlhabenden konnten von ihren Eltern eher beaufsichtigt werden. Manche Mädchen aus armen Familien verließen ihr Elternhaus, um sich als Mägde oder Hausmädchen ihren Unterhalt zu verdienen, und fanden daher leichter Gelegenheit zu außerehelichen Geschlechtsbeziehungen. Wie Gerichtsprotokolle beweisen, wurden Verlöbnisse zuweilen auch dann gelöst, wenn das Paar bereits zusammengelebt hatte. Reicheren Familien dagegen gelang es eher, einen Mann zu zwingen, die ihm versprochene Tochter zu heiraten und somit eine uneheliche Geburt zu vermeiden. Selbst wenn sie keinen Erfolg hatten, ließ sich hier schneller ein Ersatzkandidat finden als bei armen Leuten. Das sich in Halesowen abzeichnende Bild war auch für andere Bezirke charakteristisch. Ein Teil jener Kinder, die von armen Mädchen außerhalb des Elternhauses zur Welt gebracht wurde, starb schon bald nach der Geburt. Blieben sie jedoch am Leben und heirateten ihre Mütter später, so wurden sie in die Familie aufgenommen. Englische Dorfgemeinden benachteiligten einen Bastard nicht; sie ergriffen sogar häufig seine Verteidigung gegen seinen ehelichen Bruder, wenn dieser ihm sein Erbteil streitig zu machen suchte. Nach der Pestwelle von 1348 nahm die Zahl der unehelichen Geburten in Halesowen stark ab. Die Bevölkerung schrumpfte zusammen, Felder lagen brach. Die Überlebenden konnten ihren Söhnen zur Gründung einer eigenen Familie nunmehr leichter einen Acker zuweisen, sowie ihren Töchtern eine Mitgift für die Ehe geben. Während insgesamt weniger Bastarde geboren wurden, nahm ihre Zahl bei Witwen zu. Mit der Behebung des Bodenmangels sanken die Heiratschancen der Witwen, auch der wohlhabenden.[144] Im kleinen Pyrenäendorf Montaillou gab es Ende des 13. und zu Anfang des 14. Jhs. erstaunlich viele uneheliche Kinder. Die Mädchen unter ihnen dienten überwiegend als Mägde und heirateten später einen Bauern, meist einen der ärmsten des Dorfes. Manche Väter erkannten ihre unrechtmäßigen Töchter wie Söhne an. Hier wie in englischen Dörfern entstammten die ledigen Mütter der Unterschicht. So wissen wir von einer Magd, deren uneheliche Tochter von einer Pflegerin aufgezogen wurde und schließlich einen Bauern heiratete. Eine andere ledige Mutter mit mehreren Kindern lebte als Dienstmädchen und

Mätresse im Hause eines Landwirts; ihre Hoffnungen, er werde sie eines Tages heiraten, sollten sich nicht erfüllen.[145] Nach allem, was uns bekannt ist, läßt sich für den Bauernstand festhalten, was bereits für Adel und Bürgertum galt: uneheliche Töcher und Söhne wurden auch hier im wesentlichen nicht unterschiedlich behandelt.

Einschlägige Quellen berichten mehr über das Los illegitimer Töchter als das ihre Mütter. Unter Bauern zog zumeist eine Mutter ihre unehelichen Kinder auf und heiratete einige Zeit später einen Mann ihres Standes, wenn auch nicht in allen Fällen. In manchen englischen Dörfern existierte der Typ der Junggesellin mit bescheidenem Landbesitz; er machte sie unabhängig, um ihre Kinder allein versorgen zu können. Das Register von Halesowen verzeichnet eine ledige Frau namens Milicentia, die sich und ihre zwei unehelichen Töchter mit Bierbrauerei durchbrachte; daneben eine ebenfalls ledige Juliana Balle, ihres Zeichens Stecknadelherstellerin und Mutter einer Tochter.[146] In Adels- und wohlhabenden Stadtbürgerkreisen übernahm der Vater bisweilen früh die Verantwortung für seine unrechtmäßige Nachkommenschaft. Beaumanoir erwähnt einen Fall, in dem eine Großmutter behauptete, das uneheliche Kind sei dem Vater übergeben worden, der es seinerseits einer Pflegerin anvertraut habe.[147] Die Tatsache, daß der Rechtsgelehrte diesen Vorgang zitiert, weist auf eine gewisse Häufigkeit hin. Unser Pariser Haushälter erzählt ebenfalls von einem Vater, der seine uneheliche Tochter einem Kindermädchen übergab. Adlige – ein Beispiel wäre Johann von Gaunt – unterhielten gelegentlich ihre Mätressen nebst den gemeinsamen Kindern. Wir wissen wenig über das Schicksal jener Mütter, die uneheliche Kinder zur Welt brachten, ohne daß ihre Partner die Vaterschaft anerkannten, oder derjenigen, die zwar das letztere erreichten, jedoch weder zu offiziellen Mätressen wurden, noch die Tatsache verheimlichen konnten, daß sie einen Bastard geboren hatten. Ebensowenig können wir die Reaktion ihrer Familien und ihre Heiratschancen abwägen. In Frankreich verlor eine Edelfrau, die vor ihrer Hochzeit gebar, von Gesetzes wegen ihr Erbrecht.[148] (Für Männer, die ein Kind außerehelich zeugten, gab es keine entsprechende Bestimmung.) Die Charta Heinrichs I. von England sicherte einer Witwe ihr *dos*, solange sie sich nicht durch Unzucht und Ehebruch versündigte.[149] Mit der Geburt eines unehelichen Kindes aber war dieses Recht eindeutig verwirkt. Aller Wahrscheinlichkeit nach bemühte sich eine Familie normalerweise, die vom rechten Weg Abgekommene zu verheiraten, oder sie von ihrem Kind zu trennen und in ein Kloster zu stecken. So berichtete der Autor der »Fünfzehn Ehefreuden« von einer Jugendlichen, die sich verging und daraufhin »durchbrannte« (die Geburt eines Bastards wird nicht erwähnt). Bei ihrer Rückkehr gaben ihre Eltern sie einem Mann aus weniger angesehener Familie zur Frau. Es ist anzunehmen, daß häufig für ledige Mütter die gleiche Lösung gewählt wurde. Allerdings besaßen nicht alle Frauen die charakterliche Stärke, ihr uneheliches Kind großzuziehen. In Straffreibriefen, die im Frankreich des 14. und 15. Jhs. gewährt wurden, lesen wir häufig von der Ermordung unehelicher Kinder in ländlichen Bezirken. Analoges ist uns im Spätmittelalter aus einigen deutschen Gebieten sowie aus Florenz bekannt.

Alle in Straffreibriefen[150] enthaltenen Kindstötungen waren von Frauen aus dem Bauernstand begangen worden. Teils erfahren wir von erschütternd grausamen Taten aus momentanem Irresein und verzweifelter Angst, teils von Kindesaussetzungen mit rascher Todesfolge. Als Motiv gaben die Frauen stets ein Gefühl von Schmach und Furcht an; wirtschaftliche Gesichtspunkte angesichts der Schwierigkeiten des Lebensunterhalts wurden nicht vorgetragen. Männer wie Frauen hatten offensichtlich kein Unrechtsempfinden bei Unzucht oder Ehebruch, sondern erst bei einer Schwangerschaft. Charakteristisch für diese Haltung ist ein Bericht in einem dieser Straffreibriefe über einen Priester, der anderthalb Jahre lang Beziehungen zu einer Frau unterhielt, die unverhohlen in seinem Haus lebte; um seine Ehre aber war er erst besorgt, als er das Weinen des Neugeborenen hörte. Sogleich hob er eine kleine Grube aus und zwang die vor Kummer und Schmerz halb irre Mutter dazu, ihr Kind hineinzuwerfen. Das gleiche Bewußtsein der Schande angesichts eines Bastards zeigt sich auch in den Worten des Dorfpriesters von Montaillou gegenüber seiner Geliebten. Beatrice Planissol aus dem niedrigen Adel: »Ich will dich nicht schwanger machen, solange dein Vater noch lebt, da dies eine große Schmach für ihn wäre.«[151] Solche »Ethik« basierte nicht auf einem Sündenbewußtsein des einzelnen, sondern einem Konsens der Gemeinschaft darüber, was Schande bedeutete. (Untersuchungen haben gezeigt, daß noch heutzutage außereheliche Geschlechtsbeziehungen eines Mädchens leichter hingenommen werden, als die Geburt eines Kindes aus solcher Verbindung.) Die Redewendung: »aus Angst und Scham« kehrt in Geständnissen von Mädchen, Witwen und verheirateten Frauen immer wieder. Letztere fürchteten sich zu Recht vor einer gewalttätigen Reaktion ihres Ehemannes, falls sich die fremde Vaterschaft nicht verschleiern ließ. Was die Umstände von Schwangerschaft und Geburt betraf, so waren sie häufig katastrophal. Die Mehrzahl aller Wöchnerinnen kehrte wenige Stunden nach ihrer Niederkunft zu normaler Arbeit zurück. Einige junge Mädchen wußten überhaupt nichts von einer bevorstehenden Geburt, so daß diese sie dann völlig unvorbereitet als Schock überkam. Sie brachten ihr Kind oft auf dem nackten Erdboden zur Welt; wurde es lebend geboren, starb es dennoch alsbald. Viele Frauen versuchten, ihren Säugling noch zu taufen, bevor sie ihn töteten; das erwartete man von ihnen. Durchführung oder Unterlassung einer Taufe konnten das Zünglein an der Waage bei der Entscheidung bedeuten, ob die Angeklagte verurteilt oder begnadigt wurde. Wurde die Kindstötung entdeckt und die Mutter aufgefunden, so starb sie auf dem Scheiterhaufen oder lebendig im Grab. Zuweilen erfolgte der Strafvollzug in Deutschland und den angrenzenden französischen Regionen in einer besonders grausamen Weise. So hieb man beispielsweise im 15. Jahrhundert in Metz vor Entzündung des Feuers einer Verurteilten die Hand ab. Nachdem die Frau verbrannt, bzw. vom Rauch erstickt war, legte man ihr eine Holzpuppe in den Arm und um den Hals ein Schild mit einem Kinderbildnis. Mütter, die ihre Kinder vor einem Kloster aussetzten, hatten mit öffentlicher Auspeitschung oder dem Pranger zu rechnen. Die allgemeine Rechtslage verschärfte sich mit der Gesetzgebung Heinrichs II. im 16. Jahrhundert: eidesstattliche Aussagen von Frauen, sie hätten zwar ihre Schwangerschaft aus Angst vor Schande geheimgehalten, das Kind jedoch nicht ermordet, sondern es sei tot zur Welt gekommen oder sogleich gestorben, durften nicht mehr anerkannt werden. Eine Frau, die ihre Schwangerschaft verschwieg, im Verborgenen gebar und einem Totgeborenen kein christliches Begräbnis zukommen ließ, galt von nun an als Mörderin; sie war des Todes schuldig.

Jene, die sich angesichts einer unehelichen Schwangerschaft fürchteten, waren während der Zeit bis zur Geburt und Tötung mit ihrer Angst und Verzweiflung allein gelassen. Nach den Straffreibriefen zu urteilen, beschränkte sich männliche Teilnahme im wesentlichen darauf, die Verängstigte gewaltsam zur Mordtat zu zwingen – wie im Fall des erwähnten Priesters – oder aber sie vor der Niederkunft zu mißhandeln, um eine Totgeburt zu bewirken. So schlug ein Ehemann erbarmungslos auf seine Frau ein, die als Magd von ihrem Arbeitgeber geschwängert worden war, während ein anderes Mal ein Herr seine Dienerin verprügelte, die sich weigerte, ihre Schwangerschaft einzugestehen.

Nach allem, was uns bekannt ist, verhielten sich die Betroffenen einem Bastard gegenüber widersprüchlich. Zwar wurde er im großen und ganzen von Kirche, Gesellschaft und Familie akzeptiert, doch mußte er bestimmte Beschränkungen, über die wir berichtet haben, hinnehmen. Wie groß die Zahl der Mütter war, die ihr Neugeborenes auf Befehl seines Erzeugers töteten, läßt sich nach dem bisherigen Stand der Forschung nicht eindeutig ermitteln.

Anwendung von Verhütungsmitteln

Eine Frage, die uns in diesem Zusammenhang interessiert: beeinflußte die Anwendung von Verhütungsmitteln die Stellung von Frauen in der mittelalterlichen Gesellschaft? Um sie beantworten zu können, müssen wir kurz auf das Gesamtproblem eingehen.

Empfängnisverhütende Mittel waren im Mittelalter wie bereits in der Antike bekannt. Da die medizinischen Schriften der Griechen, Römer und Moslems in lateinischer Übersetzung vorlagen, konnten die Gelehrten des Hochmittelalters von allen Methoden erfahren, die in der römischen Welt angewandt wurden. Die Schule Gerhards von Cremona in Toledo übertrug die Werke Avicennas und Rhazes', in denen Verhütungsmittel beschrieben sind, ins Lateinische. Aufgezählt wurden: verschiedene Getränke auf pflanzlicher Basis, Flüssigkeiten zur Einführung in die Gebärmutter vor oder unmittelbar nach dem Geschlechtsakt, gymnastische Übungen, die die Frau nach dem sexuellen Akt ausführen sollte, sowie schließlich Salben, die auf das männliche Glied aufzutragen waren. Außerdem wurde der sogen. »Onansakt« erwähnt, der coitus interruptus. Diese verschiedenen Verhütungsmethoden erscheinen in enzyklopädischer Ausführlichkeit in den medizinischen Schriften von Thomas Magnus, Arnaldus von Villanova und anderen; sie gehörten zum Lehrstoff der medizinischen Fakultäten an den Universitäten.

Die Theologen behandelten das Thema Geburtenkontrolle ausgiebig unter den Hauptsünden. Vom moralischen Standpunkt sah man in ihrer Anwendung ein Zeichen zügelloser Leidenschaft und stellte sie daher auf eine Stufe mit Mord und

»heidnischer Zauberei.« Da sie in erster Linie mit Unzucht und Ehebruch in Verbindung gebracht wurde, galt sie unter Verheirateten als verwerflich. Außereheliche Geschlechtsbeziehungen an sich waren bereits eine Sünde, so daß Empfängnisverhütung als weitere hinzukam. So formuliert J. F. Flandrin: Offenbar sahen die Theologen Verhütungsmittel im assoziativen Kontext von sexuellen Phantasien, Lust und Unfruchtbarkeit. Im Gegensatz dazu hoben sie natürliche Beziehungen, fehlende Lust und Fortpflanzung hervor. [152] Im Hochmittelalter ging die Gesetzgebungszuständigkeit bei Anwendung von Verhütungsmitteln von den Bischhöfen auf die Päpste über; entsprechende Bestimmungen wurden im kanonischen Recht verankert, das für die gesamte westliche Christenheit verpflichtend war.

War die Kenntnis der Methoden zur Geburtenkontrolle im Hochmittelalter Allgemeingut, und wenn ja, wurde sie in die Praxis umgesetzt? Oder enthielten sich die Zeitgenossen aufgrund kirchlichen Verbots der Anwendung solcher Mittel, wie es manche katholischen Historiker zu beweisen suchen?[153] J. J. Noonan geht darauf in seiner umfassenden Forschungsarbeit ein.[154] Nach seiner Einschätzung spielten Verhütungsmittel eine gewisse Rolle in der damaligen Zivilisation; man sah in ihnen keine sozio-demographische Bedrohung. Sie hatten jedoch nur beschränkten Einfluß auf die ansonsten stabile Bevölkerungszahl. Bis zum 14. Jahrhundert seien Verhütungsmethoden nur vereinzelt und dann meist bei außerehelichen Beziehungen zur Vermeidung unrechtmäßiger Geburten angewandt worden; sie hätten nicht etwa weiten Kreisen zur Verringerung der Kinderzahl aus wirtschaftlichen Gründen gedient. Seine Annahme, daß Geburtenkontrolle selten praktiziert wurde, stützt Noonan auf eine Reihe von Fakten: In den verschiedenen pharmazeutischen Handbüchern über Heilpflanzen würden Verhütungsmittel kaum erwähnt, woraus zu schließen sei, daß sie in Apotheken nicht oft verkauft wurden. Auch die zeitgenössische Literatur schweige zu diesem Thema selbst dort, wo sie detailliert auf seinerzeit verbreitete Vergehen einginge (Ausnahme ist jener Landpfarrer in den Canterbury-Erzählungen, der neben anderen Sünden auch diese aufzählt). Die weltliche Gesetzgebung streife diese Frage nie, obwohl sie Parallelbestimmungen zum kanonischen Verbot der Homosexualität enthalte. Zwar hätten Theologen die Benutzung von Verhütungsmitteln mit an die Spitze ihres Sündenregisters gestellt, doch spiegelte sich das im Kirchenrecht nicht wider. Solch nachsichtige Gesetzgebung zur Empfängnisverhütung ließe vermuten, daß man in letzterer keine verbreitete Erscheinung gesehen habe, die die Gesamtgesellschaft entscheidend hätte gefährden können.

Manches andere dagegen weist auf einen, wenn auch beschränkten Gebrauch von Verhütungsmitteln im Hoch- und vor allem Spätmittelalter hin. Behandelten Theologen bis zum 14. Jh. diese Frage im Zusammenhang mit Begierde und verbotenen Geschlechtsbeziehungen ohne Hinweis auf wirtschaftliche Gründe, so hatte der Dominikaner Petrus Plaude erstmals Einsehen dafür, daß einige Männer den »Onansakt« vollzogen, um nicht mehr Kinder zu zeugen, als sie ernähren konnten. Die Bevölkerungslisten jener Zeit lassen in Stadt und Land erheblich höhere Kinderzahlen bei wohlhabenden als bei armen Familien erkennen. Dafür gibt es zweifellos mehrere Gründe. Die Kinder der Reichen konnten besser versorgt und ernährt werden, hatten daher höhere Überlebenschancen als alle übrigen. Wo entsprechende Ressourcen vorhanden waren, heiratete man früher, so daß die »Fruchtbarkeitsspanne« besser ausgenutzt wurde. Schließlich achteten die Begüterten mehr auf eine ordnungsgemäße Registrierung ihrer Nachkommen. Ferner fällt in diesem Zusammenhang auf, daß Prediger häufig Junggesellen tadelten, die aus wirtschaftlichen Erwägungen keine Familie gründeten, und sie der Unzucht, des Ehebruchs oder gleichgeschlechtlichen Verkehrs bezichtigten, nicht jedoch der Zeugung von Bastarden. Wenn jene Beziehungen ohne Kinderfolgen unterhielten, haben sie wohl entsprechende Mittel benutzt. Auch ist uns bekannt, daß kirchliche wie weltliche Gerichte Männer und Frauen wegen Unzucht und Ehebruch verurteilten, die kein uneheliches Kind gezeugt hatten. Einige von ihnen werden folglich Empfängnisverhütung praktiziert haben.

Wenn wir zum Schluß das Problem der Empfängnisverhütung in bezug auf die gesellschaftliche Stellung von Frauen beleuchten, so können wir folgendes festhalten: Getreu ihrem Grundsatz, daß Sünden gegen die Institution der Ehe sowie andere sexuelle Vergehen ohne Rücksicht auf das Geschlecht des Täters als schwerwiegend zu betrachten seien, machte die Kirche auch im Fall einer Anwendung von Verhütungsmitteln keinen Unterschied zwischen Mann und Frau. Allerdings geht aus Beichtspiegeln hervor, daß diese Sünde als ausgesprochen weiblich galt, daher zu den Hauptthemen zählte, über die ein Beichtvater jede Frau zu befragen hatte. Insgesamt traf das Verbot der Anwendung von Verhütungsmitteln Frauen härter als Männer. Zu häufige Geburten belasteten sie und gefährdeten nicht selten ihr Leben. Wurde ein uneheliches Kind geboren, so lag die Hauptlast abermals bei den Müttern, insbesondere wenn der Erzeuger seine Vaterschaft nicht anerkannte. Selbst bei akuter Lebensgefahr für Frauen ignorierten katholische Theologen überwiegend dieses Problem. Erwähnten sie es einmal beiläufig, so lautete ihre Antwort: Geburtenkontrolle sei auch unter diesen Umständen nicht gerechtfertigt. [155] Nicht ein einziges Mal sprachen sie sich für jene naheliegende Lösung aus, eine Frau von ihren ehelichen Pflichten zu entbinden.

Abtreibung

Wie die Empfängnisverhütung war auch die Abtreibung seit römischer Zeit und, durch entsprechende Vermittlungen, im Mittelalter bekannt. Avicenna zählt neben einer Reihe von Verhütungsmitteln Methoden auf, um einen Abgang des Fötus herbeizuführen: gymnastische Übungen, Tragen schwerer Lasten, heiße Bäder und Flüssigkeiten, die mittels eines Geräts in die Gebärmutter eingeführt wurden.

Bereits das Frühchristentum lehnte eine Abtreibung aus theologischen Gründen im Zusammenhang mit dem Gebot der Gottes- und Nächstenliebe ab. Es stützte sich dabei auf bekannte Verse aus dem Alten und Neuen Testament wie diese: »Und du sollst den Herrn, deinen Gott lieben von ganzem Herzen, von ganzer Seele und mit aller Kraft. Und du sollst deinen Nächsten lieben wie dich selbst; ich bin der Herr.« (3.Mose 19,18). Wer abtreibe, zeige folglich nicht nur Mangel an Liebe, sondern versündige sich gleichermaßen gegen Gott und seine Mitmenschen.

Mit Augustinus unterschieden mittelalterliche Theologen und Kirchenrechtler zwischen dem Abort eines noch nicht 40 Tage alten Fötus, von dem man annahm, daß Gott ihm noch keine Seele eingehaucht hatte, und der bereits beseelten über 40 Tage alten »Leibesfrucht«, deren Abtreibung als Mord angesehen wurde. Trotzdem lautete die Kirchenstrafe für beide Fälle meist auf mehrjährige Buße. Wie im Fall der Anwendung von Verhütungsmitteln, kamen auch Abtreibungen, soweit ersichtlich, selten vor ein Gericht, weder ein kirchliches, noch weltliches. Daher ist schwer zu sagen, wie häufig sie tatsächlich vorkamen; denn in gerichtlichen Registern finden wir sie nicht, nur in theologischen oder kirchenrechtlichen Abhandlungen Beichtspiegeln und weltlichen Rechtsbüchern. In diesen wie auch in Apothekerhandbüchern sind Abtreibungsmittel häufiger aufgeführt als empfängnisverhütende. Gleichzeitig wird in ihnen der Arzt an das Verbot erinnert, weiblichen Bitten um Verschreibung von Abtreibungsmitteln, nachzukommen. Im Volk wurden Abtreibungsmittel in einem Atemzug mit Zauberei und Prostitution genannt. Ein Beispiel: in Parma verurteilte Gerhard von Modena 1233 Giftmischer, die sich mit Magie beschäftigten, und beschuldigte sie, Abtreibungen vorgenommen und ihre Läden zu Zentren der Unzucht und des Ehebruchs gemacht zu haben.[156] Trotz allem beweisen die damaligen zahlreichen unehelichen Geburten, daß Empfängnisverhütung und Schwangerschaftsunterbrechung nicht sehr verbreitet waren. Während der moslemische Arzt Avicenna beide Methoden für legitim hielt, wenn es um das Leben einer Frau ging, machten katholische Theologen selbst bei drohender Lebensgefahr für eine Frau keine Ausnahme von ihrem zweifachen Verbot. Die einzigen mittelalterlichen Kirchenlehrer, die Abtreibung zur Rettung einer Mutter erlaubten, waren Johannes von Neapel im 14. und Antonius von Florenz im 15. Jh.; doch auch sie schränkten ihre Genehmigung auf die ersten 40 Tage der Schwangerschaft ein.[157]

Gehen wir von Theologie und Gesetz zur Lebenswirklichkeit über, so wird deutlich, daß Frauen in ihrer Angst vor einer Abtreibung bei keiner Seite Unterstützung fanden. Wie den Beichtspiegeln zu entnehmen ist, galt Abtreibung als weibliche Sünde (obgleich männliche Zauberheilkünstler zuweilen die Mittel dazu lieferten). Das zweifache Verbot der Verhütung und Abtreibung brachte Frauen häufig innerhalb oder außerhalb der Ehe unerwünschten Kindersegen oder gefährdete sogar ihr Leben. Nahmen sie eine Schwangerschaftsunterbrechung dennoch vor, so waren sie mit ihrer Angst, ihren seelischen und körperlichen Schmerzen wiederum allein. Und nicht zuletzt konnte eine heimliche Abtreibung unter den hygienischen und medizinischen Bedingungen jener Zeit ihr Ende bedeuten.

5. Edelfrauen

Die Verfasser der mittelalterlichen Ständeliteratur betrachteten Edelfrauen zumeist als getrennte Gruppe innerhalb des
Frauenstandes. So richtet Humbert de Romans seine Predigt
zunächst an die Gesamtheit weltlicher Frauen; anschließend
wendet er sich jeder Klasse einzeln zu, allen voran den Damen
des Adels. Ihnen sei das Glück im Diesseits besonders gewogen
im Blick auf ihren Stand und Reichtum, und das bedeute eine
große Verpflichtung für sie.[1]
Dem Edelmann *(nobilis vir)* korrespondierte die Edelfrau
(femina nobilis oder *nobilis mulier).* In bestimmten Gegenden
und Perioden des Mittelalters wurde die Adelszugehörigkeit
durch die mütterliche Linie vererbt, andernorts und in anderen Zeitabschnitten durch den Vater. Im Hochmittelalter
scheint letzteres überwogen zu haben.[2] Der Edelmann war
gleichzeitig Ritter *(miles),* was ihn nicht nur vom Bauern
(rusticus), sondern auch vom Fußknecht *(pedes)* unterschied.
Nach seiner Ausbildung zum berittenen Krieger erhielt er den
Ritterschlag; ihm kam im Hochmittelalter religiöse Bedeutung
zu, denn der so Eingeführte wurde zum christlichen Ritter
(miles Christianus). In der Ständeliteratur wurden die Adligen
ihrer Aufgabe gemäß als Kämpfer *(bellatores* oder *pugnatores)*
bezeichnet. Der mutige Krieger war das höchste ritterliche
Ideal: der Titel *miles* übertraf folglich alle anderen Adelsbe-
zeichnungen, da er militärische Aufgaben und Heldenmut
eines Edelmannes betonte.[3] Dagegen war die mittelalterliche
Edelfrau ebensowenig eine Kämpferin wie in allen übrigen uns
bekannten Gesellschaftsordnungen der Geschichte. Allerdings
verteidigten manche Edelfrauen ihre Burgen bei Abwesenheit
ihres Ehemannes oder schützten als Erbinnen oder Witwen
ihre Festungen, wie etwa Donna Jimena, die Witwe des Cid,
die Valencia über ein Jahr lang hielt (1001-1002), eine Armee
aufstellte und Angriffen der Moslems widerstand.[4] Obwohl
unter den Territorialherrscherinnen einige existierten, die die
Heeresleitung selbst übernahmen, so läßt sich daraus doch
nicht die Verallgemeinerung ableiten, Edelfrauen hätten zu
den Kämpfern gezählt. Nicht ohne Grund pflegte man Ama-

zonen in die ferne und unbekannte Welt der Ungeheuer zu verweisen.[5]

Da ein Lehen Kriegern in erster Linie als Belohnung für militärische Dienste zuerkannt wurde, schien es unangebracht, daß Frauen, frei vom Waffendienst, ein Lehen innehaben sollten; tatsächlich blieb dies im Stadium der persönlichen Abhängigkeitsbeziehungen, die sich mit der Vergabe eines Lehens (bzw. Benefiziums) herausbildeten, ein männliches Vorrecht. Nach und nach jedoch wurden Lehen erblich; sie galten nunmehr de facto als Familienprivilegien, die auch auf Frauen übergehen konnten. Ein Widerspruch blieb dabei bestehen. Er resultierte nicht nur aus der engen Verbindung von Lehen und Heeresdienst, sondern auch daraus, daß ein Lehnsrecht größere oder geringere Herrschaftsbefugnisse einschließen konnte, die einem Lehnsinhaber entweder ausdrücklich gewährt, oder von ihm eigenmächtig angemaßt wurden. Im Zuge einer allgemeinen Schwächung der Zentralgewalt und Lockerung politischer zugunsten persönlicher Abhängigkeitsbeziehungen im 9. Jahrhundert, wurden sogar Staatsämter *(honores)* in Lehen umgewandelt und gingen damit u. a. auf weibliche Erben über. Frauen, die ein mit Regierungsbefugnissen ausgestattetes Lehen erbten, übten jene konsequent aus; damit handelten sie gegen die Bestimmungen kirchlicher und weltlicher Gesetzgeber, die Frauen solche Rechte abgesprochen hatten.

Wie sich Lehnserbschaftsgesetze von Land zu Land, nicht nur in bezug auf Frauen, unterschieden, so setzten sich analog weibliche Lehnserbrechte nicht überall zur gleichen Zeit durch. In einigen Ländern geschah das bereits im 10., in anderen erst im 12. Jahrhundert. In der Lehnserbfolge hatten Söhne Vorrang vor Töchtern. Doch ist uns aus dem Hochmittelalter bekannt, daß Frauen u. a. in Nord- und Südfrankreich, Hennegau, Flandern, Westlothringen, England, einigen Regionen Italiens und den Königreichen von Katalonien, Aragon und Kastilien Lehen erbten.[6] Wo sich Erstgeburtsrechte durchgesetzt hatten, galten diese nur für männliche Erstgeborene. Die übrigen Söhne und Töchter, die kein Lehen erbten, erhielten allerdings einen Teil des Vermögens zur Entschädigung: die zunächst als Abfindung zurückbehaltene Summe trat dann an die Stelle des Erbanteils, sobald sie heirateten. In Gegenden, in denen sich das Erstgeburtsrecht (Primogeniturprinzip) nicht durchgesetzt hatte und adlige Großfamilien fortbestanden (wie etwa in Franche Comté), wurden Lehen bisweilen nur unter den Söhnen, bisweilen unter allen Kindern aufgeteilt.[7]

Der Fall, daß weibliche Nachkommen ein Lehen erbten, war keineswegs außergewöhnlich, da männliche Erben häufig eines nicht-natürlichen Todes starben. Eine Untersuchung über englische Herzogsfamilien in den Jahren 1330-1475 zeigt, daß die durchschnittliche Lebenserwartung eines Jungen bei seiner Geburt 24, eines Mädchens 32,9 Jahre betrug. Bei Männern, die das 20. Lebensjahr erreichten, ging diese Zahl auf 21,7 zurück, bei Frauen auf 31,1. Diese Differenz ist leicht zu erklären. 46% aller Männer über 15 Jahre kamen gewaltsam um: in Feldzügen, bei Turnieren oder durch Hinrichtung in Bürgerkriegzeiten. Läßt man solche Todesfälle außer acht, so hatten die Zwanzigjährigen beiderlei Geschlechts weitgehend dieselbe durchschnittliche Lebenserwartung.[8] Eine Studie über die Familien der weltlichen *peers* in England für die Zeit von 1350-1500 ergibt, daß 20% von ihnen gewaltsam starben und 25% nicht einmal ein Alter von 40 Jahren erreichten.[9] Im 12. und 13. Jahrhundert fiel zusätzlich die Beteiligung von Edelleuten an Kreuzzügen ins Gewicht: viele kehrten nicht zurück, so daß die verwaisten Lehen häufig an Frauen übergingen. Der Kastellan Heinrich von Bourbourg beispielsweise hatte zwölf Nachkommen, die das Erwachsenenalter erreichten. Sieben Söhne traten in den Dienst der Kirche, drei kamen um. Der Erstgeborene beerbte seinen Vater, und als er selbst starb, beerbte ihn sein jüngster Bruder, der einen Sohn und eine Tochter hatte. Der Sohn starb als Kind, worauf das gesamte Lehen auf die Tochter überging. Als weiteres Beispiel ließe sich die Familie einer der berühmtesten Edelfrauen des Mittelalters aufführen: Mahaut von Artois. Ihr Großvater starb in einem Waffengang bei Mansura, als sich der Kreuzzug, an dem er teilnahm, nach Ägypten wandte. Ihr Bruder Philipp fiel 1298 im Kampf gegen die Flamen, ihr Vater Robert II. 1302 in der Schlacht von Courtrai und ebenfalls ihr Mann Othon 1303 gegen die Flamen. Sie selbst erbte den Herzogstitel. Solche Entwicklungen zugunsten von Töchtern standen nicht selten im Gegensatz zu den ursprünglichen Absichten der Familie. Da Töchter im allgemeinen nicht für eine Erbfolge ausersehen waren, gaben ihre Väter sie häufig Männern aus weniger wohlhabendem Geschlecht und von niedrigem Adel zur Frau. Wenn sie dann als bereits Verheiratete doch noch zum Zuge kamen, hatten ihre Partner das Glück, ihnen bei der Verwaltung des reichen Lehens eines großen Edelmannes zur Hand zu gehen.[10]

Frauen konnten Lehen nicht nur aufgrund familiären Erbes,

sondern auch aufgrund ihres Anspruchs auf einen Teil der Besitztümer des Ehemannes bei dessen Ableben erhalten.[11] Witwen, deren Anzahl wegen der geringen Lebenserwartung männlicher Adliger relativ hoch war, bekamen als *dos* ein Drittel bis die Hälfte des Vermögens ihres verstorbenen Mannes auf Lebenszeit, einschließlich eines entsprechenden Lehensanteils. Ebenso wie Erbinnen waren sie zwar verpflichtet, das erforderliche Heer bereitzustellen, doch gleichzeitig auch berechtigt, mit dem Lehen verbundene Herrschaftsbefugnisse auszuüben. Daß sie davon Gebrauch machten, zeigen die Beispiele Bertas von Schweden, der Witwe des Herzogs Matthäus I. von Lothringen, die beim herzoglichen Gerichtshof den Vorsitz führte; oder auch jener Beatrix von Brabant, die im letzten Viertel des 13. Jahrhunderts Courtrai aufgrund eines *dos* innehatte und bei Gericht präsidierte.[12] Beim Ableben einer Witwe ging ihr Besitz automatisch auf ihre Nachkommen aus der Ehe mit dem Geber des *dos* über; waren keine solchen vorhanden, auf dessen Verwandte.[13]

Doch erbten Frauen Lehen nicht nur, sie vererbten sie auch. Eine der Ursachen dafür, daß selbst eheliche Nachkommen zuweilen den Namen ihrer Mutter und nicht ihres Vaters trugen, ist vermutlich damit zu erklären, daß ein Großteil ihrer Erbschaft von »Mutterseite« stammte.[14]

Frauen mit Lehnsbesitz fielen also nicht aus dem Rahmen. Ein Blick auf die Vasallenlisten der Grafen von Champagne und Brie in der Zeit von 1172–1361 zeigt, daß alle Arten weiblicher Lehnsstellung und -übertragung existierten; vermerkt sind Frauen, die ihren Besitz durch Erbschaft oder aufgrund eines *dos* erhalten hatten und Grafen huldigten, sowie Männer, die ihr Lehen mütterlichem Erbe verdankten. Eine Gräfin hielt sogar ein ererbtes Lehen neben einen zweiten aus ihrem *dos* und übernahm ein drittes in Vertretung ihres Bruders.[15] Analoge Verhältnisse herrschten in England. Aus den zur Einziehung der Lehnsabgaben *(auxilium)* aufgestellten Registern erfahren wir von Frauen, denen im 12. und 13. Jahrhundert große Lehen unmittelbar vom König gewährt wurden; so etwa Isabella von Fortibus, Gräfin von Albemarle, deren Dutzende von Untervasallen ihren Besitz verwalteten; ferner von Frauen, die selbst unterbelehnt worden waren, zuweilen sogar von weiblichen Lehnsinhabern, wie Haswisia, die ihr Gebiet in der Umgebung von Stanburgh durch Johanna von Cyrcester erhielt; zahlreiche übrige besaßen Lehnsanteile oder kümmerten sich als Vormund ihrer Kinder um deren Lehen.[16] Auch Verleihungs-,

Verkaufs- und Pachturkunden in verschiedenen Regionen weisen auf einen hohen Anteil von Frauen am Bodenbesitz hin. Ein erheblicher Prozentsatz davon entfiel auf Lehen (der Rest auf Aliodien). Ferner können wir die Verbreitung weiblichen Grundbesitzes Pierre Dubois' Plan für eine Rückgewinnung des Heiligen Landes entnehmen: er schrieb, man solle alle Landbesitzer, Männer wie Frauen, auffordern, Mittel für die Kämpfenden bereitzustellen; vor allem verheiratete Frauen und Witwen seien dabei anzusprechen.[17]

Adelshochzeiten

Hochzeiten innerhalb des Adels kamen in der Regel aus ständischen, wirtschaftlichen und politischen Motiven zustande; durch sie wurden die Häuser gleichrangiger Familien zusammengeführt. Handelte es sich bei der Erwählten um eine Erbin, so wurden Bodenbesitz, Finanz- und politische Kraft der betreffenden Familie gesteigert, so daß zusammenhängende Gebietsstreifen unter ihrer Herrschaft entstehen konnten. Hochzeiten in Hochadelskreisen veränderten nicht selten die politische Landkarte Europas, wie Verbindungen zwischen Königshäusern zeigen; infolge der dritten Vermählung der Grafen von Barcelona, Raimund Berenguer III., mit Douce, der Erbin der Grafschaft Provence und einiger anderer Gebiete im Jahre 1112, herrschten damit die Fürsten von Barcelona über die gesamte Mittelmeerküste von La Roya bis zum Ebro.[18] Auch die Hochzeit König Ludwigs VII. von Frankreich mit Eleonore, der berühmten Erbin des Herzogtums Aquitanien, vergrößerte die Domäne der Kapetinger außerordentlich. Nach Auflösung dieser Verbindung vermählte sich Eleonore in zweiter Ehe mit Heinrich, dem Grafen von Anjou, der zwei Jahre später den englischen Thron bestieg; damit wurde faktisch der Landbesitz der Angeviner auf französischem Boden, der nunmehr ein geschlossenes Gebiet im Landeswesten bildete, verdoppelt. Auch im mittleren und niederen Adel brachten Eheschließungen mit einer Erbin gewisse Territorialgewinne. Erbte eine Braut nicht, so blieb immerhin noch ihre Mitgift zur Verfügung.[19] Doch nicht nur innerhalb des Adels wurden Heiraten aus ständischen und ökonomischen Gesichtspunkten geplant; ähnliche Motive bewegten Kreise des Bürgertums sowie die mittlere und wohlhabende Bauernschaft. Was die Wahl des Partners in Adelskreisen von der anderer gesellschaftlichen Klassen unterschied, waren nicht nur gelegentlich auftauchende politische Erwägungen, sondern auch die Tatsache, daß der Lehnsherr in jene eingreifen konnte. Eine Tochter, die ein Lehen erbte, oder eine Witwe, die es kraft ihres *dos* besaß, waren nicht in der Lage, den mit ihm verbundenen Kriegsdienst zu leisten. Wenn sie jedoch heirateten, so übernahm diesen der Mann; daher war einem Senior an dessen Fähigkeit und Zuverlässigkeit für diese Funktion gelegen. Gleichfalls gingen mit dem Lehen einige Herrschaftsbefugnisse auf den Ehepartner über. Eine Möglichkeit, einen Vasallen für treue Dienste zu belohnen, war die, ihn mit einer Lehnserbin zu vermählen. Gab der Senior sie seinem eigenen Sohn zur Frau, so stärkte er damit seine Position; umgekehrt gefährdete er diese, wenn eine Erbin oder belehnte Witwe sich für einen seiner Feinde entschied. Das erklärt, warum Ehen adliger Erbinnen nicht nur von ihren Familien, sondern zusätzlich vom zuständigen Lehnsherrn arrangiert wurden, bisweilen sowohl gegen den Willen eines Mädchens, bzw. einer Witwe, als auch deren Angehörigen. Wo ein mächtiger Fürst an der Spitze eines zentralisierten Feudalregimes stand, wie in England, der Normandie oder Sizilien, war der Einfluß eines Seniors, d. h. Königs oder Herzogs, auf die Partnerwahl von Töchtern oder Witwen seiner direkten Vasallen besonders stark. War es einer Witwe gelungen, sich weitgehend vom Diktat ihrer Familie zu befreien, so konnte sie sich doch dem ihres Lehnsherrn nicht entziehen; zumindest mußte sie einen hohen Preis für ihre Freiheit zahlen. Nach der Gesetzgebung Friedrichs II. von Sizilien war es den vom Kaiser unmittelbar Belehnten untersagt, ohne seine Genehmigung zu heiraten, bzw. ihre Töchter, Söhne oder Schwestern zu vermählen.[20] In der Krönungsurkunde Heinrichs I. von England (1100) wird das Recht eines Herrschers, in Heiratsabmachungen von Erbinnen und Witwen einzugreifen, als selbstverständlich vorausgesetzt; seine Privilegien und Garantien beziehen sich auf Geldleistungen sowie eine Vermeidung erzwungener Hochzeiten.[21] Eine Erbin oder ihr Vater wurden zur Kasse gebeten, wenn sie einen »hochherrschaftlichen« Kandidaten ablehnten; eine weitere Summe war zu entrichten, um die Genehmigung eines Seniors für eine eigen gewünschte Verbindung zu erlangen. Wurde eine Tochter ohne solche Einwilligung getraut, so hatte ihr Vater eine Bußgebühr aufzubringen. Auch ein Bräutigam zahlte für das Privileg, seine auserwählte Erbin zur Frau nehmen zu dürfen. Auf diese Weise wurden Eheschließungen von Erbinnen und Witwen zu einer beträchtlichen Einnahmequelle für Lehnsherrn. Die Zahlungen brachten einem Mädchen und ihrer Familie zwar finanziellen Verlust, andererseits aber auch ein gewisses Maß an Freiheit, wenn nicht der Braut, so doch ihren Eltern.[22] Während der Regierungszeit Richards I. wurden im Jahr 1198 Boten in einzelne Grafschaften entsandt, um festzustellen, welche Witwen wiedergeheiratet hatten, ohne ihre Gebühr zu entrichten. Aufgrund der Recherchen wurden die Säumigen zur Kasse gebeten.[23] Gleich den Königen forderten auch deren Vasallen bestimmte Summen anläßlich der Hochzeit einer Erbin. So behauptete etwa ein Vasall 1230 vor Gericht, der edle Adam habe ihm Emma mit dem dazugehörigen Land verkauft, was soviel bedeutet wie: er habe für die Ehe mit ihr teuer bezahlt.[24] Wir sehen: das Mitspracherecht eines Lehnsherrn verwandelte sich nach und nach in einen reinen Geldanspruch. Im 14. Jahrhundert schließlich verzichteten die englischen Könige und ihre Vasallen auf ihr Eingriffsprivileg; sie begnügten sich statt dessen mit entsprechenden Abgaben. Auch französische Könige hatten ein Wort mitzureden, wenn es um die Vermählung einer Erbin mit einem ihrer Vasallen ging. Eleonore von Aquitaniens erste Ehe mit dem französischen Thronfolger (dem späteren Ludwig VII.) wurde von dessen Vater, Ludwig VI., arrangiert, und zwar nachdem der Brautvater, Herzog Wilhelm X. von Aquitanien, bei seinem Tod seinem königlichen Lehnsherrn die ihn beerbende Tochter anvertraut hatte. Anders verhielt sich Phillipp II.: Er überreichte im Jahr 1215 August, dem Grafen von Nevers, eine Liste derjenigen Edelleute, denen er seine Tochter keinesfalls zur Frau geben durfte. Unter den Aufgelisteten war selbst Hugo IV., später Herzog von Burgund, damals gerade ein Jahr alt! Das Gesetzbuch Ludwigs IX. enthielt die ausdrückliche Bestimmung, daß ein Vasall seine Tochter nicht ohne Genehmigung eines Seniors verheiraten dürfe.[25] Das Gesetz schließlich des deutschen Kaisers Heinrich IV. traf eine Erbin aus dem Hennegau besonders hart: sie war gezwungen, wollte sie ihr Gebiet für sich retten, vor ihrer Hochzeit gleich zwei Lehnsherrn zu Rate zu ziehen: den Bischof von Lüttich und den Herzog von Lothringen.[26]

Hier und da gab es vereinzelt Frauen, denen es trotz familiärer und lehnsherrlicher Einmischung gelang, völlig unabhängig zu entscheiden, sich über gesetzliche Hindernisse und gesellschaftliche Gepflogenheiten ihrer Zeit hinwegzusetzen, um den Mann *ihrer* Wahl zu heiraten. So kämpfte Mathilde, Gräfin der Toskana, an der Seite der Reformpäpste gegen Heinrich IV., vermachte in den Jahren 1080 und 1102 ihren persönlichen Besitz an Grund und Boden dem Papsttum und heiratete in zweiter Ehe aus eigenem Willen, wenn auch nicht frei von politischen Erwägungen, den um viele Jahre jüngeren Herzog von Bayern, einen Erzfeind des Kaisers. Eleonore von Aquitanien hingegen hatte vermutlich bei der Wahl ihres zweiten Partners nicht nur Staatsinteressen im Auge. Wie wäre es sonst zu erklären, daß sie sich dem Grafen von Anjou zuwandte, dem sie zehn Lebensjahre voraus hatte; mehr noch: daß sie, nach Auflösung ihrer Ehe mit Ludwig VII., ihren zahlreichen Anwärtern auf Hand und Herzogtum entwich und Ludwigs Grenzen bei Nacht und Nebel verließ, um mit ihren Begleitern bis Poitiers durchzureiten.[27] Innerhalb des niederen Adels ging es kaum anders zu. Von jener Paston-Tochter haben wir bereits erzählt, die allen Bemühungen um eine angemessene Partie sowie der entschlossenen Gegnerschaft ihrer Familie zum Trotz einen selbstgewählten Partner (der als Gutsverwalter diente) zunächst privat, dann auch kirchlich heiratete.[28] Es scheinen also durchaus einige Ausnahmen von Levi-Strauss' Auffassung, nach der eine Frau ihrem zukünftigen Gemahl stets durch einen anderen Mann (Vater, Bruder, Onkel etc.) übergeben wurde, existiert zu haben.

Speziell in Kreisen des Hochadels wurden Töchter (und selbst Söhne) häufig bereits in der Wiege verlobt; das war eine der Möglichkeiten, königlicher Einflußnahme auf die Heiratspolitik zu entgehen. Starb der Vater eines Erben oder einer Erbin, so versprach der Vormund sie noch in zartestem Alter. Zahlreiche Kinderehen kamen in vornehmsten Familien vor. Nach Ansicht Littletons, eines Rechtsgelehrten aus dem 15. Jahrhundert konnte ein Senior, sobald seine Tochter das fünfte Lebensjahr erreicht hatte, von seinen Vasallen Finanzbeihilfen für ihre Vermählung fordern. Mit sieben Jahren hatte sie Anspruch auf die ihr zustehende Mitgift. Ein Beispiel: Moritz, der dritte Lehnsherr von Berkeley, ehelichte im 13. Jahrhundert Eva, die Tochter des Seniors von Zouch. Braut und Bräutigam waren acht Jahre alt; vor ihrem vierzehnten Lebensjahr genossen sie bereits Elternfreuden. Ihre Kinder heirateten ebenfalls jung.[29] Nach kanonischem Recht betrug das für eine Ehe erforderliche Mindestalter bei Mädchen zwölf, bei Jungen vierzehn Jahre. Daß einzelne Ehen auch schon früher vollzogen wurden, zeigt unser Beispiel des Lehnsherrn von Berkeley, der bereits mit vierzehn Vater war. Bei Froissart findet sich eine Episode, in der von einer Verzögerung des kirchlich sanktionierten Mini-

135

malalters berichtet wird. Mittelpunkt ist hier der Herzog von Berry, der sich in die beträchtlich jüngere Tochter des Grafen von Boulogne, Johanna, verliebte. Diese hatte ihren Vater früh verloren und war in die Obhut ihres Vormunds, des Grafen Foix, gegeben worden, der sich der geplanten Verbindung widersetzte. Der Herzog von Berry wandte sich darauf an seinen Neffen, Karl VI., mit der Bitte, beim Grafen ein gutes Wort einzulegen. Nachdem sich der König die Geschichte angehört hatte, fragte er lächelnd: Was willst du mit einem zwölfjährigen Ding anfangen? Darauf der Herzog: Ich werde sie drei oder vier Jahre beschützen, bis eine vollkommene Frau aus ihr geworden ist![30] Aus solch vereinzelten und gegensätzlichen Beispielen läßt sich natürlich kaum auf den generell üblichen Zeitpunkt eines Ehevollzugs schließen. Bekannt ist lediglich, daß miteinander vermählte Minderjährige hin und wieder jahrelang getrennt bei ihren Eltern oder Vormündern leben mußten. Gelegentlich kam es zu regelrechten Zwangsmaßnahmen. Richard, dem Earl von Arundel, und Isabella, Tochter Hugos von Despenser, beide Angehörige des englischen Hochadels des 14. Jahrhunderts, gelang es schließlich, nach langwierigen Prozessen durch alle kirchengerichtlichen Instanzen, eine Aufhebung ihrer Ehe durchzusetzen. Nach ihren Angaben waren sie im Alter von sieben bzw. acht Jahren ohne gegenseitige Einwilligung und unter Drohungen seitens ihrer Verwandten vermählt worden. Als sie volljährig geworden waren, lehnten beide ihre Verbindung mit Nachdruck ab; sie wurden jedoch unter Schlägen gezwungen, zusammenzuwohnen, und schließlich bekamen sie einen Sohn.[31] In diesem Fall hatte ihr Auflösungsantrag trotz allem Erfolg. Wieviele Paare ähnliche Versuche wagten (eine Nichtigkeitserklärung zog ja komplizierte Besitzregelungen nach sich), und wieviele von ihnen an ihr Ziel gelangten, vor allem wenn bereits sexuelle Beziehungen bestanden, ist uns so gut wie nicht bekannt.

Was das durchschnittliche Heiratsalter betrifft, so kommt J.C. Russel anhand der Register über Lehnserben, speziell der englischen Königsvasallen, zum Ergebnis, daß es während der Regierungszeit Eduards I. (Ende des 13. Jhs.) für Männer 24 Jahre betrug. Im Laufe des 14. Jahrhunderts ging es bis auf unter 20 Jahre zurück. Das entsprechende Alter für Frauen lag etwas niedriger.[32] D. Herlihy stellte fest, daß Töchter von Adligen im 12. Jahrhundert mit 12–16 heirateten, Söhne etwas später. Nach der Studie G. Dubys traten Männer im Nordwesten Frankreichs während des 12. Jahrhunderts erst mit Ende zwanzig in den Ehestand, insbesondere wenn sie nicht erbten. Erstgeborene dagegen heirateten früher.[33] Eine für englische Herzogsfamilien der Jahre 1330–1475 durchgeführte Berechnung ergibt für Männer ein Durchschnittsalter von 22, für Mädchen von 17 Jahren; der älteste Sohn allerdings, der den Landbesitz erbte, vermählte sich meist früher als seine nach ihm geborenen Brüder.[34]

Nach allem Gesagten steht fest, daß Töchter aus dem Adel frühzeitig unter die Haube kamen. Zukünftige Erbinnen unter ihnen erhielten vorab ihren Anteil als Mitgift, damit sie ihre Hochzeit nicht bis zum Ableben des Vaters verschieben mußten. Denen, die nicht erbten, wurde ebenfalls beizeiten ihre Mitgift bereitgestellt, um sie jung zu vermählen. Schließlich traf man auch früh eine Entscheidung darüber, welche der Mädchen Nonnen werden sollten; die dafür Ausersehenen übergab man noch im Kindesalter einem Kloster. Eines der Merkmale des »westeuropäischen Ehemodells der Neuzeit« (J. Hajnal), das relativ hohe Heiratsalter von Frauen, war folglich dem mittelalterlichen Adelsstand gänzlich fremd.[35]

Im allgemeinen bestand innerhalb des Adels die Neigung, standesgemäß zu heiraten. Man scheute keine Mühe, einen geeigneten Partner für einen Erben oder eine Erbin zu finden; bei den übrigen Nachkommen zeigte man dagegen häufig Kompromißbereitschaft. In Nordfrankreich ehelichte gewöhnlich eine Frau aus angesehener Familie einen Mann aus niedrigerem Adel dann, wenn ihre Eltern ihr nicht die für eine angemessene Partie erforderliche Mitgift bereitstellen konnten, oder der Zwang ihres Lehnsherrn unüberwindlich war.[36] Im 13. Jahrhundert heirateten Edelfrauen in Mâcon sogar zuweilen Angehörige anderer Stände, Söhne von Ministerialen oder reichen Bauern, weil diese häufig eine »adlige Liaison« einer reichen Mitgift vorzogen, wohingegen Edelmänner ihre Frauen stets aus der eigenen oder höheren Schicht wählten.[37] Nur in England heirateten Männer gelegentlich auch unter ihrem Stand. Innerhalb des Landadels verbanden sich mehr Männer als Frauen mit Personen aus dem städtischen Bürgertum; sogar Söhne aus dem Hochadel nahmen zuweilen eine reiche Kaufmannstochter zur Frau. So konnten es Städterinnen unter Umständen recht weit bringen.[38]

Entgegen allem Anschein spielte die Verwandtschaft mütterlicherseits eine gewisse Rolle bei Statusfragen. Obwohl sich das Agnatsprinzip (Zugehörigkeit zur väterlichen Linie) nach und nach durchsetzte, wurde die Stellung eines Edelmannes durch seine Ehe mit einer Frau aus vornehmerem Stande gehoben. In einer rein patriarchalischen Gesellschaft dagegen – wie etwa der moslemischen jener Zeit – waren vergleichbare Beziehungen für das Ansehen eines Mannes kaum von Belang. Äußeres Zeichen der Ehre, die eine edle Gemahlin der jeweiligen Familie brachte, war die Einfügung ihres Familienwappens in das ihres Mannes: in Geschirr und Buchdeckel eingraviert, wurde eine Vereinigung beider Dynastien angezeigt. Eheschließungen brachten zudem für Männer eine Veränderung ihres Status mit sich: der Edle wurde zum *Vir*, während er vorher als »Jüngling« *(juventus)* galt – und das, bei spätem Heiratsentschluß, möglichenfalls bis ins hohe Alter.[39]

In ihrem Bestreben nach standesgemäßer Verehelichung kam es vor, daß Adlige gegen Inzuchtgesetze verstießen. Die Kirche reagierte darauf gewissermaßen flexibel und erteilte Dispens, insbesondere gegen entsprechende Bezahlung, und: wenn die Verwandtschaft nur dritten oder vierten Grades war.[40] Auch bei gewünschten Eheauflösungen konnte es entscheidend sein, über die richtigen Verbindungen zu kooperationsbereiten höheren Geistlichen zu verfügen.[41]

Racheakte von Männern gegen untreue Frauen kamen innerhalb des Adels häufiger vor als in den übrigen gesellschaftlichen Schichten. Weiblicher Ehebruch wurde dabei nicht nur als Betrug am Mann, sondern auch als Verletzung der Ehre seines Geschlechts angesehen.[42] Adlige Frauen scheinen Eheauflösungsklagen äußerst selten durchgeführt zu haben. Maud Clifford beispielsweise erreichte die Aufhebung ihrer Verbindung mit Johann von Neville, Lord Latimer, allein aufgrund seiner Impotenz. Erfolgreiche wie abgewiesene Anträge dieser Art weisen auf fehlgeschlagene Ehen hin, sei es, daß diese von Anfang an scheiterten, ein Mann seiner Frau überdrüssig wurde und eine andere im Auge hatte, oder daß er sich von einer erneuten Vermählung politische und wirtschaftliche Vorteile versprach. Die meisten Ehen allerdings blieben unaufgelöst. Wie sahen sie aus? Obwohl sie in keiner sozialen Schicht auf freier Wahl basierten, so war doch der Adel fraglos am stärksten eingeschränkt. Er besaß nicht einmal die Möglichkeit, wie Angehörige anderer Klassen, Herzensneigung und Standespflicht miteinander zu vereinbaren. Leichter hatte es da schon der niedere Adel, wobei Männern etwas mehr Spielraum blieb als Frauen. Im Ehealltag regierte der Mann, wie es Gesetz und Moralschriften befahlen. Diese ermöglichten es ihm auch, unabhängig von seiner Standeszugehörigkeit, seine physische

Überlegenheit gegen seine Frau und angebliche Gefährtin auszuspielen. In einem jener Werke, die von Wundertaten einzelner Heiliger berichten, ist von einem Adligen namens Hugo die Rede, der seine Frau solange mit der Faust ins Gesicht schlug, bis ihr Blut auf seine Kleider spritzte. Viele Frauen fügten sich, einige rebellierten, so gut sie eben konnten. Schwermut und Feindseligkeit beherrschten das Leben eines Teils des Adels, wofür ein zeitgenössischer Chronist beispielhaft die Ehe der Margarete von Rivers, einer englischen Edelfrau, anführt:

Das Gesetz vermählte sie, in Liebe und Bettgemeinschaft.
Aber welches Gesetz? Welche Liebe?
Welche Gemeinschaft?
Das Gesetz war kein Gesetz, die Liebe Haß.
Die Partnerschaft war Trennung.[43]

Die Edelfrau als Mutter

Adlige wie wohlhabende Städter und Bauern hatten zahlreichere Nachkommenschaft als ärmere Familien. Bessere Versorgung und günstigere Lebensbedingungen erhöhten die Überlebenschancen ihrer Kinder; zudem heirateten Wohlhabende aus den bereits erwähnten Gründen früher.[44] Vermutlich achteten die oberen Schichten auch stärker auf ordnungsgemäße Registrierung ihres Nachwuchses, zumindest beim männlichen Teil. Nach den Listen des 12. Jahrhunderts zu urteilen, betrug das Verhältnis von Söhnen und Töchtern in den Familien der lothringischen Herzöge und Grafen 64 zu 36 Prozent, bei Lehnsherren und Kastellanen sogar 72 zu 28.[45] Ein solch beträchtlicher Unterschied konnte kaum mit der Realität übereinstimmen; so täuschen denn auch jene Aufzeichnungen in mehrfacher Hinsicht: zum einen erhielten Mädchen, was die Verfasser der Stammbäume offenbar verwirrte, stets zwei Namen; zum anderen wurden im allgemeinen Töchter, die ins Kloster gingen, nicht aufgeführt, ebensowenig wie diejenigen, die keine besonders attraktive Partie abgaben; und nicht zuletzt kümmerte man sich um einen ordnungsgemäßen Eintrag von Mädchen nur am Rande.

Die Zahl adliger Söhne und Töchter, die heirateten und sich in der einen oder anderen Weise das Familienvermögen teilten, wurde von seiten der Eltern aus wirtschaftlichen und ständischen Erwägungen künstlich klein gehalten. In der Umgebung des burgundischen Klosters Cluny z. B. durfte im Rahmen einer Familie von 4–5 Söhnen nur einer eine Frau nehmen. Wer von den übrigen überlebte, mußte in den Kirchendienst oder ein Kloster eintreten, oder ein weltliches Junggesellendasein führen. Nicht für eine Ehe bestimmte Töchter legten zumeist ihre Gelübde ab.[46]

Im Lothringen des 12. und 13. Jahrhunderts hatten Herzöge, Grafen und Kastellane durchschnittlich sechs Nachkommen. In Mâcon lag ihre Zahl im 12. Jh. bei vier bis sechs.[47] Zur selben Zeit erreichten in Nordwestfrankreich fünf bis sieben Kinder pro Familie das Erwachsenenalter. Unter den englischen Herzogspaaren der Epoche von 1330–1479 betrug die durchschnittliche Nachwuchszahl 4,6. Allerdings waren die Unterschiede von Familie zu Familie beträchtlich. Im Kreise der Herzöge hatten rund 27% der Männer und 23% der Frauen überhaupt keine Nachkommen.[48] Das bedeutet: einzelne Paare müssen außerordentlich fruchtbar gewesen sein, da die Sterblichkeitsrate auch in jenen Schichten relativ groß war. Etwa 36% der männlichen und 29% der weiblichen Herzogskinder starben, bevor sie ihr fünftes Lebensjahr erreichten. In Mâcon hatten manche Familien sechs, andere gar keine Nachkommen. Der Sohn eines Saarbrücker Grafengeschlechts im 13. Jh. etwa nannte vier Söhne sein eigen, wovon der jüngste abermals zwölf Nachkommen hatte.[49] In England sah es im 14. Jahrhundert nicht anders aus: einerseits Familien ohne einen legitimen Erben (so daß jene notfalls auf Bastarde zurückgreifen mußten), andererseits wieder relativ große Familien mit 5, 10 oder gar 23 Kindern, wie im Fall des Earls von Westmoreland.[50]

Edelfrauen stillten gewöhnlich ihre Neugeborenen nicht selbst, sondern beschäftigten eine Amme, deren Lohn an großen Höfen beträchtliche Höhen erreichen konnte. Ausnahmen unter den »hochwohlgeborenen Müttern« erwähnten Chronisten ausdrücklich: so etwa die Mutter Bernhard von Clairvaux', die all ihre sieben Kinder selbst an die Brust nahm. Sobald die Kleinen entwöhnt waren, kamen sie gewöhnlich in die Obhut eines Kindermädchens und verließen früh das elterliche Haus. Viele wurden bereits mit 6–7 Jahren zur Ausbildung an einen anderen Hof geschickt. Wer eine Stadt- oder Klosterschule besuchte, wohnte am Ort: im Kloster, im Haus des Erziehers oder im Kolleg. Zum Mönchstum bestimmte Söhne kamen ebenfalls als Kinder ins Kloster. Das Los von Töchtern war ähnlich. Diejenigen, die ihre Gelübde ablegen sollten, wurden schon als kleine Mädchen den Nonnen anvertraut, ebenso wie

140

manche andere, die nur während ihrer Schulzeit dort blieben. Wieder andere übersiedelten mit ihren Brüdern an fremde Höfe, um dort gute Sitten und standesgemäßes Verhalten zu lernen.[51] Von jungen Mädchen, die als Minderjährige zur Eheschließung versprochen wurden, wechselten einige sofort nach ihrer Verlobung in die Familie ihres zukünftigen Bräutigams über, um dort zu wohnen und erzogen zu werden. Anfang des 13. Jahrhunderts wurde Elisabeth, Tochter König Andreas' von Ungarn, im Alter von vier Jahren mit dem Landgrafen von Thüringen verlobt. Noch im selben Jahr kam sie auf die Wartburg, wo sie bis zu ihrer Vermählung im Alter von vierzehn, und von da an bis zum Tod ihres Mannes lebte. Nach Abschluß ihrer Ausbildung heirateten für ein weltliches Leben ausersehene Mädchen im allgemeinen, ohne zuvor noch einmal auf Dauer in ihr Elternhaus zurückzukehren. Ihre Kindheit war damit kurz bemessen und die junge Generation früh in die Erwachsenengesellschaft integriert. Die Entwicklung der Jungen verlief etwas anders. Im 12. Jahrhundert folgte auf ihre Kampfausbildung (der Junge hieß in dieser Zeit *puer* oder *adulescentulus*) das sogen. Jünglingsstadium *(juventus)*. Sie beendeten dann ihr militärisches Training, trugen Waffen und traten mit ihren Altersgenossen in den Ritterstand ein. Das war im wesentlichen die Zeit der Abenteuerlust, der Jagd, der Turniere und gemeinsamer Trinkgelage. Doch fanden manche auch in dieser Zeit den Tod; für wieder andere dauerte sie zu lang, da sie mangels eigenen Landbesitzes nicht in der Lage waren, eine Familie zu gründen.[52] Die Kindheit von Mädchen dagegen wurde ohne eine Unterbrechung durchs Eheleben abgelöst. Selbst während der kurzen Zeitspanne, die Kinder im elterlichen Haushalt verbrachten, waren ihre Väter häufig und auf längere Dauer abwesend: sie zogen auf Kreuzzüge, in den Krieg oder standen im Dienst eines Königs bzw. Seniors. So spielte die Mutter die wichtigere Rolle im Leben der Kinder. Häufig hatte sie auch, wenn der Vater gestorben war, die Vormundschaft übernommen. In dieser Eigenschaft verteidigten viele die ihnen anvertrauten Rechte ihrer Kinder, hüteten peinlichst ihren Landbesitz und nahmen die von Minderjährigen geerbten Herrschaftsbefugnisse in vollem Umfang wahr. Manche sahen sich gezwungen, die Übernahmeversuche anderer Prätendenten abzuwehren und das Leben mit gerichtlichen, diplomatischen oder militärischen Mitteln an sich zu bringen. Blanche von Navarra, die Witwe Thibauds III., des Grafen von Champagne, regierte die Grafschaft von 1213–1222 für ihren minderjährigen Sohn allein. Sie huldigte dem französischen König, Philipp II. August, und nahm 1213 an der bei Hofe stattfindenden Versammlung von Baronen teil. Als einer von ihnen aufgrund seiner Vermählung mit der Tochter des früheren Grafen von Champagne, Heinrich II., Herrschaftsansprüche geltend machte, gelang es ihr durch Verstärkung der Festungsanlagen sowie die Hilfe ihrer Vasallen ihre Stellung zu behaupten. Zusätzlich nahm sie mit dem Papst und dem König von Frankreich Verhandlungen auf, um Unterstützung für ihren Sohn zu gewinnen. Während ihrer Regentschaft führte sie die finanziellen Belange der Grafschaft umsichtiger und gescheiter als all ihre Vorgänger und Nachfolger. Zuguterletzt war sie so weitsichtig, ihren Sohn mit der Witwe des Herzogs von Lothringen zu vermählen, deren Mitgift die von ihm verwalteten Territorien erheblich vergrößerte.[53] Analoge Beispiele existieren in großer Zahl.[54] Nur eines sei noch erwähnt: als der Sohn einer Witwe eine kirchliche Laufbahn einschlagen sollte, ließ seine Mutter ihre Verbindungen spielen, um ihm ein angemessenes geistliches Amt und eine einträgliche Pfründe zu sichern. Nach Gilbert von Nogent merkte sie allerdings erst im Laufe der Zeit, daß sie damit dem Seelenheil ihres Sohnes einen schlechten Dienst erwiesen hatte.[55]

Anders als in Frankreich und Katalonien war es in England Brauch, daß adlige Frauen nicht als Vormund des Erbfolgers, sondern nur ihrer übrigen Kinder zugelassen wurden. Für Erben bzw. Erbinnen bestimmte ein Lehnsherr eigens einen Vormund, der auch über ihre Verehelichung entschied.[56]

Nach allem, was wir erfahren haben, ist es unbezweifelbar, daß adlige Familien frühzeitig für eine standesgemäße Erziehung ihrer Kinder sorgten, für deren Zukunftssicherung durch geeignete Positionen, Ländereien und nicht zuletzt die Wahl eines Ehepartners. Wie wir im vorherigen Kapitel gesehen haben, waren im großen und ganzen uneheliche Kinder in solche Bemühungen eingeschlossen. Starb der Vater, so übernahm die Mutter die genannten Aufgaben. Wie verhielt sie sich dabei zu ihren Kindern? Einschlägige Quellen sagen mehr über übliche Erziehungsmethoden und Handlungen von Müttern aus, als über ihre innersten emotionalen Bindungen. Hier und da finden wir lediglich Hinweise auf Gefühlsmangel oder Angst davor, Kinder in die Welt zu setzen. So erwähnt Héloise in ihrem Briefwechsel mit Abälard ihren gemeinsamen Sohn kein einziges Mal. Abälard selbst bemerkt randläufig, daß sie ihn nach der Geburt seiner Schwester in der Bretagne übergeben hätte. Bei Héloise dagegen, die immer wieder über ihre Liebe zu Abälard mit Sorge, Schuldgefühl, Verlangen und Sehnsucht spricht, kein Wort. Allein in einem Brief an Petrus Venerabilis kommt sie auf ihn zu sprechen, wobei sie den Empfänger nur bittet, sich um eine Pfründe für ihn zu bemühen.[57] Auch Christine de Pisan äußert sich nie über ihre Kinder. Obwohl sie ihren verstorbenen Mann in zahlreichen Gedichten betrauerte, schrieb sie keine einzige Zeile über ihr früh verstorbenes Kind, sondern registrierte lediglich seine Geburt. Ihre beiden zusätzlichen Kinder lernen wir erst im Erwachsenenalter kennen. Dabei war Christine de Pisan zweifellos eine emotional differenzierte Frau, wie wir bei späterer Betrachtung ihrer Werke sehen werden; doch äußerte sie in ihnen kaum unmittelbare Empfindungen der Liebe und Zärtlichkeit für ihre Kinder.

Oftmals wiesen Frauen jeden Gedanken an Kindergeburt und -erziehung zurück. In einem bereits erwähnten Troubardourlied besingt die Verfasserin zwei Frauen, die eine dritte in Sachen Eheschließung um Rat bitten. Dabei sagt die erste:

Ist es ratsam, den Entschluß zur Heirat zu fassen
Mit dem, der uns beiden bekannt? Nein, ich will es unterlassen!
Denn Kindergebären scheint mir kein so großes Heil,
Und einem Manne anzugehören, bringt Sorge und schwere Weil.

Darauf die zweite:

Mir steht zwar wohl der Sinn nach einem Mann,
Doch Kindergebären nur himmlische Strafe sein kann.
Deine Brüste schwellen und hängen vom Leib,
Und nichts als Entbehrung bringt das Leben dem Eheweib.[58]

Auffassungen zweifellos, die nicht von allen Frauen geteilt wurden. Die unter dem Namen Frau Ava bekannte deutsche Dichterin z. B. gesteht von sich, sie sei Mutter zweier Kinder, eines lebenden und eines toten, und beide seien ihr teuer; daher bittet sie in ihren Gedichten den Leser, für das verstorbene zu beten. Daß Mütter nicht selten eine außerordentlich wichtige Rolle bei der Erziehung ihrer Kinder spielten, beweist u. a. die Vita des heiligen Hugo, des späteren Abts von Cluny und ältesten Sohns des Grafen von Semur; sein Vater hatte ihn zum Ritter bestimmt, obwohl er dafür weder Neigung noch Eignung zeigte. Im Gegensatz zum Vater erkannte jedoch die Mutter seine innersten Wünsche und sorgte für erste religiöse Unterweisung.[59] Einige weitere Belege: Nach den Worten seines

143

Biographen wurde Anselm von Canterbury als Kind einem Verwandten zur Erziehung übergeben. Sein Lehrer zwang ihn, Tag und Nacht zu lernen und verbot ihm, mit seinen Altersgenossen zu spielen. Dem Zusammenbruch nahe und völlig verstört, kehrte der Junge zu seiner Mutter zurück, wobei er sich weigerte, mit ihr zu sprechen oder sie anzusehen. In ihrem Schmerz fürchtete sie, ihn zu verlieren; so sann sie auf Mittel zu seiner Heilung. Sie wies die Dienerschaft an, ihn tun zu lassen, was immer er wolle, und ihn vor allem niemals zu schlagen. Nach geraumer Zeit hatte ihr Vorgehen Erfolg: ihr Sohn war wieder ein glückliches Kind. Gilbert von Nogent berichtet in seiner, teils unter dem Einfluß von Augustinus verfaßten, Autobiographie ähnliches über die Beziehung zu seiner Mutter; er lobt ihre Schönheit, Zucht, Frömmigkeit und hingebungsvolle Erziehung. Für sie beide sei es jedoch gut gewesen, daß Gott seinen Vater habe sterben lassen, als er selbst erst acht Monate alt war. Hätte dieser länger gelebt, so hätte er gewiß sein bei der schweren Geburt des Kindes abgelegtes Gelübde, es dem religiösen Leben zu weihen, gebrochen und ihm statt dessen eine militärische Laufbahn aufgezwungen.[60] Gilberts Ausführungen erinnern entfernt an eine Stelle im Jean Paul Sartres Autobiographie »Die Wörter«: Wäre mein Vater am Leben geblieben, hätte er sich ausgestreckt und mich unter sich erdrückt. Zu meinem Glück starb er jung.[61] Entgegen allen üblichen Gepflogenheiten kam Gilbert erst mit dreizehn Jahren in ein Kloster, und zwar nachdem seine Mutter sich ebenfalls in ein Stift zurückgezogen hatte. Zweifellos bestand zwischen beiden eine starke innere Bindung, die Gilberts Persönlichkeit entscheidend beeinflußte, wenn auch in seiner Autobiographie immer wieder Züge von Bitterkeit über mangelnde Zuneigung der Mutter auftauchen. Angesichts dieses und anderer Zeugnisse scheint uns F. Le Roy Laduries Theorie nicht ohne Plausibilität: daß die Gestalten der kleinen Erwachsenen in der darstellenden Kunst des Mittelalters weniger die Einstellung der zeitgenössischen Gesellschaft zur Kindheit als vielmehr die Sehnsucht des erwachsenen männlichen Künstlers nach mütterlicher Wärme und Zärtlichkeit reflektieren.[62] Offenbar behinderten sowohl die Sozialstruktur als auch die Erziehungsmethoden des Adels in den meisten Fällen das Aufkommen einer engen Beziehung zwischen Mutter und Kind; beide trugen vermutlich häufig dazu bei, mütterliche Zuwendung zu erstikken. Ein eklatanter Vorfall mag hier für sich selbst sprechen: in den Protokollen des Inquisitionsgerichts von Pamiers unter

Vorsitz des Bischofs Jacques Fournier ist die Aussage eines Zeugen über eine Adlige aus Chateauverdun festgehalten, die im Begriff stand, ihr Haus zu verlassen und sich den Katharern anzuschließen. Ihr Kind, das in der Wiege lag, wollte sie zum Abschied noch einmal sehen. Als sie zu ihm trat, küßte sie es, und es begann zu lächeln. Darauf entfernte sie sich von der Wiege, um aus dem Zimmer zu gehen, kehrte jedoch um und näherte sich ihm erneut, worauf es abermals zu lächeln anfing. So ging es einige Male; sie konnte sich nicht von ihm trennen. Schließlich befahl sie der Dienerin, ihr Kind aus dem Zimmer zu entfernen. Kurze Zeit danach wurde die junge Frau von der Inquisition auf dem Scheiterhaufen verbrannt.[63]

Lehnsrechtliche Machtbefugnisse

Eine Frau, die ein Lehen mit Herrschaftsbefugnissen erbte, erhielt damit auch die Autorität, es innerhalb von dessen Grenzen zu verwalten; lediglich den mit einer Lehnsstellung verbundenen Waffendienst mußte sie einem anderen überlassen. Bekanntlich heirateten fast ausnahmslos alle Erbinnen, so daß gemäß den verschiedenen Ehegesetzen der Ehemann für die Besitzungen des Paares verantwortlich zeichnete, deren Früchte genoß und nur insofern in seiner Handlungsfreiheit beschränkt war, als er das Eigentum seiner Gemahlin nicht verletzen durfte. Den Gesetzen zum Trotz scheinen jedoch Erbinnen von Lehen in den meisten Regionen ihre Autorität praktisch auch nach der Hochzeit aufrechterhalten zu haben. Allein in England waren die Rechte einer verheirateten Frau drastisch beschnitten.[64] Dort durfte sie lediglich einen Treueid leisten.[65] Sobald sie sich vermählte, huldigte ihr Mann im Namen ihres Lehens, wie es auch all ihre Vasallen ihm gegenüber taten.[66] In Katalonien huldigte ein Ehemann einem Senior für denjenigen Teil des Lehens, den seine Frau als Mitgift erhalten hatte, sie selbst dagegen für den nicht zur Mitgift gehörenden Erbteil.[67] In vielen großen Fürstentümern Frankreichs und der Niederlande sowie in Westlothringen huldigten sowohl Erbinnen als auch jene Frauen, die ein Lehen aufgrund ihres *dos* besaßen. Überall wurde indessen klar unterschieden zwischen einem Lehen, das jemand durch eigenes Recht und demjenigen, das er aufgrund des Rechts seiner Gemahlin besaß. So schreibt der mit Konstanze, Gräfin der Bretagne, vermählte Guy de Thouars: Konstanze, meine Gemahlin und

Gräfin der Bretagne, in deren Hände die Grafschaft der Bretagne kraft Erbrechts gelangte, und über sie zu mir aufgrund meiner Verehelichung mit ihr.[68] In einigen der vom französischen König gewährten Lehnsterritorien, wie beispielsweise Flandern, verloren Witwer beim Tod ihrer Frau, wenn sie ein Lehen geerbt hatten, das Anrecht auf die Grafschaft: so widerfuhr es 1194 Balduin VIII. und im Jahr 1244 Thomas von Savoyen beim Tod ihrer Ehefrauen, den Gräfinnen von Flandern, Margarete und Johanna.[69] In jenen französischen und niederländischen Territorien, deren Besitz mit weiten Herrschaftsbefugnissen verknüpft war und auf Frauen überging, übten sie offenbar nicht nur vor ihrer Hochzeit und nach ihrer Verwitwung ihre Rechte aus, sondern auch während ihrer Ehe, wobei ihre Männer mit ihnen kooperierten. Dies traf speziell auf den Hennegau, Artois, Flandern, Brabant und andere Lehnsgebiete in Südfrankreich und Katalonien zu, sowie auf die Toskana und Savoyen. Beatrix, Gräfin der Toskana, regierte von 1015–1076, gefolgt von ihrer Tochter Mathilde in den Jahren 1076–1115. Letztere spielte als Bundesgenossin Papst Gregors VII. eine wichtige Rolle in seiner Auseinandersetzung mit Heinrich IV. Im Kampf gegen den Kaiser führte sie mehr als einmal eigenhändig ihr Heer an und konnte letzten Endes den Papst aus seiner Bedrängnis befreien. Nicht ohne Grund nannten sie ihre Zeitgenossen *athleta, virago, comitessa* oder *bellipotens*. In ihrer Biographie *(Vita Mathildis)*, die zum Teil noch zu ihren Lebzeiten von Donizo verfaßt wurde, begegnen wir ihr als Vermittlerin zwischen Kaiser und Papst. Man schrieb das Jahr 1077. Sie war 31 Jahr alt und bereits seit einem Jahr verwitwet.[70]

Als ein Beispiel für Frauen, die Territorialfürstentümer erbten, wollen wir kurz die Laufbahn von Mahaut, der Gräfin von Artois, beleuchten. Sie erbte 1302 die Grafschaft von ihrem Vater (ihr Bruder war 1298 im Kampf gegen die Flamen gefallen; im Jahr 1303 fand auch ihr Mann Othon den Tod). Während ihrer gesamten Regierungszeit hatte sie gegen ihren Neffen zu kämpfen, der ihr Gebiet für sich beanspruchte; doch jener unterlag. Mit starker Hand vereitelte sie auch Aufstandspläne von seiten eines Vasallen gegen ihre Herrschaft. 1315 berief man sie an den Pariser Königshof, wo der Graf von Flandern vor Gericht stand. Nachdrücklich verteidigte sie dort ebenfalls ihre Gerichtshoheit gegen Übergriffsversuche kirchlicher Institutionen, wie etwa in ihrem Kampf gegen das in Arras gelegene Kloster St. Waast, das eine Gerichtszuständigkeit für Bastarde beanspruchte.[71] Aufzeichnungen ihrer Verwalter *(baillis)* und der für ihren Privatschatz *(hôtel)* Verantwortlichen lassen eine sorgfältige und geordnete Finanzverwaltung erkennen. Alle Zahlungen erfolgten aufgrund von Rechnungen, die Verwalter, Geldverleiher oder Zulieferer vorlegten. Jede einzelne wurde geprüft, überwacht und von einem von der Gräfin eingesetzten Ausschuß abgezeichnet. Sie gewährte eine große Zahl von Stadtprivilegien, in denen sie nicht nur Großzügigkeiten ihrer Vorgänger, der Grafen von Artois, bestätigte, sondern auch neue Gerichtsordnungen erließ, einen Wahlgang für die *échevins (scabini,* Schöffen) festlegte und Anweisungen erteilte, in welcher Form die Berichte ihr vorzulegen seien. Ferner mischte sie sich in innere Auseinandersetzungen der Städte ein und sprach ihr Urteil nach Anhörung beider Seiten. Teils verlegte sie dabei Gefangene aus den städtischen Gefängnissen in ihre eigenen.[72] Ebenso schlichtete sie Streitigkeiten innerhalb der Stoffindustrie verschiedener Städte.[73] In ihrer Hauptstadt Hesdin sorgte sie für die Einrichtung eines Kulturzentrums mit einer an Handschriften reichen Bibliothek. Ihr Kunstinteresse spricht aus Büchern ihres Privatschatzes, die entsprechende Ausgaben für Gemälde, Skulpturen, Gobelins und bleiverglaste Fenster zum Schmuck ihrer Burgen verzeichnen. Darüber hinaus gründete sie eine Reihe von religiösen Institutionen und Krankenhäusern und verteilte regelmäßig Almosen an die Armen (das wurde wie alle anderen Ausgaben säuberlich eingetragen). Hin und wieder hielt sie Königen und großen Territorialherren vergleichbar an der Spitze einer prunkvollen Prozession offiziellen Einzug in eine ihrer Städte. Der Ursprung dieses mit Pracht, Feierlichkeit und Farbenreichtum durchgeführten Brauchs war im altüberlieferten Recht eines Landesherren begründet, seinen Untertanen Besuche abzustatten. Im 14. Jahrhundert jedoch nahm er mehr die Züge einer politischen Machtdemonstration an sowie die eines Treue- und Zugehörigkeitsbeweises von seiten der Veranstalter.[74] Wenn es sich nicht, wie im Fall der Gräfin von Artois, um ein bedeutendes, sondern kleines Lehen handelte, das keine Regierungsgewalt implizierte (d. h. der Inhaber besaß keine lehnsherrlichen Befugnisse, sondern lediglich gutsherrliche Autorität), so wirkten Erbinnen im gleichen Rahmen wie männliche Erbnachfolger dieser Lehnsart.[75] Frauen fungierten daneben als Burgvögte oder Kastellane. In Katalonien mobilisierte 1026 die Edelfrau Guidinild ihre Angehörigen und Vertrauten zur

Rückeroberung von Cervera. Nach geglückter Aktion errichtete sie dort eine Festung und empfing aus der Hand der bereits früher erwähnten Gräfin Ermessend die Aufsicht über Burg und Umgebung.[76] Im England des 13. Jahrhunderts unterhielt die Gräfin von Aumale das Gefängnis in Carisbrooke, als dessen Eigentümerin sie ebenfalls richterliche Befugnisse wahrnahm.[77]

Zusammenarbeit von Edelfrauen mit ihren Ehemännern

Von den geschilderten Fällen autonomen Handelns abgesehen[78], brachte die Mehrzahl mittelalterlicher Edelfrauen ihren Ehemännern eine Mitgift in die Ehe; sie wirkten anschließend als seine Gehilfinnen. Bekanntlich mußten Edelleute häufig ihren Sitz auf längere Dauer verlassen; während ihrer Abwesenheit übernahmen die Ehefrauen einen Großteil der Aufgaben, von konzentrierter Machtausübung in großen Lehnsgebieten bis zur Gutsverwaltung und Aufsicht über die Bauern, die ihre Ländereien bestellten. Die altfranzösischen Heldenlieder *(chansons de geste)* besingen die Aktivitäten von Kriegergattinnen nach Auszug ihrer Männer in den Kampf. In der Chanson de Guillaume z. B. regelt Guibourc, die Gemahlin des Grafen von Barcelona, alle lehnsherrlichen Angelegenheiten während der Abwesenheit ihres Mannes und rekrutiert sogar nach seiner Niederlage gegen die Sarazenen eigenhändig Soldaten für eine Reorganisation der Armee. Auch in der Champagne, Bretagne und in Chartres regierten Frauen oft jahrelang, wenn sich ihre Männer auf einem Kreuzzug befanden. Manche hatten die Burg allein gegen einen Feind zu schützen und seine Angriffe abzuwehren. So verteidigte im Krieg zwischen Schotten und Engländern die Gräfin von Buchan die Festung Berwick gegen Eduard I., der sie nach ihrer Niederlage, zum Hohn in einen Käfig eingesperrt, oberhalb der Mauern aufhängte. Vergleichbar bot die Gräfin von Dunbar in ihrer Burg Eduard III. die Stirn[79]. Froissart schließlich berichtet über die Gräfin der Bretagne, sie habe die Kühnheit eines Mannes und den Heldenmut eines Löwen besessen und in Abwesenheit ihres Gemahls, des Grafen Johann von Montfort, im Jahr 1341 gegen Karl von Blois gekämpft, der die Grafschaft für sich beanspruchen wollte. Bei seinem Angriff auf die Burg Hennebout habe sie Frauen und Kinder dazu eingesetzt, Pflastersteine herauszureißen und sie ihren Verteidigern zu bringen, damit diese sie auf den Feind schleudern konnten. Zum Schluß habe sie sich nicht mehr mit der Verteidigung der Festung begnügt, sondern sei zum Gegenangriff außerhalb der Mauern übergegangen, wobei sie ihr Heer sogar bis Brest geführt habe.[80] Bei einem kleineren Lehensbesitz ohne Herrschaftsbefugnisse, der seltener angegriffen wurde, erfüllten Edelfrauen dagegen alle auf dem Gut anfallenden Aufgaben: Sie verpachteten Böden, zogen Abgaben ein, nahmen Berichte ihrer Verwalter entgegen, schickten Ernteüberschüsse auf die Märkte und ließen die Gebäude instandhalten. Detaillierte Auskunft darüber geben u. a. die Briefe der Paston-Familie.[81] Ein Handbuch für Haus- und Gutsverwaltung, das sich an Edelmann und Edelfrau gleichermaßen richtete, obwohl es von Robert Grosseteste eigens für Margarete, die Witwe des Earls von Lincoln, verfaßt wurde, enthält alles für diesen Bereich Wissensnotwendige; es wurde später unter dem Titel »Die Gesetze des heiligen Robert« bekannt. Wer diesem Leitfaden folge, so meint der Autor, werde von seinen Einnahmen leben und seinen Besitz erhalten können. So werden in ihm Anleitungen für die Beaufsichtigung der Ritter, Gutsverwalter und der ihnen unterstellten niedrigen Beamten gegeben sowie zusätzlich Verhaltensregeln beim Empfang von Gästen, eine angemessene Sitzordnung bei Tisch etc.[82]

Die Haushaltsführung stellte folglich eine der zahlreichen Aufgaben von Edelfrauen dar. Man backte sein Brot selbst, braute sein Bier, stellte Butter und Käse her und kochte ein. Das Fleisch kam eigens in eine Räucherkammer, Tücher wurden im Hause gesponnen und gewebt, auf manchen Gütern fehlte selbst nicht eine Kerzengießerei. Außerhalb gekaufte Lebensmittel wie Wein, Fische und Gewürze erforderten sachgemäße Lagerung. All diese Arbeiten beschäftigten in reichen Häusern eine erhebliche Anzahl von Bediensteten, wobei selbst weniger wohlhabende Familien sich angesichts der niedrigen Löhne eine stattliche Dienerschaft leisten konnten. Ihre Beaufsichtigung oblag der adligen Hausfrau, die dafür sorgte, daß jeder seine Pflichten ordnungsgemäß durchführte. Doch damit endete keineswegs ihr Aufgabenbereich. Da ein Edelmann in erster Linie Kämpfer, zuweilen auch Diplomat oder Administrator im Dienste eines Königs oder Seniors war, kümmerte er sich in den meisten westeuropäischen Ländern (mit Ausnahme von England und einigen italienischen Regionen) nur beschränkt um wirtschaftliche Angelegenheiten; der wesentliche Teil entfiel damit auf Frauen. Sie hatten u. a. die Verantwortung für die Bezahlung der Ritter und verschiedenen Beamten.[83] Ein lobender Brief Johanns von Montreuil an seinen Freund Gontier Col ist uns in diesem Zusammenhang erhalten; er berichtet, daß es mit seiner wirtschaftlichen Lage schlecht bestellt wäre, würde nicht seine Frau sich in sorgfältiger und verantwortungsbewußter Weise um alle gemeinsamen finanziellen Angelegenheiten kümmern.[84] Ein analoges Verhalten beschreibt auch Christine de Pisans Anleitungsbuch für Frauen; ausführlich geht sie darin auf eine korrekte Führung des Finanzhaushalts ein, wobei sie den Frauen zusätzlich rät, sich frühzeitig über Grundstücksrechte zu informieren.[85] Bisweilen übernahmen Frauen sogar Amtspflichten ihrer Männer; dabei ist allerdings ungeklärt, ob dies lediglich bei Abwesenheit der Männer geschah oder ob diese sich einfach ihrer Aufgaben zu Lasten ihrer Frauen entledigten; fest steht jedenfalls, daß solche Übernahmen die Anerkennung der Gesetze fanden. So konnten laut Verordnungen des Grafen von Flandern aus der ersten Hälfte des 12. Jahrhunderts Einwohner von St. Omer verpflichtet werden, eine Geldbuße an den Kastellan, dessen Frau oder Verwalter, zu entrichten.[86] Im Katalonien des 11. Jahrhunderts saßen denn auch Frauen des *viguier,* der ein offizieller Amtsträger war, ähnlich wie belehnte Gräfinnen oder Äbtissinnen, zu Gericht.[87]

Wenn eine Adelstochter allerdings kein Lehen erbte, nicht heiratete (Erbinnen fanden natürlich unschwer einen Partner) und nicht ins Kloster ging, so war ihre einzige Möglichkeit, als Gesellschafterin einer großen Adligen oder als Erzieherin ihrer Töchter tätig zu werden. Daß sie dafür u. U. ansehnliche Summen erhalten konnte (im Gegensatz zur Entlohnung von Mägden), ist uns durch das Beispiel Ralph de Nevills, des Earls von Westmoreland, überliefert.[88]

Freizeitbeschäftigungen

Eine gut ausgebildete Adelstochter mußte in der Lage sein, zu reiten, Falken zu züchten und bei der Jagd einzusetzen, Schach zu spielen, zu tanzen, zu singen, Gedichte vorzutragen, Geschichten zu erzählen und, wie einige Lehrschriften zeigen, Romane und Poesie zu lesen. Was die Falknerei anbelangt, so übertrafen Frauen darin – nach Ansicht Johannes von Salisburys – Männer. Das Reiten wurde vornehmlich zu praktischen

Zwecken geübt, da Frauen ohne diese Fähigkeit kaum die Verantwortung für ein Territorium oder einen Gutsbereich hätten übernehmen können; auch eine Teilnahme an Wallfahrten oder Turnieren wäre ihnen andernfalls nicht möglich gewesen. Alle übrigen Künste galten lediglich dem geselligen Zeitvertreib. Zweifellos genossen nicht alle »höheren Töchter« eine solch umfassende Erziehung, zumal etwa Singen und Tanzen eine gewisse Begabung voraussetzten; doch erlernte zumindest jede einen Teil der »Künste« und verbrachte damit ihre Mußestunden, vor allem, wenn sie auf Burgen lebten, auf denen häufig gesellschaftliche Feste stattfanden. Charakteristisch ist, daß Frauen innerhalb der höfischen Literatur nie als Verwalterinnen von Territorien oder Gütern, bzw. als Helferinnen bei männlichen Amtspflichten erscheinen, vielmehr geben sie hier das »romantische« Bild einer Adelstochter ab, die jugendliche Ritter in die Geheimnisse der Liebe einweiht und ihren Liebhabern Missionen aufträgt; daneben wird sie beim Schachspiel, der Falkenjagd und der Stickerei dargestellt. Die Annahme liegt nahe, daß solche literarischen Bilder von einer »communis opinio« Zeugnis ablegen, wonach jene beschriebenen Tätigkeiten als für adlige Frauen am meisten geeignet betrachtet wurden.[89]

Wie Männer zogen auch Frauen auf Pilgerfahrten; ebenso nahmen sie an Turnieren, Hauptbeschäftigung eines Ritters in Friedenszeiten, teil, wobei sie die Wettstreitenden in ihrem besten Hofstaat von der Tribüne aus anfeuerten. Zuweilen trug ein Ritter dabei die Farben seiner anwesenden Dame; auch kam es vor, daß diese sich ihres Schmucks entledigte, um den Sieger mit ihm zu ehren. Edelfrauen begleiteten daneben Königinnen und große Lehnsherrinnen beim feierlichen Einzug in ihre Städte. Bisweilen vollzog sich hierbei die Prozession der Königin im Gefolge ihrer Hofdamen getrennt. Nach der Krönung Karls V. im Jahre 1364 etwa zog der König mit seinen Mannen zuerst in Paris ein, wohingegen die Königin ihm mehrere Stunden später mit ihrem eigenen weiblichen Hofstaat folgte.[90]

Ausbildung

Beinahe alle Kirchenlehrer sprachen sich für eine religiöse Unterweisung von Frauen allgemein und Adelstöchtern im besonderen aus, da sich auf diese Weise Zucht und Frömmigkeit bei ihnen fördern ließe. Man solle sie das Gebetbuch lesen lehren und ihnen die wichtigsten Grundbegriffe des Glaubens beibringen. Entschieden sie sich eines Tages fürs Kloster, wären solche Kenntnisse willkommen.[91] Nur in Ausnahmefällen plädierten geistliche Autoren im Gegensatz zur prinzipiell anders orientierten männlichen Erziehung dafür, Töchter von Adligen auch auf ihren späteren Wirkungsbereich vorzubereiten: Prinzessinnen und bedeutende Edelfrauen sollten lesen und schreiben können, um zu gegebener Zeit ihre Gebiete angemessen zu regieren. Hier korrespondiert das gesteckte Ziel der weiblichen Bildung mit dem der männlichen Unterweisung. Nur wenige Denker allerdings billigten der weiblichen Erziehung einen Eigenwert zu. Durand de Champagne z. B., der Beichtvater der Gemahlin Philipps IV., der Königin Johanna von Navarra, hielt eine Unterweisung von Frauen, insbesondere der großen Adligen für wünschenswert, da Bildung belehre, erhebe, tröste und sogar erfreue.[92] Neben ihm gab es jedoch auch eingefleischte Antifeministen, wie Philippe de Novare, die in ihrer Besessenheit vom Gedanken weiblicher Zucht jeglichen Unterricht für Frauen ablehnten, und zwar selbst, wenn sie dem Adel angehörten. Seine Argumentation lautete: Könne sie lesen, vermöge sie auch Briefe von Liebhabern zu empfangen, verstünde sie sich aufs Schreiben, so sei sie in der Lage, ihnen zu antworten, usw. Damit aber brächte sie Schmach und Schande über ihre Familie und die Gesellschaft.[93]

Unter den Verteidigern der Frauenbildung stechen zwei Persönlichkeiten hervor, die vom Üblichen abweichende Argumente anführen: Christine de Pisan und Pierre Dubois. Die Erörterungen jener sind von besonderem Interesse, da sie, soweit wir wissen, die einzige schriftliche Bewertung zu diesem Thema aus der Feder einer mittelalterlichen Frau darstellen. Christine berichtet zunächst mit Bitterkeit, daß sie als Kind keinen Unterricht erhalten habe. Sie sei lernbegierig gewesen und habe von ihrem Vater lernen wollen, doch sei es gemäß der Tradition, nicht der Gerechtigkeit, unüblich gewesen, Mädchen zu unterweisen. Hätte man statt dessen der Gerechtigkeit die Ehre gegeben, so würden Töchter die gleiche Ausbildung wie Söhne erhalten haben, da ihr Wille zum Lernen gleichermaßen vorhanden gewesen sei wie bei Jungen, folglich auch hätte befriedigt werden müssen. Christines Überlegungen gehen von der Fähigkeit und dem Wunsch der Frau, zu lernen und Wissen zu sammeln aus, sowie von einem begründeten Anrecht darauf. Bildungserwerb gilt für sie als autonomer Wert, darüber hinaus als wesentliche Quelle der Bereicherung und Freude für den menschlichen Intellekt. Nicht etwa kämpfte sie für eine Vergrößerung der politischen und sozialen Rechte von Frauen; auch forderte sie nicht, daß eine Frau all diejenigen Aufgaben erfüllen müsse, die dem Mann zufielen. Aufgrund ihrer Überzeugung jedoch, daß Frauen imstande seien, zu studieren und zu forschen, verurteilte sie scharf die gängige Anschauung, Frauen hätten im Gericht nichts zu suchen, da sie nicht in der Lage seien, Gesetze zu begreifen und anzuwenden. Vielmehr vertrat sie die Ansicht, daß Frauen, sofern man ihnen eine Ausbildung gewähre, es Männern auf allen Gebieten gleichtun oder sie gar übertreffen könnten.[94]

Pierre Dubois' Programm für eine weibliche Erziehung ist Teil seines Gesamtplans für eine Rückeroberung des Heiligen Landes, dessen Ausführung Frankreichs Hegemonie in Ost und West begründen sollte. Entsprechend sah er für Frauen folgende Aufgaben vor: sie sollten im Dienst der Kreuzritter tätig sein, zur Festigung der christlich-katholischen Herrschaft im Osten beitragen, und zwar sowohl durch Heil- und Missionstätigkeit als auch durch ihre Eheschließungen mit Söhnen des Orients: mit Moslems wie Christen, die der byzantinischen Kirche oder ihren Splittergemeinden angehörten. Frauenbildung war für ihn ein Mittel unter anderen zur Erreichung jenes Gesamtzwecks. Weder berücksichtigte er dabei die spezifischen Probleme von Frauen, noch war sein Plan für ihre umfassendere Unterweisung darauf gerichtet, ihren sozialen Status zu verbessern.

Der für Mädchen empfohlene Lehrplan sah – aufgrund ihrer, wie Dubois meinte, von Natur aus schwächeren Voraussetzungen – selbst für die Begabtesten unter ihnen weniger Wissensstoff vor als für Knaben. Außerdem sollte das Ziel in erster Linie darin bestehen, ihren Wert in den Augen potentieller Ehepartner zu steigern. Trotz der anscheinend negativen Gesamtcharakteristik war Pierre Dubois doch bereit, Frauen gewisse öffentliche Funktionen anzuvertrauen.[95]

Nach den wichtigsten Theorien über Frauenbildung wollen wir uns ihrer zeitgenössischen Praxis zuwenden. Im allgemeinen erhielten Adelstöchter elementaren Unterricht im Lesen, teilweise auch Schreiben. So waren sie in der Lage, Gebetbücher zu lesen, beschäftigten sich aber auch mit Poesie und Erzählungen, entsprechend dem Rat der Anleitungsbücher für Frauen. Gelernt wurde entweder im Haus unter Aufsicht eines Privatlehrers, bzw. einer Lehrerin, oder in Kloster- und Stadtschulen.

153

Im 14. und 15. Jahrhundert schickte man etwa in Deutschland die für ein weltliches Leben bestimmten Mädchen in von Nonnen geführte Stiftsschulen;[96] diese existierten auch in anderen europäischen Ländern speziell für jene jungen Damen des Adels, die einmal nicht die Gelübde ablegen sollten. Die Tatsache, daß man von Frauen, die erst im Erwachsenenalter ins Kloster eintraten, eine bestimmte Bildung verlangte, weist darauf hin, daß Adelstöchtern, in weltlicher Umgebung lebend, ein gewisses Maß an Wissen vermittelt wurde. Als sich beispielsweise die Witwen einiger Ritter, die beim Kreuzzug Ludwigs IX. umgekommen waren, mit der Bitte an den König wandten, er möge ihnen und einem Teil ihrer Töchter behilflich sein, ins Kloster Pontoise aufgenommen zu werden, erwiderte er ihnen, daß den Gebildeten dieser Weg selbstverständlich offenstehe.[97]

In England sahen sich indessen die Bischöfe im 15. Jahrhundert aufgrund ihrer Visitationen dazu veranlaßt, Äbtissinnen die Aufnahme völlig ungebildeter Mädchen und Frauen zu untersagen.[98] Töchter aus Kreisen des niederen Adels besuchten kleinere Schulen, die von einem Gemeindepriester geführt wurden: so etwa zwei der Töchter von Beatrix Planissol.[99] Schließlich bezeugen Briefwechsel der Geschlechter Paston, Stonor und anderer aus dem spätmittelalterlichen England, daß Frauen aus dem niederen Adel durchaus in ihrer Landessprache schreiben und lesen konnten.

Bei einigen wenigen Frauen begegnet uns eine außergewöhnlich umfassende Bildung; so etwa bei Christine de Pisan, die im reiferen Alter Schriftstellerin wurde und ihr Wissen kontinuierlich vertiefte. Sie las in französischer Übersetzung Werke aus den Gebieten der Geschichte, Philosophie, Geographie, Moral und Theologie sowie in verschiedenen Enzyklopädien abgedruckte Auszüge aus der Heiligen Schrift und den Kirchenvätern. Ferner bildete sie sich in der klassischen Literatur anhand der Übersetzungen von Vergil, Horaz und Ovid; auch war sie mit der zeitgenössischen Dichtung einschließlich der italienischen Schriften Dantes im Original durchaus vertraut. Naturwissenschaften und Latein dagegen blieben ihr verschlossen. Unter den gebildeten Frauengestalten treten ebenso Héloise und Mathilde hervor. Héloise war nicht nur wegen ihrer breiten Allgemeinbildung berühmt, sondern auch wegen ihrer eingehenden Kenntnisse des Lateinischen sowie klassischer und christlicher Schriftsteller. Mathilde, Herzogin der Toskana, schrieb Latein, sprach Italienisch, Französisch und Deutsch,

154

sammelte in ihrer reichausgestatteten Bibliothek dickleibige Handschriftenbände, förderte eine neuerliche Abschrift von Teilen der Justinianschen Codices und war schließlich bei der Einrichtung der Rechtsschule von Bologna behilflich. Auch die Dichterin Marie de France verdient hervorgehoben zu werden. Sie las neben Französisch, der Sprache ihrer Werke, Englisch und Latein fließend. Die von ihr aufgezeichneten Fabeln übersetzte sie aus dem Englischen, während sie sich in ihrem Buch »Die Reinigung des heiligen Patrick« auf entsprechende lateinische Quellen stützte; im Prolog zu ihren Versnovellen *(Lais)* lesen wir, daß sie zwar ursprünglich beabsichtigte, einige Erzählungen aus dem Lateinischen zu übertragen, dann aber zu dem Entschluß gelangt sei, zu reimen und die ihr bekannten Lieder niederzuschreiben.[100] Auch Isabella von Spanien scheute keinerlei Anstrengungen: als sie Latein zu lernen wünschte, lud sie Dona Beatriz Galindo von Salamanca an ihren Hof, damit diese sie die Sprache lehre.[101] Zahlreiche Edelfrauen fanden daneben Gefallen an Manuskripten in geschmackvollen Einbänden und erwarben sie für ihre Bibliotheken, wie etwa Mahaut von Artois, die bedeutende Handschriftenbände in ihrer Sammlung vereinigte, angefangen von Ausgaben der Heiligen Schrift und der Gebetbücher über philosophische, juristische, historische Werke und Reisebeschreibungen, bis zu Romanen und Poesie.[102]

Entscheidende Beiträge zur Errichtung höherer Lehranstalten mit religiösem Charakter und zum Kirchenbau wurden ebenfalls von adligen Frauen geleistet. Wenn sie auch in erster Linie dem eigenen künftigen Seelenheil dienen sollten, so erhöhten sie doch gleichzeitig das Bildungsniveau der zeitgenösssischen Gesellschaft und verschafften produktiven Künstlern zusätzliche Gestaltungsmöglichkeiten. So spendete Eleonore von Aquitanien für den Bau der Kathedrale von Poitiers; Johanna von Navarra, die Gemahlin Philipps IV., ließ das Kollegium von Navarra in Paris errichten, die Witwe Aymars de Valence, des Earl von Pembroke, und Elisabeth de Burgh, Lady Clare, trugen im 14. Jahrhundert ihrerseits wesentlich zur Gründung von Kollegien in Cambridge bei. Viele Edelfrauen wirkten überdies als Patroninnen von Schriftstellern, Dichtern und Künstlern. Einige wenige nahmen damit aktiv Anteil an der geistigen Produktivität ihrer Zeit.

Waren adlige Frauen mindergebildet als ihre männlichen Partner? Bis etwa zum Beginn des 13. Jahrhunderts scheinen die Unterschiede wenig signifikant gewesen zu sein; ein Edelmann zeichnete sich nicht vorrangig durch den Grad seiner Bildung aus; vielmehr verkörperte er den Typus des *miles* im Gegensatz zum *clericus*, dem damaligen Intellektuellen. Auch spricht viel dafür, daß Frauen, mehr als Männer, einen Teil ihres Tages mit der Lektüre von Gebetbüchern und literarischen Texten verbrachten. Die geistige Benachteiligung der Frau indessen setzte stufenweise im 13. Jahrhundert ein, als sich die Universitäten zunehmend entwickelten und jene Söhne von Adligen, die nicht für eine kirchliche Laufbahn bestimmt waren, zu studieren begannen. Da das Studium allerdings ein bestimmtes Maß an formalen Kenntnissen voraussetzte, wurde ein entsprechend differenziertes Unterrichtssystem für Knaben, nicht aber Mädchen entwickelt.

So weitete sich die Kluft zwischen Männern und Frauen, vor allem innerhalb des niederen Adels. Söhne des Hochadels sowie Erstgeborene vornehmer Geschlechter, die ein Lehen erben oder eine Heereslaufbahn einschlagen sollten, studierten hingegen nicht an Universitäten, da diese überwiegend von jungen Männern des mittleren und niederen Adels sowie von Waisen bevölkert waren.[103] Ihre universitäre Ausbildung verschaffte ihnen Zugang zu Stellungen im Dienste der Kirche, eines Königs oder großen Fürsten. Als Universitäten und sonstige Lehranstalten an Zahl und Größe zunahmen und mehr und mehr Adels- und Stadtbürgersöhne an ihnen ihr Studium begannen, während ihren Schwestern jene Türen verschlossen blieben, verschärfte sich das Bildungsgefälle zwischen den Geschlechtern; Frauen waren nunmehr weitgehend vom geistigen Leben und Wirken innerhalb ihrer Gesellschaft ausgeschlossen.

Nichtsdestoweniger blieb den Frauen im Mittelalter wie in den folgenden Jahrhunderten ein Gebiet geistiger Betätigung: die Literatur, der von adligen Damen Interesse und Förderung entgegengebracht wurde. Wer etwa Dantes *Vita Nuova* zur Hand nimmt, spürt deutlich, daß des Dichters Leserkreis wohl in erster Linie aus Lyrikern und Edelfrauen bestand. Im gesamten Mittelalter und darüber hinaus fungierten Frauen als Patroninnen der Dichter und Schriftsteller, angefangen von religiösen Autoren bis zu Verfassern höfischer Romane und Lieder. So schickte beispielsweise der heilige Anselm seine Gebetsentwürfe entweder an Freunde in Klöstern oder an fromme Damen aus den Reihen des Adels, die mit diesen Gebeten zweifellos auf die Formen religiöser Praxis im häuslichen Bereich einwirkten. Seine ersten Gebete hatte Anselm an Adele, die Tochter Wilhelms des Eroberers gesandt, seine letzten an Mathilde, die

Gräfin der Toskana.[104] Der Dichter Gottfried von Reims verstieg sich Adele, seiner Gönnerin, gegenüber zu solch überschwänglichem Lob, daß er in einem seiner Lieder die Siege ihres Vaters auf den Willen des Schicksals zurückführte, sie zur Prinzessin zu machen.[105] Andere Edelfrauen taten es ihr als Patroninnen höfischer Dichter gleich. Hier wäre vor allem Eleonore von Aquitanien zu nennen, die Förderin südfranzösischer Troubadoure – darunter Bernhard von Ventadour – sowie ihre Tochter Marie von Champagne, die neben dem Dichter Chrétien de Troyes auch Andreas Capellanus, der die Regeln höfischer Liebe aufgezeichnet hatte, entscheidend förderte.

Häufig verkündeten die Minnesänger die Namen ihrer Wohltäterinnen und priesen ihre Schönheit, Einsicht und Großzügigkeit; zuverlässig waren die Edelfrauen somit durch die Empfehlungen didaktischer Schriften beraten: Beschenke die Dichter, und sie werden deinen Namen berühmt machen.[106] Die Höfe Eleonores von Aquitanien und ihrer Tochter Marie wurden für andere westeuropäische Höfe zu einem nachahmenswerten Vorbild. Auch für Kirchenmusik waren Frauen so weitgehend empfänglich, daß spätmittelalterliche Kritiker der neuen geistlichen Musik vorwarfen, sie sei eigens dazu geschaffen worden, Frauen zu gefallen.[107]

Eine gewisse Parallele zwischen den Edelfrauen des Hochmittelalters, die Künstler und Schriftsteller förderten, und den Beherrscherinnen der späteren literarischen Salons zu ziehen, scheint uns nicht abwegig. Als Quellen der Inspiration, als Kritikerinnen und Lesepublikum leisteten sie kollektiv unzweifelhaft einen wichtigen Beitrag zur jeweiligen Kultur ihrer Zeit. In diesem Zusammenhang hat sich die Auffassung eingebürgert, daß Damen der oberen Schichten über relativ ausgiebige Mußestunden verfügt und sich folglich »geistigen Genüssen« stärker hätten widmen können als Männer ihres Standes. Dies trifft jedoch eher auf Frauen der italienischen Renaissance oder der Salons späterer Jahrhunderte zu als auf mittelalterliche Edelfrauen, die häufig, wie wir gesehen haben, auf den verschiedensten Gebieten selbst aktiv waren. Zutreffender scheint mir Simone de Beauvoirs Erklärung, daß gerade aufgrund der Randstellung von Frauen in der Gesellschaft früherer Jahrhunderte bis in unsere Zeit jene Männer ihre Unterstützung gesucht hätten, die durch ihr schöpferisches Ingenium die Grenzen ihrer Welt sprengten und in Bereiche neuer Erfahrung vordringen wollten.[108]

Werfen wir zum Schluß noch einmal einen Blick auf die höfische Dichtung des Hochmittelalters. Nach Ansicht vieler Historiker ist sie stärker als ihre Vorläufer weiblich inspiriert, kam der weiblichen Psychologie entgegen und trug wesentlich zum positiven Bild der Frau bei. Liebe wird in der höfischen Dichtung zum Lebensmittelpunkt des Mannes. Um sie zu erlangen, hat er alle Prüfungen zu bestehen, die ihm seine verehrte Herrin auferlegt. Offenkundig standen solche Darstellungen sowohl im Gegensatz zu den Heiratsgewohnheiten des Adels (Töchter wurden ja, wie wir gesehen haben, nach ständischen, politischen und wirtschaftlichen Rücksichten vermählt), als auch zum Status einer verheirateten Frau, die laut Gesetz der Herrschaft ihres Ehemannes unterstand. Sklaventum durch Liebe zu einer Frau, die Macht einer edlen Dame über ihren Liebhaber, der ihr, gleich einem Vasallen, huldigt, lassen sich somit als dichterischer Protest gegen die bestehende Institution der Ehe wie auch gegen das zeitgenössische Sozialgefüge auffassen.[109]

Indem ein Teil höfischer Gedichte und Romane, die sinnliche, nicht auf Fortpflanzung gerichtete Liebe beschreibt, können wir darin zweifellos eine Auflehnung gegen die kirchliche Sexualethik sehen.[110] Hinsichtlich des Frauenbildes ist jedoch wesentlich, daß sie innerhalb der höfischen Literatur nicht als zerstörerische Kraft erscheint; in zahlreichen Werken ist sie diejenige, die zu Heldentaten anregt und sittliche Kräfte des Liebenden zur Entfaltung bringt. Der Liebende ist ihr auf Gedeih und Verderb ausgeliefert. Weder zartfühlend noch nachsichtig, stellt sie ihn bisweilen vor unüberwindliche Aufgaben; diese aber werden als Mittel zur Erlangung sittlicher Vollkommenheit betrachtet, die Liebe als Triebfeder zum Guten und Erhabenen. Selbst in jenem ungewöhnlichen Liebesroman von Tristan und Isolde, in dessen Verlauf beider Liebesbeziehung mit religiösen und feudalen Loyalitäten kollidiert, trägt das spezifisch Weibliche nicht destruktive Züge. Vielmehr werden die Liebenden von Kräften mitgerissen, die stärker als sie selbst sind und ihr Schicksal bestimmen. Nach kirchlichen wie feudalen Normen handelt es sich hier um eine verbotene Liebe, die jedoch von einer beinahe religiösen Hingabe der Liebenden gezeichnet ist.[111]

Auf der anderen Seite kann nicht geleugnet werden, daß die höfische Literatur auch eine Antwort auf männliche Bestrebungen und Bedürfnisse sowie Sehnsüchte und Empfindungen der Dichter und Zuhörer darstellt. Wie hätte sich eine auch nur partielle »Verweiblichung« feudaler Zivilisation vollziehen können, wenn sie nicht bewußten und unbewußten männlichen Wunschvorstellungen entsprochen hätte? So wird uns ein vollkommener Ritter als derjenige vor Augen gestellt, der eine edle Dame verehrt und als kühner christlicher Krieger mit religiösem Eifer den Kampf gegen das Unrecht aufnimmt. Dabei gebührt der Frau folgende Rolle: sie bestimmt die geistige und sittliche Disziplin, durch die er seine *virtus* entfaltet. In einigen wenigen Werken der klassischen höfischen Literatur indessen kommt der Liebesbeziehung an sich eine größere Bedeutung zu als der Geliebten. Zugegeben: der Gedanke einer freien Partnerwahl entsprach den Bedürfnissen beider Geschlechter; auch Männer hatten ja bei Eheschließungen nur beschränkt Entscheidungsspielraum, da eine sinnliche Liebe kirchlicher Sexualethik widersprach.[112]

Die höfische Literatur entwickelte sich bekanntlich im 12. und 13. Jahrhundert, einer Zeit der Stabilisierung innerer und äußerer Sicherheit, in der der allgemeine Lebensstandard stieg und damit jene geistige Erneuerung ermöglichte, die wir als Blütezeit des 12. Jahrhunderts bezeichnen. Edelmänner konnten einen Teil ihrer Zeit mit angenehmer Geselligkeit zubringen, Frauen spielten eine wichtige Rolle bei Burgfesten; sie vergnügten sich bei Tanz und Spiel und hörten dem Vortrag der Dichter zu, die ihre Lieder musikalisch begleiteten. Zu den überwiegend männlichen Formen von Unterhaltung, wie dem Ritterturnier, kamen neue Freizeitbeschäftigungen hinzu, in deren Mittelpunkt die Frau als Patronin der Dichter oder Vorsitzende bei Tribunalen fungierte, vor denen die Regeln höfischer Liebe diskutiert wurden. Ferner bildeten sich neue moralische Sitten heraus, nach denen ein jeder Mann geehrt wurde, der sich seiner Dame gegenüber ritterlich verhielt; jene prägten den oberen Schichten Westeuropas über Generationen ihren Stempel auf. Auch bestimmte Verhaltensvorschriften begannen sich durchzusetzen, die – zumindest bei gesellschaftlichen Zusammenkünften – mehr Respekt und Höflichkeit gegenüber Frauen forderten.

Rittertum und Adel sahen sich durch die höfische Minne verbunden, und zwar ohne Rücksicht auf Unterschiede innerhalb ihres Standes. Große wie unbedeutendere Fürsten identifizierten sich mit den Gedanken höfischer Dichter. Wie R. Nelli ausführt, habe das Ideal der Liebe zwischen einer verheirateten Frau und einem Junggesellen der Sehnsucht fahrender Ritter entsprochen, den *juvenes,* die teilweise nicht aus freiem Willen, sondern wegen fehlenden Besitzes ledig blieben. Das Dreiecksverhältnis erotischer Beziehungen, aus Ehemann, Ehefrau und dem verheirateten Liebhaber bestehend, sei somit um eine zusätzliche Komponente erweitert worden: den ledigen Jüngling.[113]

Die höfische Liebe in ihrer platonischen Form, die nicht eine Gewinnung der Geliebten anstrebt, sondern in sich selbst einen höchsten Wert darstellt, hat ihren individuellsten und vollkommensten Ausdruck in der Dichtung Dantes gefunden. Wie wir jedoch schon häufig in anderen Zusammenhängen festgestellt haben, zeigt gerade sie die Unüberwindlichkeit der Kluft zwischen literarischer Idealität und gesellschaftlicher Realität.

Beiträge zur zeitgenössischen Kultur

Soweit uns bekannt, gehörten jene Frauen, die »weltliche« Poesie oder Prosa verfaßten, ausnahmslos dem Adel an; ihre Würdigung bietet sich daher an dieser Stelle an. Auffallend ist, daß sich unter ihnen mehr Lyrikerinnen als Prosaschriftstellerinnen befanden. Neben Christine de Pisan und der berühmten Lyrikerin Marie de France schrieben einige Edelfrauen Lieder, die in Stil und Aufbau der Tradition der Troubadoure verpflichtet waren. In der Sammlung M. Bogins finden wir entsprechende Werke von achtzehn südfranzösischen Vertreterinnen dieses Genres. Ferner sind uns Héloises Briefe an Abälard bekannt. Sie spiegeln das langsame und widerstrebende Sich-Fügen in ihr Schicksal als Nonne wider, stellen jedoch darüberhinaus ein individuelles Dokument erster Ordnung dar, wenngleich auch in der allgemeinen gesellschaftlichen Kultur- und Gefühlswelt ihrer Zeit verankert. Christine de Pisan war die einzige sogen. »Berufsschriftstellerin« im Mittelalter, verdiente sie sich doch mit solcher Tätigkeit ihren Lebensunterhalt. Sie stand nicht nur mit zeitgenössischen Dichtern und Denkern wie Eustache Deschamps und Jean Gerson in Verbindung, sondern wagte es auch, ihre Geschlechtsgenossinnen gegen die Gedanken des beliebten Rosenromans zu verteidigen; als einzige Frau leistete sie einen Beitrag zur sog. »pro-weiblichen« Literatur, die parallel zur »anti-weiblichen« entstand. In ihrer Eigenschaft als Schriftstellerin wurde sie an die Höfe König Heinrichs IV. von England und Giangalleazo Viscontis geladen. Einige ihrer Werke kamen auf Bestellung zustande, wie etwa die Biographie Karls V., die sein Bruder Philipp, Herzog von

Burgund, in Auftrag gegeben hatte. Zu Beginn ihrer literarischen Laufbahn schildert sie in Balladen ihre kurzen glücklichen Ehejahre und betrauert den Tod ihres Mannes. Später
folgten Liebeslieder, Gedichte, ein Leitfaden für ihren Sohn,
patriotische, homiletische, staatstheoretische und philosophische Werke. Daneben fand sie Zeit, ihre Ausbildung zu vervoll-
kommnen, wobei das jeweils Gelesene sie zu neuen Schriften
anregte. So richtete sie Lobgedichte an französische Höflinge,
von denen einige (u. a. der Herzog von Orléans) ihre Gönner
waren, und einen Aufruf zur Wahrung des Friedens innerhalb
der königlichen Familie an Königin Isabeau von Bayern. Der
Bürgerkrieg in Frankreich veranlaßte sie zu Trauergesängen.
Im Kloster schließlich beendete sie ihr Werk mit Kontemplatio-
nen über die Leiden Christi. Kurz vor ihrem Tod vollendete sie
ein Gedicht zu Ehren von Jeanne d'Arc. Interessehalber sei
angemerkt, daß die Mystikerin Hildegard von Bingen ihr in der
Verteidigung von Frauen zuvorkam. Wie wir uns erinnern,
vertrat Hildegard zwar die Ansicht, Frauen seien zweitrangig
innerhalb der Schöpfung und hätten sich dem Mann unterzuordnen; gleichzeitig jedoch betonte sie, die Frau sei zarter als
der Mann und, während seine sexuelle Begierde der Kraft eines
Löwen gliche, sei die Frau weniger sinnlich und strebe vor allem
danach, Kinder zu gebären und aufzuziehen.[114]
Trotz der eindrucksvollen Liste der Werke Christine de Pisans
und der Lieder weiblicher Troubadoure war der Beitrag der
Frau zur mittelalterlichen Kultur quantitativ äußerst gering,
sieht man von den Mystikerinnen einmal ab. Dennoch ist zu
fragen, ob die Eigenart ihrer Darstellung Horizont und Erfah-
rungswelt der damaligen Leser zu erweitern vermochte. Zur
Beantwortung wollen wir kurz auf einige herausragende Merkmale ihrer Dichtungen eingehen.
Die von Frauen verfaßten Liebeslieder sind von einem spontanen, persönlichen Ausdruck geprägt, weniger von den Kon-
ventionen höfischer Dichtung. Sie enthalten kaum Allegorien,
besingen Freuden und Leiden der Liebe völlig unmittelbar. Die
Frau spricht zumeist von sich in der ersten Person; sie erscheint
nicht mehr als verehrte Herrin, die ihren Liebhaber auf die
Probe stellt. Vielmehr ist sie die Liebende, die sich ihrer Liebe
erfreut und ihre Enttäuschungen beweint, wie beispielsweise im
Gedicht »Guigemar« der Marie de France, in dem die Geliebte
um ihrer Liebe willen leidet und dadurch ihrem Geliebten
Rettung bringt. Neben der Schilderung eines wundersamen und
mächtigen Schicksals stehen hier die psychologischen Motiva-

161

tionen der Hauptfiguren im Vordergrund. Allein die hingebungsvolle Liebe der Heldin kann die Wunden des Helden
heilen, wie es Guigemar prophezeit worden ist: »Nie wird sich
deine Wunde schließen, nicht durch Heilkräuter, Wurzeln,
Aschenwasser oder Getränke, bis sie von der geheilt wird, die in
ihrer Liebe zu dir Schmerz und Leid erträgt, wie vor ihr noch
keine Frau.«[115]

Héloise stützt sich in ihren Briefen auf die zeitgenössische
kirchliche und klassische Literatur, zeichnet das herkömmliche
Bild der Frau als Quelle allen Übels und zitiert dabei die in
geistlichen wie höfischen Kreisen geläufige Kritik an der Ehe.
Gleichzeitig jedoch finden wir in diesen Briefen eine unver-
gleichlich starke und ursprüngliche Ausdruckskraft. Die scho-
nungslose offene Überprüfung ihrer Vergangenheit und ihres
gegenwärtigen Lebens als Nonne, ihre Herausforderung gegenüber dem von Gott angerichteten Unrecht, ihre Sehnsucht nach
Abälard und ihr starker Wille, mit ihm in Verbindung zu
bleiben, sind von einer persönlichen Eindringlichkeit, wie wir
sie in Abälards Briefen vergeblich suchen. Selbst in seiner
»Geschichte meiner Leiden« *(Historia calamitatum)*, aus dem
Bemühen geschrieben, seine durch Entmannung stark ange-
griffene Persönlichkeit wieder aufzubauen und seine Identität
zurückzugewinnen,[116] spürt der Leser – im Gegensatz zu den
Beschreibungen Héloises – immer noch das Bestreben des
Verfassers, durch Exempel lehrhaft zu wirken.

Manche der Schriften Christine de Pisans sind zweifellos un-
nötig kompliziert, arm an selbständigen Gedanken, von Allegorien und konventionellen Wissen überfrachtet. Selbst bei
ihrer Verteidigung der Frau greift sie hin und wieder auf übliche
Argumente der »pro-weiblichen« Literatur zurück: Eva sei aus
Adams Rippe und nicht aus Erdenstaub erschaffen, eine Frau
habe den Heiland geboren u. ä. Auch äußerte sie nicht den
Wunsch nach einer Gleichberechtigung der Geschlechter, sondern wollte vor allem Frauen schützen, denen Unrecht wider-
fahren war, und daneben das sittliche und intellektuelle Ansehen der Frau stärken.[117]

Ihre Humanität und Menschenliebe zeigen sich u. a. auch in
ihren Protesten gegen den Krieg und seine Schrecken, sowie
ihrer Parteinahme für das Schicksal der Witwen und Waisen.[118]
Vergleichbares läßt sich in männlichen Schriften schwer finden;
ihre Debatten über Friedensbestrebungen und »gerechten
Krieg« sind eher abstrakt, legalistisch und überaus gelehrsam,
ungeachtet dessen, ob sie sich dabei auf die christliche Ethik

und das Naturgesetz oder auf Ideale des Rittertums bezieht. Ganz anders Christine de Pisan. Ein Résumé ihrer Auffassungen über Frauen enthält ihre »Epistel an den Liebesgott«: Frauen sind nicht so grausam wie die Männer, die die Welt regieren. Sie töten, verwunden und enterben niemanden, noch schließen sie unlautere Verträge ab oder schaden dem Königreich. Von Natur aus sind sie zart, voller Barmherzigkeit und Güte. Selbst die Schlechtesten unter ihnen bringen kein Unglück über die Welt oder die Regierung ihres Landes.[119] So appelliert sie folgerichtig in ihrem Aufruf, mit dem sie die Königin von Frankreich, Isabeau von Bayern, auffordert, dem Streit zwischen den französischen Prinzen ein Ende zu setzen, an deren Edelmut, Barmherzigkeit und mütterliche Güte.[120] Ihre Worte sind insofern von besonderem Interesse, als die genannten Attribute ansonsten nur der heiligen Jungfrau zugesprochen wurden. Wollten Autoren eine bestimmte Frau loben, so hoben sie einstimmig ihre männlichen Eigenschaften hervor, während sie weibliche Züge übergingen; als solche galten gemeinhin Schwäche, mangelnde Willenskraft, Unstetigkeit, nicht aber Güte oder Erbarmen. So gleicht z. B. in der Literatur des 10. und 11. Jahrhunderts eine lobenswürdige Frau dem Mann und wird als Mannweib *(virago)* bezeichnet. Entsprechend schrieb ein Hagiograph über eine Heilige, daß sie männlich und nicht weiblich gehandelt habe.[121] In solchem Kontext gewinnen die Anschauungen Christine de Pisans ein eigenes Gewicht. Indem sie Zartgefühl, Güte und Barmherzigkeit als positive weibliche Tugenden herausstellt, äußert sie nicht nur ihren Widerstand gegen die feudale Gesellschaftsordnung und ein übertriebenes Kriegsethos; gleichzeitig zielt sie darauf, ihre Zeitgenossen vor übertriebener Männlichkeit und falschem Heldentum zu bewahren (auch wenn dabei ihre Stimme derjenigen eines einsamen Rufers in der Wüste glich).

6. Städterinnen

In mehrfacher Hinsicht trug die Entwicklung der Städte zur Schaffung einer neuen Gesellschaft bei. Die Rolle der Frau muß hier im Zusammenhang mit der wirtschaftlichen, sozialen und kulturellen Struktur der Städte gesehen werden. Die kriegerische Ordnung der adligen Gesellschaft bestand hier ebensowenig wie die auf Leibeigenschaft gegründete der Bauernschaft. Und doch ist gleich am Anfang zu betonen, daß die Rechte der Frau auch hier begrenzt blieben. Die Stadt war ein Ort des Friedens *(locus pacificus)*, der zu ihrer Entfaltung sowie zur Sicherung ihrer auf Handwerk, Handel und Bankwesen gestützten Wirtschaftstätigkeit notwendig war. Ihr Ethos unterschied sich von dem des Lehnsadels. Zwar war die städtische Gesellschaft seit ihren Anfängen ständisch gegliedert, doch kannte sie keine Hierarchie von freien und unfreien Individuen; anders als bei der ländlichen Bevölkerung gab es in der Stadt, rechtlich gesehen, nur freie Bewohner. Weil die Städte wie auch die Zünfte, die in ihren Mauern heranwuchsen (im Unterschied etwa zu den Universitäten), als weltliche Verbände entstanden, konnte sich in ihnen eine eigene Schicht weltlicher Beamter, Notare und Richter entwickeln. In dieser neuen säkularen und unmilitärischen Gesellschaft, deren Mitglieder weitreichende persönliche Freiheiten besaßen, hätte man eigentlich größere politische Rechte auch für Frauen erwarten sollen; diese jedoch wurden nicht gewährt. Ein weiterer Beweis für die Richtigkeit jener Auffassung – die sich auf Geschichte und Status der Frau in verschiedenen Gegenden und Epochen stützt –, daß sich die allgemeine und politische Stellung der Frau selten mit dem Wirtschaftssystem einer bestimmten Gesellschaft, ja nicht einmal mit dem Demokratisierungsgrad ihrer Regierungsform erklären läßt. Erinnert sei nur an das demokratische Athen in seiner Blütezeit, in dem die Rechtlosigkeit von Frauen sogar über das im antiken Griechenland sonst übliche Maß hinausging.

In erster Linie zeigten sich die begrenzten Befugnisse einer Frau darin, daß sie von der Stadtregierung ausgeschlossen blieb. Gleichgültig, ob es sich in der betreffenden Gemeinde um ein oligarchisches, aristokratisches oder halbwegs demokratisches Regime handelte – Frauen hatten an ihm keinerlei Anteil. Sie wurden weder in den Stadtrat gewählt, noch hatten sie Regierungsämter inne; nur in wenigen Ausnahmefällen gehörten Frauen zur Stadtversammlung. In dieser Hinsicht ging es den Städterinnen keineswegs besser als den Bäuerinnen, eher schlechter. Zwar durften auch Landfrauen keine Ämter im Rahmen einer Gutsverwaltung übernehmen, doch kam es vor, daß sich Junggesellinnen und Witwen an Dorfzusammenkünften beteiligten, während ihre Schwestern in den Städten nicht zu entsprechenden Versammlungen einberufen wurden. Dagegen besaß bekanntlich manch adlige Lehnserbin eine ausgedehnte Herrschaftsgewalt. Allerdings stellten derartige Feudalherrinnen unter den Frauen des Mittelalters eine winzige Minderheit dar: der Adel selbst bildete ja nur eine dünne Schicht der Gesamtbevölkerung, wobei die mit Regierungsautorität ausgestatteten Edelleute zahlenmäßig noch geringer waren. So kann man auch nicht sagen, daß Frauen als ein geschlossener Block auf die Politik des Adels eingewirkt hätten, wenngleich einzelne Persönlichkeiten über weitreichende Hoheitsrechte verfügten. Die steigende Zahl männlicher Amts- und Regierungsträger in den Städten führte nicht etwa parallel zu einem Anstieg weiblicher Führungskräfte; ganz im Gegenteil: die Entwicklung verlief umgekehrt, ja sogar derart, daß sich innerhalb einer Sozialgeschichte der mittelalterlichen Städterin die Erörterung ihrer politischen Funktionen schlicht erübrigt. Im städtischen Wirtschaftsleben dagegen nahmen Frauen einen so hervorragenden Platz ein, daß sie aus der Produktion und dem Handel jener Zeit gar nicht wegzudenken sind. Ihr Anteil an Arbeitsvorgängen – worin manche eine Ausdrucksform der neuen städtischen Gesinnung sehen – war auffallend und verschaffte ihnen trotz aller Einschränkungen eine gewisse Stellung in den Zünften. Die Universität hingegen als eine kirchliche Institution blieb ihnen verschlossen.

Stadtbürgerrechte der Frau

Bürgerrechte konnten Frauen aufgrund eines ererbten oder erworbenen städtischen Besitztums, ihrer Zunftmitgliedschaft (in einigen Städten Bedingung für eine Arbeitsaufnahme sowie die Erlangung von Bürgerrechten) oder ihrer Vermählung mit einem männlichen Bürger erwerben. Jeder neu Aufgenommene hatte einen bestimmten Betrag an die Stadtgemeinde[1], zuweilen auch an den Stadtherren[2], zu zahlen und der Stadt einen Treueeid zu leisten. Die Bürgerin[3] jedoch genoß nur einen Teil der damit verbundenen Privilegien. Zwar durfte sie Handel treiben und war ausschließlich der städtischen Gerichtsbarkeit unterworfen, d. h. lokalen Richtern, die nach dem Stadtgesetz richteten (sofern die betreffende Stadt weitgehend rechtsautonom war);[4] doch besaß sie weder ein aktives noch passives Wahlrecht für städtische Körperschaften und regionale oder nationale Abgeordnetenversammlungen, in die ihre Stadt Vertreter entsandte. Eine rühmliche Ausnahme bildete eine Volksbefragung in der Champagne, bei der unter Beteiligung von Frauen die Bewohner der Stadt Provins und ihrer umliegenden Dörfer darüber zu entscheiden hatten, ob die Herrschaft der Kommunalbeamten aufrechtzuerhalten oder aber eine direkte Unterordnung unter den König vorzuziehen sei. Insgesamt stimmten hier 1741 städtische und 960 ländliche Vertreter ab, unter ihnen 350 Frauen, also 13% aller Teilnehmer. Im betreffenden Wahlregister tauchen Witwen, verheiratete Frauen und Junggesellinnen auf.[5] Bei einigen Namen sind Berufe vermerkt: Bäckerin, Gastwirtin, Schneiderin, Färberin. Ferner wissen wir, daß sich in manchen Städten Frauen an der Wahl zu einer Ständeversammlung beteiligten, die Philipp IV., genannt der Schöne, 1308 in Tours einberief.[6] Vermutlich existierten hier und da einige weitere Ausnahmen von jener allgemeinen Regel, nach der Frauen sich von derlei öffentlichen Angelegenheiten fernzuhalten hatten.

Grob gesehen kann man die Rechte der Bürgerin mit denen des Bürgersohns, solange dieser noch im väterlichen Haushalt wohnte, vergleichen; allerdings handelte es sich bei ihm um eine vorübergehende, bei ihr jedoch um eine dauerhafte Situation. Wenn eine Frau die für eine Bürgerschaft erforderlichen Geldmittel besaß – auch das muß der Vollständigkeit halber und gerechterweise erwähnt werden –, so war ihr Status selbstverständlich dem eines armen Einwohners überlegen, der nicht Bürger werden konnte, wenn er keinen städtischen Besitz hatte, keiner Zunft angehörte oder nicht das nötige Kapital für die Aufnahmegebühr besaß. Zumindest theoretisch hatte er jedoch die Möglichkeit, eines Tages volle Bürgerrechte zu erlangen.[7]

Was die Erbschaftsgesetze bei städtischem Besitz anbelangte, so unterschieden sie sich nicht nur von Region zu Region, sondern auch von Stadt zu Stadt. Allerdings rangierte hier fast immer, wie auch beim Lehns- oder Erbrecht der Bauern der Erbanspruch der Söhne vor dem der Töchter. In den meisten englischen Städten, in denen sich prinzipiell das Erstgeburtsrecht durchgesetzt hatte, erhielten alle übrigen Söhne und Töchter lediglich die üblichen städtischen Freiheitsrechte.[8] Wo es keine Söhne gab, erbten die Töchter. In einschlägigen Registern finden wir eine Fülle von Beispielen weiblicher Nachkommen, die, sei es ein Geschäft, eine Rente aus städtischem Besitz, oder Grundstücke in städtischer Umgebung erbten.[9] Wie in manchen ländlichen Gebieten wurden bisweilen auch in Städten Abkommen getroffen, wonach ein Vater sein Vermögen der Tochter noch zu Lebzeiten zu übertragen hatte, während sie ihm für den Rest seiner Tage ein standesgemäßes Altenteil schuldete.[10] Hin und wieder geschah es daneben, daß Männer ihren Schwestern ein Vermächtnis hinterließen oder aber ihren Ehefrauen zusätzlich zu ihrem *dos* weitere Vermögenswerte abtraten.[11]

War in fast allen Städten Flanderns sowie in Verdun, Cuenca und Sepúlveda das Erbrecht der Töchter dem der Söhne noch am ehesten angeglichen,[12] so dominierten dagegen in italienischen Städten und in Avignon krasse Einschränkungen. Dort stand denjenigen Mädchen, die geheiratet und ihre Mitgift erhalten hatten, nichts mehr aus dem väterlichen Erbe zu; anders in den übrigen westeuropäischen Ländern: hier wurde normalerweise die Mitgift lediglich vom Erbe abgezogen; so stellte man beispielsweise auch Söhnen ihre bei der Hochzeit erhaltenen Vermögenswerte in Rechnung, wenn es um die Festlegung ihres Erbanteils ging. Jene erwähnte italienische Sonderregelung diente vor allem dem Zweck, nicht nur eine Aufsplitterung des Familienbesitzes, sondern auch dessen Übergang auf Fremde zu verhindern, falls Töchter bei ihrer Heirat die Stadt verließen. So wurde z. B. in Florenz beim Kaufvertrag über den Flügel eines Festungsturms ausdrücklich festgehalten, daß dieser durch Erbschaft nicht auf eine Frau übergehen dürfe. Für den Fall, daß sich kein männlicher Erbe finden lasse, sei er schlicht zu veräußern.[13]

Eheleben in der Stadt

Wenn eine Städterin heiratete, so bestand hier nicht – wie bei einer Lehnserbin oder Bauersfrau – die Möglichkeit zu äußerer Einmischung von seiten eines Seniors oder Gutsherrn. (Wohl mit ein Grund dafür, daß Kinderehen hier weitaus seltener vorkamen als innerhalb des Adels.) Über die Wahl eines Partners bestimmten die Familien zumeist aus dem Gesichtspunkt ihrer wirtschaftlichen, ständischen und manchmal – besonders in italienischen Städten – auch politischen Interessen. Das bedeutet: es ging ihnen in erster Linie nicht um die Verbindung zweier Menschen, sondern vielmehr diejenige zweier Häuser; beendete das Band der Ehe doch nicht selten Auseinandersetzungen und Blutrache zwischen zwei städtischen Adelsgeschlechtern oder schuf gar neue Machtzentren.[14] In allen europäischen Städten indes leitete die Hochzeit insofern einen neuen Abschnitt im Leben beider Partner ein, als der Mann durch sie zum vollverantwortlichen und erwachsenen Mitglied seiner Gesellschaft aufstieg.[15] Im Fall von Waisen wurden diese nur mit Zustimmung ihrer Verwandten vom zuständigen Vormund vermählt. In London existierte sogar ein eigenes Waisengericht, zu dessen Aufgaben es gehörte, sich um eine standesgemäße Verehelichung männlicher wie weiblicher Waisen zu kümmern, sobald diese ein entsprechendes Alter erreicht und ihre Einwilligung gegeben hatten.[16] Werfen wir in diesem Zusammenhang einen Blick auf die damalige didaktische Literatur, so überrascht sie uns durch Empfehlungen an wohlhabende Stadtbürger, sich in besonders frühem Alter, eher als ein Ritter oder Landarbeiter, zu vermählen; und dies aus einem naheliegenden Grund: da er ein Leben im Überfluß führe, sei er vor Fleischeslust kaum gefeit; solche Triebe aber könne er am sichersten in einer Ehe befriedigen.[17] Trotz derartiger Ratschläge setzte sich in Städten wie auch Lehnsadelskreisen die Anschauung durch, daß ein Mann sich zunächst wirtschaftlich etablieren müsse, um in der Lage zu sein, eine eigene Familie zu gründen; weil die Aufstiegsmöglichkeiten hier größer waren als in Dörfern, neigten viele Männer dazu, ihre Vermählung solange hinauszuzögern, bis sie ihre ökonomischen Ziele erreicht hatten. Lehrlingen und teilweise auch Gesellen war es ohnehin untersagt, sich zu binden, solange sie noch nicht selbständig waren. Häufig enthielt sogar ihr Lehrvertrag ausdrücklich solche Bestimmungen.[18] Da half es wenig, wenn Prediger wie Bernhard von Siena oder der Engländer Bromyard die lange Junggesellenzeit der Städter im 14. Jahrhundert verurteilten. Als Bromyard einmal die zahlreichen Ledigen, die unzüchtige und ehebrecherische Beziehungen unterhielten, befragte, weshalb sie denn nicht heirateten, erhielt er nach seinen eigenen Worten zur Antwort, sie würden solange damit warten, bis sie ein Haus besäßen, in das sie ihre Braut führen könnten.[19] Solche und ähnliche Vorhaltungen von seiten der Prediger sind auf dem Hintergrund folgender Entwicklungen zu sehen: in der zweiten Hälfte des 14. Jahrhunderts riegelten sich einzelne Zünfte mehr und mehr ab, was dazu führte, daß der Übergang vom Lehrling zum Gesellen und in der Folge selbständigen Meister zu einem langwierigen und schwierigen Prozeß wurde, der überdies mit erheblichen finanziellen Aufwendungen verbunden war. Die Erkenntnis des Ernstes dieser Lage geht deutlich aus dem »Familienbuch« des Leon Battista Alberti hervor; dort empfiehlt er allen erwachsenen und wohletablierten Angehörigen, ihre jungen Verwandten doch zu ermuntern, ihnen als Vorbild zu dienen, und sie besonders in finanzieller Hinsicht zu unterstützen, um ihnen eine Familiengründung zu ermöglichen.[20]

Wie sahen die Verhältnisse in wohlhabenderen Gesellschaftsschichten aus? Betrachten wir als Beispiel die Londoner Kaufmannskreise. Hier wurde eine Vermählung und die mit ihr verbundene Mitgift (wohlgemerkt neben Krediten von Verwandten und Freunden) als ein Weg zu einem ersten Erwerb von Waren noch vor einer Aufnahme in die Gilde angesehen; deshalb war auch der höffnungsvolle Bräutigam stets dazu bereit, einen gewissen Prozentsatz der Mitgift oder einen zuvor vereinbarten Festbetrag an jeden Heiratsvermittler zu zahlen, der seine Hochzeit mit der Tochter eines führenden Gildemitglieds zuwegebringen konnte.[21] Vermögende Männer waren auf solche Vermittlung nicht angewiesen. Nichtsdestoweniger schoben sie häufig ihre Eheschließung auf der Suche nach der passendsten Verbindung auf, um ihre Wirtschaftslage durch eine ansehnliche Mitgift noch weiter zu verbessern. Welche zentrale Bedeutung der Gedanke an eine Mitgift für Berechnungen und Projekte eines städtischen Geschäftsmannes im Italien des ausgehenden Mittelalters besaß, ist dem Tagebuch eines Florentiner Kaufmanns zwischen 1391 und 1435 zu entnehmen. Darin lesen wir, daß ihm jede seiner vier Frauen eine anständige Mitgift einbrachte. Mehr noch: drei von ihnen seien bereits im Kindbett oder kurze Zeit darauf verstorben und jede Vermählung sei für ihn mit neuen Finanzplanungen verbunden gewesen. Weiter führt er vor seiner zweiten Hochzeit aus: »Ich hatte kein Geld, war aber im Begriff, eine Frau zu nehmen und eine Mitgift zu erhalten. Nach der Trauung und dem Erhalt der Mitgift trug ich zu unserer ehrenwerten Partnerschaft wesentlich bei.« Und vor der dritten Eheschließung lautet sein Vermerk: »Ich habe mich zur Zahlung von 2000 Florin verpflichtet, und zwar in folgender Weise: 1370 Florin stehen mir noch aus der vorigen Partnerschaft zu; den Rest werde ich aufbringen, wenn ich mich wieder vermähle. Ich hoffe, eine Frau mit einer großen Mitgift zu finden, wie Gott sie mir nach seinem Willen zukommen lassen will.« Im Mai 1403 kam dann tatsächlich eine solche Verbindung zustande, wobei die Braut ihm 1000 Florin mitbrachte – 700 in bar und 300 als Einkunft aus einem Landgut. Bei seiner vierten Heirat schließlich im Jahre 1421 betrug die Mitgift 600 Florin.[22] Abgesehen von ihrem makabren Charakter zeigen derartige Äußerungen, in welchem Maße wirtschaftliche Erwägungen bei Eheschließungen ins Gewicht fielen. So belastete das Problem der Mitgift städtische Familien im allgemeinen, besonders auffallend jedoch in Italien, wo der finanzielle Beitrag des Bräutigams zur Familiengründung meist äußerst gering war. Im 12. Jahrhundert bereits wurde er auf einen bestimmten Prozentsatz der Mitgift oder eine feste Summe begrenzt (die sich im Lauf der Jahre trotz Geldabwertungen nicht erhöhte). Aufgrund dieser Lage verringerte sich automatisch das *dos* einer Witwe, welches nach ihrem Tode in der Regel an Töchter vererbt wurde; der Löwenanteil aus dem väterlichen Vermögen indessen ging stets auf die verbleibenden Söhne über. Was lag bei einer solchen generellen Situation für Familien mit mehreren Töchtern näher, als sich ihrer Verpflichtung zu einer Mitgift an alle dadurch zu entziehen, daß einige von ihnen ins Kloster geschickt wurden, wo für sie ein nur geringerer Einstand zu entrichten war. (Dieser Brauch fand allerdings nicht den Beifall der Prediger.) War das Geld besonders knapp, so wurde die Mitgift bisweilen auch in Raten geleistet, wobei vorsichtige oder kleingläubige Bräutigame mit der Übersiedlung der Braut in ihr Haus solange warteten, bis die vollständige Zahlung erfolgt war.[23] Nach der Satzung einiger englischer Zünfte gehörte es zu den Aufgaben der Gemeinschaft, die für Heirat oder Klostereintritt erforderliche Mitgift selbst aufzubringen, und zwar dann, wenn die Tochter eines Mitglieds verwaist oder aber ihr Vater aus anderen Gründen dazu außerstande war.[24] Daneben galt das Sammeln für die Mitgift eines armen Mädchens im Mittelalter als eine geläufige Form von Almosen.

Die Mitgift gehörte nicht zu den einzigen Vorteilen für Ehemänner. Weitere kamen hinzu. In England beispielsweise erhielt ein Mann, der eine Stadtbürgerin heiratete, selbst ein Bürgerrecht auf Lebenszeit, das sich gleichfalls auf gemeinsame

Söhne und Töchter aus dieser Ehe erstreckte. In einigen Zünften, wie etwa der Bäckergilde von Arras, konnten zudem Töchter von Mitgliedern ihre Mitgliedschaft auch auf ihre Gatten übertragen, vorausgesetzt, diese hatten den gleichen Beruf.[25]

Unterschiede im Heiratsalter sind ebenfalls ein interessantes Phänomen, da sie schichtenspezifisch bestimmt sind. So heirateten Töchter wohlhabender Städter sehr jung. Im spätmittelalterlichen Italien galt 13 als ein wünschenswertes Alter für die Vermählung eines Mädchens. Der Durchschnitt in Florenz und den übrigen Städten der Toskana lag bei 16–17½, in London bei 17 Jahren. Die Männer in diesen Gebieten heirateten dagegen durchschnittlich im Alter zwischen 27 und 31 Jahren. Da zahlreiche Frauen bereits im Kindbett starben, nahmen die Witwer abermals ein verhältnismäßig junges Mädchen zur Frau, so daß sich der Altersunterschied zwischen den Ehegatten noch weiter vergrößerte. Das Beispiel des erwähnten Florentiner Geschäftsmanns, so extrem es auch anmutet, zählte durchaus nicht zu den Ausnahmen. In London gaben Männer ihr Jawort zwar etwas früher – durchschnittlich mit 21–26 Jahren –, doch waren auch sie beträchtlich älter als ihre Frauen.[26] Offensichtlich geschah es selten, daß Töchter aus wohlhabenden Stadtbürgerkreisen, sofern sie in weltlicher Umgebung lebten, ledig blieben.

Innerhalb der Arbeiterschicht heirateten Mädchen aller Wahrscheinlichkeit nach etwas später. Die Gründe liegen auf der Hand. Jene, die aus Dörfern in die Stadt kamen, um sich als Dienerinnen zu verdingen, schoben die Trauung solange hinaus, bis sie sich eine Mitgift zusammengespart hatten. Und Frauen, die bei Meisterinnen in die Lehre gingen, mußten ohnehin bis zum Abschluß ihrer Lehrzeit ausharren.[27]

Hatten Angehörige niedrigerer Schichten im allgemeinen wenige Nachkommen, – sei es aufgrund ihres relativ späten Heiratsalters, der Einnahme von Verhütungsmitteln oder der in ihren Kreisen höheren Kindersterblichkeit –, so waren bei wohlhabenden Frauen außerordentlich zahlreiche Geburten durchaus üblich, teilweise bis zur Grenze ihrer »biologischen Leistungsfähigkeit.«[28] So wissen wir etwa von 17 Entbindungen im Laufe von 22 Jahren bei reichen italienischen Bürgerinnen zu Anfang des 15. Jahrhunderts. Dantes Beatrice, die älteste Tochter von Cilia und Folco Portinari, hatte beispielsweise sechs Schwestern und einen Bruder und die bekannte Katharina von Siena war das jüngste von 25 Kindern eines Färbers.

Die Durchschnittszahlen sprechen von 10 Abkömmlingen in 20 Ehejahren. Es versteht sich von selbst, daß die Frauen von Begüterten, die wie die Damen des Adels eine Amme beschäftigten, in kürzeren Abständen empfangen konnten als Mütter aus der Arbeiterschicht, die selbst stillten. Die Kindersterblichkeit jedoch in beiden Gesellschaftsklassen war im Schnitt sehr hoch. Nach D. Herlihy starben in Pistoia 17,7% im Alter von 1–4 Jahren. 10,5% zwischen 5–9 und 8,3% zwischen 10–14 Jahren. Aus den Statistiken geht ebenfalls hervor, daß es trotz der beträchtlichen Geburtenrate in wohlhabenden Kreisen eine Vielzahl von Familien gab, in denen nur ein einziger männlicher Erbe überlebte; bisweilen auch blieb aus dem Kinderreichtum niemand übrig, wie den letztwilligen Verfügungen Londoner Familienväter zu entnehmen ist.[29]

Wie sah es hier wie dort mit dem ehelichen Güterrecht aus? Wie wir bereits gesehen haben (Kap. IV), variierte es von Ort zu Ort. Während in manchen Gegenden, wie etwa den Städten Flanderns, das Recht der Ehefrau am Gemeinschaftsgut des Paares anerkannt wurde,[30] sprach man ihr anderswo, z. B. in Italien, nur einen Anspruch auf ihr eigenes Vermögen zu: auf ihre Mitgift und das magere *dos,* das ihr der Ehemann zusicherte. Auch die Rechte von Witwern und der Witwen waren von Region zu Region, teilweise sogar von einer Stadt zur anderen innerhalb desselben Gebiets verschieden. In Köln und einigen anderen Städten war es Eheleuten erlaubt, einen Erbvertrag zu schließen, demzufolge der überlebende Teil den verstorbenen beerbte.[31] In Ligurien dagegen war dies ausdrücklich verboten, sodaß beim Tod einer kinderlosen Frau sogar ihre eigene Mitgift an die Familie zurückfiel.[32] Schließlich ist uns noch eine Zwischenlösung überliefert, die im englischen Godmanchester praktiziert wurde: hier durfte eine Frau beim Fehlen von Nachkommen über die Hälfte dessen, was sie während der Ehe hinzugewonnen hatte, letztwillig frei verfügen, während die andere Hälfte von Gesetzes wegen ihrem Mann auf Lebenszeit als »Fruchtziehungsrecht« zustand. Den Familienbesitz erbten letztendlich ihre Angehörigen.[33] Die Testamente wohlhabender Bürgerinnen, in denen sie über ihr bewegliches Eigentum bestimmten, sind insofern höchst aufschlußreich, als sie uns über Lebensstandard und materielle Kultur im bürgerlichen Haushalt bis hin zu Kleidung, Bettzeug, Möbel und Geld detailliert Auskunft geben.[34] In allen Städten war es einer Witwe gestattet, für den Rest ihres Lebens die Früchte aus ihrem *dos* zu genießen; ja, manche Stadtverordnung sorgte sogar dafür, diesen Anspruch abzusichern.[35] In einigen Städten stand es ihr überdies zu, im Falle ihrer Neuvermählung das Bürgerrecht für die Dauer ihrer eigenen Lebenszeit auf ihren zweiten Gatten zu übertragen.[36] Andernorts war ihre Wiederheirat dagegen mit gewissen Einschränkungen verbunden, wie etwa der Auflage, in diesem Fall das Haus ihres ersten Mannes zu verlassen.[37] Nach einem älteren Brauch, der im 13. Jahrhundert langsam verebbte, durften Witwen dann im früheren ehelichen Haushalt leben, wenn sie dies ebenfalls ihren Kindern gestatteten. So erlaubte zwar eine Bristolerin ihrer Tochter und dem Schwiegersohn, in ihr Haus einzuziehen, legte jedoch vorsorglich fest, welcher Teil der Wohnung für sie reserviert blieb, falls ihre gemeinsame Wohngemeinschaft in die Brüche ging.[38] Nach den Metzer Stadtgesetzen mußte ein Sohn, der im Hause seiner verwitweten Mutter wohnte, auch dann unter ihrer Vormundschaft bleiben, wenn er bereits Ehemann und Vater war.[39]

Die damalige städtische Literatur zeichnet bekanntlich ein recht abstoßendes Bild von der Ehe: mit Vorliebe widmet sie sich dem Thema der herrschsüchtigen Frau, die ihrem Mann Hörner aufsetzt. Dennoch: in Wirklichkeit kamen natürlich – wie in jeder Gesellschaft, in der Ehen von Familien nach finanziellen und ständischen Gesichtspunkten arrangiert werden – auch Liebesheiraten vor. Ein Londoner Schneider, der die Schwester eines in der Stadt ansässigen Landadligen zur Frau nahm, handelte – zumindest nach seinen eigenen Worten – »aus Liebe und gegenseitiger Anziehung«.[40] Die Tatsache, daß eine Vielzahl von Städtern – Kaufleute, Krämer, Töpfer, Schneider und Schuster – häufig in Ehesachen vor Diözesangerichten erschien, zeigt uns, daß eheliche Beziehungen, mit oder ohne Erfolg, zugunsten von Neuvermählungen angefochten wurden; ein Teil dieser beruhte zweifellos auf Liebe oder starker Zuneigung.[41] Ebenso zweifelsfrei scheint zu sein, daß Begüterte im Blick auf die komplizierten finanziellen Abmachungen mit Eheauflösungen eher gezögert haben als Angehörige niedrigerer Schichten. Mit demselben Recht dürfen wir annehmen, daß die sprichwörtliche weibliche Gehorsamspflicht dem Ehemann gegenüber nicht in allen Familien entsprechend dem Diktat von Lehrbuchautoren und Predigern eingehalten wurde. Nach den Worten Bernhards von Siena war es ja vornehmliche Aufgabe des Mannes, seine Frau zu belehren, sittlich zu bessern, mit ihr zusammenzuleben und für ihren Unterhalt zu sorgen. Die Frau dagegen hatte ihren Mann zu fürchten, ihm zu dienen und zu gehorchen. Beide sollten einander Liebe, Respekt und Treue schulden, selbstverständlich unter Einhaltung ihrer »ehelichen Pflichten«.[42] In den Städten der Toskana, wo ein Ehemann normalerweise seiner blutjungen und unerfahrenen Frau viele Lebensjahre voraushatte, verlieh ihm das zweifellos zusätzliche Autorität. Wenn es auch Exempel herrschsüchtiger Frauen gab, wie sie die Literatur schildert, so verlieh das Gesetz doch prinzipiell einem Mann die Oberhand. Eine Frau aus Ragusa (Dubrovnik) beispielsweise, die das Haus ihres Mannes mit Sack und Pack verließ, kam das teuer zu stehen. Ihr Mann verklagte sie vor dem kleinen Rat der Stadt; dieser entschied, daß keine ausreichenden Gründe für ihre Flucht vorlägen. Einige Ratsmitglieder versuchten daraufhin, sie zur Rückkehr zu bewegen, verlängerten ihre Bedenkzeit um 14 Stunden und entsandten schließlich – als letztes Mittel – ihre alte Mutter zu ihr, um sie zu überreden. Als alle Bemühungen scheiterten, (was auf handfeste Ursachen für ihren Entschluß hindeutet), wurde sie verhaftet, ihr Besitz konfisziert und sie selbst aus der Stadt vertrieben. Neben diesen und anderen Fällen können wir überdies den Gerichtsprotokollen entnehmen, daß Ehemänner von ihrem in städtischen Gesetzen verbrieften Recht, ihre Frauen zu schlagen, nicht selten freizügig Gebrauch machten.[43]

Die Städterin als Mutter

Zunächst müssen wir hier zwischen reichen Bürgerinnen und Frauen aus der Arbeiterschicht unterscheiden. Jene Mütter stillten im allgemeinen ihre Kinder nicht selbst,[44] sondern beschäftigten im Haus eine Amme oder übergaben zu diesem Zweck das Neugeborene in einen Dorfhaushalt, sodaß sie es über lange Zeit nicht sahen.[45] Entgegen den Anschauungen von Bartholomäus Anglicus und anderen, die jeder Mutter empfahlen, ihr Kind selbst an die Brust zu nehmen, sprach sich Franziskus Barberino für eine Beschäftigung von Ammen aus. Gleichzeitig belehrte er sie ausführlich über die körperliche und seelische Entwicklung eines Säuglings, gab ihnen Ratschläge für richtiges Wickeln, Auskunft über die Dauer der Stillzeit (ca. zwei Jahre) und die Art der Entwöhnung. Seine empfohlene Entwöhnungsmethode war zwar nicht gerade zart, doch auch nicht zu streng und abrupt: Die Amme sollte ihre Brüste zuerst mit einer bitteren, ungefährlichen Flüssigkeit einreiben, um sie

dem Kind zu verleiden, und ihm sodann weiche, süßschmek-
kende Nahrung – etwa in Milch oder Apfelsaft getauchtes Brot
– anbieten. Wenn sich das Kleine weigerte, diese Speisen
anzunehmen, so müsse man ihm notgedrungen erneut die Brust
geben. (Andere schlugen erheblich drastischere Entwöhnungs-
methoden vor.) Ferner warnte er Ammen vor allen Gefahren,
die einem Kleinkind auflauern, wie Gruben, Pferde, Flüsse,
Feuer, Hunde, Messer und alle sonstigen bedrohlichen Gegenstände, Schlangen und Giftpflanzen. Außerdem empfahl er, sie
solle nicht mit ihm das Bett teilen, damit sie es nicht etwa im
Schlaf erdrücke. Auch auf die seelische Entwicklung sollte nach
seiner Meinung die Amme frühzeitig einwirken: ihm erbauliche
Liedchen vorsingen und es dabei sanft wiegen; falls es sich
verletzte, müsse sie beim Verbinden so tun, als räche sie sich an
dem Gegenstand, der die Wunde verursacht hatte, und das
Kind durch Geschenke trösten. Selbst wenn neuere pädagogische Handbücher seine Ausführungen bestätigen würden,
bleibt als offene Frage, was eine Amme veranlassen konnte,
sich zärtlich und geduldig einem fremden Kind gegenüber zu
verhalten, das zumindest teilweise den Platz ihres eigenen
belegte. Hatte sie im günstigen Fall genügend Milch, stillte sie
ihr eigenes wie das ihr anvertraute Kind. War dem nicht so,
entwöhnte sie vermutlich zuerst ihr eigenes Kind – eine Maßnahme, durch die sie nach damaligen hygienischen Verhältnissen sein Leben gefährdete. Mußte sie da nicht feindliche
Gefühle gegenüber dem Eindringling entwickeln? Selbst wenn
man Säuglinge den Ammen erst nach dem Tod ihrer eigenen
Kinder überließ, um mögliche Gefahren zu verringern, so
änderte das wenig an der für das 15. Jahrhundert verbürgten
Tatsache, daß die Sterblichkeitsrate bei von Privatleuten anvertrauten Kindern sehr hoch war. Dabei läßt sich allerdings kaum
feststellen, wie hoch die Zahl der Fälle von Mord und kriminel-
ler Vernachlässigung gegenüber natürlichen Todesursachen zu
veranschlagen ist. Soweit uns bekannt, kümmerten sich Ammen jedenfalls sorgfältig um legitime Sprößlinge reicher Familien, da sie dafür ansehnliche Summen erhielten; angesichts
solcher lebensnotwendigen Abhängigkeit scheinen uns Rück-
schlüsse auf ein positives Verhalten diesen Kindern gegenüber
durchaus zulässig.

Was geschah mit jenen Kindern nach ihrer Entwöhnung von
einer Amme? Wenn sie in ihr Elternhaus zurückkehrten,
wurden sie, zumindest in begüterten Kreisen, völlig in die
Familie aufgenommen und überdies liebevoll umsorgt.[46] Wog

das die frühen Jahre des Abgeschnittenseins von den Eltern auf oder hinterließen sie dauerhafte Spuren? Diese Frage ist schwer zu beantworten. Von Honoré de Balzac wissen wir, daß er sofort nach seiner Geburt einer Amme des Dorfes übergeben wurde (sein älterer Bruder war im Alter von wenigen Wochen gestorben, weil die Mutter nicht genügend Milch hatte). Zwei Jahre später erblickte seine Schwester Laura das Licht der Welt; sie kam zur selben Amme, in deren Haus die beiden Geschwister dann vier Jahre fern von ihrer Mutter aufwuchsen. Diese frühe Erfahrung prägte sein ganzes weiteres Leben. Als Erwachsener pflegte er stets zu erwähnen: »Ich hatte niemals eine Mutter, habe Mutterliebe nie gekannt.« Wenngleich Balzac nach den Worten seines Biographen mit solchen Äußerungen keineswegs Mitleid erregen wollte, so dienten sie ihm doch dazu, die Einzigartigkeit und Ausnahmeform seiner Existenz ins Licht zu rücken.[47] Wie wohlhabende Städter des Mittelalters auf vergleichbare Erfahrungen reagierten, ist uns nicht bekannt. Einige wenige zeitgenössische Familienchroniken erzählen indessen vom warmherzigen Umgang italienischer Bürger mit ihren kleinen »Heimkehrern«: Mütter drehten – so wird uns dort berichtet – das Haar ihrer Töchter liebevoll zu Löckchen, Väter spielten Ball mit ihren Söhnen und zurückgekehrte Kinder tanzten bisweilen zur Unterhaltung vor Verwandten und Freunden.

Überblickt man die Geschichte einzelner Kindheiten in den verschiedensten gesellschaftlichen Klassen, so fällt auf, daß ihre Zeitspanne insgesamt – vom heutigen Standpunkt – knapp bemessen war; besonders wohl für Mädchen, wenn sie auch im Gegensatz zu den meisten Jungen ihre Kinderjahre überwiegend bei der Mutter verbrachten. Manche Jungen besuchten Stadt- oder Klosterschulen, andere gingen zu großen Kaufleuten in die Lehre, wie etwa Giovanni Boccaccio, der noch als Kind von einem Kaufmann aufgenommen wurde. Studenten der Geisteswissenschaften an Universitäten zählten 12–14, teilweise sogar nur 10 Jahre; zuvor hatten sie bereits in auswärtigen Schulen gelernt. Mädchen übersiedelten zum Teil ebenfalls frühzeitig in eine Stadt- oder Klosterschule, doch erhielten sie häufiger als Jungen Privatunterricht bei einem Hauslehrer oder einer -lehrerin. Spätestens mit 12 Jahren jedoch hörten sie zu lernen auf und blieben dann bis zu ihrer – meist frühen – Hochzeit im Elternhaus. Im Alter von 15 Jahren waren viele schon Hausfrauen und Mütter. Fürs Kloster ausersehene Töchter und Söhne kamen bereits als Kinder dorthin.

Da junge Männer in Städten wesentlich später heirateten als ihre Schwestern, konnten sie ihre längerwährende Jugend im Kreis ihrer Alters- und Standesgenossen genießen. Vor allem in italienischen Städten war es üblich, daß sie hin und wieder Reisen im Auftrag ihrer Eltern oder ihrer vorgesetzten Kaufleute unternahmen. Für Mädchen dagegen vollzog sich der Wechsel von der Kindheit zur Ehe mit allen Aufgaben und Pflichten in der Regel ziemlich abrupt.

Was die Arbeiterklasse betrifft, so stillten und erzogen hier Frauen ihre Kinder selbst. Deren Väter waren seltener vom häuslichen Leben entfernt als die wohlhabenden Geschäftsleute. Sofern beide Elternteile – besonders Mütter die Geburt – überlebten, bestand hier fraglos eine starke und dauerhafte Bindung zu den Kleinkindern, sowohl im Guten wie im Bösen. Nichtsdestoweniger endete die Kindheit auch hier früh. Wer ein Handwerk erlernen sollte, kam in jungen Jahren zu einem Meister in die Lehre. Diese erstreckte sich in nordeuropäischen Städten über etwa 7 Jahre; währenddessen lebte der Lehrling im Haus seines Meisters. In der Toskana begann die Lehrzeit etwas später und dauerte im Schnitt nur 3–4 Jahre; ein Teil der Auszubildenden blieb daher im Elternhaus wohnen. Mädchen schickte man ebenfalls gern in Handwerkerhaushalte, damit sie dort unter Aufsicht der Meisterin einen Beruf erlernten.[48] Generell sorgten die Eltern aller städtischen wie ländlichen Gesellschaftsschichten für eine Zukunftsicherung ihrer Kinder, indem sie ihnen eine gute standesgemäße Erziehung zukommen ließen, ihnen eine entsprechende Ausbildung verschafften, ihre Heirat mit allem, was dazu gehörte, arrangierten und sich nicht zuletzt um eine Hinterlassenschaft kümmerten. Dennoch kam es gelegentlich bei Armen und Reichen zu Härten und Vernachlässigungen. So erzählt Johannes von Lodi in seiner Biographie über Petrus Damiani, daß die Eltern des Heiligen – arme Leute aus Ravenna, die bereits viele hungrige Mäuler zu stopfen hatten – über seine Geburt wenig erfreut gewesen seien. Hätte nicht eine Priestersgattin sich seiner erbarmt und ihn versorgt, wäre er Hungers gestorben, da seine an Schwermut leidende Mutter sich geweigert habe, ihn zu stillen.[49] Ein weiteres Beispiel ist der Franziskaner Salimbene, der einer reichen und angesehenen Familie aus Parma entstammte. Er berichtet, daß er während seiner ganzen Kinder- und Jugendzeit seine Mutter nicht habe lieben können; und das wegen eines Vorfalls, der sich ereignete, als er noch sehr klein war und von dem ihm erst später erzählt worden sei. Jener

Geschichte zufolge hatte es in Parma ein Erdbeben gegeben. Die Mutter, die fürchtete, das Haus könne Schaden erleiden, ergriff seine beiden Schwestern und suchte Schutz bei ihren Eltern; ihn aber ließ sie zurück. Seiner Ansicht nach hätte sie sich um ihn als den Sohn mehr kümmern müssen als um ihre Töchter; wohingegen sie anführte, daß jene beiden leichter gewesen seien, sie diese daher habe eher tragen können. Aus den Bemerkungen des Franziskanerbruders läßt sich indirekt manches über die Stellung von Söhnen und Töchtern zur damaligen Zeit entnehmen; gleichzeitig ist die Kälte des Tenors auf seiten der Mutter aufschlußreich: sie war offenbar bereit, eines ihrer Kinder aufzugeben, um bestenfalls zwei andere retten zu können. Die dauerhafte Verbitterung, die jenes Ereignis im Herzen ihres Sohnes auslöste, dürfte allerdings nur schon vorhandene Unmuts- und Entbehrungsgefühle verstärkt, keineswegs aber diese ausgelöst haben.[50] Wie aus Aufzeichnungen englischer Untersuchungsrichter hervorgeht, kamen viele Säuglinge und Kleinkinder bei Unfällen um, die auf mangelnde elterliche Aufsicht zurückzuführen waren. Auffallend ist hier die Zahl derer, die in feuergefährlichen Holzhäusern samt ihrer Wiege verbrannten. Wenngleich solche Quellen in erster Linie Fälle extremer Vernachlässigung aufführen, so finden wir neben ihnen auch Beispiele mütterlicher Hingabe und Opferbereitschaft. So floh etwa ein Ehepaar aus einem Laden, in dem ein Feuer ausgebrochen war, wobei es im ersten Schrecken den Säugling in seinem Bettchen vergaß. Als die Mutter sich schlagartig seiner erinnerte, stürzte sie auf der Stelle in das brennende Gebäude, um ihn zu retten; sie erstickte im Rauch.[51] Es verwundert angesichts der Härte täglicher Existenzsorgen wenig, daß von Arbeiterfamilien weder Familienchroniken und Tagebücher, noch Biographien verfaßt wurden, die uns über das Verhältnis der Mütter zu ihren Kindern berichten könnten. Was die wohlhabenden Städter betrifft, so soll uns eine weitere Episode aus der Kindheit Honoré de Balzacs verdeutlichen, daß die elterliche Rigidität, die Philippe Ariès als generelle Haltung zum Kind in der mittelalterlichen Zivilisation gegenüber Verhaltensänderungen in späterer Zeit geltend macht, etwas abzumildern ist. Mit acht Jahren wurde Balzac in eine Oratorianerschule geschickt, in der er bis zum 15. Lebensjahr lernte. Dem Brauch jener Anstalten zufolge durften Eltern ihre Kinder nur einmal im Jahr besuchen. Als Erwachsener berichtete Balzac, daß seine Eltern während der gesamten sieben Studienjahre nicht ein einziges Mal zu ihm gekommen seien. Wenngleich seine Schwester das für eine fixe Idee ihres Bruder hielt, so gab sie doch zu, daß seine Mutter ihn äußerst selten aufgesucht habe, obwohl die Schule nur 40 Meilen von ihrem Haus in Tours entfernt war. Als sich seine Gesundheit schließlich verschlechterte, forderten die Lehrer seine Eltern auf, ihn von der Schule zu nehmen.[52] War dies ein Einzelfall? Was die krassen äußeren Vorgänge anbelangt, aller Wahrscheinlichkeit nach ja; was die bleibenden Spuren betrifft, vermutlich nein. Balzacs Kindheit beeinflußte zweifellos in besonderem Maße nicht nur die Entwicklung seiner Persönlichkeit sowie seine Beziehungen zur Mutter, sondern auch seine gesamte künstlerische Entfaltung. Was wir allerdings nicht wissen ist, wie sich vergleichbare Jugenderfahrungen auf Personen auswirkten, die selbst nicht schrieben und deren Lebenslauf daher niemand zu überprüfen vermag.

Frauenarbeit in Städten

Thomas Morus denkt in seiner »Utopia« über die hohe Anzahl von Müßiggängern in verschiedenen Gesellschaften nach und stellt sie in Gegensatz zu einem von ihm entworfenen Idealstaat, in dem jeder seinen Teil an Arbeit hat. Zu den Nichtstuern rechnet er Priester, Adlige samt ihren Gefolgsleuten, Bettler und Frauen: »Zuerst wären da nahezu alle Frauen zu erwähnen, die bereits die Hälfte der Gesamtbevölkerung ausmachen. Sind diese aber ausnahmsweise einmal beschäftigt, dann dämmern häufig die Männer vor sich hin.«[53] Geht man den historischen Tatsachen nach, so lassen sich diese Äußerungen für die Städterin keinesfalls in Anspruch nehmen. Trotz aller Beschränkungen, die ihnen auferlegt wurden, hatten Frauen in mittelalterlichen Städten einen maßgeblichen Anteil an der Produktion; sie liefern damit Stoff für das vielleicht interessanteste Kapitel ihrer Geschichte. In manchen Berufsbereichen hatten sie eine so wichtige Funktion, daß jene bald weitgehend als spezifisch weibliche Betätigungsfelder angesehen wurden. Von einer geschlechtsspezifischen Arbeitsteilung insgesamt können wir jedoch nicht sprechen. Zum einen überließen die Männer den Frauen nicht vollständig das Feld weiblicher Gewerbezweige, zum anderen betätigten Frauen sich in vielen nicht spezifisch weiblichen Handwerksbereichen. Da eine berufstätige Frau meist zusätzlich ihren Haushalt zu versorgen hatte, mußte sie sich auf zwei verschiedene Arbeitsrhythmen einstellen: den »weiblichen«, der nie endet und darauf gerichtet ist, die Bedürfnisse anderer – vor allem des Ehemanns und der Kinder – zu befriedigen, und den »männlichen«, der durch einen Wechsel von Anstrengung und Ruhe bestimmt ist.

Ehefrauen und Töchter von Meistern arbeiteten häufig in der Familienwerkstatt mit; überhaupt war es gang und gäbe, Frauen und Mädchen ein Handwerk lernen zu lassen. Selbst jene Zünfte, die Frauenarbeit aufgrund von Satzungen einzuschränken suchten, erkannten nichtsdestoweniger das Recht eines Mitglieds an, Frau und Tochter zu unterweisen und ihre Mitwirkung in Anspruch zu nehmen. Wenn Witwen nach dem Tod ihres Mannes dessen Arbeit fortsetzen wollten, so wurde das von den Zünften mit Einschränkungen genehmigt. Selbst Gilden, die generell eine Einstellung von Lohnarbeiterinnen untersagten, machten im Fall weiblicher Familienangehöriger eine Ausnahme.

Viele Frauen lernten noch während ihrer Kindheit bei einer Meisterin; das geht aus entsprechenden Lehrverträgen hervor. Häufig heirateten sie später einen Berufskollegen, mit dem sie dann zusammenarbeiteten; oder aber sie gingen ihren eigenen Weg als Junggesellinnen oder Ehefrauen von Angehörigen anderer Gewerbezweige. Die zuerst Genannten waren häufig nicht selbst Mitglieder einer Zunft, sondern durften erst nach dem Tod ihres Mannes seinen Platz unter gewissen Restriktionen einnehmen. Von den Ledigen oder einem eigenen Handwerk nachgehenden verheirateten Frauen waren viele als Lohnarbeiterinnen beschäftigt. In einigen Städten brachte man Spinnerinnen und Weberinnen das Rohmaterial zur Verarbeitung ins Haus.[54] Diejenigen schließlich, die selbst Zunftmitglieder waren, wirkten teils in reinen Frauenzünften, in denen sie sich ihre eigenen Verordnungen gaben, teils in gemischten Verbänden, in denen sie bisweilen ebenfalls die Satzung mitbestimmen durften.

Aus Zunftordnungen, königlichen und lehnsherrlichen Erlassen, Gerichtsprotokollen und Steuerlisten können wir manches über die Stellung der Frau innerhalb der verschiedensten Berufe erfahren. Einen ersten Einblick gibt uns Etienne Boileaus *Livre de métiers* aus dem 13. Jahrhundert; es enthält die Satzungen aller damals in Paris bestehenden Zünfte. 6 von 100 aufgezählten Berufen wurden ausschließlich durch weibliche Zünfte vertreten. Daneben arbeiteten Frauen in 80 weiteren Handwerkszweigen, sodaß sie also insgesamt an 86 von 100 beteiligt waren. Welche waren die 6 ausschließlich weiblichen Berufssparten? Es handelte sich bei ihnen um die Seidenspinnerei auf großer Spindel, die Anfertigung von Kopfbedeckungen, mit Edelsteinen und Goldfäden reich verziert, und die Herstellung kostbarer Stickereitäschchen. Frauen, die Seide auf großer oder kleiner Spindel verarbeiteten, taten dies in ihrem Haus; sie bekamen den Rohstoff von Händlern geliefert. Zwei vom Vorsteher der städtischen Kaufleute ernannte männliche Aufseher hatten sie zu überwachen; sie achteten streng auf Einhaltung aller Bestimmungen in bezug auf Qualität, Arbeitslohn, Aufnahmebedingungen für Lehrlinge und neue Angestellte, die Höhe der Bußgelder bei Verfehlungen, sowie die Einhaltung von Ruhetagen.[55] Diejenigen, die Taschen aller Art herstellten, und jene, die Seidengewebe für einen Kopfschmuck fertigten, waren hingegen in Frauenzünften organisiert; ihre Satzungen wurden von den einzelnen Mitgliedern beschlossen und mußten einem Vorsteher zur Genehmigung vorgelegt werden.[56] Neben den drei genannten ausschließlich weiblichen Berufszweigen gehörten die übrigen ebenfalls zur Bekleidungsbranche: so die Band-, Litzen- und Fransenmacherei, das Nähen, die Kürschnerei, Hut- und Schalanfertigung, das Perückenknüpfen und die Schmuckfederverarbeitung; innerhalb der Textilindustrie hatten Frauen das Waschen, Färben, Spinnen und Weben von Wolle und Flachs zu übernehmen. Zusätzlich schärften sie Werkzeuge, stellten Nadeln, Schnallen, Scheren und Messer her, führten Goldschmiedearbeiten aus, verarbeiteten Bergkristalle zu Schmuckstücken und Vasen. Diese ausgesprochen diffizilen Arbeiten erforderten von ihnen ein hohes Maß an Kunstfertigkeit. Jene Band-, Litzen- und Fransenherstellerinnen waren zumeist in gemischten Zünften organisiert, in denen Männer und Frauen gleiche Rechte hatten. So durfte beispielsweise ein jeder den Betrieb des oder der Verstorbenen als Zunftmitglied weiterführen und Lehrlinge in ihm ausbilden. Auch die Gruppe der Kristallschleiferinnen und Herstellerinnen von Schneider- oder Goldschmiedewerkzeugen wurde von gemischten Zünften vertreten.[57] Werfen wir einen Blick auf die Pariser Steuerlisten der Jahre 1296, 1297 und 1313, so bestätigen und vervollständigen sie das Bild breitgefächerter weiblicher Berufsausübung. Alle dort verzeichneten Frauen – Junggesellinnen, Verheiratete und Witwen, so werden wir belehrt –, übten ihr Gewerbe selbständig aus, weshalb denn auch Steuern von ihnen direkt eingezogen wurden.[58] Welche maßgebliche Rolle Frauen in Zünften

spielen konnten, zeigt uns das Beispiel einer Witwe namens
Thecia: Ihr und ihren Nachkommen gewährte Ludwig VII. ein
Monopol auf die gesamte damalige Lederverarbeitungsbran-
che; diese bereitete das Leder auf und fertigte daraus Gürtel,
Riemen, Handschuhe, Schuhe und spezielle Gürteltaschen für
Siegel, Geld, Urkunden, Gebetbücher und Toilettenartikel.[59]
Im Jahr 1287 war es abermals eine Frau, eine gewisse Marcelle,
der jenes Monopol übertragen wurde.
Für einen Großteil der genannten Gewerbe waren Frauen auch
in den übrigen westeuropäischen Städten zuständig: So gab es
beispielsweise Spinnerinnen und Weberinnen in Siena und
Perugia,[60] viele weibliche Mitglieder in der gemischten Zunft
der Gürtelhersteller und Leinenweber in Florenz,[61] Weberinnen in Toulouse,[62] Spinnerinnen, Goldstickerinnen und Gold-
schmiedinnen in Frankfurt, Köln und beinahe allen Städten
Flanderns.[63] Ein Teil ihrer Aktivitäten ist uns durch Londoner
Seidenweberinnen verbürgt: im Jahre 1368 richteten diese ein
Gesuch an den König und baten ihn darin, er möge den
Bürgermeister der Stadt beauftragen, einen gewissen Nikolaus
zur Ordnung zu rufen. Dieser horte nämlich bereits seit länge-
rer Zeit alle Roh- und farbige Seide sowie übrige Waren;
dadurch verursache er einen bedenklichen Preisanstieg, darüber hinaus schwersten Schaden für König und Bittsteller, da
sie nun einmal von der Seidenweberei als Einnahmequelle
lebten.[64] Wie uns aus dem England jener Zeit überliefert ist,
durften Handwerkerinnen Stickerinnen und andere weibliche
Lehrlinge ausbilden. Bisweilen wurde das betreffende Mädchen im Vertrag als Lehrling der Ehepartner geführt; ging die
Ehefrau jedoch getrennt ihrem Beruf nach, so hieß es ausdrücklich, daß sie befugt sei, das Gewerbe zu lehren.[65] Ähnlich
wie in Paris waren Frauen in York Mitglieder der verschiedensten Lederzünfte, unter ihnen auch von solchen, die Leder zu
Pergament aufbereiteten.[66] Ein interessantes Phänomen stellt
die überwiegende Beschäftigung von Frauen in Bierbrauereien
dar, eine Arbeit, die in England auf dem Land und in der Stadt
meistens zu Hause verrichtet wurde. Gerichtsprotokolle verzeichnen hier zahlreiche weibliche Angeklagte, die sich wegen
Verstoß gegen das Biergesetz zu verantworten hatten. Als
Folge hiervon richteten sich städtische Brauordnungen nicht
selten hauptsächlich an Frauen.[67] Die Register der Stadt Col-
chester überliefern uns den Fall einer gewissen Juliana Gray,
die wiederholt zu Geldstrafen verurteilt wurde, nicht nur wegen
Übertretung des Biergesetzes, sondern auch wegen illegalen

Weinverkaufs. Daß ihr Geschäft offenbar florierte, zeigt sich daran, daß sie ihrem zweiten Mann beträchtlichen Grundbesitz in der Umgebung der Stadt hinterließ.[68]

Unsere Liste weiblicher Berufstätigkeiten ließe sich mühelos verlängern bis hin zu Frauen als Wäscherinnen, Pförtnerinnen, Bademeisterinnen, Buchbinderinnen – und schließlich bis hin zu ihrer gehobeneren Mitwirkung an den Satzungen einer Sänger- und Musikantenzunft von Paris, die von Spielleuten des Königs angeführt wurde.[69] In all diesen Bereichen finden wir zwar soziologisch aufschlußreiches Material, doch liefert es uns geringe Erkenntnisse über die gesellschaftlich produktiven Leistungen von Frauen. Diese lassen sich eher an Beispielen jener Frauen ablesen, die Häuser vermieteten, Herbergen und Gastwirtschaften leiteten oder mit Nahrungsmitteln handelten, sei es in Ladengeschäften, an festen Ständen oder auf Märkten und Messen. Häufig mieteten sie dabei eigenständig das Geschäftslokal oder den Stand.[70] Einige der Frauen waren selbständige Unternehmerinnen, andere halfen ihren Männern. Insbesondere scheinen sich Kleinhändlersgattinnen ihren Ehepartnern häufig auf Märkten und Messen angeschlossen zu haben, wobei sie diese auch hin und wieder einmal bei einem Handgemenge mit Inhabern von Nachbarständen tatkräftig unterstützten. In Paris widmeten sich einige u. a. dem Tuch- und Kleiderverkauf, angefangen vom Kleinhandel mit second hand Kleidung bis hin zu umfangreicheren Geschäften mit neuer Ware, wie aus den Gilde- und Steuerregistern hervorgeht; unter ihnen befanden sich offenbar auch einige Geldwechslerinnen und Zinsverleiherinnen. Daneben wissen wir von Frauen, die als Überseekaufleute die Geschäfte ihrer Männer nach deren Tod fortsetzten. Mit welcher ökonomischen Geschicklichkeit vorzugehen manche in der Lage waren, belegt der Fall der Witwe Alice. Diese klagte 1370 vor dem Londoner Guildhall-Gericht die Hälfte einer Schiffsladung ein, die vom Gerichtsvollzieher in Billingsgate als Eigentum eines anderen beschlagnahmt worden war. Da sie ihren Anspruch beweisen konnte, ordnete das Gericht die Übergabe der Ladung an sie an. Ähnlich geschickt verhielt sich Rose Bruford, die Witwe eines reichen Kaufmanns. Sie wußte, daß ihr Mann vor seinem Tod dem König eine beträchtliche Summe zur Finanzierung des Krieges in Schottland (1318) geliehen hatte. Als die Schuld trotz Einreichung mehrerer Gesuche nicht zurückgezahlt wurde, kam sie auf die einzig erfolgversprechende Idee: sie bot dem König an, er möge ihr statt dessen die

Exportsteuer für Wolle, die sie ausführen wollte, erlassen. Man rief sie an den Hof, um ihr Gelegenheit zu geben, ihre Sache darzulegen, prüfte ihren Vorschlag und rechnete dann tatsächlich die Schulden mit ihrer Steuer auf.[71] Andere Frauen hingegen, die zwar selbständig agierten, doch Unternehmen ihrer Männer nicht fortsetzten, widmeten sich hauptsächlich dem lokalen Handel mit Kleidung und Lebensmitteln. Unabhängige Kauffrauen – ob ledig oder verheiratet –, stellten allerdings im Übersee- oder Binnengroßhandel eine Ausnahme dar.[72] Im Gegensatz etwa zur Kleinhändlersgattin, die häufig mit ihrem Mann zusammenarbeitete, blieb die Frau eines begüterten Kaufmanns in der Regel aufs Haus beschränkt, gab es doch keine finanziellen Motive für ihre aktive Mitwirkung. Frauen, die ohne wirtschaftlichen Zwang tätig wurden, kamen indes vereinzelt vor. Ein Beispiel: Margery Kempe, deren Biographie uns überliefert ist, weil sie später Mystikerin wurde, war mit einem der angesehensten Kaufleute der Stadt Lynne verheiratet. Dennoch betrieb sie zunächst eine Brauerei, danach eine Getreidemühle. Nach ihren eigenen Angaben wurde sie berufstätig, weil sie erstens über genügend freie Zeit verfügte und es zweitens nicht ertragen konnte, wenn eine andere Frau der Stadt eleganter gekleidet war als sie selbst. Mit anderen Worten: sie arbeitete aus einem Tätigkeitsdrang, der es ihr ermöglichte, durch zusätzliche Einnahmen ihr Bedürfnis nach äußerer Anerkennung und Luxus zu befriedigen. Daß sie sich trotz ihrer vierzehn Kinder nicht ausgelastet fühlte und eine Tätigkeit außer Haus suchte, läßt darauf schließen, daß sie selbst wenig Zeit für ihre Sprößlinge aufwandte.

Wie verhielt es sich mit den rechtlichen Befugnissen und Möglichkeiten jener Frauen, die am öffentlichen und Wirtschaftsleben aktiv Anteil nahmen? Ihr Recht etwa, einzelne mit ihrer ökonomischen Tätigkeit verbundene Ämter wahrzunehmen, war von Stadt zu Stadt verschieden. In Paris wurde es ihnen untersagt, Gewichte zu eichen,[73] wohingegen in London Frauen durchaus die Position eines Seidenwägers bekleiden durften.[74] Ein Kuriosum stellt in diesem Zusammenhang das Amt des Austernprüfers dar, welches zwar gewöhnlich an Frauen verpachtet wurde, jedoch öffentlichen Widerstand erregte. Die Begründung lautete schlicht: »dies gereiche einer Stadt nicht zur Ehre, da Frauen nicht befähigt seien, unlautere Handelspraktiken wirksam zu verhindern.«[75]

Ein rechtlicher Grundsatz indessen, der für alle europäischen Städte des Mittelalters Gültigkeit hatte, war: jede Kauffrau –

ob ledig, verwitwet oder verheiratet – konnte vor Gericht selbständig klagen und verklagt werden. Obgleich diese Verfügung auch dem Ehemann insofern zugute kam, als er damit von der Verantwortung für Handelsunternehmungen seiner Frau und deren möglichen Folgen befreit wurde, verlieh sie doch gleichzeitig der Geschäftsfrau eine völlige Unabhängigkeit, auch dann, wenn sie verheiratet war.[76]

Daß Frauen im städtischen Handwerk, Kleinhandel und vereinzelt auch Großhandel bedeutende Funktionen innehatten, ist historisch zweifelsfrei erwiesen; ebenso unbezweifelbar jedoch, daß sie nicht, wie die Männer, jeden gewünschten Beruf wählen konnten. Einige Zünfte waren für sie völlig verschlossen, andere legten ihnen weitreichende Beschränkungen auf. Manche von ihnen untersagten sogar jegliche Einstellung weiblicher Arbeiter; in den Fällen, wo Frauen für einen Tages-, Wochen-, Monats- oder Jahreslohn arbeiten durften, wurden sie gegenüber Männern ausnahmslos benachteiligt.

Eine gesellschaftliche Institution, die Frauen jeden Zugang versagte, war die Universität. Bestimmte Zünfte existierten daneben, die weder Junggesellinnen noch Ehefrauen, sondern lediglich Witwen von Mitgliedern akzeptierten; ihnen wurde gestattet, den Beruf des Verstorbenen unter gewissen Restriktionen weiterzuführen. Charakteristisch ist hier der Erlaß des englischen Königs aus dem Jahr 1364; er erlaubt jedem einzelnen, nur sein eigenes Handwerk auszuüben. Ausgenommen waren Frauen, die mit dem Gewerbe der Brauerei, Bäckerei oder Textilherstellung (Wolle, Flachs oder Seide) zu tun hatten. Von seiten eines namhaften Historikers wird diese Verordnung damit begründet, daß man bereits im Mittelalter die »Vielseitigkeit« der Frau als einer »ewigen Amateurin« erkannt habe.[77] Es fragt sich, ob dieses im Grunde zweifelhafte Kompliment berechtigt ist. Der historischen Wahrheit näherliegend scheint uns, daß jene Bestimmung erlassen wurde, weil Frauen durchaus nicht in allen Zünften Aufnahme fanden, und in einigen nur beschränkte Befugnisse hatten, so daß viele von ihnen die genannten Arbeiten entweder als Lohnabhängige oder in ihrem Haus ausführen mußten, wohin die Unternehmer ihnen das Rohmaterial lieferten. Gerade weil sie als Meisterinnen mit vollen Zunftrechten nicht anerkannt wurden, mußten sie konsequent mehreren Berufen nachgehen, um ihren notwendigen Lebensunterhalt zu verdienen. Sie handelten folglich nicht aus freien Stücken oder gar, um ihrer »Vielseitigkeit« und Veranlagung zum »ewigen Amateur« zu frönen; auch nicht etwa, weil ihnen die Voraussetzung für eine berufliche Fortbildung gefehlt hätte. Um dies zu untermauern, seien einige derjenigen Verbote und Restriktionen genannt, von denen fast ausnahmslos Frauen betroffen wurden: In Paris z. B. durften Frauen nicht an sog. Sarazenerteppichen arbeiten, und zwar unter dem Vorwand, diese Tätigkeit sei für Frauen im allgemeinen, besonders aber für Schwangere, gefährlich.[78] In Norwich wurde ihnen untersagt, mit doppeltem Faden zu weben, hier mit der Begründung, es ermangele ihnen an Körperkraft, um die vorschriftsmäßige Qualität zu erreichen.[79] Verbote der Lehrlingsausbildung wurden bisweilen sogar auf Witwen angewandt, die eine Erlaubnis besaßen, die Werkstatt ihres Mannes weiterzuführen. Laut einigen Zunftordnungen durften sie nur Lehrlinge, die noch beim Meister angefangen hatten, zu Ende ausbilden, jedoch keine neuen aufnehmen. Im Jahr 1399 verboten Pariser Zunftmeister der Witwe eines Kerzengießers ihre Berufsausübung mit dem Argument, sie sei keine Meisterin. Als sie daraufhin vor dem Châtelet-Gericht Einspruch erhob, gestatteten ihr die Richter, ihrem Handwerk nachzugehen unter der Bedingung, daß sie nicht für andere arbeite, keine Angestellten anderweitig beschäftige und keine zusätzlichen Lehrlinge aufnehme. Als besondere Piquanterie fügten sie schließlich hinzu: für den Fall, daß sie einen zweiten Mann aus einer anderen Berufsbranche eheliche, dürfe sie weder ihn, noch gemeinsame Kinder ihr Gewerbe lehren.[80]

Abgesehen davon, daß arbeitende Frauen nicht in allen Berufszweigen beschäftigt wurden, erhielten sie außerdem wesentlich niedrigere Löhne als ihre männlichen Kollegen. Nach einer Statistik von G. d'Avenal[81] erzielten Frauen in den Jahren 1326–1350 nur 68% der Durchschnittslöhne von Männern bei gleicher Arbeit. In der Zeit zwischen 1376–1400 stieg der Prozentsatz deshalb auf 75%, da aufgrund des Bevölkerungsrückgangs, als Folge des »Schwarzen Tods«, die Nachfrage nach Angestellten zugenommen hatte. Da alle Löhne – trotz entsprechender Gesetze, die dies zu verhindern suchten – angehoben wurden, profitierten die Frauen von diesem Trend mit. Doch selbst in einer solchen Ausnahmesituation konnten Frauen mit ihrer Entlohnung ihre männlichen Kollegen nicht erreichen.[82] Nur scheinbar wohlmeinende Stimmen plädierten für weibliche Arbeitslosigkeit, um die Konkurrenz durch billige Frauenarbeit abzuschaffen. Keiner verfiel auf den Gedanken einer Lohnangleichung. Im Gegensatz zu Zeitlohnempfängerinnen wurden Frauen, die Stücklohn erhielten, vermutlich

Männern gegenüber nicht benachteiligt; dies geschah allerdings weniger aus sozialen denn zwingenden Gründen: in Berufszweigen wie Spinnen, Weben, Sticken und Nähen, in denen Frauen sich nicht nur spezialisiert hatten, sondern auch große Nachfrage nach ihrer Arbeit bestand, waren sie kaum entbehrlich.[83]

Was waren die Motive, aufgrund derer Frauen aus Zünften ausgeschlossen wurden? René de Lespinasse, ein maßgeblicher Kenner dieses Gebiets, greift genau auf dasjenige Argument zurück, mit dem manche Geschichtswissenschaftler zu erklären versucht haben, weshalb man Frauen auf dem Scheiterhaufen, statt durch den Strang umkommen ließ. Das Argument lautet hier wie dort: sittliche Gefährdung durch Frauen. Nach Auffassung von de Lespinasse sollten Frauen vor allem deswegen vom Handwerk ferngehalten werden, damit Lehrlinge bis zu ihrem Erwachsenenalter ungefährdet im Haushalt des Meisters wohnen konnten. Aus eben diesem Grunde wurde es auch Witwen untersagt, Lehrlinge auszubilden, selbst wenn sie im übrigen die Tätigkeit ihres Mannes fortsetzten. Darüber, daß Gefahren von Unzucht und Ehebruch im gleichen Maße für Ehefrauen und Töchter im Verhältnis zu ihren Lehrherrn bestanden, schien man sich trotz allem im klaren. So heißt es in einem 1371 mit der Yorker Bogenmachergilde geschlossenen Lehrvertrag vorsorglich, daß sich die Lehrzeit verdoppeln würde, falls der Auszubildende mit der Meistersgattin Ehebruch beginge oder mit der Tochter seines Meisters Unzucht triebe.[84] Daß das Argument der Wahrung von Sittlichkeit letztlich vordergründig war und primär dazu diente, Restriktionen aller Art gegen Frauen geltend zu machen, beweist u. a. die gängige Behauptung, Frauen könnten es kaum zu echter Meisterschaft bringen. In Wahrheit handelte es sich hierbei um eine Schutzbehauptung. Sie wurde immer dann laut, wenn einzelne Frauen Männern ernsthaft Konkurrenz machten, ihre Tätigkeit auf bestimmten Gebieten einzuschränken drohten, oder aber wenn Frauen durch ihre Arbeit zu Ehre und Ansehen gelangten. Unter Zuhilfenahme derartiger Mittel ließen sich stets Vorwände für eine Begrenzung ihrer Rechte finden. Mal hieß es dann scheinheilig, man wolle Frauen vor zu harter Arbeit schützen (vgl. das Beispiel der Sarazenerteppiche), mal wiederholte man das klassische Argument der Juristen von der weiblichen Minderbegabung, Schwäche und sittlichen Leichtfertigkeit. So schrieb Sir John Fortescue, Frauen fehle es an der nötigen Konzentrationsfähigkeit, um einen Geschäftsbetrieb leiten zu können,[85] während auf der anderen Seite die Verfasser der Zunftsatzungen ihnen vorhielten, sie könnten es nicht zu wahrer Meisterschaft bringen. Überzeugende Beweise dafür, daß eine Gegnerschaft gegen Frauenarbeit speziell dort aufkam, wo sie mit gesellschaftlich angesehener männlicher Facharbeit kollidierte, zeigt sich im Fall einiger weniger Ärztinnen, die nicht bereit waren, sich mit dem Status einer Chirurgin oder Hebamme zu begnügen, sondern vielmehr die Methoden akademischer Medizin erprobten.

Im gesamten Mittelalter wirkten Frauen als Geburtshelferinnen in Städten und auf dem Land. (Zur Zeit der großen Hexenverfolgungen im 14. und 15. Jahrhundert wurden sie vor allem dann beschuldigt, wenn sie als Hebammen und Heilkundige erfolglos waren.)[86] Töchter und Witwen von Apothekern und Badern übernahmen häufig das männliche Gewerbe. Bader und Barbiere, die seinerzeit bekanntlich ebenfalls medizinische Behandlungen durchführten, zählten zur einfachsten Kategorie der Heilkundigen.[87] Ferner gehörten Frauen den Zünften der Chirurgen an, die höher als Bader rangierten, und sich neben der Wundmedizin Operationen, Hautkrankheiten, Schwellungen und Geschwulsten widmeten.[88] Die Arbeit von Frauen auf dem Gebiet der Medizin läßt sich u. a. an den im Paris des 14. Jahrhunderts erlassenen königlichen Verordnungen über die Arbeitsweise von Chirurgen ablesen: sie richteten sich gleichermaßen an Männer wie Frauen.[89] In einigen italienischen Städten, in denen Wundärzte der Aufsicht durch eine medizinische Fakultät unterstanden, konnten auch Frauen die erforderliche Lizenz erhalten. Zum Beweis: 1322 entschied der Gerichtshof Herzog Karls von Kalabrien auf Empfehlung der medizinischen Fakultät der Universität Salerno, daß Franziska, eine verheiratete Frau, nach Ablegung ihrer Prüfung vor den Vertretern der Fakultät berechtigt sei, den Beruf einer Chirurgin auszuüben. Ferner hielt das Urteil fest, daß die Gesetze eine Betätigung von Frauen auf diesem Gebiet nicht nur erlaubten, sondern aus Gründen der Sittlichkeit geradezu für wünschenswert erachteten, damit Frauen von ihren Geschlechtsgenossinnen behandelt würden.[90] Über weibliche Chirurgen und Apotheker werden wir zudem durch eine Schrift aus dem 13. Jahrhundert unterrichtet: sie beschäftigt sich mit der Anleitung von Laien bei der kostenlosen Versorgung derjenigen Patienten, die sich weder einen Arzt noch einen Chirurgen finanziell leisten können. Ihr Verfasser verrät uns, er habe einige der in seinem Buch enthaltenen Rezepte von einer

Wundärztin, andere von einer Apothekerin und Tochter eines Apothekers gelernt.[91] Frauen als »akademische« Ärztinnen existierten hingegen nicht, da sie generell von Hochschulen ausgeschlossen blieben.[92] Eifersüchtig hüteten die medizinischen Fakultäten der verschiedenen Universitäten ihre männlichen Privilegien. Satzungen wurden etwa formuliert, um ein Monopol für ihre Absolventen zu garantieren, jeweilige Herrscher dazu veranlaßt, jedem durch Verordnung eine Beschäftigung mit der universitären Medizin zu verbieten, der nicht an einer medizinischen Fakultät studiert und eine Praxiserlaubnis seitens der Professoren erhalten habe.[93] Jene Satzungen und Verordnungen waren gegen alle gerichtet, die Heilberufen nahestanden: also gegen Bader, Apotheker und Chirurgen beiderlei Geschlechts. Wie aus Gerichtsprotokollen hervorgeht, bemühten sich Männer wie Frauen, solche Vorschriften zu umgehen. Eine besonders aufschlußreiche Geschichte stellt die einer gewissen Jacoba dar, die sich im Jahr 1322 vor einem Pariser Gericht wegen ärztlicher Tätigkeit zu verantworten hatte. Laut Anklageschrift untersuchte und behandelte sie ihre Patienten nach Art und Weise eines studierten Arztes: Sie fühlte den Puls, prüfte den Urin, ließ zur Ader, verabreichte Heil- und Abführmittel und verordnete heiße Bäder – und all dies ohne Autorisation und Genehmigung der medizinischen Fakultät. Erschwerend – so die Protokolle – fielen ihre Puls- und Urinuntersuchungen ins Gewicht, da solche Diagnosemethoden ausschließlich Sache und Erkennungszeichen eines akademischen Arztes zu sein hätten. Alle in den Zeugenstand gerufenen männlichen und weiblichen Patienten sagten zugunsten der Angeklagten aus: Sie lobten ihre Hingabe und berichteten, daß sie, entgegen dem üblichen Brauch, ihr Honorar nicht im voraus kassiert, sondern damit bis zur endgültigen Heilung gewartet habe; vor allem betonten sie das Faktum, daß sie Erfolg gehabt, wo alle anderen vor ihr versagt hätten. Jacoba selbst führte zu ihrer Verteidigung lediglich an, daß die Verordnung, die Frauen eine medizinische Tätigkeit untersagte, nur einmal – und zwar noch vor ihrer Geburt – erlassen worden sei und sich überdies gegen unwissende Frauen richte, die jeglicher medizinischen Kenntnisse und Erfahrungen entbehrten. Sie selbst aber könne nicht zu diesen gerechnet werden, da sie in der Heilkunde ausreichend bewandert sei. Zudem machte sie geltend, daß viele weibliche Patienten lieber sterben würden, als sich von einem Mann untersuchen zu lassen. Wenn hierauf von seiten des Gerichts erwidert werden sollte, daß dann auch keine Frau einen Mann behandeln dürfe, so sei dies in ihrem Fall, wo ihr die Heilung gelungen sei, als das kleinere Übel anzusehen, das ein größeres verhindert habe, nämlich den Tod jener Patienten, denen andere Ärzte nicht mehr helfen konnten. Trotz dieses Plädoyers kam Jacoba nicht durch: das gerichtliche Urteil untersagte ihr jede weitere Berufsausübung und erlegte ihr zusätzlich eine Geldbuße auf.[94] Eine Reihe der Kolleginnen Jacobas wurde ebenfalls wegen ungesetzlicher ärztlicher Tätigkeit angeklagt: So die verheiratete Clarice de Rotmago,[95] Johanna, eine Konvertitin,[96] die Chirurgin Margarete von Ypern und Belota, eine Jüdin. Sie alle erhielten Behandlungsverbot sowie Geldstrafen.[97] Die genannten Frauen bildeten als Gruppe eine interessante Ausnahme von jener Regel, nach der sie von allen akademischen Berufen ausgeschlossen waren, so daß nunmehr die männlichen Vertreter – neben Ärzten auch Beamte, Notare, Rechtsanwälte und Richter – den führenden Part in der neuen Stadtaristokratie übernehmen konnten. Damit wurden endgültig für eine Praxiserlaubnis nicht etwa die Behandlungsqualität, sondern ausschließlich ein Universitätsstudium und eine Autorisierung durch die Fakultät festgeschrieben. In ihrer Anklageschrift gegen Jacoba begnügten sich ihre Verfasser keineswegs mit der Beschuldigung, sie habe ohne eine entsprechende Lizenz praktiziert; vielmehr fügten sie hinzu, daß, wenn Frauen zu Recht weder als Advokatinnen noch Zeuginnen in Strafsachen zugelassen seien, man ihnen mit demselben Recht untersagen müsse, Patienten zu behandeln oder Tränke und Arzneien zu verschreiben; beides sei schließlich wesentlich gefährlicher, als einen Zivilprozeß infolge mangelnder Rechtskenntnis zu verlieren.

Wir sehen aus diesen Vorfällen, daß Perioden der Institutionalisierung, speziell im medizinischen Bereich, sich spürbar zum Nachteil für alle Frauen auswirkten.

Dienerinnen

Da Frauen kaum Möglichkeiten hatten, sich angesehenen Berufen zuzuwenden, gehörten viele von ihnen zur Klasse der Dienerinnen, d. h. zur niedrigsten städtischen Arbeiterschicht. Wenn auch einzelne Verfasser der Ständeliteratur nicht selten stillschweigend den Beitrag der arbeitenden Städterin übergingen, so hielten sie es andererseits doch für angezeigt, Dienerinnen als eine spezielle Untergruppe zu klassifizieren. Ihre Schutzpatronin war Zita von Lucca, früher selbst einmal Magd und meistens mit einem Schlüsselbund in der Hand abgebildet. In den Städten lebten außerordentlich viele Bedienstete, die aufgrund ihres geringen Einkommens sogar in Handwerkerhaushalten beschäftigt wurden; Großbürger- und Adelshaushalte unterhielten oft mehrere Dutzend.[98] Es unterliegt keinem Zweifel, daß die große Anzahl von Mädchen, die aus ländlicher Umgebung in die Städte abwanderten, um sich als Dienerinnen zu verdingen, für den überraschend hohen Anteil von Frauen an der westeuropäischen Stadtbevölkerung des Hochmittelalters mitverantwortlich waren.[99] Jener uns bereits mehrfach begegnete Pariser Haushälter erklärt im Anleitungsbuch für seine junge Frau ausführlich, in welcher Weise sie ihre Dienstmädchen bei der Ausführung häuslicher Pflichten zu beaufsichtigen habe. Wie in den Burgen der Adligen war es auch im Bürgerhaus keineswegs mit Putzen, Kochen und Backen getan. Der Kampf gegen Fliegen, Flöhe und Wanzen zählte nicht zu den leichtesten Aufgaben (weshalb der Autor ihm auch besondere Aufmerksamkeit schenkte). Ein Teil der Mägde hatte die Haustiere, Kühe und Schweine zu versorgen. Für diese und andere Arbeiten gab es in den großen Städten eine spezielle Vermittlerin, die Dienstmädchen an ihre Arbeitgeber empfahl, und dafür von beiden Parteien bezahlt wurde.[100] Der Lohn solcher Dienerinnen lag zwar unter dem der meisten städtischen Arbeiter, jedoch durchschnittlich höher als der eines Knechts auf dem Lande.[101] Da sie am Tisch der Herrschaften essen und in ihrem Haus wohnen durften, konnten sie in wenigen Jahren eine Mitgift zusammensparen. Daß Löhne bisweilen einbehalten wurden, kam hier wie in späteren Zeiten vor, sodaß sich einige Mädchen gezwungen sahen, ihre Arbeitgeber vor Gericht zu verklagen.[102] Ammen von Adelssprößlingen erhielten durchschnittlich ein höheres Entgelt als das in Verordnungen festgelegte. Ähnlich wie die didaktischen Schriften jener Epoche äußert sich der Pariser Haushälter ausgiebig über Leichtsinn und Unerfahrenheit der 15–20jährigen Dienstmädchen. So berät er seine Ehefrau, nach welchen Gesichtspunkten das Personal auszuwählen, seine Arbeit und sein Allgemeinverhalten zu überwachen sei: Vor Einstellung einer Dienerin müsse sie feststellen, wo diese zuletzt beschäftigt gewesen sei und sich dort vergewissern, ob Trunksucht, Geschwätzigkeit oder Ehrverlust einen Arbeitsplatzwechsel erzwungen hätten. Außerdem solle sie folgende Informationen einholen und in ihrer Gegenwart niederschreiben: Name, Geburtsort und Wohnung ihrer Angehörigen. Wisse die Betreffende nämlich, daß man ihre persönlichen Daten kenne, werde sie zögern, sich Vergehen zuschulden kommen zu lassen oder wegzulaufen. Eine freche Person sei ebenso zu meiden wie eine Schmeichlerin, ein schüchternes und folgsames Mädchen jedoch wie eine Tochter zu behandeln. Jüngerem Dienstpersonal müsse man ein Gemach ohne Fenster zur Straße und nahe dem Zimmer der Hausfrau zuweisen. Falls ein Diener oder eine Dienerin erkranke, solle die Hausfrau sie mit Hingabe und Mitgefühl pflegen. In guten Zeiten stünden ihnen Speisen und Trank von guter Qualität und in ausreichender Menge zu; teures Fleisch und alkoholische Getränke dürften ihnen nicht vorgesetzt werden.[103] Diese einfältigen menschlichen Ratschläge des alten Haushälters können nicht darüber hinwegtäuschen, daß manche der seelischen Verzerrungen, im Verhältnis zwischen Dienstmädchen und Herrin, die wir vor allem aus späteren Zeiten kennen, bereits im Mittelalter angelegt waren und letztlich aus einer zu großen Vertraulichkeit, (zuweilen gegenseitiger) Abhängigkeit, Demütigung und Haß herrührten.

Dirnen

Ebenso wie Dienerinnen wurden Dirnen innerhalb der Ständeliteratur als ein eigener Berufsstand angesehen. Jenes uralte Gewerbe breitete sich im Mittelalter vor dem großen Wachstum der Städte aus, auch in ländlichen Bereichen; doch wurde es hier erst im Zuge der Entwicklung der Städte zu einem eigentlichen Beruf.

Das Verhältnis der christlichen Literatur zur Prostitution ist so alt wie das Christentum selbst; es zu erörtern, greift letztlich über unser Thema hinaus. Zweifellos trifft es zu, daß die Beziehung zwischen beiden im Hoch- und Spätmittelalter maßgeblich durch die Haltung der Kirchenväter in den ersten christlichen Jahrhunderten mitbestimmt wurde. So vermerkte schon Augustinus: »Wenn du die Huren aus der Gesellschaft entfernst, wird die Hurerei sich überall verbreiten ... Dirnen in der Stadt gleichen den Abwasserrinnen im Palast. Nimmst du sie heraus, so stinkt das ganze Schloß ...«[104] Ihm zufolge hat die Prostitution eine bestimmte Funktion innerhalb der christlichen Gesellschaft, insofern sie einem Übergreifen der Sittenlosigkeit auf alle Mitglieder vorbeugen kann. Infolgedessen sei es vorzuziehen, daß ein Mann eine Dirne aufsuche, statt daß er außereheliche Beziehungen mit verheirateten Frauen unterhalte oder Jungfrauen verführe. Die Prostitution sei ein Schutz gegen Unzucht und Ehebruch, wenn sie auch einer Abwasserröhre gliche. Eine Dirne ist für Augustinus nicht deshalb ein verabscheuenswürdiges Geschöpf, weil sie sich unter dem Vorwand der Liebe Männern um des schnöden Mammons willen hingibt, sondern weil ihr ganzes Leben der Fleischeslust gewidmet ist; diese rangiert an der Spitze der mittelalterlichen Sündenskala. So lesen wir in den Schriften eines Predigers aus dem 13. Jahrhundert: »Die Sünde einer Hure gehört zu jenen, die nicht nur dem Sünder selbst schaden, sondern auch anderen, und nicht nur ihrem Besitz oder Körper allein, sondern auch ihrer Seele.«[105]

Mit Berufung auf Augustinus war die Prostitution in der mittelalterlichen Gesellschaft gestattet; doch betrachtete man sie als einen minderwertigen und unehrlichen Beruf. Da sie zugelassen war, galt sie als offizielles und gesetzliches, wenn auch verabscheuenswürdiges und sündiges Gewerbe; so wurde denen, die ihm nachgingen, demütigende Absonderung zuteil. Das belegt folgende Gesetzgebung Friedrichs II.: »Eine Frau, die ihren Körper für Geld feilbietet, ist nicht der Unzucht anzuklagen. Wir verbieten jegliche Gewalttat gegen sie, untersagen ihr aber, unter ehrbaren Frauen zu wohnen.«[106]

Wie sah seinerzeit das Verhältnis von Angebot und Nachfrage aus? Beide erreichten, wie wir sehen werden, erstaunliche Ausmaße. Abgesehen von Ehemännern, die Dienstleistungen von Dirnen in Anspruch nahmen, heiratete eine Vielzahl von Männern überhaupt nicht; andere wiederum mußten über längere Zeit in der Stadt von ihren Familien getrennt leben. Zur weiteren Klientel von Prostituierten gehörten daneben weltliche Geistliche, was einschlägige Verordnungen belegen: sie untersagten Bordellen eine Bedienung geistlicher Kundschaft und wiesen Mönche explizit an, keine Dirnen in ihre Klöster mitzunehmen. In Universitätsstädten machten Studenten einen wesentlichen Teil der Kunden aus. Zu ihnen gesellte sich die Gruppe der dauerhaft Ansässigen: so Handwerkslehrlinge und Gesellen, die ihre Heirat so lange hinauszögerten, bis sie über die nötigen Mittel zur Eröffnung einer eigenen Werkstatt verfügten; auch manche wohlhabenden Bürger harrten so lange aus, bis ihre finanzielle Grundlage stabil war und sie die einträglichste Partie gefunden hatten. Hinzu kamen die vielen

Durchreisenden: Kaufleute, Pilger, aus ihren Heimatstädten Verbannte, fahrende Sänger, Possenreißer und Vagabunden. Auch Bauern, die ihre Produkte in der Stadt verkauften, ergriffen nicht selten die Gelegenheit zu einem Bordellbesuch.[107] Speziell im 14. Jahrhundert breitete sich die städtische Prostitution erheblich aus, was u. a. auf die zunehmende Abriegelung der Zünfte, mithin auf die steigende Zahl lediger Handwerker, ebenso zurückzuführen war wie auf das durch ökonomische Krisenzeiten bedingte, ausufernde Landstreichertum. Städtische Dirnen und solche, die Mönchskloster aufsuchten, wurden überdies zahlenmäßig durch solche Berufskolleginnen bereichert, die dem Troß von Heeren folgten oder bei besonderen Ereignissen, wie Messen oder Kirchenkonzilen, zusammenströmten.[108]

Was die Ursachen dieser recht stattlichen Angebotslage im Hoch- und Spätmittelalter betrifft, so unterscheiden sie sich unmaßgeblich von denen anderer Zeiten: zufällige äußere Umstände, wirtschaftliche Motive, psychische Krisen, oft auf Kindheitserlebnisse zurückgehend, und – bisweilen auch – real existierende Neigungen. Über die Veranschlagung wirtschaftlicher Impulse finden wir eine erstaunliche Äußerung beim Chevalier de la Tour Landry. Edelfrauen, so läßt er seine Töchter wissen, die ausreichende Mittel besäßen und dennoch Beziehungen zu einem Geliebten – Ehemann, Priester oder Diener – unterhielten, seien verdammungswürdiger als Huren; seien diese nämlich häufig aufgrund von Armut, Entbehrung oder List der Zuhälter zu ihrem Métier gelangt, so sündigten indessen Adelstöchter aus reiner Fleischeslust.[109] Zutreffend hieran ist, daß Dirnen, die mit Zuhältern Verbindung hatten, von diesen zur Prostitution verleitet wurden, ja häufig auch Kunden über sie zugeführt bekamen. Die Zuhälter steckten dafür einen ansehnlichen Prozentsatz des Dirnenlohns in ihre eigenen Taschen und terrorisierten überdies die von ihnen Abhängigen. Neben diesen berufsmäßigen Prostituierten gingen auch ledige Frauen aus der Arbeiterklasse, die nicht bei ihren Angehörigen lebten, dem Gewerbe nach, wobei sie von vornherein als verdächtig galten. Auch manche verheiratete Frau sah in solcher Tätigkeit einen willkommenen Nebenverdienst.[110] Trotz genereller wirtschaftlicher Rezessionen im Laufe des 14. Jahrhunderts blieben auf diesem Sektor Angebot und Nachfrage im Verhältnis zur Bevölkerungszahl stabil. Eine der möglichen Ursachen ist wohl darin zu sehen, daß besonders Frauen zu Opfern einer immer restriktiveren Aufnahmepolitik der Zünfte wurden, was manche veranlaßt haben mag, sich Beginenhäusern anzuschließen. Andere wandten sich ersatzweise der Prostitution zu. So konnte in jener Atmosphäre von Todesangst und Lebenshunger, die für das 14. Jahrhundert charakteristisch ist, eines der ältesten Gewerbe der Welt weiterhin seine Blüten treiben.

In italienischen und französischen Städten existierten bereits im 12. Jahrhundert amtlich registrierte Bordelle; in England, Deutschland und Spanien sind sie uns ab dem 13. Jahrhundert überliefert.[111] Da Prostitution nicht als eine Form von Unzucht oder Ehebruch im üblichen Sinne aufgefaßt wurde, waren auch für alle diesbezüglichen Fragen nicht kirchliche, sondern städtische Gerichte zuständig. Ein Bordellaufseher hatte im Auftrage der städtischen Behörden die Damen zu überwachen und dafür Sorge zu tragen, daß sie bei ihrer Tätigkeit die zugelassenen Straßen benutzten und – vor allem – Steuern zahlten, die der Stadt oder dem Stadtherrn zugute kamen. Zu den Stadtherrn gehörten auch Geistliche, wie etwa ein Mainzer Bischof, der sich 1422 darüber beklagte, daß die Bürger der Stadt ihn um diese Einnahmen prellen wollten, die doch von jeher dem Stadtherrn zugestanden hätten...[112] Der institutionalisierte und rechtmäßige Charakter der Prostitution zeigt sich vor allem in kirchlichen Vorschriften; sie bestimmten, daß Dirnen nicht daran gehindert werden dürften, an Sonn- und Feiertagen die Kirche zu besuchen. Die Damen verfügten sogar – analog zu einzelnen religiösen Bruderschaften – über spezielle Schutzheilige, zumeist ehemalige Dirnen, die Buße getan und Nonnen und Heilige geworden waren. Dagegen liefern uns die Quellen keine hinreichenden Anhaltspunkte für die Annahme, daß Dirnen auch regelrechte Gilden mit eigenen Ordnungen, Satzungen und Richtern besessen haben.[113]

Trotz rechtlicher Anerkennung und Rechtsschutz für Dirnen gab es Gesetze, die ihre gesellschaftliche Aussonderung unter Betonung ihres minderwertigen Status forderten. Ein wichtiger Punkt war hier die Plazierung von Bordellen. Wie soziale Randgruppen und »zwielichtige« Einwohner an die Ausläufer einer Stadt verbannt wurden, so geschah es auch mit den Hurenhäusern. In vielen Orten sahen sich jedoch die Stadtväter aufgrund steigender Nachfrage gezwungen, zusätzliche Viertel für die Tätigkeit der Damen freizugeben; und das, obwohl in Freibriefen potentieller Bordellinhaber wie auch in städtischen Satzungen immer wieder das Verbot auftaucht, festgesetzte Gebietsgrenzen weder bei der Einrichtung jener Häuser, noch der Kundenanwerbung zu überschreiten.[114] An der Zuweisung gewisser Straßen läßt sich zweifellos der Wunsch ablesen, Dirnen von übrigen Einwohnern abzusondern; gleichzeitig bringt sie zum Ausdruck, daß man die Prostitution als Beruf ernst nahm; konzentrierten sich doch andere städtische Gewerbetreibende ebenfalls auf bestimmte Straßen, in denen sie ihre Waren feilboten. Einige dehnten diesen Vergleich noch aus. So etwa Thomas Chobham, Autor eines Beichtspiegels aus dem 12. Jahrhundert: Nach ihm sind Dirnen zu Lohnarbeiterinnen zu rechnen. Sie vermieteten ihren Körper und erbrächten somit gleichfalls eine Arbeitsleistung. Zwar sei es von Übel, wenn eine Frau zur Hure würde, doch wenn sie es einmal sei, dann läge nichts Schlechtes darin, daß sie entsprechenden Lohn erhielte. Hure sie jedoch aus Lust und vermiete sie zu solchem Zwecke ihren Körper, so sei der Lohn von gleichem Übel wie die Tat. – Erfolgreiche Dirnen konnten Häuser mieten oder besaßen sie als Eigentum. Notleidendere hingegen mußten ihre Kundschaft in amtlichen Bordellen empfangen. Trotz aller Verordnungen ließen sich manche Damen nicht ausschließlich auf die für sie zugelassenen Gebäude und Straßen einschränken: sie warben in Wirtschaften, Badehäusern und auf Marktplätzen, arbeiteten daheim oder in Herbergen, während die ärmsten und heruntergekommensten von ihnen auch unter Brücken und an Mauern ihre Dienste verrichten mußten.[115]

Zuweilen betrieben Männer oder Frauen Bordelle unter dem Deckmantel eigener Werkstätten; so eine Londoner Kupplerin, die ihr Haus als Stickereiunternehmen ausgab, und Mädchen an alle Interessenten, vor allem Geistliche, vermittelte. Zur Strafe wurde sie an den Pranger gestellt und aus ihrer Stadt vertrieben.[116]

Neben ihrer Tätigkeitsbeschränkung auf bestimmte Bezirke mußten Dirnen sich durch besondere Kleidung von allen sonstigen Frauen abheben. Sie hatten auffallende Erkennungszeichen wie rote Hüte, Schleifen an den Ärmeln oder herausstechende Farben zu tragen; wattierte und mit Pelzen geschmückte Gewänder der Edelfrauen waren ihnen verboten.[117] Bei Zuwiderhandlungen folgten Geldstrafen sowie Konfiszierung der betreffenden Kleidungsstücke, deren Qualität nicht selten das Einkommen und den hohen Lebensstandard exklusiverer Damen verrieten. Unter den beschlagnahmten Gegenständen kamen hin und wieder silberne Schmuckstücke, Edelsteine und Pelzbesatz zutage.[118] Einige Stadtväter, die sich mit Bezirks- und Kleidervorschriften keineswegs begnügten, sorgten beispielsweise in Avignon dafür, daß sie feilgebotenes Brot und Obst nicht berühren durften. Hatten sie es dennoch angefaßt, so wurden sie gezwungen, es zu kaufen.[119] Besonders verfolgt, gedemütigt und des öfteren aus der Stadt verjagt wurden mittellose Dirnen, die nicht in einem offiziell anerkannten Haus arbeiteten.[120] Man rechnete sie den gesellschaftlichen Randgruppen zu, den Vagabunden, Aussätzigen, Bettlern und Verbrechern. Wie jene armseligen und heruntergekommenen Gestalten, ließen sich die notleidensten und keiner Organisation angehörigen Dirnen bisweilen vom religiösen Eifer eines einzelnen oder einer Gruppe mitreißen. So scharten sich Ende des 12. Jahrhunderts in Anjou einige von ihnen um Robert d'Arbrissel, um seinen Predigten zu lauschen und Buße zu tun. Doch brachte solcher Glaubenseifer mit seinem fanatischen Wunsch nach einer Weltveränderung im Geist des Christentums den Dirnen noch mehr Unterdrückung und Demütigung. Das galt in gleichem Maße für die Tätigkeit von Bettelmönchen in lombardischen Städten um ca. 1233, für die Epoche Ludwigs IX. in Frankreich oder die Hussiten in Prag. Wie jene Ketzer, Homosexuelle und Juden, waren Dirnen gesellschaftlichen Schmähungen ausgesetzt.[121] Insgesamt gesehen trafen sie jedoch im Mittelalter auf größeres Verständnis von seiten der Gesellschaft als im 16. und 17. Jahrhundert: hier gingen königlicher Absolutismus, Reformation und Gegenreformation ein gestärktes Bündnis zur schonungslosen Unterdrückung von Dirnen ein, die allgemeine Haltung ihnen gegenüber wurde abfälliger und scheinheiliger, wozu die Angst vor Geschlechtskrankheiten das ihrige beitrug.

Wenngleich die Einrichtung mittelalterlicher Badehäuser nur indirekt mit dem Phänomen der Prostitution in Zusammenhang steht, so wollen wir diese zum Schluß nicht unerwähnt lassen, da sie dem Bild mittelalterlicher Zivilisation zusätzlich Farbe verleihen. Zunächst sei festgehalten, daß Badehäuser von Frauen wie Männern frequentiert wurden. Schon Burkhard von Worms machte in seinem Predigerleitfaden Bemerkungen über jene, die zusammen mit Frauen badeten.[122] Bis zum Ende des 13. Jahrhunderts existierten allein in Paris sechsundzwanzig öffentliche Heißbäder; wohlhabendere Personen verfügten über eigene, entsprechende Einrichtungen. Städtische Badehäuser ermöglichten nicht nur Männern und Frauen ein höheres Maß an Körperhygiene als auf dem Land, sondern stellten auch eine Art von Vergnügungsstätten dar, die nicht immer dem Geschmack der Stadtväter oder gar Verfasser didaktischer Schriften entsprachen. Nicht ohne Grund meinte jener Pariser Haushälter, die Straßen der Stadt seien eine bedenkliche Gefahrenquelle für unschuldige junge Frauen; er befahl daher seiner Ehefrau, das Haus nur in Begleitung einer älteren, bekannt zuverlässigen und frommen Städterin zu verlassen. Und Jean de Meung, der Verfasser des bekannten Rosenromans, erzählt mit zynischer Freude von all den Begebenheiten, die jede lüsterne Frau hier erwarteten; Chaucers literarisches Geschöpf, die Frau von Bath, indessen berichtet frei von allem Schuldgefühl und Zynismus: »Es war zur Fastenzeit – ich besuchte meine Gevatterin, mit der ich im Frühling gern von Haus zu Haus zog, um zu erfahren, was es Neues gäbe –, als Frau Alison, ein Student aus Oxford und ich hinaus auf die Felder gingen. Da mein Mann gerade in London weilte, hatte ich viel Muße, meine Späße zu treiben, mich sehen zu lassen und gesehen zu werden. Ich konnte ja nicht wissen, ob Fortuna vielleicht etwas mit mir vorhatte! So besuchte ich Vigilien und Prozessionen, nahm an Hochzeiten und Pilgerfahrten teil, lauschte Predigten und sah mir festliche Spiele an; dabei trug ich stets mein schönstes scharlachrotes Kleid. Glaubt mir, nicht Würmer und Motten, nicht Milben konnten meinen Kleidern Schaden zufügen; ihr fragt, warum nicht? Ich trug sie fast stets.«[123]

Ausbildung

Das Problem der Ausbildung stellt sich innerhalb der Städte ausschließlich bei wohlhabenden Bürgerstöchtern, allenfalls noch bei Töchtern von Zunftmitgliedern und Kleinhändlern. Mädchen und Jungen aus der Unterschicht gingen dagegen leer aus. Hin und wieder konnte es vorkommen, daß Lehrjungen von ihren Meistern für einige Jahre in die Schule geschickt wurden, damit sie Lesen und Schreiben lernten.[124] Ob entsprechend auch mit weiblichen Lehrlingen verfahren wurde, steht dahin; da in keinem der uns überlieferten Lehrverträge solches ausdrücklich vereinbart wurde, wissen wir mit Sicherheit lediglich von ihrer praktischen Ausbildung. Doch existierten in Städten Volksschulen, in denen Knaben und Mädchen gemeinsam unterrichtet wurden. Erst im Jahr 1357 verfügten Pariser Satzungen die Einrichtung getrennter Schulen.[125] Von Froissart, der im flämischen Valenciennes aufwuchs, wissen wir, daß er eine gemischte Schule besuchte und Jungen wie Mädchen dort sogar Latein lernten.[126] In Paris waren diese gemischten »kleinen Schulen« der Aufsicht des Kantors von Notre Dame unterstellt, der ebenfalls für die Erteilung von Unterrichtsgenehmigungen als zuständig zeichnete. Nach Giovanni Villani betrug allein in Florenz im Jahr 1338 die Zahl der Jungen und Mädchen, die in Volksschulen Lesen lernten, 8–10 000.[127] Die Kinder hatten durchschnittlich ein Alter von 6–12 Jahren. Von der Existenz von Volksschülerinnen im England des 14. Jahrhunderts haben wir Kenntnis aufgrund des Faktums, daß der Vormund einer verwaisten Londoner Kerzengießerstochter das Schulgeld für sie an eine Volksschule überwies, in der sie offenbar vom 8. bis zu ihrer Verehelichung im 13. Lebensjahr ausgebildet wurde.[128] Ferner hat uns E. Power auf die Tatsache aufmerksam gemacht, daß medizinische Schriften über Frauenkrankheiten bereits zu jener Zeit ins Englische übersetzt wurden, in der Hoffnung, des Lesens kundige Frauen würden sie ihren weniger gebildeten Geschlechtsgenossinnen vorlesen, damit sie sich gegenseitig unterstützen und das Herbeiziehen eines männlichen Arztes vermeiden könnten.[129] Die schließlich in Deutschland existierenden Volksschulen für Jungen und Mädchen standen weitgehend unter der Leitung von Beginen.[130]

In allen genannten Schulen wurde das Erlernen der Landessprache in Wort und Schrift ergänzt durch eine Unterrichtung in den Grundzügen des Glaubens, des Gebets und des Wohlverhaltens. Ein lateinischer Unterricht stand hingegen üblicherweise nicht auf der Tagesordnung, wenngleich Froissart ihn in seiner Schule erhalten hatte. Wie in Adelskreisen gab es auch beim wohlhabenden Bürgertum Mädchen, die Nonnenschulen besuchten, ohne daß sie fürs Kloster ausersehen waren. Ein Beispiel ist die uns durch ihre Liebesbeziehung zu Abälard bekannte Héloise. Ihr erstes Wissen erwarb sie im Kloster Argenteuil bei Paris, obwohl sie als Kind noch nicht für eine solche Laufbahn vorgesehen war.[131] Schulen, an Frauenstifte angeschlossen, waren besonders in italienischen Städten weit verbreitet. Selbstverständlich gab es daneben auch Mädchen, die daheim von einem Privatlehrer oder -lehrerin unterrichtet wurden. Interessant ist in diesem Zusammenhang, welche Literaturgattungen von den späteren Bürgersfrauen bevorzugt wurden. Testamente können uns hier weiterhelfen, wenngleich dabei zu bedenken ist, daß Bücher u. a. auch einen Vermögenswert darstellen, mithin nicht notwendig vom Eigentümer gelesen sein mußten. Marie Payenne etwa, Bürgerin der Stadt Tournai, vermachte im letzten Viertel des 13. Jahrhunderts ihrem Sohne einige religiöse Schriften, Gebetbücher und die Geschichte des »Schwanenritters«, des Chevalier du Cygne.[132] Bedacht werden muß auch, daß die höheren Bildungsstätten Frauen prinzipiell verschlossen waren, und zwar nicht nur Universitäten und Rechtsschulen, sondern ebenso alle »unteren« Institutionen. Im Gegensatz hierzu wurden allein in Florenz 1000–2000 Knaben auf sechs Mathematikschulen auf den Beruf des Kaufmanns vorbereitet, und weitere 500–600 konnten sich in Latein und Logik ausbilden lassen. Im Anschluß an die Schule folgten dann die Universitäten, wo sie auf die Laufbahn eines Juristen, Arztes, Notars oder Geistlichen vorbereitet wurden.[133] In englischen Städten setzten manche ihre Volksschulausbildung in Grammatikschulen fort. Keine dieser Anstalten nahm Mädchen auf. Da ein erheblicher Prozentsatz von Universitätsstudenten aus dem Bürgertum sowie dem städtischen Adel stammte, weitete sich zunehmend die Bildungskluft zwischen Männern und Frauen aus dem gehobenen Mittelstand der Städte, und zwar mit allen daraus resultierenden Konsequenzen.[134]

Vergleichen wir die Rechte und die gesellschaftliche Stellung einer Städterin mit denen ihrer männlichen Standesgenossen, so müssen wir dabei zuvor zwischen einer wohlhabenden Bürgersgattin und Frauen aus der Arbeiterklasse unterscheiden. Begüterte bürgerliche Ehefrauen hatten nur geringe Möglichkeiten, aktiv tätig zu werden und sich selbst zu verwirklichen. Weder durften sie sich an der Stadtregierung beteiligen, noch Sitz und Stimme in einzelnen Regierungsinstitutionen übernehmen; dies im Gegensatz etwa zu mancher Edelfrau, die ein Lehen besaß. Während ein Edelmann, der im Dienst seines Königs oder Lehnsherrn in den Krieg zog, häufig die Verwaltung seiner finanziellen Angelegenheiten seiner Frau anvertraute, übte der Bürger, da er in erster Linie Geschäfts- und Finanzmann war, seine Wirtschaftstätigkeit hauptberuflich selbst aus. Die meisten Bürgersfrauen hatten daher nur die Verantwortung für ihren Haushalt. Obgleich sie in der Nähe städtischer Bildungsinstitutionen lebten, konnten sie doch keinen Nutzen aus ihnen ziehen: ein Beruf als Staatsbeamter, Notar, Richter, Advokat oder Arzt war ihnen versagt. Etwas freundlicher gestaltete sich ihr Leben nur unter gesellschaftlich-kulturellen Aspekten; so durften sie z. B. an religiösen und kulturellen Ereignissen innerhalb ihrer Stadt teilnehmen und lebten insgesamt weniger einsam und abgeschlossen als adlige Ehefrauen auf ihren Burgen. Außerdem boten sich einer Städterin mehr Möglichkeiten weiblicher Geselligkeit. Im Gegensatz zu ihr konnte allerdings eine Edelfrau, sofern sie auf einer Festung residierte, die einen sozialkulturellen Mittelpunkt bildete, das dortige kulturelle Leben maßgeblich mitprägen.

Betrachten wir dagegen die Arbeiterklasse, so stoßen wir auf eine vergleichsweise größere Gleichheit zwischen den Geschlechtern als innerhalb des wohlhabenden Bürgertums; das beruht zum einen auf der wichtigen Funktion von Frauen innerhalb des städtischen Handwerks und Kleinhandels, zum anderen darauf, daß Männer hier an der Stadtregierung oder der Leitung höherer Lehranstalten nicht beteiligt waren. Frauenarbeit war also weder etwas Ungewöhnliches, noch ein spezielles Privileg; das Besondere weiblicher Berufstätigkeit in mittelalterlichen Städten ist vielmehr in der Vielfalt der Handwerks- und Gewerbezweige zu sehen, in denen sie tätig werden konnten, eine Vielfalt, die in späteren Zeiten augenscheinlich schrumpfte. Ihre Aktivität in Herstellungsbetrieben verschaffte ihnen einen ansehnlichen Status in Handwerkszünften und Kleinhandelsgilden, auch wenn sie hier im allgemeinen keine Führungspositionen einnahmen; zusätzlich ein gewisses Maß an Selbstsicherheit und Bewegungsfreiheit. Eine Kauffrau besaß überdies eine Form rechtlicher Eigenständigkeit, die anderen Ehefrauen fehlte, obgleich das Ehegesetz hier wie innerhalb bürgerlicher Schichten dem Mann die Vorherrschaft einräumte. Speziell im Spätmittelalter war der weibliche Bevölkerungsanteil in den Städten groß; viele Mädchen strömten in Städte, um sich als Dienerinnen zu verdingen oder eine Lehre anzutreten; auch manche Witwen aus dem Adel oder wohlhabenden Bauernstand zogen ein Leben in der Stadt einem Verbleib in ländlicher Umgebung vor.

Frauen gehörten also zum städtischen Arbeitspotential; ein Teil des Kapitals lag in ihren Händen.[135] Dennoch leisteten sie einen nur geringen Beitrag zur Entwicklung der städtischen Kultur. Das Stadttheater, eine ihrer Ausdrucksformen und besonderer Stolz der Zünfte, durften sie nur in der Rolle eines Zuschauers besuchen. Gewalttätigkeit und Verbrechen gediehen innerhalb der städtischen Gesellschaft, ohne daß Frauen sie mildern konnten. Sie waren Bestandteil einer Zivilisation, in der Grausamkeiten vor aller Augen zur makabren Belustigung und emotionalen Entspannung herbeieilender Volksmassen vorgeführt wurden. An die Worte des Chronisten, der die erste Erhängung einer Frau in Paris schilderte, sei hier noch einmal erinnert: Die Menge strömte zusammen, um dieser neuen Art der Hinrichtung zuzuschauen, vor allem Frauen und Mädchen kamen...[136] Es nimmt kaum Wunder, daß die Literatur der Städte von Verachtung und Feindseligkeit gegenüber Frauen geprägt ist. Als eine satirische Gattung, die der Weiblichkeit häßliche Eigenschaften zuspricht, liefert sie uns gleichzeitig ein Panorama willensstarker und dominanter Frauen der städtischen Gesellschaft. Im selben Zug belehrt sie uns darüber, wie das Frauenbild beschaffen sein mußte, damit es die städtische Gesellschaft belustigen konnte. Keineswegs war es jedoch unter weiblicher Mitwirkung entstanden oder darauf gerichtet, einem weiblichem Publikum zu gefallen; dies sehr im Gegensatz zur höfischen Literatur, der es u. a. darauf ankam, nicht nur das Bild der Edelfrau zu kultivieren, sondern auch dazu beizutragen, daß ihr mehr Anerkennung und größere Achtung entgegengebracht wurden. Die Wiege der literarischen Salons späterer Epochen stand somit eindeutig auf den Höfen der Edelfrauen, nicht aber in den Häusern der Bürgerinnen.

7. Bäuerinnen

Bauern hatten im Mittelalter nur begrenzt Anteil an sozialen und politischen Führungsämtern. Vereinzelt waren einige der Wohlhabenden unter ihnen in Bezirksämtern im Auftrag der Zentralregierung oder ihres Feudalherren tätig oder beteiligten sich an Wahlen zu regionalen oder nationalen Abgeordnetenversammlungen. In allen Dörfern gab es indessen lokale Verwaltungen. Zusammenkünfte und Gerichtsverhandlungen wurden hier abgehalten, Würdenträger und Funktionäre vom jeweiligen Gutsherrn ernannt, oder aber von der Dorfversammlung gewählt. Eine Ausnahme waren diejenigen Honoratioren, die weder vom Dorfherrn eingesetzt, noch von Bauern gewählt wurden, so etwa der Priester des Dorfes (der offiziell nicht vom Gutsherrn oder zumindest nicht von ihm allein ernannt wurde) oder der Dorfschreiber. Frauen war es nicht erlaubt, eine dieser Aufgaben zu übernehmen. Sie durften weder als gutsherrliche Beamte, noch als gewählte Dorfvertreterinnen oder Repräsentantinnen der Lehns- oder Zentralregierung dienen.[1]
An Versammlungen, bei denen die Anwesenheit aller Landbesitzer zwingend vorgeschrieben war, beteiligten sich von weiblicher Seite nur Junggesellinnen und Witwen. Verheiratete Frauen mit eigenem Grund und Boden wurden durch ihre Ehemänner vertreten, obwohl die vereinbarten Beschlüsse für alle Betroffenen galten. So entschied man beispielsweise 1304 in der kleinen Ortschaft Cravenna bei Piemont, daß ein Lehnsherr nicht berechtigt sei, ohne Zustimmung aller Dorfbewohner, Männer und Frauen, Bodenflächen zu übertragen oder zu verkaufen, auf denen Bauern ansässig waren. Allerdings war dabei die Rede nur von solchen Frauen, die als Ledige oder Witwen einem eigenen Haushalt vorstanden.[2] Jedoch auch diese Gruppe durfte, wenn sie an Versammlungen und Gerichtssitzungen teilnahm, keinerlei Funktionen übernehmen: weder als Geschworene, noch als Vertreter eines anderen vor Gericht erscheinen, oder gar jene Zehntgruppen anführen, die sich in England gebildet hatten, um für eine ordnungsgemäße Abgabenzahlung jedes Mitglieds einzustehen. Offenbar be-

herrschten also im Rahmen der Baunernschaft, wie in bürgerlichen und adligen Schichten, die Männer das sozio-politische
Feld, und zwar sowohl auf lokaler Ebene, als auch in größeren
regionalen und staatlichen Bereichen. Speziell in letzteren war
die Rolle selbst männlicher Bauern außerordentlich eingeschränkt, die von Frauen jedoch erst gar nicht vorgesehen. Ihr
Defizit an sozialen und politischen Führungsrechten war nicht
allein ständisch, sondern auch geschlechtsspezifisch begründet.
Nur in wenigen Ausnahmefällen übertrug man Frauen der
bäuerlichen Gesellschaft offizielle Funktionen. Zu nennen
wäre hier etwa die Wahl weiblicher Bierschmeckerinnen in
Halesowen bei Birmingham zu Beginn des 15. Jahrhunderts.
Bei diesem Amt handelte es sich um eine durchaus angesehene
Tätigkeit, da sie dazu berechtigte, Herstellern, die des Handels
mit unvorschriftsmäßigen Bieren überführt wurden, Geldstrafen aufzuerlegen. Daß Frauen hierzu herangezogen wurden,
läßt sich mit dem seinerzeitigen Bevölkerungsrückgang sowie
einer verstärkten Binnenwanderung erklären. Bekanntlich haben Krisenzeiten in der Geschichte nicht selten eine relative
Verbesserung der gesellschaftlichen Stellung der Frau bewirkt.
Wie in allen Ständen und zu allen Zeiten existierten natürlich
auch unter den Bäuerinnen Frauen, die sich durch Stärke und
Führungstalent auszeichneten und schon aufgrund ihrer Persönlichkeit zu Einfluß und Ansehen gelangten, ohne daß sie ein
offizielles Amt bekleidet hätten. Agnes von Romsley etwa, eine
verheiratete Frau, war es, die im Jahr 1386 an der Spitze jener
Bauern stand, die sich den Verschärfungen ihrer Fron wider-
setzten und eine Abschaffung der Leibeigenschaft forderten.
Zusammen mit ihren männlichen Mitstreitern weigerte sie sich,
der Vorladung eines vom König eingesetzten Richters Folge zu
leisten; ihr Verhalten wurde als gesetzlos erklärt, und sie
verschwand spurlos.[3] Teilnehmer am englischen Bauernauf-
stand von 1380, die den Sinnspruch: »Als Adam grub und Eva
spann, wer war denn da ein Edelmann?« auf ihre Fahnen
geschrieben hatten, bekundeten damit ihren Protest gegen eine
Sozialordnung, die Angehörige gehobener Schichten unrecht-
mäßig privilegierte; gegen die mangelnde Gleichberechtigung
der Geschlechter indessen kämpften sie nicht.

Erbrechte

Die Struktur bäuerlicher Familien und das in ihnen praktizierte Erbrecht war von Region zu Region unterschiedlich. In manchen Orten dominierte die Kernfamilie: Vater, Mutter und Nachkommen. Der Hof wurde hier nicht parzelliert, sondern entweder dem ältesten oder jüngsten Sohn vererbt; dabei sorgten Eltern dafür, daß auch ihre übrigen Kinder ein Erbteil erhielten: Töchter in der Regel eine Mitgift und Söhne einen Grundstock für ihre Ehe und eigenen Hausstand. In Gebieten wie dem französischen Mâcon wurde der Landbesitz zwar ebenfalls nicht aufgeteilt, doch verwalteten ihn alle Nachkommen gemeinschaftlich; so lebte ein Teil der verheirateten Söhne und bisweilen auch verheirateten Töchter nach dem Tod ihres Vaters weiterhin zusammen; sie bildeten eine bäuerliche Gemeinschaft, die häufig über Generationen fortbestand.[4] In der Region Orléans – Paris herrschten andere Bräuche: hier wurde der Grundbesitz unter alle im Dorf ansässigen Nachkommen aufgeteilt, während diejenigen, die abwanderten, andere Vermögenswerte bekamen. Analoge Erbfolgeregelungen treffen wir auch nördlich dieser Region an, daneben in Amiens, im Zentralmassiv und einigen Gegenden Deutschlands und der Schweiz. Anders dagegen sah es in der Bretagne, in Maine, Anjou und der Normandie aus: hier wurde der Boden zu gleichen Teilen an alle Kinder vererbt, wobei in Mittel-, Ost- und Südostengland dabei lediglich Söhne zum Zuge kamen.[5] Daneben konnte es vorkommen – etwa in der Gegend der Pyrenäen – daß ein Vater den Erben nach freier Wahl bestimmte. Die Folge hiervon war, daß nach und nach alle nicht erbberechtigten Geschwister den Hof verließen, sodaß schließlich nur noch die Kernfamilie übrigblieb.[6] Die Toskana des beginnenden 15. Jahrhunderts war dagegen durch das Bild der Großfamilie geprägt. Hier wurde der Hof nicht unter den Nachwuchs aufgeteilt, sondern von der gesamten Sippschaft gemeinschaftlich bearbeitet. Das heißt: in dieser Gegend war das Prinzip eines patrilinearen Agnats verbindlich; ihm zufolge erhielten Töchter bei ihrer Heirat eine Mitgift und zogen in das Haus ihrer Ehemänner.[7]

Beim Blick auf die Erbschaftsgesetze und Familienstrukturen in den verschiedenen ländlichen Gebieten wird deutlich, daß Bauerntöchter insgesamt benachteiligt waren. In manchen Gegenden blieben sie sogar generell von einer Erbschaft ausgeschlossen und erhielten selbst dann lediglich eine Mitgift aus dem Familienvermögen, wenn keine männlichen Erben vorhanden waren. Im Fall des Erstgeburtsrechts (Primogenitur) war ein jüngerer Sohn gegenüber einer erstgeborenen Tochter privilegiert, in Regionen eines Ultimogenitur-Rechtsprinzips, ein älterer Sohn gegenüber seiner letztgeborenen Schwester. Aus Gerichtsprotokollen jener Zeit erfahren wir so manche zusätzlichen Regelungen: beispielsweise, daß nicht nur im Fall erwachsener Grundbesitzerinnen, sondern auch minderjähriger Mädchen, ihr Erbteil einem Treuhänder anvertraut wurde;[8] heirateten jene und war der Bräutigam ärmer als die Braut, so wurde er in ihre Familie integriert, wobei er zum äußeren Zeichen den Familiennamen der Braut annahm. Wenn Frauen einmal Landbesitz geerbt hatten, vermachten sie ihn ihren Kindern; ging dieser an ihren Sohn über, so erbte er in manchen Gegenden gleichzeitig den mütterlichen Geburtsnamen.[9] Wenngleich in solchen Vorgängen eine gewisse – zwar begrenzte – gesellschaftliche Anerkennung der Frau zum Ausdruck kommt, so ändert dies nichts an der Tatsache, daß das gesamte damalige bäuerliche Erbrecht Söhne und Töchter nach zweierlei Maß behandelte: besonders krass wurde dabei in den ländlichen Bezirken Flanderns, der Normandie, der Toskana[10] und im Osten Englands verfahren.[11]

Ehen

Innerhalb der bäuerlichen Gesellschaft war es wie in den übrigen Gesellschaftsklassen gang und gäbe, daß Ehen von Familien vermittelt wurden. Dabei spielten wirtschaftliche und Prestigegesichtspunkte nicht selten eine ausschlaggebende Rolle bei der Wahl eines Ehepartners für Sohn oder Tochter. Auf Erbgütern hatte sogar der Gutsherr bei der Vermählung von Witwen, Erbinnen und den Töchtern von Leibeigenen ein Wort mitzureden. Im Fall lehnsherrlicher Domänen wurden weibliche Erben gelegentlich vom Besitzer zur Verehelichung gedrängt, damit die ihm zukommenden Arbeitsleistungen auf diese Weise auch sichergestellt waren. Heirateten Töchter von Leibeigenen – wobei auf die Wahl ihres Partners kaum Einfluß genommen wurde –, so ließ sich der Gutsherr das Geld, das ihm vor der Hochzeit vom Brautvater zu zahlen war, natürlich nicht entgehen. Dieses sog. *Merchet* gehörte zu den Kennzeichen eines unfreien Bauern.[12] Wenn es zum Beispiel vorkam, daß eine leibeigene Landarbeiterin einen Mann von auswärts heiratete und in sein Dorf übersiedelte, so wurde in manchen Regionen automatisch ein Teil ihrer Nachkommen (in der Regel die Hälfte) zu Leibeigenen ihres früheren Herrn, der zudem ihre Anwesenheit auf seinem Gut fordern konnte. Der rechtliche Status von Kindern solcher »gemischten Paare« hing in den meisten europäischen Ländern von der Stellung ihrer Mutter ab, mithin vom praktizierten Gewohnheitsrecht,[13] wobei sich kaum eruieren läßt, ob, und gegebenenfalls bis zu welchem Zeitraum, Gutsherren von diesem Recht tatsächlich Gebrauch machten. Ebensowenig wissen wir, in welchem Alter Kinder gezwungen wurden, ihr Elternhaus zu verlassen und auf den Hof des Gutsherrn mütterlicherseits überzusiedeln.

Eheschließungen durchliefen in Bauernkreisen dieselben Stationen wie gewöhnlich bei den übrigen sozialen Ständen: Verhandlungen zwischen den betroffenen Familien, Verlobung und kirchliche Trauung. Dabei wurden indes Bauernehen mit Vorliebe privat geschlossen, trotz aller daraus resultierender Probleme. Das geschah speziell (doch nicht ausschließlich) im Fall armer Bauern, wo eine Hochzeit nicht mit komplizierten finanziellen Abmachungen verknüpft war, und Eltern ihren Söhnen und Töchtern ihren eigenen Willen nicht aufzwingen konnten. Wenn es Leibeigenen einmal gelang, ihre Eheschließung vor dem Gutsverwalter geheimzuhalten, so kamen sie um die Zahlung eines *Merchet* herum. Selbstverständlich lebten viele Paare auch in jener Epoche unverheiratet zusammen. Ein anderes Phänomen war in den meisten Landstrichen die sogen. Endogamie: das Verbot einer Verwandtenehe bis ins vierte Glied ließ sich praktisch nicht einhalten, besonders nicht in kleinen Dörfern mit nur einigen wenigen Dutzend Familien.[14] Häufig wußten die Einwohner nicht einmal, mit wem sie bis zu welchem Verwandtschaftsgrad verbunden waren; wurden doch Familienbücher nicht geführt, so daß, angesichts der stets wechselnden Zunamen, auch diese nicht verläßlich Auskunft geben konnten.

Hochzeiten leiteten wie allerorts einen wichtigen Abschnitt im Leben der jungen Leute ein: u. a. einen Statuswechsel zum Haushalts- und Familienvorstand. Das englische Wort *husbandman* – Bauer –, das gleichzeitig *husband* – Ehemann – enthält, deutet anschaulich darauf hin. Der Einzelne konnte nunmehr zu einem einflußreichen Mitglied der neuen Gemeinschaft werden, Nachwuchs zeugen und nicht zuletzt seinen Verwandten- und Freundeskreis vergrößern. Gleichzeitig jedoch wurden Familien durch die Vermählung ihrer Kinder zweifellos schweren finanziellen Belastungen ausgesetzt: für Töchter mußte eine Mitgift, für Söhne – wenn sie nicht erbten – ein anderer Vermögenswert zur Verfügung gestellt werden. Aus der Provence wissen wir von Bauern, die selbst Zinsanleihen nicht verschmähten, nur um ihren Töchtern eine bestmögliche Mitgift zukommen zu lassen.[15] Waren sie nicht bereit, Aussteuern ihrer Töchter mitzufinanzieren, so mußten sie hin und wieder damit rechnen, von ihren angehenden Schwiegersöhnen auf Schadenersatz verklagt zu werden.[16]

Neben den familiären hatten vor allem gesellschaftliche und wirtschaftliche Aspekte bei Ehen zwischen Bauern ein nicht unerhebliches Gewicht. Sie machten sich nicht nur im Fall eines mehr oder weniger glücklichen Zusammenlebens bemerkbar, mehr noch bei streitigen Ehen oder Ehescheidungen. Aus den Protokollen eines englischen Gutsgerichts von 1301 ist uns der Fall des Bauern Reginald überliefert. Mit Zustimmung des Gutsbesitzers übertrug jener aus seinem Besitz seiner Ehefrau Lucy Boden und Haus unter der Bedingung, daß sie seinen Hof künftig nicht mehr betrete. Allerdings würde das Abkommen in dem Augenblick sofort null und nichtig, wo Lucy versuchen sollte, das Zustandekommen einer gesetzlichen Trennung zu verhindern.[17] Dieser Fall ist unseres Erachtens in einem größeren Zusammenhang zu sehen, In welchem, geht aus einer seltenen Quelle über die bäuerliche Gesellschaft an der Wende vom 13. zum 14. Jahrhundert hervor – aus Niederschriften von Zeugenaussagen vor dem Inquisitionstribunal in Pamiers unter Vorsitz des Bischofs Jacques Fournier.[18] Diese bekunden ein bemerkenswertes Phänomen. Und zwar dieses: offenbar unterschieden Bauern jener Region bei ihren Liebesbeziehungen zwischen Frauen, die sie »gern hatten« und solchen, die sie »leidenschaftlich liebten«. So sagte ein Mann, dem die Vermählung mit einem jungen Mädchen angeraten wurde, aus, er habe sie gern und ginge deshalb auf das Angebot ein. Ein anderer hingegen, namens Bernhard Clergue, bezeichnete seine Gefühle gegenüber der Auserwählten, die später seine Frau wurde, als leidenschaftliche Liebe. Er betonte dabei, daß er durch seine Heirat mit ihr auf eine größere Mitgift verzichte, die man ihm zuvor angetragen hatte. Solches Verhalten von männlicher Seite stellte, wie wir aus Quellen wissen, nicht nur eine vereinzelte Ausnahme dar. Interessant ist, im Unterschied hierzu, daß Frauen den Begriff leidenschaftlicher Liebe auf ihre Liebhaber, nicht aber Ehemänner bezogen. Ob daraus der Schluß zu ziehen ist, Empfindungen leidenschaftlicher Liebe

hätten – wenigstens bisweilen – allein Männer zu ihren Eheschließungen veranlaßt, muß und darf dahingestellt sein. Abgesehen davon haben wir wenig Anlaß, eheliche Beziehungen
zwischen Bauern zu idealisieren. Der Ehemann galt hier als
Herr im Hause und verwaltete den gesamten Besitz, selbst
wenn sein Löwenanteil aus dem Erbe seiner Frau stammte.
Obgleich er ihrer Zustimmung beim Verkauf oder einer anderen Verfügung über ihr Eigentum bedurfte – Gerichte prüften
oft eingehend, ob derlei Genehmigungen nicht etwa unter
Zwang gegeben wurden[19] – hinderten ihn solche Restriktionen
nicht daran, eine massive Herrschaft auszuüben. Äußere Einflüsse spielten in derartige Verhaltensweisen vermutlich mit
hinein. Wie wir durch E. Power wissen, lasen Bauern zwar
weder kirchliche Schriften zum Thema Frau und Ehe, noch die
gängige städtische Literatur; dafür aber hörten sie den Predigten der Geistlichen und Liedern und Geschichten fahrender
Sänger zu, deren Thema nicht selten die Überlegenheit des
Mannes und der Spott gegenüber Frauen war. Brutale Verhaltensweisen scheinen durch sie mitgefördert worden zu sein.
Abermals aus Gerichtsprotokollen wissen wir von Fällen, denen zufolge Männer über ihre Frauen herfielen, Messer und
andere Gegenstände gegen sie schleuderten, ja manchmal auch
in Wut ihre eigenen Kinder töteten. Furcht vor Ehemännern
gehörte offensichtlich zu einer verbreiteten Erscheinung.[20]
Doch auch eine Vielzahl von Gegenbeispielen läßt sich finden.
Anrührend ist etwa der Bericht eines Bauern aus einem englischen Dorf. Er wurde angeklagt, in einem Fischereibezirk
geangelt zu haben, der ausschließlich seinem Gutsherrn vorbehalten war. Zu seiner Verteidigung brachte er vor: »Hoher
Herr, meine Frau ist erkrankt und liegt seit einem Monat im
Bett; und es gibt weder Speise noch Trank, die sie willens ist,
anzunehmen. Plötzlich aber gelüstete es sie nach einem Fluß-
barsch; und sie schickte mich aus, ihr nur einen Fisch zu
bringen...«[21]
Was das Altersgefüge in ländlichen Gebieten betrifft, so ist es
deshalb erwähnenswert, weil sich an ihm eine fortschreitende
gesellschaftliche Differenzierung ablesen läßt. Ein Mann gelangte in der Regel früh, nämlich bereits mit 25–30 Jahren, zu
seiner vollen Machtentfaltung; mit 40 Jahren war er noch auf
der Höhe gesellschaftlichen Ansehens. Danach setzte ein lang-
samer Rückgang ein. Im Alter brachte ihm die Gesellschaft
kaum noch Respekt entgegen; eher schon das Gegenteil. Die
gesellschaftliche Stellung der Frau hingegen verbesserte sich ab

dem Zeitpunkt, da sie nicht länger geschlechtliches Objekt war. Überspitzt gesagt: »Das Ende der Menstruation war der Anfang einer Zunahme an Autorität.« Das heißt nichts anderes, als daß ihr sozialer Status – wie häufig in primitiven Gesellschaften – weitgehend vom Stadium ihrer körperlichen Entwicklung abhing.

Bauerntöchter heirateten im Mittelalter wie Mädchen aus anderen Gesellschaftsschichten relativ jung; unabhängig davon, ob die Mitgift ihr einziger Anteil am Familienerbe war, oder ob sie für eine spätere Erbfolge vorgesehen waren. Bisweilen schlossen Väter mit ihren Töchtern dieselben Abkommen wie mit ihren Söhnen: sie übertrugen noch zu Lebzeiten den Hof auf ihre Töchter; diese mußten dann im Gegenzug für das Altenteil aufkommen.[22] In Gegenden, wo üblicherweise der Familienbesitz nicht aufgeteilt wurde, lebten oft mehrere verheiratete Geschwister zusammen und bearbeiteten den Boden gemeinschaftlich. Da die durchschnittliche Lebenserwartung in der bäuerlichen Gesellschaft des Hoch- und Spätmittelalters relativ gering war, brauchten Söhne und Töchter nicht über lange Jahre auf ihr Erbe zu warten. Nach genauen Untersuchungen von M. M. Postan und J. L. Titow sah die Lebenserwartung auf den Gütern von Winchester Ende des 13. bis Mitte des 14. Jahrhunderts (bis zum Ausbruch der Pest) im Durchschnitt so aus, daß jemand im Alter von 20 noch weitere 20 Jahre vor sich hatte. Z. Razi kommt in seiner Studie über Halesowen für dieselbe Zeit bei 20jährigen auf einen Durchschnittswert von 25–28 Jahren.[23] Das westeuropäische Ehemodell, nach dem Frauen relativ spät, nämlich gegen Ende zwanzig heiraten, scheint folglich für die mittelalterliche Bauernschaft keine Gültigkeit gehabt zu haben.[24]

Bauern waren, wie wir gesehen haben, aus den verschiedensten, auch handfesten ökonomischen Erwägungen gezwungen, Familiengründungen nicht zu lange Zeit aufzuschieben. Wenn überdies äußere Katastrophen eintraten, mußten sie entsprechend darauf reagieren. Ein Beispiel: Nach dem Schwarzen Tod, als große Landstriche brachlagen und mit geringeren Geldern als vor Ausbruch der Seuche zu erwerben waren, sank das Heiratsalter in manchen Gegenden rapide ab. In den Registern von Halesowen lesen wir, daß es nach der Pest (in den Jahren 1349–1400) bei Männern durchschnittlich 20 Jahre, bei Mädchen noch weniger betrug: 26 % aller Bräute waren nur 12–20 Jahre alt.[25] Auch in Montaillou schritten Töchter gegen Ende des 13. und Anfang des 14. Jahrhunderts – also vor der

Periode der Pest – jung zum Traualtar, und das, obwohl die Bergregion ziemlich verarmt war. Das Heiratsalter der Männer lag bis ca. 25 Jahren. Wenn Bauernmädchen sich nicht vermählten, so lag es häufig daran, daß sie aus ärmsten Schichten kamen. Sie waren also genötigt, ihr Heimatdorf zu verlassen, um sich als Dienstmädchen in der Stadt oder als Magd auf anderen Höfen zu verdingen. Das nicht gerade seltene Phänomen unehelicher Beziehungen, und folglich der Geburten von Bastarden, erklärt sich aus diesen Verhältnissen. Manche jener Nicht-Verheirateten ließen sich schließlich auf Dauer in einem Dorf nieder und zogen dort ihre unehelichen Kinder allein groß. Ihr Leben war belastet und schwierig: nicht nur dadurch, daß sie sich aufgrund ihrer Armut auf der untersten Sprosse der gesellschaftlichen Stufenleiter befanden, sondern auch dadurch, daß sie im allgemeinen die Hauptlast beim Durchbringen ihres unehelichen Nachwuchses zu tragen hatten.

Die Bäuerin als Mutter

Chroniken und didaktische Schriften geben einen nur äußerst spärlichen Einblick in den Alltag einer Bäuerin als Mutter. Wenn ein Chronist einmal auf die Beziehungen zwischen Mutter und Kind einging, so dienten ihm als Beispiel Edelfrauen mit ihren Sprößlingen. Auch damalige Idealvorstellungen lassen sich schwer erraten, da die Adressaten von Anleitungsbüchern im allgemeinen der Adel und die städtische Oberschicht, nicht aber die Bauernschaft waren. Gerichtsprotokolle sind ebenfalls in bezug auf typische Verhaltensweisen einer Bäuerin gegenüber ihren Kindern unergiebig, da sie Ausnahmen von der Regel, also Normabweichungen, behandeln. Was aber galt hier als Norm?
Zunächst ist uns bekannt, daß Bäuerinnen ihre Kinder selbst stillten und großzogen. Deren Kindheit war kurz bemessen. Frühzeitig mußten sie auf dem Hof mitarbeiten und wurden so in die Erwachsenengesellschaft integriert: Mädchen überwiegend von Frauen, Jungen von Männern. Ihre gemeinsame Arbeit stand gleichzeitig im Dienst von Erziehung und Weitergabe von Traditionen. In Dörfern mit Domänen arbeiteten Kinder bereits in jugendlichem Alter nicht nur auf dem elterlichen Hof, sondern auch dem des Gutsherrn. Andere verdingten sich bei wohlhabenderen Bauern. Eine englische Verordnung aus dem Jahr 1388 legte fest, daß, wenn Mädchen und

Jungen unter zwölf Jahren schon regelmäßig als Fuhrleute oder hinter dem Pflug gearbeitet bzw. dauerhaft eine andere land-wirtschaftliche Tätigkeit verrichtet hatten, sie diese auch nach ihrem 12. Lebensjahr fortsetzen mußten; das heißt: sie durften sich keinem anderen Betätigungs- oder Berufszweig zuwenden. Gleichzeitig beinhaltet dies, daß sie schon unter zwölf Jahren gegen Lohnentgelt arbeiteten. So mußte etwa ein Hütejunge in der Haute Ariège bereits mit zwölf Jahren die Verantwortung für eine Herde übernehmen, obwohl er noch kein erfahrener Schäfer war.

Trotz solcher frühen Arbeitsbelastungen hatten die Kinder von Bauern ihren Altersgenossen aus Adel und städtischem Bür-gertum manches voraus. Einer der Vorteile war, daß die meisten von ihnen ihre Kindheit bei den Eltern verbrachten und nicht bereits früh aus dem Haus geschickt wurden. Doch konnte dieser Vorteil ihnen auch zum Gegenteil ausschlagen: Berichte englischer Untersuchungsrichter verzeichnen zahlrei-che Sterbefälle von Säuglingen und Kleinkindern in ländlichen Gegenden aufgrund von Fahrlässigkeit. Wenn Eltern aufs Feld gingen, überließen sie ihre Jüngsten häufig der Obhut älterer Geschwister, von denen sie nicht sorgsam betreut wurden. Viele Kinder kamen in ihren Wiegen durch Feuer um; größere, die bereits laufen konnten und mit Wißbegierde ihre Umge-bung erforschen wollten, ohne daß sie die dazu nötige Koordi-nationsfähigkeit besaßen, ertranken in Brunnen, Weihern oder Bächen, oder starben an Brand- und vor allem Schnittwunden, die sie sich beim Spielen mit scharfen Gegenständen zugezogen hatten. Erst ab dem vierten Lebensjahr ging die Quote solcher Unfälle merklich zurück. Wenngleich sie häufig auf eine man-gelhafte Beaufsichtigung zurückzuführen sind, so lassen sie doch nicht notwendig den Schluß auf fehlende emotionale Bindungen zu; aus Dorfregistern können wir weitere Einzelhei-ten nicht erfahren, da sie über die Reaktion von Eltern auf solche Unglücke schweigen.

Andere Quellen hingegen berichten uns manches in puncto elterliche Zuneigung. So erzählt William Langland in seinem Buch »Peter der Pflüger« von der Not der Bauern und ihren Problemen, zahlreiche Kinder unter der Last der Armut zu ernähren. Im Unterschied zu einem Teil didaktischer Schriften fehlt bei ihm jede Spur von Bitterkeit. Obwohl Kinder in solchen Umständen eine schwere Belastung seien, bildeten sie den Mittelpunkt des Familienlebens.[26] Auch der Begriff elter-licher Liebe taucht bei ihm in anderem Zusammenhang auf.

Zwei weitere bekannte literarische Beispiele: In Hartmann von Aues Verslegende »Der arme Heinrich« ist von einem jungen Bauernmädchen die Rede, das bereit ist, sein Leben zur Rettung des an Aussatz erkrankten Gutsherrn zu opfern. Die Eltern jammern und klagen, als sie von seinem Vorsatz erfahren. Als sie sich bewußt werden, daß ihre Tochter auf ihrem Entschluß beharrt – sie ihre Eltern um Verzeihung gebeten und ihnen schuldige Liebe und Dankbarkeit bezeugt hat – gestatten sie ihr schließlich, ihren selbstgewählten Weg zu gehen; dabei sind sie von solcher Trauer und Schmerz erfüllt, daß ihnen ihr künftiges Leben bedeutungslos scheint.[27] Auch Wernher der Gartenaere erzählt uns in seinem »Helmbrecht« von aufopfernder Elternliebe. Allerdings zeigt sich hier der Sohn aufsässig, verleugnet seine bäuerliche Herkunft und schließt sich trotz eindringlicher Vorhaltungen seiner Eltern einer Raubritterbande an. Er wird schließlich gefangengenommen und auf Anordnung eines gutsherrlichen Gerichtsbeamten geblendet und verstümmelt. Als blinden Krüppel bringt man ihn in sein Elternhaus zurück. Nun aber weigert sich sein Vater, ihn aufzunehmen und befiehlt demjenigen, der ihn zurückgeführt hat: »Nimm diesen Schrecken weg von mir.« Und seinem Sohn ruft er zu: »Pack dich hinweg, du Fremder. Dein Leid ist für mich ohne Bedeutung.« Die Mutter aber, so fährt der Dichter fort, die nicht erbarmungslos wie der Vater gewesen war, hat ihm ein Stück Brot in die Hand gegeben.[28] Hier handelt es sich um fiktionale Zeugnisse. Wer hingegen Zeugenaussagen, vor dem Inquisitionsgericht von Pamiers Anfang des 14. Jahrhunderts abgegeben und in Registern Jacques Fourniers gesammelt, nachliest, dem bietet sich die seltenere Gelegenheit, aus dem Mund der Bauern und Bäuerinnen selbst Genaueres über Eltern-Kind-Beziehungen zu erfahren. Entgegen der Auffassung von Ariès, daß die mittelalterliche Gesellschaft emotionale Bindungen an Kleinkinder nicht gekannt habe, belegen unsere Dokumente, daß gerade in bäuerlichen Schichten Gefühle inniger Liebe und Fürsorglichkeit gegenüber Säuglingen und Kleinkindern an der Tagesordnung waren. Im Unterschied zu den meisten Edelfrauen und reichen Städterinnen, die ihre Sprößlinge einer Amme zuweilen auf lange Zeit überantworteten, nahmen Bäuerinnen ihre Kinder selbst an die Brust. Die Stillzeit betrug ca. ein bis zwei Jahre, das Kind schlief im Bett der Mutter. Die ersten und maßgeblichen Kontakte zur Mutter waren solche der Wärme, Innigkeit und Unmittelbarkeit. Zeugnisse hierfür liegen uns in Hülle und Fülle vor. Selbst die

Ärmste der Armen unter den Dörflerinnen, eine uneheliche
Mutter namens Brune Poucel, weigerte sich trotz des Drängens
einer Nachbarin beharrlich, ihr Kind einer anderen Frau im
Haus zum Stillen zu übergeben, da sie fürchtete, die Milch der
Fremden könne von Schaden sein.[29] Nicht anders handelte eine
Mutter mit unehelicher Tochter, die sich und ihren Säugling als
Hausmädchen und Magd durchbrachte; jedesmal, wenn sie den
Arbeitsplatz wechseln mußte, nahme sie ihr Kind zu einer
Pflegerin mit, um es in ihrer Nähe zu haben.[30] Starben Kinder,
so wurden sie von ihren Müttern beweint und betrauert.
Nachbarn bemühten sich auf unterschiedlichste Weise, die
Betroffenen zu trösten: die Toten, so meinten sie, befänden sich
an einem glücklicheren Ort als die Lebenden; oder: die Seele
des verstorbenen Kindes gelange in den Körper des nächsten
Kindes, das die Trauernde gebären werde; oder: das Verstorbene sei noch vor seinem Tod in die religiöse Glaubensgemeinschaft der Katharer aufgenommen worden (d. h. es habe auf
dem Sterbebett das *consolamentum* erhalten); die Erlösung
seiner Seele sei folglich gewährleistet. Eine Mutter, die ihre
Tochter verloren hatte, reagierte auf solch tröstliche Vorstellungen mit der Haltung: auch wenn ihr Kind vom Bund der
Katharer aufgenommen sei, so würde sie doch nicht aufhören,
es ihr Leben lang zu beweinen. Jenseitshoffnungen waren nicht
dazu angetan, ihren Schmerz zu lindern.[31] Eines der eindringlichsten Zeugnisse elterlichen Verhaltens stellt die folgende
Begebenheit dar: Die noch nicht einjährige Tochter eines
gläubigen, zur Sekte der Katharer gehörenden Ehepaars er-
krankte und war dem Tod nahe. Den Eltern stand ein sogen.
»Vollkommener« (eine Art Priester der Katharer) bei, der sich
entgegen den Regeln seiner Glaubensgemeinschaft dazu bereit
fand, ihr das *consolamentum* zu spenden, um somit eine Erlösung der kindlichen Seele zu bewirken, obwohl sie das hierfür
notwendige »verständige« Alter noch nicht erreicht hatte. Da
sie mit Beendigung der Zeremonie auch den religiösen Regeln
der sogen. »Vollkommenen« unterworfen war, die sich nicht
nur des Fleischgenusses, sondern auch aller übrigen tierischen
Produkte enthalten mußten, hätte sie nun keine Milch mehr
trinken dürfen und wäre dem Verhungern ausgeliefert gewesen. Zusammen mit dem Vater des Kindes hatte »der Vollkommene« das Haus mit den Worten verlassen: »Wenn Eure
Tochter Jacotte stirbt, so wird sie ein Engel Gottes.« Die
Mutter, allein mit der Kleinen zurückgeblieben, brachte es
jedoch nicht übers Herz, dem heilversprechenden Gebot zu

gehorchen; sie gab ihrem Kind die Brust. Als der Vater und seine Freunde im Glauben davon erfuhren, zürnten sie ihr und erhoben schwere Vorwürfe. Wie jene Frau berichtete, habe der Mann ihr und dem Kind über lange Zeit seine Liebe entzogen. Ein weiteres Jahr überlebte das kleine Mädchen; doch dann starb es.[32] Dieses und zahlreiche andere Beispiele aus dem Alltagsleben von Bauern und der Eltern-Kind-Beziehungen stehen in merklichem Widerspruch zur Theorie mangelnder psychischer Bindung des mittelalterlichen Menschen an Kleinkinder. Jene, so heißt es zur Begründung, sei nicht zustandegekommen, da Kleinkinder noch nicht als Individuen betrachtet worden seien. Unsere Beispiele geben, wie wir meinen, ein anschauliches Bild dessen, daß hier eher das Gegenteil der Fall gewesen sein mag; spielte doch gerade innerhalb der Bauernschaft die Sorge um Kinder eine maßgebliche Rolle. Damit soll nicht bestritten werden, daß hier, wie in allen anderen Zivilisationen, Ausnahmen von der Regel vorkamen. Gelegentlich lag der Grund in Auseinandersetzungen um Vermögensangelegenheiten, die manche Eltern dazu veranlaßten, ihr eigenes Wohl über das ihrer Kinder zu stellen. Eine Witwe aus Halesowen mit einem minderjährigen Sohn und drei Töchtern etwa sorgte sich mehr um ihre eigene Wiedervermählung als um die Verheiratung ihrer Töchter. In der dritten Ehe, die sie einging, unternahm ihr Mann alles Erdenkliche, um sich den Erbteil seiner Stieftöchter einzuverleiben. Da er einer seiner Stieftöchter die zu ihrer Eheschließung notwendige Mitgift verweigerte, mußte diese ein uneheliches Kind zur Welt bringen[33] – Fälle, die sich häufig ereigneten. Ungeachtet dessen finden wir in didaktischen Schriften lediglich Ermahnungen an die Kinder, ihren Eltern kein Unrecht zuzufügen, nicht aber deren Umkehrung. Auch die Bibel enthält bekanntlicherweise nur das Gebot »Du sollst Deinen Vater und Deine Mutter ehren«, jedoch kein Parallelgebot für Eltern. Als Lohn für ihren Respekt und ihre Achtung wurde Kindern Langlebigkeit verheißen, wie wir beim englischen Autor Robert Mannyng von Brunne Ende des 13. Jahrhunderts nachlesen können.[34]

Wenngleich sich solche, in abgeschiedenen Regionen gesammelten Erfahrungen schwer verallgemeinern lassen, so läßt sich aus gesamthistorischer Perspektive doch dieses feststellen: daß Unterschiede zwischen der Bauernschaft Nord- und Südeuropas gravierend waren. So hatte aufgrund der uns vorliegenden Quellen beispielsweise die vor allem in italienischen Städten dominierende warmherzige Beziehung zu Kindern in den Me-

215

tropolen Nordeuropas nicht ihresgleichen. Die von uns genannten Fakten lassen keinen Zweifel daran, daß das von Ariès
entworfene Bild zumindest teilweise in Frage zu stellen ist.

Witwen

Über das Leben von Witwen aus dem Bauernstand läßt sich nur
wenig Anschauliches berichten. Es unterschied sich von dem
ihrer Schicksalsgenossinnen in anderen sozialen Schichten nur
unmaßgeblich. Sofern sie über Grundbesitz verfügten, hatten
sie die freieste Stellung unter allen übrigen Landfrauen, zumindest in einem großen Teil Westeuropas. Ihr Besitz verschaffte
ihnen Ansehen und einen gehobeneren gesellschaftlichen Status. Zudem standen sie nicht mehr unter der gestrengen
Aufsicht ihres Mannes oder ihrer Verwandten. Trotz solcher
Vorteile gab es eine große Zahl von Witwen, die eine Zweitehe
(mit allen möglichen Konsequenzen) ihrer Unabhängigkeit,
aber auch Einsamkeit, vorzogen.
Unter statistischen Gesichtspunkten gibt es indessen einige
interessante Daten. Sie betreffen das Verhältnis der durchschnittlichen Lebenserwartung von Männern zu derjenigen von
Frauen in einigen ländlichen Gebieten. Wir können dies allerdings nur für bestimmte Zeiträume und nicht für die gesamte
Epoche des Mittelalters eruieren. So lag z. B. in der Zeit von
1343–1395 im englischen Halesowen die weibliche Sterblichkeitsrate wesentlich höher als die der Männer, vermutlich
aufgrund einer Seuche, für die Frauen anfälliger waren. Aus
den Registern einzelner Dörfer in der Nähe Pistoias können wir
für das Jahr 1427 entnehmen, daß das Gefälle zwischen weiblicher und männlicher Bevölkerung je nach Altersstufe größer
wurde: So kamen bei einem Durchschnittsalter von 20 105
Männer auf 100 Frauen, mit 50 Jahren lag das Verhältnis bei
109:100 und bei 60 schließlich und darüber bei 117:100. Die
relativ geringfügigen Unterschiede lassen sich einmal dadurch
erklären, daß ältere und wohlhabendere Witwen häufig in
Städte abwanderten, zum anderen damit, daß die Zahl von
Witwen in ländlichen Bezirken hoch war, weil Frauen in
wesentlich jüngerem Alter als Männer heirateten (folglich ihre
älteren Ehegatten nicht selten überlebten). Wie uns eine Untersuchung über zehn Landgüter aus den englischen Midlands
zeigt, und zwar für den Zeitraum zwischen 1360 und 1450,
besaßen Frauen rund 14 % des gesamten Grund und Bodens;

die Mehrzahl von ihnen waren Witwen, nur ca. 5% von ihnen Junggesellinnen.[35] Dasselbe galt für das Klostergut Gladston-bury und die bischöflichen Ländereien von Winchester und Worcester in der ersten Hälfte des 14. Jahrhunderts: Hier waren zwischen 9 und 15% Frauen Bodenbesitzer.[36]

Was die gesetzlichen Rechte von Bauernwitwen betraf, so waren sie durch kirchliche wie weltliche Verordnungen sowie durch Traditionen geschützt, wobei spezielle Gesetze alle Fragen, die ihr *dos* und die Vormundschaft über ihre Nachkommen angingen, regelten. Diese sahen vor, daß eine Witwe in der Regel ein Drittel bis die Hälfte aus dem Bodenbesitz ihres verstorbenen Ehemanns als *dos* für den Rest ihres Lebens erhielt. In manchen Gebieten allerdings wurde ihr ein *dos* im Falle einer Wiedervermählung abgesprochen. Zusätzlich erbte eine Witwe ein Drittel des beweglichen Vermögens. (Der Rest wurde zu gleichen Teilen auf Söhne und Töchter aufgeteilt, wobei ein Teil als Almosen an die Kirche ging.) Starb jedoch eine Frau vor ihrem Mann, so durfte ein Witwer – falls gemeinsame Kinder da waren – fast durchgehend alle Grund-stücke der Verstorbenen bis an sein Lebensende behalten. Danach gingen sie auf weitere Erben über.[37]

Unter den Witwen des Mittelalters sind nicht so sehr jene von Interesse, die unverehelicht blieben, ihre Höfe selbst bearbeite-ten oder in Domänengebieten Frondienst leisteten; vielmehr jene, die neue Ehen eingingen. Sie zählten besonders dann zu begehrten Partien, wenn sie geerbt hatten, oder nach jewei-ligem Brauch einen Großteil des Besitzes ihrer Männer als *dos* erhielten, das bei Wiederheirat nicht verloren ging. Die Nach-frage nach solchen Personen war relativ groß; bezeichnender-weise ging sie nach dem Schwarzen Tod, als die Bevölkerungs-zahl abnahm und somit mehr Ländereien frei wurden, spürbar zurück; für Bauern war es nunmehr leichter, sich selbst Land-besitz zu verschaffen sowie eine Familie zu gründen; auch konnten Eltern ihre Töchter müheloser mit der für sie erforder-lichen Mitgift versorgen. Es nimmt nicht wunder, daß in dieser Zeit die Zahl unehelicher Kinder anstieg, und zwar gerade der von Witwen, denen es nicht mehr gelang, sich institutionell an den Mann zu bringen.[38]

Zum Schluß wollen wir nicht vergessen zu erwähnen, daß Witwen häufig von seiten der Gutsherren zu einer Wiederheirat gedrängt wurden, aus dem einfachen Grund einer Sicherung der ihnen zustehenden Frondienste. Häufig mußte eine Betrof-fene für die Erlaubnis zahlen, ihre Wiedervermählung aufschieben zu dürfen.[39] Auch kam es vor, daß ärmere Bauern zwecks Verbesserung ihrer Verhältnisse unter Druck gesetzt wurden, eine der wohlhabenderen Witwen zu ehelichen. So beispielsweise auf einem englischen Gut geschehen: Hier wurde zwei Bauern die Vermählung mit einer Witwe namens Agathe vorgeschlagen, doch wiesen beide den Gedanken energisch von sich. Einer von ihnen war sogar freiwillig bereit, eine Geldbuße zu zahlen, nur um von diesem Joch frei zu sein; der zweite hingegen wurde von Gerichts wegen verurteilt, weil er weder dazu bereit gewesen war, sein Jawort zu geben, noch seine Geldbörse zu zücken.[40] Betrachten wir alle uns überlieferten Vorkommnisse, so zeigt sich, daß das generelle Verhalten Bauernwitwen gegenüber sich kaum von dem innerhalb des Adels Üblichen unterschied; hier wie dort wurden Witwen gesucht, die durch ihren Land- oder anderen Besitz attraktiv waren. Im Fall, daß ein Lehns- oder Gutsherr sie zur Wiederheirat nötigen wollte, bezahlte sie für ihr Recht auf eine freie Partnerwahl, oder aber sie leistete eine Geldbuße bei unerlaubter Vermählung.

Frauenarbeit im Dorf

Die Tätigkeitsfelder von Frauen innerhalb der mittelalterlichen Bauernschaft waren sehr vielfältig. Vorausgeschickt sei, daß Frauen sich hier wie in jeder uns bekannten Agrargesellschaft an fast allen landwirtschaftlichen Arbeiten beteiligten, sei es innerhalb der Familienbetriebe, sei es, wenn sie Witwen oder Junggesellinnen waren, als Herrinnen von Höfen. Auf Domänengütern halfen sie bei Frondiensten mit oder waren auch allein für deren Erfüllung verantwortlich. Daneben verdingten sie sich als Mägde oder Dienstmädchen in Häusern der Gutsherren und wohlhabenden Bauern. Der weibliche Anteil an landwirtschaftlichen Arbeiten kommt u. a. in bildlichen Darstellungen der Stundenbücher oder auf Kirchenfenstern anschaulich zum Ausdruck; so in zahllosen Abbildungen von Frauen, die worfeln, Mähern Getränke bringen, beim Schweineschlachten zupacken oder spinnen. In literarischen Beschreibungen des Bauernlebens finden wir eine Vielzahl weiblicher Figuren, die in Gemüsegärten oder auf dem Felde arbeiten, das Vieh versorgen oder Tücher walken.[41]
Zu den in einem Landhaushalt üblichen Arbeiten gehörten Putzen, Kochen, Schöpfen von Wasser, Schüren des Feuers,

Einbringen des Getreides, Käsen, Viehversorgung und die Pflege des häuslichen Gemüsegartens. Hinzu kamen die typisch weiblichen Tätigkeiten des Spinnens und Webens (leibeigene Bäuerinnen mußten diese für ihren Gutsherrn verrichten[42]). In Weidegebieten stellten sie zusätzlich Wollstoffe, in Flachsanbaubezirken Leinen her. Das heißt: Alle mit Tuchproduktion verbundenen Tätigkeiten, wie etwa Walken und Färben, gehörten ebenfalls zu ihren Pflichten. Was schließlich ihre Mitarbeit bei der Bierbrauerei betraf, so brauten Frauen häufig dieses nicht nur für den Familienbedarf, sondern auch zum Zweck des Verkaufs.

An den meisten Außenarbeiten waren sie ebenfalls maßgeblich beteiligt. Zur Erntezeit beim Mähen, Garbenbinden, beim Sondern der Spreu vom Weizen und dem Sammeln von Stroh. In einigen englischen Dörfern war es, wie William Langland in seinem »Peter der Pflüger« beschreibt, üblich, daß der Mann den Pflug beim Furchenziehen selbst führte, während die Frau das Zugtier mit dem Ochsenstachel anzutreiben hatte. Auch von Jeanne d'Arc wissen wir aus den Prozeßakten, daß sie in ihrem Elternhaus nicht nur gearbeitet, gesponnen und gewebt hat, sondern daneben ihrem Vater beim Pflügen zur Hand ging.[43] Überdies halfen Frauen, besonders in Gegenden mit reichem Weinanbau, bei der Lese. All diese Tätigkeiten waren ohne ihre Mitwirkung kaum denkbar. Gerade wenn Arbeitskräfte, wie beispielsweise im englischen Leicester, aufgrund eines Bevölkerungsrückgangs knapp wurden, wie in der zweiten Hälfte des 14. Jahrhunderts, wurden Mägde sogar zu Schwerstarbeiten eingesetzt, wie dem Tragen und Verteilen von Mist, dem Decken der Strohdächer etc. Die einzige Arbeitswelt, die ihnen verschlossen blieb, war die der Schäfer. Da diese oft große Strecken mit ihren Herden zurücklegen mußten, blieb das eine männliche Angelegenheit.[44]

Wie wir bereits gesehen haben, rekrutierten sich Besitzerinnen von Höfen nicht nur aus Erbinnen oder Inhaberinnen eines *dos*, sondern daneben aus solchen, die ihren Grund und Boden käuflich erworben hatten.[45] Das beweist u. a. die Fähigkeit von Frauen, Ländereien mit allen damit verbundenen Pflichten selbständig zu erfüllen. Die Geschichte einer Bäuerin aus Montaillou, die als Katharerin vor der Inquisition fliehen mußte, liefert uns das Beispiel einer erfolgreichen Unternehmerin. Als sie sich in der Nähe von Tarragona niederlassen mußte, gelang es ihr sogleich, ein Haus mit zugehörigem Landwirtschaftsbetrieb einschließlich Weinberg, Vieh und Schafherde zu erwerben. Während sie sich in der Hauptsaison zusammen mit ihren Kindern als Erntehelferin verdingte, färbte sie nebenbei in einer kleinen Heimwerkstatt Wolle. Neben ihren auf ehrliche Weise erreichten Erfolgen vermehrte sie ihren Besitz, indem sie einen Verwandten, der ihr seine Schafherde anvertraut hatte, um den Preis der Wolle und der Häute von 150 Tieren prellte. Ihre Initiative, Tatkraft und ihr Fleiß – aber auch ihre Bereitschaft, bei passender Gelegenheit andere zu übervorteilen, sicherten ihr ein gesundes Fortkommen.[46] Natürlich gab es neben solchen Frauen, die in ihrer Arbeit Hervorragendes leisteten, auch andere, die unter der Last ihrer Arbeiten zusammenbrachen. So erklärte etwa eine Witwe in Oxon vor Gericht, sie sei gesundheitlich nicht mehr in der Lage, ihren Hof zu führen und übergäbe ihn daher ihrer Enkelin und deren Ehemann, die ihr als Gegenleistung zugesichert hätten, für ihr Altenteil zu sorgen.[47]

Prinzipiell waren Frauen, wie sich königlichen Verordnungen zur Festsetzung von Höchstlöhnen aus dem 14. Jahrhundert entnehmen läßt, ausnahmslos in allen Landwirtschaftszweigen beschäftigt.[48] Häufig hatten sie dort als Mägde zu arbeiten. Daneben wurden sie zu schwereren, sogenannten männlichen Aufgaben herangezogen; etwa in Gegenden, in denen Silber oder Blei abgebaut wurden, mußten sie das Blei in Trögen waschen und danach filtern. Selbst eine Mitwirkung bei Straßenausbesserungen (Klopfen von Steinen) blieb ihnen hin und wieder nicht erspart.[49] Aus all diesen Fakten geht hervor, daß, wenn innerhalb der mittelalterlichen Bauernschaft eine geschlechtsspezifische Arbeitsteilung überhaupt Anwendung fand, so nur im Fall von Männern; lehnten sie es doch ab, Aufgaben im Haushalt oder ihm angeschlossenen Hilfsbetrieben zu verrichten, wohingegen Frauen nicht nur diese, sondern zusätzlich beinahe alle Arbeiten auf dem Feld mitzuübernehmen hatten. Um so mehr sticht es daher ins Auge, daß bei Verrichtung gleicher Arbeiten die entsprechenden Entlohnungen von Männern und Frauen stark auseinanderklafften: die der Mägde lag ausnahmslos unter der der Knechte. Um dies anhand von Ziffern anschaulich zu machen: Die Verordnung des französischen Königs Johann II. aus dem Jahr 1350 setzte den Lohn von Rebenbeschneidern auf 8 Pennies pro Tag für die Zeit von Beendigung der Lese bis Mitte Februar fest und im Anschluß daran auf 2 Schillinge und 6 Pennies pro Tag bis Ende April. Diejenigen, die beim Umgraben tätig waren, sollten für denselben Zeitraum täglich 6 Pennies bzw. 2 Schillinge erhalten. Für die besten Arbeiterinnen in Weinbergen hingegen sah

jener Erlaß lediglich 6 bzw. 12 Pennies vor.[50] Das bedeutet:
Der Lohn von Frauen machte nur die Hälfte dessen aus, was
sogenannte Umgräber erhielten, und sogar weniger als die
Hälfte der Bezahlung von Rebenschneidern. Ähnlich verfuhr
im Jahr 1388 König Richard II. von England: Er setzte als
Entgelt für eine Molkereiarbeiterin 6 Schilling pro Jahr fest,
was exakt dem niedrigsten Männerlohn – dem der Schweinehir-
ten und Pflüger – entsprach. Fuhrleuten und Schäfern indessen
wurden allein 100 Schilling pro Jahr zugesprochen.[51] Solch
krasse Unterschiede in der Behandlung von Männern und
Frauen spiegeln sich jedoch nicht nur in den offiziellen Lohnbe-
stimmungen wider. Sie lassen sich ebenso den Aufzeichnungen
über tatsächlich gezahlte Gehälter entnehmen. Allgemein galt,
daß Frauen bei schwierigen und qualifizierten Arbeiten, wenn
es hochkam, eine Entlohnung erhielten, die derjenigen der
niedrigsten männlichen Arbeit entsprach. So verdiente etwa
eine für anspruchsvolle Arbeit in der Milchwirtschaft zustän-
dige Magd auf dem Bischofsgut Worcester 7 Schillinge zusätzlich einer bestimmten Getreidemenge; das niedrigste Gehalt
hingegen für einen Knecht betrug bereits 8 Schillinge zusätzlich
derselben Kornmenge.[52] Wie Untersuchungen von E. Perroy
belegen, wurden Frauen vor allem in Frankreich, sogar nach
dem Schwarzen Tod, außerordentlich schlecht bezahlt; hier
hielt eine geringe Nachfrage als Folge der Verwüstungen, die
der Krieg auf französischem Boden angerichtet hatte, die
Löhne besonders niedrig, so daß die Produktion stärker absank
als die Anzahl von Arbeitskräften.[53] Selbst wenn wir berücksichtigen, daß Angestellte, die man für besonders dringende
Aufgaben benötigte, einen größeren finanziellen Spielraum als
Dauerbeschäftigte besaßen, so trifft doch allgemein zu, daß das
geschlechtsspezifische Gefälle bei den letzteren durchgehend
aufrechterhalten wurde.[54]

Neben jenen primär mit der Landwirtschaft im weitesten Sinn
verknüpften Tätigkeiten arbeiteten Frauen als Dienstmädchen
in Familien oder als Haushälterinnen bzw. Mätressen bei
Gemeindepriestern oder reichen Bauern. Manche hofften dabei darauf, daß ihr Arbeitgeber sie eines Tages zum Traualtar
führen würde, ein Traum, der selten in Erfüllung ging.[55]
Andere Frauen wiederum leiteten Wirtshäuser und Herbergen
oder verdienten ihren Unterhalt durch Weinverkauf an Bauern. Speziell unter den Bierbrauerinnen gelang es einigen,
soviel Kapital anzuhäufen, daß sie es sogar hin und wieder
gegen Zinsen verleihen konnten.[56] Und um schließlich das Bild

ihrer weitgespannten Tätigkeiten zu vervollständigen: Nicht
nur wirkten viele Frauen als Hebammen; sie praktizierten
daneben die Heilkunst, speziell in solchen Landstrichen, die
von Berufsmedizinern nie aufgesucht wurden.[57]
Wenn wir die Gerichtsprotokolle ansehen, so fällt auf, daß
Frauen in bestimmten Produktionszweigen weitgehend das
Feld beherrschten; und zwar besonders im Brauereigewerbe.
So wurden beispielsweise englische Bäuerinnen ebenso wie
Städterinnen häufig einer Übertretung des Biergesetzes bezichtigt. Entsprechende Vorwürfe richteten sich meist darauf, daß
sie Bier verkauft hatten, ohne es vorher kontrollieren zu lassen,
oder aber daß sie bei der Abmessung nicht vorschriftsmäßig
geeichte Hohlgefäße benutzt hatten, so daß das Bier nicht der
erforderlichen Qualität entsprach; weiterhin wurden sie bezichtigt, die durch Erlasse festgesetzten Preise über- oder
unterschritten und zusätzlich ihre Produkte außerhalb der
genehmigten Fristen vertrieben zu haben. Geldstrafen wurden
ihnen derart häufig auferlegt, daß wir geneigt sind, in ihnen
eher Steuerbeträge denn Bußen zu sehen.[58] Daneben wurden
Frauen ebenso wie Männer häufig wegen Beleidigung und
Handgreiflichkeiten verurteilt.[59] Zu den beliebtesten Schimpf-
wörtern, die sich Frauen an den Kopf zu schleudern pflegten,
gehörten Ausdrücke wie »Hure« und »Hexe«. In Gebieten wie
der Haute Ariège, die für Verfolgung von Häretikern bekannt
war, bedeutete der Anwurf »Ketzer« eher eine Drohung als
eine Beleidigung.[60]
In einer Gesellschaft, die wie die mittelalterliche von Gewalt-
tätigkeiten geprägt war, mußte der schwächere Körperbau und
kleinere Wuchs von Frauen Nachteile mit sich bringen. Wenn
wir die Klasse der Bauern insgesamt betrachten, so lag die Zahl
weiblicher Gewaltverbrecher, wie Christine de Pisan zu Recht
betonte, weit unterhalb der von Männern. Frauen aus ärmeren
Schichten wurden vor allem wegen kleiner Diebstähle von
Nahrungsmitteln, Haushaltsartikeln, Kleidungsstücken u. ä.
angezeigt; Mordanklagen indessen kamen selten vor. In einem
solcher Fälle hatte die Täterin allein gehandelt, während ansonsten Frauen zumeist mit männlichen Verwandten »tätlich«
wurden. In einigen Fällen von Mordanklagen wurden sie des
gemeinschaftlich mit ihrem Liebhaber verübten Gattenmordes
beschuldigt. Schließlich kam es auch vor, daß Frauen Mitglieder von Räuberbanden waren, die um des Gewinns willen
mordeten. Als Tatwerkzeug benutzten Frauen Messer, Spaten
oder Äxte, mithin Gegenstände, mit denen sie von ihrer Haus-

222

und Feldarbeit her vertraut waren; mit Kriegsgerät dagegen wußten sie nicht umzugehen. Doch fiel ihr Anteil zahlenmäßig kaum ins Gewicht. In den meisten ländlichen Regionen Englands stellten Frauen während des 13. Jahrhunderts 8,4% aller des Mordes Angeklagten. Und nach den Protokollen der für Dorfbewohner zuständigen Gerichte von Norfolk, Yorkshire und Northamptonshir kam im 14. Jahrhundert in Strafsachen jeweils nur eine weibliche Angeklagte auf neun Männer. Nicht verschwiegen sei außerdem, daß Frauen auf dem Lande ebenso wie in den Städten seltener einem Mord zum Opfer fielen als Männer. Eine Untersuchung über die Dörfer der genannten Regionen kommt für das 13. Jahrhundert zu dem Ergebnis, daß 20,5% aller Ermordeten Frauen waren.[61]

Zum Alltagsleben der Bäuerinnen gehörten neben den Zeiten der Arbeit selbstverständlich auch die der Geselligkeit (über ausgesprochen weibliche Freizeitbeschäftigungen ist uns nichts bekannt). Auffallend ist, daß sie stets ohne Anwesenheit von Männern stattfanden. Die weibliche Geselligkeit vollzog sich zumeist in Form von Plaudereien und Unterhaltungen an Quellen oder Brunnen, beim gemeinsamen Spinnen und Weben oder gemeinsamen Spaziergängen. Daneben gab es eine Vielzahl von Festen – sie erstreckten sich über ca. acht Wochen im Jahr[62] und waren mit bäuerlichen Jahreszeitrhythmen sowie dem Kirchenkalender verbunden –, an denen sich Frauen wie Männer vergnügten. Manche von ihnen stellten eine Mischung aus alten heidnischen und christlichen Bräuchen dar. Am Vorabend des englischen Hockday (Pfandtag) war es üblich, daß Frauen des Dorfes Männer im Spiel einfingen und sie erst nach Zahlung eines Lösegelds wieder freigaben; am folgenden Tag verlief es dann umgekehrt. Am Maientag wurde in einigen englischen Dörfern das schönste Mädchen des Ortes zur Maienkönigin gewählt und mit Blüten geschmückt. Obwohl der Bischof von Worcester solches Treiben untersagte, tanzten junge Mädchen und Männer zusammen, wobei der Reigen bisweilen auf dem Kirchplatz, bisweilen auch bei nächtlichen Feiern stattfand. Am Abend des Fastnachtsdienstags sowie am Vorabend des Johannistags wurde in manchen europäischen Dörfern der Brandontanz veranstaltet. Zu ihm zogen Frauen und Männer in nächtlicher Stunde mit brennenden Kerzen auf Weinberge und Felder, wo sie tanzten, geistliche Lieder sangen und die Vertreibung von Pflanzenschädlingen beschworen.[63] Diese wenigen Beschreibungen geben uns einen Einblick in das gesellige Treiben auf den damaligen Dörfern, das sich durch wiederholte ausdrückliche Warnungen der Geistlichen nicht behindern ließ. Wenn diese Frauen vorwarfen, sie würden während der Predigt in der Kirche nicht zuhören, vielmehr sich miteinander unterhalten – ein Verhalten, das zu den speziell weiblichen Sünden gerechnet wurde[64] –, so wurden die priesterlichen Ermahnungen offensichtlich leichtgenommen. Sie gehörten vermutlich zu einem Vorstellungsbild der Frau, auf das jene frommen Brüder nicht verzichten wollten. Auffallend ist in diesem Zusammenhang, daß es nur wenige Bauern gab, die zu christlichen Heiligen wurden und – daß sich unter ihnen mehrere Frauen befanden. So eine Bauerntochter aus dem 13. Jahrhundert namens Margarete von Cortona, deren Lebensweg ungewöhnlich verlief. Zunächst war sie die Mätresse eines Adligen, dem sie einen Sohn gebar. Nach dem Tod ihres Geliebten jedoch entsagte sie allen weltlichen Dingen, verschrieb sich dem Dienst Gottes, schloß sich dem Orden der Franziskaner an, übte Wohltätigkeit und führte Sünder zur Buße. Ihre letzten Lebensjahre verlebte sie als Einsiedlerin. Obwohl ihre Kanonisierung erst sehr viel später, im Jahr 1728, erfolgte, erkannten die Bewohner ihres Dorfes sie doch sofort nach ihrem Tod als Heilige an.[65]

Da Bauern und Bäuerinnen bekanntlich keine Briefe schrieben oder Tagebücher verfaßten, besitzen wir kaum Dokumente von mehr privatem Charakter, die Aufschluß über ihre Denkweise und ihr psychisches Leben geben. Die wenigen literarischen Werke, die sozusagen die Innenwelt der ländlichen Welt schildern, stammen nicht aus ihrer Feder. So haben wir im wesentlichen Anhaltspunkte in bezug auf äußere Dinge: Organisation, Handel und allgemeines Treiben. Nur recht mittelbar gewähren uns Quellen einen Einblick in das Innenleben dieser gesellschaftlichen Klasse, der die überwältigende Mehrheit der europäischen Bevölkerung des Mittelalters angehörte. Wir wissen etwa, daß relativ wenige Bauernsöhne eine Ausbildung in Pfarrschulen erhielten, die es ihnen ermöglichte, Ämter in der Gutsverwaltung oder sogar im lehnsherrlichen oder staatlichen Bereich zu übernehmen oder Gemeindepriester zu werden. Einige, die Mönchsgelübde ablegten, konnten sich im Kloster eine gewisse Bildung aneignen. Bauernsöhne, die es bis zu einem Universitätsstudium brachten, sind uns nur aus Südfrankreich überliefert.[66] Über Bauerntöchter hingegen, die eine Ausbildung erhielten, ist nichts in Erfahrung zu bringen. Jeanne d'Arc etwa, deren Eltern nicht zu den Ärmsten des Dorfes gehörten, wurde von ihrer Mutter lediglich in den

Grundzügen des Glaubens und den wichtigsten Gebeten unterrichtet – und damit hatte es sein Bewenden. Die durchgehend fehlende Schulbildung hatte jedoch auf den Status der Bäuerin innerhalb ihrer Gesellschaft weniger Auswirkungen als der Ausschluß von Adligen und Städterinnen aus höheren Bildungsanstalten; und zwar deshalb, weil auch die Mehrzahl der Bauernsöhne keine Schulen besuchte. Insgesamt gesehen war also in diesem Bereich nicht der Bildungsmangel von Frauen Grund dafür, daß ihnen keine offiziellen Ämter, sei es im Rahmen eines Gutes, einer Dorfgemeinde oder auf lehnsherrlicher und staatlicher Ebene, übertragen wurden. Vielmehr scheint es so zu sein, daß die mittelalterliche Gesellschaft ganz einfach keine weiblichen Amtsträgerinnen wünschte.

Wenn wir zum Schluß auf die Dreigliederung der mittelalterlichen Gesellschaft zurückblicken, auf jene funktionale Hierarchie von Betern, Kämpfern und Arbeitern, so wird ersichtlich, daß Frauen aus der Bauernschicht noch am ehesten in der Lage waren, die Funktionen ihres Standes zu erfüllen. Am nächsten kamen den arbeitenden Bäuerinnen wohl die Frauen aus der städtischen Arbeiterschicht, wenngleich sie innerhalb der Stadt im Vergleich zum Dorf nur eine begrenztere Rolle spielten; hatten sie doch an Handwerk, Kleinhandel, wie auch am Außen- und Finanzhandel und an der Leitung von Lehranstalten keinerlei Mitwirkungsmöglichkeiten. Auf dem Land hingegen waren die Bäuerinnen in beinahe alle maßgeblichen Arbeitsprozesse eingeschaltet. Dennoch hatte die mittelalterliche Bäuerin, wie wir gesehen haben, nicht dieselben Rechte wie ihre männlichen Standesgenossen. Wie in den übrigen gesellschaftlichen Schichten behielt eindeutig der Mann die Oberhand in Familie und Gesellschaft. Das Fehlen einer klaren Arbeitsteilung zwischen den Geschlechtern hatte, wie gezeigt wurde, keine Gleichberechtigung zur Folge. So ist denjenigen Autoren prinzipiell zuzustimmen, die die Frauen der mittelalterlichen Gesellschaft als eine eigene, von der Welt der Männer grundsätzlich abgehobene soziale Schicht darstellten. Die wichtigsten öffentlichen Ämter und gesetzlichen Rechte blieben ihnen versagt, und zwar allein aufgrund geschlechtsspezifisch begründeter Vorurteile. Wollen wir ein Résumé aus den Kapiteln über Frauen der verschiedenen sozialen Klassen ziehen, so lautet es, daß sie in ihren gesellschaftlichen Rechten und Aufgaben im Vergleich zu ihren männlichen Partnern grundlegend benachteiligt waren – mithin ein gemeinsamer negativer Nenner existierte, der für Frauen aller sozialen Schichten Gültigkeit hatte.

8. Ketzerinnen und Hexen

Ketzerinnen

Die Epoche vom 11. Jahrhundert bis zum Ende des Mittelalters zeigt zumindest in Westeuropa ein Gewimmel verschiedenartigster Ketzerbewegungen und Sekten. Um den Wert und die Zielsetzungen häretischer Sekten pauschal in Verruf zu bringen, betonen Chronisten mit Vorliebe, daß sie von Anfang an von Frauen bevölkert gewesen seien. Allein die Begeisterung von Frauen für die Ausführungen eines Häretikers war für jene ein hinreichender Beweis dafür, daß dessen Worte jeglicher Einsicht und Weisheit entbehrten, bzw. von der reinen christlichen Lehre abwichen und geradenwegs zur Sünde führten. Die Tatsache, daß einige Ketzerbewegungen – entgegen allen biblischen und kirchenrechtlichen Geboten – Frauen das Recht verliehen, zu predigen und gottesdienstliche Aufgaben zu übernehmen, bildete einen weiteren Stein des Anstoßes. Was manche katholischen Polemiker (Chronisten eingeschlossen) den Sektierern prinzipiell vorhielten, war eine sexuelle Sittenlosigkeit, die nach und nach in ihren Darstellungen zum allgemeinen Merkmal von Ketzern hochgespielt wurde. In einem jedoch sagten jene Chronisten zweifellos die Wahrheit: mit der Hervorhebung dessen, daß die Mitgliedschaft von Frauen in diesen Gruppen beträchtlich hoch war; dies geht daneben aus Briefen von Geistlichen, aus zum internen Gebrauch bestimmten Leitfäden für Inquisitoren sowie aus Aufzeichnungen der Inquisitionsgerichte eindeutig hervor. So berichtet schon Radulfus Glaber, genannt der Kahle, über eine Ketzervereinigung in Piemont – die er als Prototyp einer »dualistischen« Gruppe ansieht –, daß jener Vereinigung eine Gräfin beitrat, obwohl ihr überwiegend Männer und Frauen aus dem Bauernstand angehört hätten.[1] So aus dem Jahr 1082 überliefert. Zu Beginn des 12. Jahrhunderts befanden sich im Gefolge Heinrich von Le Mans zahlreiche Frauen, unter ihnen viele Dirnen, die sich ihm deshalb anschlossen, weil sie die von ihm angebotene Alternative den Bußpredigten Robert von Arbrissels vorzogen, die gleichfalls darauf gerichtet waren, ihre Kolleginnen zur Umkehr zu bewegen. Während Robert von Arbrissel ihnen mit Unterstützung der Kirche ein Leben im Schatten des Klosters offerierte, und zwar in einem Haus, das speziell für reuige Straßendirnen errichtet worden war, ging Heinrich von Le Mans geschickter vor: Er bot ihnen an, seine Schüler zu heiraten unter der Bedingung, daß sie zuvor ihre auffälligen Kleider nebst Zierat dem Feuer übergeben und ihr Haar abgeschnitten hätten. Außerdem erklärte er, daß die Beschaffung einer Mitgift in diesem Fall nicht erforderlich sei.[2] Ähnlich wie Heinrich von Le Mans bildete zu jener Epoche Tanchelm in den Niederlanden und etwas später Arnold von Brescia in Italien einen großen Anziehungspunkt für weibliche Gläubige.[3] Wenngleich sich die Glaubenssätze und Gottesdienstformen jener im Kern dualistischen Ketzergruppierungen nicht mehr genau rekonstruieren lassen, so nimmt man doch an, daß sie neben dem Gedankengut der genannten und einiger anderer vornehmlich Prinzipien und Lebensgewohnheiten der Katharer übernahmen. Für die französischen Städte Soissons, Perigueux und Reims ist das Vorhandensein solcher Gemeinschaften quellenmäßig belegt.[4] Ebenfalls wissen wir, daß sich unter ihren Mitgliedern Matronen, Dirnen und Nonnen befanden. Radolfus von Coggeshall etwa hebt ein weibliches Mitglied hervor, das sich in der Heiligen Schrift (und ihrer ketzerischen Auslegung) überragend gut auskannte und überdies in Disputationen große Schlagfertigkeit besaß. Daneben sind uns Beispiele von Frauen überliefert, die sich den Pseudo-Amalrikanern des 13. Jahrhunderts anschlossen, dabei die Lehre Amalrichs von Bena in volkstümlicher Weise umgestalteten, wofür sie eines ketzerisch-dualistischen Pantheismus beschuldigt wurden. Wie ihre Gegner aussagten, behaupteten sie, daß der Heilige Geist in ihnen Fleisch geworden sei; ihre pantheistische Lehre lautete: »daß alles eins sei, da alles Bestehende Gott sei«. Ihre Schlußfolgerung hieraus: Sie selbst stellten Verkörperungen des Heiligen Geistes dar, könnten daher nicht länger sündigen und bedürften keiner Sakramente.[5] Andere Frauen ließen sich durch die Pseudo-Joachiten anziehen, die sich das Ideengut Joachims von Fiore zu eigen gemacht hatten, wiederum in sehr vereinfachter und popularisierter Form. Wie uns bekannt ist, gingen die Inquisitoren gegen diese Gruppe besonders scharf vor: So wurden im Jahr 1300 die Gebeine einer gewissen Guglielma, die 1281 verstorben war, auf Anordnung des Inquisitionstribunals wieder ausgegraben. Als Grund wurde angegeben, daß ihre Anhänger sie nicht nur als Inkarnation des Heiligen Geistes angebetet und geglaubt hätten, ihre Gehilfin Manfreda würde Papst, sondern überdies daran, daß sie eine

Konversion der Moslems und Juden bewirken und ein neues Menschenzeitalter einleiten würde. Während ihres Pontifikats sollten alle Kardinäle ausschließlich weiblich sein.[6] Nicht anders als jener Guglielma erging es nach den Annalen von Colmar einer schönen und redegewandten Jungfrau, die sich anmaßte, alle Frauen im Namen des Vaters, des Sohnes und ihrer selbst zu taufen. Ihre Worte wurden wie die anderer Abweichler von der Kirche als Häresie verdammt, ihre sterblichen Überreste exhumiert und auf dem Scheiterhaufen verbrannt. Zu weiteren prominenten Gemeinschaften, die vom Dogma der katholischen Kirche abwichen, gehörte im Italien des 13. Jahrhunderts für kurze Zeit die Bewegung der Apostelbrüder. Sie hatten völlige Armut nach dem Beispiel christlicher Jünger auf ihre Fahnen geschrieben und verkündeten ansonsten Prophezeiungen im Sinne der joachitischen Lehre. Zu ihren weiblichen Mitgliedern zählte eine ehemalige Nonne namens Margaret, die, nachdem sie das Kloster zugunsten ihrer neuen Überzeugung verlassen hatte, zur intimen Gehilfin des Sektenführers Dolcino wurde. Beide mußten im Jahr 1307 zusammen mit einem ihrer prominenten Schüler ihr Leben auf dem Scheiterhaufen beenden. Auch unter den »Brüdern und Schwestern des Freien Geistes« befanden sich Frauen, denen wie den Pseudo-Amalrikanern der Glaube an eine totale Identifikation mit Gott und folglich von ihren Anhängern die Unfähigkeit zur Sünde nachgerühmt wurde. Im Gegensatz zu den bisher genannten Ketzerbewegungen bildeten diese keine organisierte Gemeinschaft, sondern lediglich kleine und verstreute Gruppen, wobei nicht feststeht, ob alle ihre Anhänger de facto sittlich derart verkommen und der Sünde verfallen waren, wie sie die Chronisten schilderten, oder ob sie nicht vielmehr der anerkannten mystischen Bewegung des Spätmittelalters näherstanden. Unter jenen sogenannten »Freigeistlern« gab es auch Beginen und Laien; während ein Teil von ihnen sich vornehmlich um Führer scharten, gelangten andere durch Abgeschiedenheit zu erwiesenermaßen mystischen Erlebnissen.[7] Eine solche Nähe zur christlichen Mystik wurde nicht nur besonders streng beobachtet, sondern ebenso unerbittlich geahndet. So mußte sich im Jahr 1377 eine Frau namens Jeanne Daubenton vor dem Pariser Parlament dafür verantworten, daß sie eine der Hauptfiguren der sogenannten turlupins gewesen sei, die sich selbst als »Gesellschaft der Armen« bezeichneten und unter dem Verdacht standen, sie hingen derselben Glaubenslehre an wie die Brüder des Freien Geistes.

Ergebnis der Anklage war die Verbrennung Jeannes auf dem Scheiterhaufen.[8] In diesen Zusammenhang gehören auch die bereits erwähnten Beginen, die, den spiritualen Franziskanern benachbart, ebenfalls der Ketzerei beschuldigt wurden.

Unter den mannigfachen häretischen Bewegungen erfreuten sich speziell die Waldenser und Katharer von Anfang an eines großen weiblichen Zulaufs. So können wir beispielsweise den Protokollen des Inquisitionsgerichtshofes von Pamiers aus dem ersten Viertel des 14. Jahrhunderts entnehmen, daß eine Vielzahl von Frauen den Katharern in Südfrankreich die Treue hielten, obgleich sie wußten, daß deren endgültige Ausrottung bevorstand; das gleiche gilt für die Gruppe der Waldenser. Beiden Gemeinschaften gehörten Frauen seit der ersten Stunde an; sie folgten Petrus Waldes im letzten Viertel des 12. Jahrhunderts und bildeten auch in späteren Zeiten einen wesentlichen Bestandteil beider Gruppen. Waldenser und Katharer zählten bekanntlich zu den einzigen Ketzerbewegungen des Hochmittelalters, die nicht mit der Wurzel ausgerottet wurden und sich daher bis in die Neuzeit erhalten konnten.

Weitere einflußreiche Häretikergruppierungen, denen Frauen in großer Zahl zuströmten, waren die Lollarden und Hussiten. Jene hatten sich Ende des 14. und besonders im 15. Jahrhundert von einer intellektuellen Häresie mit Zentrum in der Universität Oxford zu einem Volksglauben der unteren Mittelschicht von Bauern und Handwerkern entwickelt.[9] Ähnliches traf auf die Hussiten zu. Anna Weiler, eine Begleiterin des Hussitenpredigers Friedrich Reiser, beendete ihr Leben gemeinsam mit ihm auf dem Scheiterhaufen.[10] Eine bemerkenswerte Erscheinung bildeten die ketzerischen Taboriten. Sie billigten Frauen das Recht zu, ihre Ehemänner und Kinder zu verlassen, um in die Berge oder in eine der fünf Städte zu ziehen, die Mittelpunkt ihrer Bewegung waren. Im Gegensatz zu den meisten übrigen, ebenfalls von einem dualistischen Denken bestimmten Vereinigungen, richteten sie ihr Augenmerk nicht auf einschneidende soziale Veränderungen oder gar eine revolutionäre Umgestaltung der Beziehungen zwischen den Geschlechtern im Diesseits, sondern begnügten sich damit, solche Vorgänge für das Ende aller Tage vorauszusagen. Von atemberaubenden Visionen wie den folgenden berichtet uns Laurentius aus Brêjové: »Dann werden Frauen schmerzlos gebären und auch Männer Kinder zur Welt bringen; Jungfrauen werden ohne männlichen Samen empfangen wie die heilige Maria und eheliche Pflichten aufgehoben sein.«[11]

229

Da wir insgesamt über die Stellung von Frauen in vielen der genannten Gruppen nur unzureichendes und bruchstückhaftes Material vorliegen haben und zudem den wenigen, von einer feindlichen Haltung geprägten Quellen nicht klar entnehmen können, in welchen Punkten jene Sekten tatsächlich vom kirchlichen Dogma abwichen und worin sich ihr Gottesdienst vom katholischen unterschied, müssen wir uns auf die zwei größten und wichtigsten Ketzerbewegungen des Hochmittelalters, die Waldenser und Katharer, beschränken. Interessant dabei ist, daß wir über die Waldenser bis zum 14. Jahrhundert ausschließlich katholische Quellen der verschiedensten Art besitzen, während wir uns im Fall der Katharer auf deren eigene Aussagen stützen können.

Waldenser

Zu den ersten Anhängern der Waldenser-Bewegung, die sich im letzten Viertel des 12. Jahrhunderts herausbildete, gehörten bereits Frauen. Chronisten und Verfasser katholischer Streitschriften verurteilten die Waldenser, weil sie Männern wie Frauen gleichermaßen erlaubten, ohne Autorisation zu predigen. Entsprechend verfolgten die zu jener Zeit neu eingerichteten Inquisitionsgerichte unterschiedslos beide Geschlechter.[12] Obgleich katholische Autoren die Vielzahl weiblicher Mitglieder hervorhoben, bezichtigten sie diese Sekte jedoch seltener als andere der Sittenlosigkeit, welche ansonsten bei ihnen zum Klischee des Ketzers gehörte. Allerdings brachten sie zuweilen auch hier ihr stereotypes Vorurteil ins Spiel. So führte etwa Burchard von Ursberg Anfang des 13. Jahrhunderts über die Waldenser aus: »Beschämend ist an ihnen, daß Männer und Frauen zusammen des Weges ziehen, häufig gemeinsam in einem Haus übernachten und – wie es heißt – zuweilen das Lager teilen; und all dies, so schwören sie, sei ihnen von Aposteln empfohlen worden.«[13] Waldenserinnen wurde ebenso wie männlichen Mitgliedern der Eintritt in den Kreis der »Vollkommenen« gewährt. Als religiös Vollkommene wurden alle diejenigen Männer und Frauen angesehen, die gelobten, die Gebote der Sekte (einschließlich Keuschheit und Verzicht auf privates Eigentum) einzuhalten; zur Anerkennung durften sie predigen und religiöse Handlungen vornehmen, wie etwa eine Andacht, einen Brotsegen beim gemeinsamen Mahl und das Spenden von Sakramenten. Ein katholischer Autor des

13. Jahrhunderts ereiferte sich über eine solche Praxis wie folgt: »Nicht nur Laien wagen es, das Sakrament der heiligen Messe zu zelebrieren, sondern, wie bekannt ist, tun dies sogar ihre Frauen.«[14] Unterhalb dieser Auserwählten rangierten die sogenannten »Gläubigen«; einige von diesen waren verheiratet, die übrigen – Mädchen und Witwen – lebten zusammen in einem Gemeinschaftshaus unter der Leitung weiblicher Vollkommener. Im 14. Jahrhundert konnte die Waldenser-Bewegung sich nur noch als Untergrundbewegung halten. Zu jener Zeit nahm sie ihre endgültige Form an: Frauen wurde nun in einem Teil der Gemeinden das Recht auf Predigt und Leitung religiöser Kulthandlungen abgesprochen, wohingegen es in anderen Gebieten offensichtlich beibehalten wurde.[15]

Die uns vor allem interessierende Frage ist: Worin unterschied sich die Stellung von Frauen im Rahmen des waldensischen und katholischen Glaubens? Soweit wir wissen, entwickelten die Waldenser weder eine selbständige Theologie, noch prinzipiell neue Anschauungen über die Rolle der Frau im Jenseits oder innerhalb der Erlösungsgeschichte der Menschheit. Im Anfang der Bewegung konzentrierten sich die Waldenser generell nur darauf, das Gebot der Armut sowie das apostolische Leben der Wanderprediger zu propagieren. Sie stellten also insofern keine antiklerikale Gruppe dar, als sie zu Beginn ihrer Bewegung weder das kirchliche Establishment noch die geistliche Lebensführung kritisierten, ja sogar den Papst um Predigterlaubnis baten. Erst als ihnen diese versagt wurde und sie nunmehr gezwungen waren, ohne Genehmigung weiterzulehren, forderten sie durch ihre Beharrlichkeit Verurteilung, Exkommunikation und das Verdikt der Rechtlosigkeit heraus. Schrittweise organisierten sie sich in Form von Gemeinden, wobei sie offensichtlich einige der dogmatischen Abweichungen anderer Sekten in Südfrankreich und Italien übernahmen; das führte dazu, daß sie schließlich sogar die neutestamentarischen Gebote abweichend von der katholischen Lehre interpretierten und den katholischen Gottesdienst in entscheidenden Punkten veränderten. Waldes, der Gründer der Bewegung, stammte wie ein Teil seiner frühen Anhänger aus dem reichen Stadtbürgertum; war doch nur ein Begüterter in der Lage dazu, seinen Besitz aufzugeben und aus freiwilligem Entschluß Armut als Lebensform zu wählen. Mit dem Anwachsen der Gemeinde schlossen sich ihr jedoch in der Hauptsache Angehörige der unteren Mittelschicht an, wie Bauern, Hirten und Handwerker. Daß es innerhalb der Bewegung weder ein ausgebildetes Führertum, noch ein neues theologisches Lehrgebäude gab, spiegelt sich in Aussagen der Angeklagten vor Gericht wider. Wurde beispielsweise ein Waldenser von Ermittlungsbeamten des Inquisitionstribunals darauf befragt, ob er glaube, daß Frauen beim Jüngsten Gericht in weiblicher Gestalt auferstünden, oder ob sie das männliche Geschlecht annähmen, so antwortete er, daß jeder am Tag des Gerichts sein angeborenes Geschlecht beibehalten werde. Mit solchen Äußerungen stand er auf der Seite rechtmäßigen Glaubens, folglich im Gegensatz zu der innerhalb der niedrigeren Schichten verbreiteten und auch den Katharern zugeschriebenen Vorstellung, daß am Tag der Auferstehung jedweder männliche Gestalt annehmen würde.[16] Nach dem Glaubensbekenntnis von Petrus Waldes, in dem er alle Häresien seiner Zeit, insbesondere die der Katharer verwarf, war aufrechtzuerhalten: Jesus sei allein vom Vater her wahrer Gott, von der Mutter her wahrer Mensch, sein Fleisch somit tatsächlich Fleisch aus ihrer Gebärmutter und seine Seele menschlichvernünftig, da geboren von der Jungfrau Maria im Zeichen wahrer, leiblicher Geburt.[17] Eine solche im wesentlichen katholische Auffassung wurde von späteren Waldensern nicht geleugnet. Auf der anderen Seite jedoch beteten sie Maria nicht als heilige Gottesmutter an. Auch ist es zweifelhaft, ob alle Waldenser das Marienfest begingen und das Ave Maria in ihre Gebete aufnahmen. Unbezweifelbar sind hingegen Aussagen vor dem Inquisitionsgericht, die belegen, daß einige Waldenser eine Mittlerstellung Marias zwischen den Gläubigen und Gott beharrlich leugneten.[18] Daneben gilt für die gesamte Bewegung, daß sie die Rolle Marias als Fürsprecherin bei Gott keineswegs förderte, somit die Funktion des weiblichen Elements innerhalb der himmlischen Hierarchie im Vergleich zur katholischen Theologie deutlich reduzierte. Das trifft vor allem ab dem 12. Jahrhundert zu, der Epoche also, in der durch den katholischen Glauben die herausragende Stellung der heiligen Jungfrau und Gottesmutter als Fürsprecherin der Menschen bei Gott eine spürbare Vertiefung erfuhr. Überhaupt zeichneten sich waldensische Gottesdienste durch große Schlichtheit aus, wobei die Marienverehrung völlig in den Hintergrund trat. Diese Fakten zeigen uns, daß die weitreichenden Rechte von Frauen innerhalb der Waldenser-Gemeinde keineswegs mit katholischen Anschauungen über die Rolle des weiblichen Elements sowohl im Jenseits wie bei der künftigen Erlösung des Menschengeschlechts übereinstimmten.

Wenn dem so ist, womit läßt sich dann die erheblich verbesserte

Rechtsstellung einer Waldenserin erklären? Vermutlich ist sie auf zwei Faktoren zurückzuführen: erstens auf eine uneingeschränkte Rückkehr zum Neuen Testament mit dessen Betonung einer geistlichen Gleichwertigkeit aller christlichen Gläubigen, einschließlich der Frauen; zweitens auf die Tatsache, daß die Waldenser als eine stark verfolgte Randsekte dazu gezwungen waren, auf einer Parität aller Mitglieder zu bestehen. Nur auf diese Weise konnten sie ihren Kampf ums Überleben gewinnen. Nicht ohne Grund setzten katholische Polemiker an dem für sie zentralen neuralgischen Punkt an: sie bemühten sich, die Waldenser zur Abschaffung von Frauenpredigten zu überreden. Ihre Technik bestand darin, speziell jene einschlägigen Stellen aus der Heiligen Schrift anzuführen, auf die sich die Sektierer nicht hauptamtlich stützten, und gleichzeitig einer Konfrontation mit deren wesentlichen Bibelzitaten aus dem Weg zu gehen. Wenn diese Praxis nicht funktionierte, brachten sie ihre eigenen Interpretationen biblischer Verse ins Spiel, die dazu geeignet waren, die waldensische Auslegung der Unrichtigkeit zu überführen. Ein Beispiel solch geschickter Disputationsformen finden wir im Buch des Prämonstratenserabts Bernhard. Darin widmet er sich im vierten Kapitel dem Predigtverbot für Laien, im achten sodann dem Predigtverbot für Frauen. In beiden Fällen ist die Argumentation gleichlautend: Zunächst werden Zitate aus der Heiligen Schrift angeführt, die den Laien, bzw. Frauen, jegliche Lehrbefugnis absprechen; sodann folgen Verse, auf die sich die Waldenser zur Rechtfertigung der Laien- und Frauenpredigt berufen, wobei dann die waldensische Interpretation dieser Texte genauestens widerlegt wird. Damit schließt sich der Argumentationskreis: Das Ende kehrt zu seinem Anfang zurück, d. h. zur erneuten Untermauerung des Predigtverbots. Gegen Frauen macht der Verfasser jene bekannten Verse geltend, auf die wir bereits im Kapitel über die Nonnen eingegangen sind (Epheser 5, 22–23; 1. Timotheus 2, 11–12; 1. Korinther 11, 3–15; 1. Mose 3, 16). Sie dienen der Abstützung folgender Auffassungen: Eine Frau habe in der Öffentlichkeit zu schweigen und dürfe sich nicht zur Herrscherin über den Mann aufschwingen, sei sie es doch gewesen, die zuerst gesündigt und bewirkt habe, daß Adam das gleiche tat. Außerdem sei der Mann das Haupt der Frau, da sie nur um seinetwillen erschaffen worden sei. Desgleichen stünde die Frauenpredigt im Gegensatz zur kanonischen Überlieferung, wie sie bereits im Jahr 398 auf dem Konzil von Karthago festgeschrieben wurde. Nach den Worten Bernhards könnten

233

sich die Waldenser bei ihrer Predigterlaubnis für Frauen lediglich auf Titus 2, 2–3, berufen: »Den älteren Männern sage, daß sie nüchtern sein sollen, ehrbar, besonnen, fest im Glauben, in der Liebe, in der Geduld; ebenso sage den älteren Frauen, daß sie würdig leben, nicht verleumderisch, nicht dem Trunk ergeben. Sie sollen aber Gutes lehren . . .« Diese Stelle, so der Abt Bernhard, würde von Häretikern falsch ausgelegt. In ihr sei nicht gesagt, daß Frauen in der Öffentlichkeit zu lehren hätten, sondern lediglich, daß sie ihre Kinder zur rechten Lebensweise erziehen sollten. Der in diesem Zusammenhang üblicherweise vorgebrachte Hinweis auf Hanna, die Tochter Phanuels (Lukas 2, 36–38) enthalte einen grundlegenden Fehler. Bei Hanna habe es sich um eine alte Frau gehandelt, die Gott zum Lohn für jahrelanges Fasten und Beten mit prophetischer Kraft begabt hätte, doch stünde nirgends geschrieben, daß sie in der Öffentlichkeit gelehrt habe. Da Geistesgaben nun einmal mannigfacher Natur seien, unterscheide sich auch das Privileg der Prophetie grundlegend vom Recht auf Predigt.[19] Wie die Worte des Abtes sozusagen contra factum belegen, war die Hinwendung der Waldenser zum Neuen Testament, das sie in ihre verschiedenen Landessprachen übersetzten, das maßgebliche Fundament für die Erweiterung der Rechte von Frauen innerhalb ihrer Gemeinden. Wie ihre Gegner gingen sie natürlich bei der Auswahl ihrer Textstellen selektiv vor. So wissen wir nicht, ob sie sich hin und wieder auch auf den Galaterbrief 3,28 stützten: »Hier ist nicht Jude noch Grieche, hier ist nicht Sklave noch Freier, hier ist nicht Mann noch Frau; denn ihr seid alle einer in Christus Jesus.« Von Polemikern jedoch, die sich mit den Waldensern auseinandersetzten, wurden diese Verse verständlicherweise niemals zitiert. So ist uns auch nicht überliefert, ob sie von Sektierern in diesem Zusammenhang genannt wurden, oder ob ihre Gegner sie unterschlugen, weil es für sie schwierig gewesen wäre, die in ihnen zum Ausdruck kommende Befürwortung von Frauenpredigten zu entkräften.

Nach unserer Darstellung mag es den Anschein haben, als ob die Waldenser um alles in der Welt bestrebt gewesen seien, Frauen innerhalb ihrer Gemeinschaft größere Befugnisse einzuräumen. Dies trifft jedoch nicht zu. Vielmehr wurde die rechtliche Stellung von Frauen im Rahmen einer allgemeinen Erweiterung von Rechten des Laienstands gestärkt, um den Abstand zur Priesterschaft zu verringern und gleichzeitig der festen kirchlichen Hierarchie abzuschwören, und zwar gerade mit Berufung auf die Heilige Schrift. Interessant ist, daß solche

Bestrebungen Gehör innerhalb der nominalistischen Philosophie des 14. Jahrhunderts fanden; so bei Wilhelm von Ockham. Auch er übte Kritik an der strengen Hierarchie innerhalb der katholischen Kirche und machte gegen sie geltend, daß nicht nur Laien berechtigt seien, an Konzilen teilzunehmen, sondern selbstverständlich auch Frauen, wobei er sich generell für größere weibliche Befugnisse innerhalb der Kirche aussprach.[20]

War es in den Anfangsphasen der Waldenser-Bewegung mit den allgemeinen Rechten von Frauen gut bestellt, so änderte sich das während des 14. Jahrhunderts im Zuge einer größeren Institutionalisierung: Ein Teil der Waldenser-Gemeinden entzog Frauen nunmehr das Recht auf Predigt und Abhalten von Gottesdiensten, was teilweise den Laien überhaupt aberkannt wurde. Analoge Erscheinungen finden wir bei einigen protestantischen Sekten im England des 17. Jahrhunderts. Auch sie versuchten zunächst, die Kluft zwischen Geistlichen und Laien, einschließlich der Frauen, zu überbrücken, schraken jedoch letztlich vor den Konsequenzen einer Anerkennung geistiger Gleichheit zwischen Mann und Frau zurück, nachdem sie von Kirche und Staat aufgrund solcher Praxis angegriffen worden waren. Das Ergebnis: eine Parität zwischen den Geschlechtern konnte innerhalb der Gemeinde von Dissidenten während der Restaurationsepoche nicht mehr aufrechterhalten werden.[21]

Katharer

Der Glaube der Katharer gehört zu einem jener Phänomene, von dem im Mittelalter, speziell in Südfrankreich, alle gesellschaftlichen Schichten ergriffen wurden, inklusive der Frauen aus dem mittleren und hohen Adel. Ihren großen Erfolg in dieser Region verdankt die Bewegung vor allem ihrer Unterstützung durch den Hochadel, dessen männliche Mitglieder allerdings meistens nur als Schutzherren auftraten oder sich den »Gläubigen« anschlossen, wohingegen viele weibliche Adlige zu ihren Lebzeiten das *consolamentum* und somit den Rang von »Vollkommenen« erzielten. Manche von ihnen waren Witwen, andere trennten sich zu diesem Zweck von ihren Ehemännern. Aus ihren klangvollen Namen – de Puylaurens, Laurac, Mirot, Mirepoix u. ä. – läßt sich bereits ihre Abstammung aus vornehmen Familien ablesen. In die Geschichte eingegangen ist etwa Esclarmonde, die Schwester des Grafen von Foix und

Witwe eines der großen Gutsherren der Gascogne, die in den Rang einer Vollkommenen aufstieg und an Disputationen zwischen Katharern und Katholiken teilzunehmen pflegte. Bei einer dieser Auseinandersetzungen forderte sie dem Bericht des Chronisten Guillaume de Puylaurens zufolge den Zorn eines katholischen Kirchenvaters massiv heraus, so daß dieser ihr die Worte entgegenschleuderte: »Gehen Sie, meine Dame, besser Fäden spinnen; es steht einer Frau nicht gut an, sich in derartige Glaubensdiskussionen einzumischen!« Vom 12. bis zum Anfang des 13. Jahrhunderts, als die Gemeinschaft der Katharer in Südfrankreich noch öffentlich agierte, war es üblich, daß Frauen in einem Gebäude zusammen wohnten, welches Katholiken als »Haus der Häretiker« bezeichneten. Nicht wenige dieser Häuser, die meist mit Werkstätten, Krankenhäusern und Schulen ausgestattet waren, wurden von Edelfrauen errichtet, die sich den Katharern angeschlossen hatten. Wie im waldensischen *hospicium* lebten in Häusern der Katharer Mädchen und Frauen aus dem Kreis der Gläubigen, und zwar unter Anleitung weiblicher Vollkommener. Als die Bewegung sich notgedrungen in den Untergrund zurückziehen mußte, überdauerte sie länger in Dörfern als in Städten, wobei sie durch den Zustrom vieler Bäuerinnen gestärkt wurde. Frauen waren es vor allem, die eine äußerst wichtige Rolle bei der Verbreitung katharischen Glaubens innerhalb ihrer Familien und bei dessen Weitergabe an die nächste Generation spielten; sie machten zudem während des 12. Jahrhunderts den größten Teil wandernder Missionarinnen aus.

Die Aufgaben und Pflichten der Katharerinnen innerhalb ihrer Gemeinden waren relativ vielfältig. Zwar konnten sie nicht das Amt eines Diakons oder Bischofs bekleiden, doch galten beide als reine Verwaltungsposten, die nicht etwa an eine Rangerhöhung innerhalb der kirchlichen Hierarchie der Vollkommenen geknüpft waren (dies im Gegensatz zur Funktion beider innerhalb der katholischen Kirche). Sofern sie Vollkommene waren, durften Frauen taufen, segnen und das *consolamentum* spenden. Dabei war die Regel, daß dieses Frauen von weiblichen Vollkommenen, Männern hingegen von männlichen Vollkommenen erteilt wurde; doch durfte eine Frau auch, sofern ein männlicher Vollkommener abwesend war, das consolamentum einem Mann spenden.[22] Vollkommene beiderlei Geschlechts genossen die Hochachtung von Gläubigen, was u. a. in einer rituellen Verbeugung zum Ausdruck kam, die die Anwesenheit des Heiligen Geistes in ihnen symbolisieren sollte. Entsprechend hatten die Vollkommenen in Keuschheit zu leben, auf jeglichen Eigenbesitz zu verzichten, sich aller Fleischspeisen und tierischer Produkte zu enthalten, was ihnen eine äußerst karge und bescheidene Lebensweise aufzwang.[23]

Wie die Stellung der Frau innerhalb der katharischen Theologie bewertet wurde, läßt sich am ehesten an der Funktion der heiligen Mutter ablesen. Einige Katharer sahen die Jungfrau Maria als einen vom Himmel herabgestiegenen Engel an und glaubten folglich nicht an die Fleischwerdung Jesu. (Dieser unter dem Namen Doketismus bekannte Glaube kursierte bereits bei den Gnostikern des 2. Jahrhunderts.) Andere waren der Auffassung, die Jungfrau Maria sei eine Frau aus Fleisch und Blut gewesen, in deren Körper sich Jesus zwar befunden, doch nichts Fleischliches zu sich genommen habe.[24] Beide stimmten in der Anschauung überein, Maria habe Gott nicht eigentlich geboren; vielmehr sei Jesus – hier hielten sich die Katharer an die zwei bogomilen Schriften »Das geheime Mahl« und »Die Vision Jesajas« – durch das Ohr in Marias Körper gelangt: »Dann stieg ich zu ihr nieder und trat durch das Ohr in sie ein und durch das Ohr aus ihr heraus.«[25] Diese Vorstellung von Maria als einer Frau, mit der Jesus körperlich nicht verbunden war, formulierten katharische Angeklagte vor dem Inquisitionsgericht weitaus schärfer. In einem der entsprechenden Zeugnisse heißt es: »Gott erhielt nicht menschliches Fleisch von der gesegneten Maria; er wurde von ihr nicht geboren, und sie war nicht Mutter Gottes...Es ist ungebührlich zu denken und zu glauben, daß der Gottessohn von einer Frau geboren wurde und so Niedrigem innewohnte wie einer Frau...[26] Eine alternative Anschauung der Katharer, die wir u. a. den Worten des Inquisitors Moneta Cremona entnehmen können, bestand darin, Maria sei ein Engel gewesen, von dem Jesus allerdings nichts übernommen habe. Bei dieser Feststellung berief man sich üblicherweise auf jenen Vers aus dem Johannesevangelium (2,4), der damaligen wie heutigen Exegeten immer wieder Kopfzerbrechen bereitet hat. Vor allem die in ihm enthaltene Frage Jesu an Maria: »Was willst du von mir?« legten die Katharer in eindeutigem Sinn aus, nämlich diesem: »Was habe ich von dir genommen? – Nichts.«[27] Nach beiden katharischen Auffassungen – Maria als Engel oder Frau – spielte die heilige Jungfrau jedenfalls nur eine zweitrangige und instrumentale Rolle. Der Gedanke folglich, daß Maria Christus mit göttlichem Einverständnis geboren habe, dadurch an der Fleischwerdung Gottes und der Errettung des Menschen aus der Sünde mitgewirkt habe, fehlt hier ebenso wie die Vorstellung von der Gottesmutter als einer Fürsprecherin der Gläubigen bei ihrem Sohn. So lehnten die Katharer ihre Mittlerrolle zwischen Mensch und Gott ab, weil nach ihrem Verständnis allein der menschliche Geist diese Funktion erfüllen konnte. Die Jungfrau Maria hatte folglich auch keinerlei rituelle Bedeutung in ihren Gottesdiensten.

Rolle und Funktion der heiligen Mutter, wie sie vom Katholizismus verbreitet wurde, lehnten die Katharer strikt ab. Statt dessen orientierten sie sich innerhalb ihrer Mythen und ihres Volksglaubens an einem Vorstellungsbild der Frau als eines verführerischen, sündigen und gegenüber dem Mann inferioren Geschöpfs. Nach dem Verständnis des »Geheimen Mahls« entstammte Evas Seele einem niedrigeren Himmel als diejenige Adams; sie galt daher als von der Quelle des Guten und des Lichts entfernt. Wie aus einer lateinischen Übersetzung dieses Textes, der sogenannten »Wiener Version« hervorgeht, schuf Satan den Körper Adams und befahl einem Engel des zweiten Himmels, in ihm zu wohnen. Sodann schuf er einen weiteren Körper mit weiblicher Gestalt und forderte einen Engel des ersten Himmels auf, in ihn einzudringen. Eine weitere lateinische Übersetzung desselben Textes, die »Version von Carcassonne« weicht von den genannten Vorstellungen nur unwesentlich ab: Hier wird ein Engel des dritten bzw. zweiten Himmels aufgefordert, zu Adam und Eva herabzusteigen.[28] Beide Lesarten stimmen darin überein, daß die Schlange Eva verführt und sich mit ihr vereinigt habe.[29] Daneben waren einige Sagen verbreitet, die in den katharischen Volksglauben eingingen und vor dem Inquisitionstribunal erwähnt wurden; ihnen zufolge habe der Satan die Engel dadurch verführt, daß er ihnen die Gestalt einer anziehenden Frau vorgaukelte. Manche dieser Sagen endeten mit der Verkündigung des Schöpfers, er werde wegen des weiblichen Sündenfalls künftig keine Frau mehr in sein himmlisches Reich aufnehmen; andere damit, daß Satan den Engeln die verschiedensten Objekte von Verführung anbietet, wobei neben Feldern und Weinbergen, Geld, Gold und anderen irdischen Gütern eine Frau gesondert in Erscheinung tritt.[30] Aufgrund solcher Mythen glaubten einige Katharer, daß weibliche Seelen, sofern sie das Paradies erreichten, dort nicht in Frauengestalt Einlaß fänden, sondern einen männlichen Körper annehmen würden.[31] Einer der letzten katharischen Vollkommenen im Südfrankreich des 14. Jahrhunderts, Belibaste, ging sogar so weit, daß er die dreimalige

Verleugnung Jesu durch Petrus mit der Stimme einer Frau in Verbindung brachte.[32] Der Inbegriff jedoch aller Verführungskünste des Teufels wurde, wie uns eine andere katharische Legende belehrt, in der Frau als Mutter gesehen: So habe der Teufel einigen Engeln Nachkommen versprochen, die ihnen ein solches Glück verhießen, wie es selbst im Himmel nicht existiere.[33] Gerade diese Legende läßt einen Grundzug katharischer Lebensauffassung erkennen: Ihre rigorose Ablehnung von Sexualität und Fortpflanzung. Sie erklärt auch, daß die Frau bisweilen als Geschöpf des Satans betrachtet wurde, von der materiellen Welt und den Zeichen des Bösen bestimmt. So war das größte Unglück, das einer Frau zustoßen konnte, ihr Tod während der Schwangerschaft; da diese als Werk des Teufels galt, konnte eine im Zustand der Schwangerschaft verstorbene Frau nicht mehr erlöst werden.[34] Wir sehen: nicht nur hatte die Frau nach katharischem Glauben keinerlei Bedeutung für die Erlösung der Menschheit; mehr noch: nach Mythos und Volksglaube trug sie entscheidend zum Fall der Engel bei und war somit gegenüber dem Mann minderwertig.

Die negative Eindeutigkeit derartiger Mythen wurde allerdings durch zusätzliche religiöse Lehren der Katharer etwas abgemildert. Diese tendierten zu einer gewissen Neutralisierung der Geschlechter – eine Neutralisierung, die auf zwei Grundvorstellungen basierte: a) Derjenigen, daß die Existenz der Geschlechter bereits an sich ein Werk des Teufels sei, damit Teil einer diesseitigen, von der Macht der Materie und des Bösen bestimmten Ordnung. Die Erschaffung beider Geschlechter könne folglich nicht auf einen wahren und guten Gott zurückgehen; er werde deshalb bei der bevorstehenden Erlösung den Unterschied zwischen den Geschlechtern aufheben.

b) Dem Glauben an eine Seelenwanderung, bei der Reinkarnationen der meisten Seelen bevorstünden. Wer bereits im irdischen Leben zu einem katharischen Vollkommenen geworden sei, dessen Seele müsse nicht mehr wiedergeboren werden, sondern sie vereinige sich nach dem Absterben des Körpers mit ihrem Schöpfer. Seelen allerdings, die zu einer Reinkarnation verdammt seien, könnten sowohl Männer- wie Frauengestalt annehmen. Das belegt jene im »Geheimen Mahl« dargestellte Erschaffung des Leibes durch den Satan: »Als die Engel die verschiedenartigen (männlichen und weiblichen) Körper sahen, in die sie eingesperrt waren, weinten sie, und der Satan zwang sie zu sexuellen Beziehungen.«[35] Wie stark unter den Katharern der Glaube an eine Aufhebung der Geschlechter zur

Stunde der Erlösung verbreitet war, geht aus einer Reihe von Aussagen vor Inquisitionsgerichten hervor. Ein Angeklagter bezeugte beispielsweise seine Visionen vom Jenseits in der folgenden Weise: »Die Seelen von Männern und Frauen waren anfangs gleich, ohne jeden Unterschied. Was sie lediglich unterschied, war ihr Fleisch, vom Satan geschaffen. Sobald aber die Seelen ihre leibliche Hülle ablegen, gibt es zwischen ihnen keinerlei Differenz mehr . . .« Die Sehnsucht nach einem androgynen Wesen, wie sie sich hier zu erkennen gibt, ist geschichtlich wesentlich früher als der katharische Volksglaube. Sie findet sich bereits in manichäischen Bewegungen der ersten nachchristlichen Jahrhunderte und im 9. Jahrhundert bei Johannes Scotus Eriugena.[36] Am eindringlichsten entfaltet jedoch ist der für die Katharer-Bewegung bestimmende Gedanke der Seelenwanderung in ihrem wichtigsten religionsphilosophischen Werk, dem »Buch über die zwei Prinzipien«.[37]

Wie uns die wenigen überlieferten Schriften der Sekte bezeugen, galt für sie Keuschheit als höchster Wert. Nach dem sog. »Manichäischen Traktat« zeichnete die Einhaltung dieses Gebots den Weg eines Vollkommenen: Er heiratete nicht, befreite sich dadurch von den Leidenschaften des Fleisches, der Unzucht und Fortpflanzung – allesamt Elemente einer diesseitigen Welt des Bösen. Der Verfasser jenes Traktats beruft sich in diesem Zusammenhang auf die Worte Jesu im Lukasevangelium (20, 34–35): »Die Kinder dieser Welt heiraten und lassen sich heiraten; die aber, die würdig sind, an der jenseitigen Welt und der Auferstehung von den Toten teilzuhaben, werden weder heiraten noch sich heiraten lassen.«[38] Selbst katholische Polemiker kamen nicht umhin zuzugeben, daß katharische Vollkommene mit ihrer selbst auferlegten Enthaltsamkeit ernst machten. Einwilligung in eine Ehe wurde als ein Zeichen der Reue und als Rückkehr zum katholischen Glauben gewertet. Solche Vorkommnisse wurden mit dem verächtlichen Vermerk registriert: »Nahm eine Frau« oder »Heiratete einen Mann«.[39] Auch jene Texte, die die Gottesdienstordnung der Katharer zum Gegenstand haben, betonen den Wert der Keuschheit. In ihnen wird Gott angerufen, jede Sünde des Fleisches zu richten und sich des Leibes zu erbarmen, der aus Verderbnis geboren wurde.[40] Allein Jungfräulichkeit und Enthaltsamkeit bestimmen den rechten Weg eines Gläubigen und führen ihn in die Nähe Gottes.[41] Sofern sich der Einzelne in der Welt des Diesseits von sexueller Leidenschaft befreit hat, wird er zu einem Vollkommenen, der unter existentiellen und ontologi-

240

schen Gesichtspunkten von allen übrigen Menschen prinzipiell unterschieden ist. Auch von einer künftigen Seelenwanderung ist dieser befreit, da seine Seele nach dem Tod zu ihrem Ursprung zurückkehrt. Weitaus schärfer als etwa bei Bernhard von Clairvaux und Abälard sind hier die Grenzen zwischen Geschlechtlichkeit und Enthaltsamkeit gezogen, damit auch die Grenzen zwischen gebärenden Frauen auf der einen und Nonnen auf der anderen Seite. Was Nonnen betrifft, so zeigten die Katharer ihnen gegenüber wesentlich mehr Konsequenz als etwa Bernhard und Abälard. Obwohl diese von der erhabenen Stellung einer Nonne als Braut Christi und Symbolgestalt der heiligen Maria überzeugt waren, untersagten sie ihnen dennoch Priesterschaft und Altardienst. Bei den Katharern dagegen besaßen in dieser Hinsicht Männer und Frauen dieselben Rechte; denn mit Empfang des *consolamentum* ruhte auf dem Vollkommenen beiderlei Geschlechts der Heilige Geist; durch ihn waren sie zum Priesteramt innerhalb der religiösen Gemeinschaft befähigt.

Obwohl religiöse Rechte im Blick auf Frauen paritätisch praktiziert wurden, läßt sich daraus keineswegs ableiten, daß Katharer und Waldenser die Rolle der Frau innerhalb des religiösen Systems überhöht hätten. Vielmehr war auf seiten der Katharer die Neutralisierung der Geschlechter der Grund für eine Gleichstellung von Mann und Frau, auf seiten der Waldenser die Hinwendung zum Neuen Testament. Nichtsdestoweniger zählt die weitreichende Parität aller Mitglieder zu den herausragenden Merkmalen beider Gemeinschaften, die relative Gleichheit von Mann und Frau eingeschlossen. Da Keuschheit zu ihren obersten Geboten gehörte, wurde die Ehe folglich nicht als Sakrament angesehen; eine Einwilligung beider Partner genügte, und Scheidungen waren erlaubt. Da eheliche Bindungen – speziell in den Zeiten der Verfolgung beider Randgruppen, d. h. seit Beginn der Kreuzzüge – zu einem verstärkten Zusammenhalt führten, empfahlen die Katharer sogar ihren Gläubigen, untereinander zu heiraten.[42] Das zu jener und auch späteren Zeiten landläufige Klischee einer sittlichen Verderbnis, die durch Ketzerbewegungen gefördert worden sei,[43] beruht vermutlich auf der Tatsache, daß die Katharer Beziehungen zwischen Mann und Frau innerhalb der Ehe – im Gegensatz zum katholischen Brauch – nicht mittels eines Sakraments aus dem sündigen in einen geheiligten Bereich zu verlagern suchten. Vielmehr schloß die von ihnen propagierte Neutralisierung der Sünde die Auffassung ein, ein

Geschlechtsverkehr innerhalb der Ehe bedeute kein geringeres Vergehen als außereheliche Beziehungen. Theoretisch gesehen lag so der Schluß nahe, bei ihnen sei alles erlaubt. In Wirklichkeit jedoch gibt es keinen Beweis dafür, daß eine sexuelle Libertinage bei den Katharern verbreiteter gewesen sei als bei Katholiken. Eher schon ist das Gegenteil anzunehmen, haben wir doch in den vorangegangenen Kapiteln gesehen, daß Männer und Frauen aller Schichten sich nicht gerade selten von der Sexualmoral der Kirche entfernten. So steht auch nach zeitgenössischen katholischen Quellen die hohe Sittlichkeit katharischer Vollkommener außer Zweifel. Mehr noch: sie wurden häufig als beispielhafte Vorbilder angeführt, wozu sich – milde gesprochen – die katholische Geistlichkeit jener Zeit selten eignete. Auch geht aus den einschlägigen Dokumenten weder hervor, daß katharische Gläubige zu sexueller Zügellosigkeit ermuntert hätten, noch gibt es Beweise, daß ihre Neutralisierung der Sünde außerehelichen Beziehungen förderlich gewesen sei.

Ist der zahlenmäßig große Anschluß von Frauen an Ketzerbewegungen ein Ausdruck ihrer Rebellion gegen das bestehende gesellschaftliche System? Wenn wir diese Frage bejahen, so würde dies gleichzeitig eine Anerkennung dessen bedeuten, daß Frauen innerhalb der Ketzerbewegungen größere Rechte und ein höheres soziales Ansehen als innerhalb der zeitgenössischen katholischen Gesellschaft besessen hätten, zudem von männlicher Bevormundung frei gewesen wären. Wenngleich diese Faktoren in ihre Entscheidungen zweifellos hineinspielten, so würde man es sich doch zu leichtmachen, darin die einzig maßgebliche Ursache für ihre Mitgliedschaft zu sehen. Bereits bei der Darstellung des Ordenswesens ist zum Ausdruck gekommen, wie außerordentlich vielschichtig und kompliziert die Natur jener Motive sein konnte, die Männer und Frauen zur Ablegung von Gelübden veranlaßt haben. So ist es nicht leicht herauszufinden, ob eine Frau das Klosterleben aus religiöser Berufung oder aus Angst vor einer sie bedrängenden äußeren Welt suchte; weitere Beweggründe konnten sein: Gottesliebe oder Furcht vor einer Ehe, Furcht vor dem Gebären von Kindern oder Flucht aus einer unglücklichen Ehe, bzw. der Wunsch, als Witwe einer von außen aufgezwungenen Zweitehe zu entkommen; auch die Vorstellung von einem erfüllteren Glaubensleben innerhalb des Klosters, der Gedanke einer größeren Unabhängigkeit von männlicher Autorität, oder aber der Vorsatz einer Selbstverwirklichung mittels Erfüllung eines Amtes, konnten entscheidend sein. Daneben wären wirtschaftliche und familiäre Gesichtspunkte zu berücksichtigen, die wir bereits in anderem Zusammenhang angeschnitten haben. All diese Momente müssen in neuer Weise überdacht werden, wenn wir die Motive derjenigen verstehen wollen, die sich Ketzerbewegungen anschlossen, obgleich ihnen ein Leben innerhalb der häretischen Gemeinde nicht die relative Ruhe und Sicherheit eines Klosters bot.

Noch am ehesten lassen sich finanziell-familiäre Gesichtspunkte als Motive für eine Mitgliedschaft von Frauen in Ketzerbewegungen ergründen. So löste etwa eine Unterkunft in Häusern der Katharer und Waldenser die wirtschaftlichen und persönlichen Probleme mitteloser und einsamer Witwen, ebenso wie diejenigen von Mädchen, die nicht heiraten konnten, weil ihre Eltern nicht in der Lage waren, ihnen die erforderliche Mitgift zu verschaffen, und ein katholisches Kloster ihnen wegen Armut oder Platzmangel eine Aufnahme versagte. In dieser Hinsicht erfüllten waldensische und katharische Institutionen denselben Zweck wie etwa Beginenhäuser. Analog zu diesen unterhielten sie eigene Schulen. Konsequent wurden Eltern, die ihre Töchter dort erziehen ließen, wo sie dem Anschein nach zur Ketzerei verführt wurden, von katholischen Orden, wie etwa den Dominikanern, verurteilt. Da nicht alle Häretiker eigene Gemeinschaften mit eigenen Institutionen gründeten (Beispiele sind etwa Heinrich von Le Mans, Tanchelm und Arnold von Brescia), die Frauen sowohl in finanzieller wie persönlicher Hinsicht einen Sonderstatus gewährten, dürfen wir die wirtschaftlichen Komponenten weder zu hoch bewerten, noch in ihnen den maßgeblichen Faktor für die hohe Zahl ihrer weiblichen Mitglieder sehen. Selbst Ketzerbewegungen wie die der Lollarden, die beinahe über 150 Jahre (vom letzten Viertel des 14. bis zur zweiten Hälfte des 15. Jahrhunderts) bestanden, waren weder in Gemeinschaften, noch überhaupt fest organisiert. Dennoch verfügten sie über eine relativ hohe Zahl an weiblichen Anhängern. Auch das Faktum, daß viele Katharerinnen aus den Reihen der Gläubigen nicht in gesonderten Häusern lebten, sondern heirateten und ein normales Familienleben führten, wobei sie hin und wieder Predigten von Vollkommenen hörten und an den für Gläubige zugelassenen Riten teilnahmen, sollte uns ebenso nachdenklich machen, wie die Tatsache, daß Töchter aus dem Hochadel sich den Katharern durchaus nicht zur Lösung finanzieller Probleme anschlossen. Was waren aber dann die Beweggründe jener Frauen

(Nonnen, die zu den Häretikern überwechselten, eingeschlossen), wenn der Gedanke wirtschaftlicher Sicherheit nicht im Vordergrund stand? War es die Sehnsucht nach einem reicheren Glaubensleben, als es ihnen die katholische Kirche zu bieten vermochte, oder aber eine vergleichsweise größere Freiheit von männlicher Vormundschaft? Da diese Fragen sich in ähnlicher Weise für Männer stellten, die Ketzerbewegungen beitraten, wollen wir sie im Zusammenhang mit diesen beantworten. Zweifellos übte ein religiöses Leben, an dem Laien wesentlich stärker als in der katholischen Kirche beteiligt waren, auf beide Attraktion aus. So wandte sich ein Teil der Häretiker sowohl massiv gegen die kirchliche Institution als auch die Lebensführung ihrer von Selbstsucht und Habgier bestimmten Priesterschaft. Andere, wie beispielsweise die Waldenser, unterließen – wenigstens zu Beginn – vergleichbare Kritik und Angriffe. Doch zeigte sich bereits in ihrer Entscheidung für völlige Armut und Wanderschaft ihre indirekte Auflehnung gegen jenes Gesellschaftsgefüge, in das die katholische Kirche eingebettet war. Gemeinsam war den Waldensern und Katharern, daß sie eine Reihe von Institutionen generell ablehnten: so den Eid, durch den im Mittelalter praktisch jede Handlung rechtskräftig wurde, das Rechtssystem, personengebundene Herrschaft, Unterdrückung und Heeresdienst – wobei allerdings keine der beiden Gruppen für die Abschaffung jener Phänomene kämpfte. So können denn beide Bewegungen auch nicht als rebellische, eher schon als sozial-abweichlerische Institution betrachtet werden. Dabei gingen die Lollarden einen Schritt weiter, indem sie der Kirche jegliches Besitzrecht streitig machten. Nur dem Gerechten gebührte nach ihrer Auffassung ein Eigentum; einem sündigen Priester hingegen stünde es nicht zu, und folglich sei auch an sie nicht der zehnte Teil abzuführen. Andere zu den Häretikern rechnende Gruppen, von Arnold von Brescia bis zu den Hussiten, verbanden ihre politischen und sozialen Veränderungsbestrebungen mit einem Verlangen nach religiöser Neuorientierung. Diese Gesichtspunkte spielten zweifellos für Männer wie Frauen eine wichtige Rolle bei ihrem Eintritt in Ketzerbewegungen; doch läßt sich kaum entscheiden, welcher Aspekt das Hauptgewicht hatte. Frauen, die sich der Waldenser- oder Katharer-Gemeinde anschlossen, protestierten damit vor allem gegen ihre untergeordnete Stellung in Kirche, Gesellschaft und Familie; im Gegensatz zur katholischen Kirche hatten sie hier einen wesentlich gehobeneren Status, und zwar gleichgültig, ob sie zu den Vollkommenen oder lediglich den Gläubigen zählten. Wenngleich andere Ketzerbewegungen Frauen den Altardienst untersagten, so kritisierten sie gleichwohl die geltende katholische Kirchenordnung und damit ineins Elemente des allgemeinen Gesellschaftsgefüges. Die Lollarden und Hussiten ähnelten einander in dem Bemühen, den Abstand zwischen Laien und Geistlichen zu verringern, und eine regere Beteiligung von Frauen am religiösen Leben zu fördern. Zwar durften Frauen bei den Lollarden keine rituellen Aufgaben übernehmen, doch wurde ihnen ausdrücklich das Recht eingeräumt, die Heilige Schrift in englischer Übersetzung zu lesen. Die Hauptforderung der Hussiten, daß jedem das Abendmahl in beiderlei Gestalt, also in Form von Brot und Wein, zu reichen sei, war gleichfalls darauf gerichtet, die Kluft zwischen Geistlichkeit und Laienstand einzuebnen. Da Frauen insgesamt von diesen Entwicklungen profitierten, bedeutete dies, daß sie aufgrund ihrer aktiven Mitwirkung am religiösen Leben ein höheres Ansehen innerhalb der Gemeinschaft als ganzer erwarben. Neben diesen Motiven der Eingliederung von Männern und Frauen in Ketzerbewegungen dürfen wir ein weiteres nicht zu gering einschätzen: jenes starke Verlangen nach einem erfüllten Glaubensleben, das die religiösen Empfindungen von Menschen in einer so dominant geistlichen Gesellschaft wie dem Hoch- und Spätmittelalter maßgeblich prägte. Nur im Blick auf jene Erscheinung läßt sich verstehen, daß Männer und Frauen für ihre Überzeugungen ihr Leben auf dem Scheiterhaufen beendeten, obwohl die meisten von ihnen durch Widerruf und Buße einer Todesstrafe hätten entgehen können. Wenn uns schon die Geschichte der Entwicklung der Menschheit lehrt, daß immer wieder viele dazu bereit waren, ihr Leben für Ideen zu opfern, um wieviel mehr konnte dies im Fall religiöser Überzeugungen geschehen. Obwohl solche zweifellos im Spiel waren, wenn Frauen auf dem Scheiterhaufen starben, so läßt sich doch schwer entscheiden, welcher der vielen möglichen Beweggründe den letzten Ausschlag gegeben hat: die Treue zur Religion, der Glaube, nach Beendigung irdischer Leiden ins Jenseits zu gelangen, die Loyalität gegenüber Brüdern und Schwestern derselben Glaubensgemeinschaft, die bereits vor ihnen freiwillig in den Tod gegangen waren – oder ob es gar ihr äußerster Protest gegen die bestehende Gesellschafts- und Weltordnung war, der sie zu solchen Schritten veranlaßte.[44]

Hexen

Die speziell für Westeuropa charakteristische Vorstellung von der Hexe als einer Verbündeten des Teufels breitete sich erst gegen Ende des Mittelalters aus; die im eigentlichen Sinn große Hexenjagd setzte im 16. und 17. Jahrhundert ein. Eine Geschichte der Frau im Hoch- und Spätmittelalter könnte sich also damit begnügen, von jenen Fällen zu berichten, bei denen Frauen bezichtigt wurden, magische Zaubermittel zwecks Anrichtung von Schaden benützt zu haben. Auch diejenige Schrift, der »Hexenhammer«, die nach den Worten H. Trevor-Ropers die Summe aller Dämonologie enthielt, und auf die sich katholische wie protestantische Hexenjäger bei ihren Verfolgungen über 200 Jahre lang stützten, wurde erst 1486 verfaßt; sie fällt damit aus dem zeitlichen Rahmen, den wir uns bei unserer Darstellung gesteckt haben, heraus. Widmen wir uns dennoch der Hexe als einer Gehilfin des Satans, so deshalb, weil ein Teil des Gedankenguts dieser Schrift, einschließlich ihrer Anschauungen über Frauen, lediglich das zusammenfaßte, was bereits durch die mittelalterliche Kirchenliteratur vorgegeben war. Das Phänomen wirklicher oder vermeintlicher Zauberkünstlerinnen ist freilich am ehesten im Blick auf den zeitgenössischen Hintergrund des Problems sowie die Entwicklung der Hexenlehre zu begreifen. Deshalb werden wir zunächst auf diese beiden Aspekte eingehen.[45]

Als Zauberer wurde ursprünglich derjenige angesehen, der Magie zum Schaden Einzelner oder zur Herrschaft über seine Umgebung und die Naturkräfte einsetzte. Wie in der altgermanischen, griechischen und römischen Gesellschaft beschäftigten sich auch im Mittelalter Männer und Frauen mit entsprechenden Praktiken oder wurden zu Unrecht ihrer Anwendung beschuldigt. Dabei war man überzeugt von der Existenz einer guten wie bösen Magie. Nach weltlicher Gesetzgebung war jegliche Anwendung böser Magie untersagt: Das fränkische, salische und ripuarische Recht verpflichtete denjenigen, der einem anderen mittels Hexerei Schaden zugefügt hatte, dazu, diesem ein Wergeld zu zahlen; hatte er den Tod des Betreffenden verursacht, so sollte die Entschädigung den Hinterbliebenen zufließen. In fränkischer Zeit kamen solche Anklagen vor ein weltliches Gericht, das Angehörigen des Verstorbenen bisweilen freistellte, mit dem schuldig Gesprochenen nach Belieben zu verfahren. In anderen Fällen endete dieser auf dem Scheiterhaufen, speziell dann, wenn es sich um einen Leibeige-

nen handelte und seine Schuld unbezweifelbar war, oder wenn
er das notwendige Wergeld nicht aufbringen konnte. Die
geläufige Anklage gegen Männer und Frauen, die der Zauberei
beschuldigt wurden, lief darauf hinaus, daß sie durch Anwendung solcher Mittel Krankheit, Unfruchtbarkeit, Impotenz,
den Tod von Menschen und Tieren, oder Stürme und Fluten
herbeizuführen wünschten, die die Ernte vernichteten. Anklagen dieser Art sind uns aus isländischen, schwedischen, aleman-
nischen, lombardischen, westgotischen und bayrischen Quellen
überliefert. Anderen Zauberkünstlern wiederum warf man vor,
Angehörige der merowingischen und karolingischen Kaiser-
familien verhext zu haben. Daß solche Vorwürfe ein geeignetes
Mittel der Verschleierung sein konnten, um eigene Interessen
durchzusetzen, zeigt das Beispiel der Söhne Ludwigs des Frommen aus erster Ehe: Sie bezichtigten Ludwigs zweite Frau
Judith, die schwarze Magie gegen sie angewandt zu haben in der
Absicht, Judiths Sohn Karl auf diese Weise von einer Erbschaft
auszuschließen.[46] Das Verbot jeglicher Zauberei, die Schaden
anrichtete, wiederholte sich stets aufs neue in der weltlichen
Gesetzgebung der Franken, von Childerich III. bis zu Karl dem
Kahlen im 9. Jahrhundert. Während sich die gesetzlichen Be-
stimmungen anfangs nur gegen schädliche Folgen magischer
Handlungen richteten, wurden sie unter dem Einfluß der
Kirche jedoch stufenweise erweitert: Hexerei galt nunmehr als
eine Form von Götzendienst, vergleichbar der heidnischen
Verehrung von Bäumen, heiligen Quellen etc.[47] Im Rahmen
der Missionierung Europas war man davon überzeugt, alle
Erscheinungen dieser Art mit der Wurzel ausrotten zu müssen.
Im allgemeinen freilich ging die Kirche mit Zauberern nach-
sichtiger um als der weltliche Gesetzgeber, sei es, weil sie die
erst kurze Zeit christianisierte Bevölkerung nicht zu sehr unter
Druck setzen wollte, sei es, weil sie die Auffassung einiger
Kirchenväter billigte, die jede Form von Zauberei für ein
irreales Phänomen hielten. Diese Anschauung ist bereits im
»Bischöflichen Kanon« nachzulesen, einer Schrift, die auf dem
Konzil von Ankara im Jahre 314 verfaßt sein soll, in Wahrheit
aber aus einer Sammlung des 9. Jahrhunderts stammt, dessen
Verfasser unbekannt ist. Nachdem Burkhard von Worms jene
Auffassung in seinen Beichtspiegel aus dem 11. Jahrhundert
und Ivo von Chartres sie in sein Werk übernommen hatte, war
es schließlich Gratian, der sie ins Kirchenrecht überführte. Laut
»Kanon« fällt derjenige, der an Hexenwerk glaubt, ins Heiden-
tum zurück, weil er Vexierbilder des Satans für bare Münze

nimmt. Zauberei, so heißt es, sei irreal. Zwar existierten Teufel und Dämonen, doch vermöge es der Mensch nicht, sich ihrer für eigene Kunststücke, die lediglich der Phantasie eines Hexenmeisters entsprängen, zu bedienen. Nur ein Narr könne glauben, daß das, was in der Seele vorginge, auch körperliche Formen annähme.[48] Die hier vorgenommene Gleichsetzung eines Zauberers mit einem Anbeter von Dämonen geht allerdings nur auf die christliche Interpretation des Verfassers jener Schrift zurück; keineswegs ist damit gesagt, daß Magier sich selbst als Verehrer von Dämonen oder gar als Bundesgenossen des Satans betrachtet hätten.[49] Nach dem »Bischöflichen Kanon« mußte ein Hexenkünstler eine zweijährige Buße ableisten, die ihm nicht wegen seiner Taten, sondern deshalb auferlegt wurde, weil er an seine eigenen magischen Fähigkeiten geglaubt hatte. Da die Magie von kirchlicher Seite als irreal angesehen wurde, mußte sie ja darauf bestehen, daß entsprechend wirksame Handlungen nicht zustandegekommen waren. Obwohl zweifellos auch in der Zeit vor dem 14. Jahrhundert einige Geistliche an die Wirksamkeit von Hexerei glaubten, wie etwa Gilbert von Nogent[50] u. a., verneinte doch die überwiegende Mehrheit gelehrter Kirchenführer solchen Volksglauben im Namen des Christentums. Im Gegensatz dazu waren derartige Vorstellungen im Volk nachweisbar lebendig, sowohl passiv – auf Seiten der Menschen, die glaubten, verhext worden zu sein – als auch aktiv, auf Seiten derjenigen, die auf ihre eigenen magischen Kräfte vertrauten. Während zuweilen ein aufgebrachter Mob an verdächtigen Personen in grausamster Weise Selbstjustiz übte, unterstützte die Kirche ihrerseits weder derartige Verfolgungsjagden, noch leitete sie von sich aus Ermittlungsverfahren in öffentlichem Interesse ein, wie es Inquisitionsgerichte im Fall von Ketzern zu tun pflegten. Wer einen Fremden der Hexerei beschuldigte, ohne seinen Verdacht beweisen zu können, wurde strengstens bestraft. Hingegen erwartete denjenigen, der vom Kirchengericht der Zauberei angeklagt und für schuldig befunden wurde, lediglich eine Buße oder schlimmstenfalls eine Vertreibung aus seiner Diözese. Auch kam es häufig vor, daß Geistliche die Verdächtigen vor einer Lynchjustiz der Massen bewahrten.[51] Insgesamt scheinen Hexenprozesse bis zum 14. Jahrhundert nur selten vorgekommen zu sein.[52]

Erst nach dem 14. Jahrhundert zeichnete sich langsam innerhalb der Kirche eine Sinneswandlung gegenüber Zauberern ab; nunmehr hielt man es für wahrscheinlich, daß sie einen Bund mit dem Satan geschlossen und ihre Handlungen reale Folgen hätten. Diese neue Einstellung mag sich einerseits aus dem Verständnis der Geistlichkeit von »ritueller Magie« entwickelt haben, andererseits daraus, daß man Häretikern ein geheimes Einvernehmen mit dem Teufel nachsagte. Die Vorstellung verbreitete sich im Zuge einzelner Gelehrter, die sich mit Astronomie, Astrologie, Chemie, Alchemie oder Medizin beschäftigten, wie Ceco d'Ascoli oder Arnold von Villanova, und dabei mit einer rituellen Magie experimentierten, bei der der Magier versuchte, Dämonen seinem Willen unterzuordnen. Jene Gelehrten wurden zwar nicht eines Bundes mit dem Satan, doch immerhin einer Geisterbeschwörung beschuldigt, die ebenfalls verboten war. Wenngleich die Geistlichen sich dessen bewußt waren, daß solche Beschwörungen keine Anbetung von Geistern, sondern allenfalls ihre Anrufung in Gottes Namen beinhalteten, und zwar, um dadurch dem Magier eher zu Willen zu sein, verwarfen sie solche Handlungen doch im Namen des Thomas von Aquin, für den die Sünde bereits darin lag, Kontakt mit Dämonen aufzunehmen.[53] Da jene Kirchenmänner, die Hexerei für ein irreales Phänomen hielten, sehr wohl an die Existenz von Satan und Geistern glaubten, scheint uns die Erklärung von N. Cohn für diesen Widerspruch durchaus plausibel; er behauptet, daß sich die kirchliche Anschauung von der Magie als einem Bündnis mit dem Teufel aus jener alten Vorstellung entwickelt habe, sie sei einer Anrufung und Beschwörung von Geistern, also der Sünde schlechthin, gleichzusetzen. Folglich wurde verschiedenen Gruppen von Ketzern bereits in einem sehr frühen Stadium ihrer Ausbreitung in Westeuropa das Vergehen von Zauberei im Bunde mit dem Teufel vorgeworfen.[54] Insofern alle Häretiker nach damaliger Auffassung von der katholischen Lehre abwichen, hatten sie gewissermaßen alle anerkannten Normen auf den Kopf gestellt und sich damit für das Böse entschieden, was einer Verleugnung Gottes und einem Pakt mit dem Satan gleichgestellt wurde. Magie und Häresie galten hingegen noch im 13. Jahrhundert als völlig getrennte Erscheinungen. So antwortete beispielsweise Papst Alexander IV. im Jahr 1257 auf Anfragen von Inquisitoren, wo die Grenzen ihrer Nachforschungen zu ziehen seien, daß ihr Hauptgeschäft die Suche nach Ketzern darstelle. Wer sich hingegen mit Magie beschäftige, solle nur dann vor Gericht gestellt werden, wenn seine Handlungen mit Praktiken von Ketzern in Verbindung stünden. Wie aus Untersuchungen von R. Kieckhefer und N. Cohn hervorgeht, wurden bis zum Jahr 1435 Angeklagte nur selten eines Bündnisses mit dem Teufel beschuldigt; im allgemeinen hatten sie sich wegen Zufügung eines Unheils als Folge des Einsatzes magischer Mittel zu verantworten.

Was nun die theologische und juristische Definition des Begriffs Hexe (er war sowohl auf Männer wie Frauen gemünzt) und die langsame inhaltliche Kristallisation des Prototyps einer Hexe betrifft, so bildeten sich beide im letzten Viertel des 15. Jahrhunderts heraus. Als Meilenstein in dieser Entwicklung kann sowohl die Bulle *Summis desiderantes affectibus* des Papstes Innozenz VIII. aus dem Jahr 1484 als auch die Veröffentlichung des »Hexenhammers« aus der Feder der beiden deutschen Inquisitoren Jacob Sprenger und Heinrich Institoris angesehen werden. Als Hexe gilt hier, wer im Bunde mit dem Satan steht und die Person Christi nebst Taufe und Sakramenten ableugnet. War der Betreffende vormals christlich getauft worden, so fielen seine Handlungen unter das Verdikt christlicher Häresie. Wie die Verfasser des »Hexenhammers« ausführen, trifft sich die Hexe am Hexensabbat mit ihren Gefährtinnen, um eine »Schwarze Messe« zu zelebrieren, bei der der Teufel verehrt und gräßliche Orgien abgehalten werden, unter Einschluß von Kindermord und Kannibalismus. Die Hexe, so meinen beide, handle zwar autonom, doch gehöre sie einem Hexenverband an. Wenngleich der Teufel nicht auf sie angewiesen sei, bediene er sich ihrer gern, um somit den Schöpfer mittels des Werks seiner eigenen Hände zu verspotten. Daß die Hexe daneben Menschen, Tieren und der Ernte großen Schaden zufüge, stünde außer Zweifel. Die hier geknüpfte Verbindung übler Handlungen mit Teufelsverehrung charakterisiert beinahe alle Hexentheorien im christlichen Westeuropa; desgleichen die Tatsache, daß die böse Kraft der Hexen vom Teufel hergeleitet und ihre Handlungen als real betrachtet wurden. Manche Geistliche vertraten sogar die Auffassung, das Anrichten eines Unheils träte bei Handlungen von Hexen zunehmend in den Hintergrund; vielmehr sei der Satanspakt soweit dominierend, daß Unheil und Schaden nur dessen Begleiterscheinung darstellten. Soweit wir wissen, sind derartige Auffassungen ausschließlich dem christlichen Abendland eigentümlich; lag doch in allen historischen Gesellschaften, in denen Hexenbeschuldigungen an der Tagesordnung waren, die Betonung stets auf dem durch sie angerichteten Unheil. Selbst jene Stammesgesellschaften, die glaubten, eine Hexe besitze bestimmte, angeborene Wesenszüge – im Gegensatz zur tech-

nischen Seite der Magie, die für jedermann erlernbar sei –
legten den Hauptakzent auf die durch Hexen verursachten
Gefahren und Schäden.[55] Nachdem jede Form von Hexerei als
Häresie verdammt worden war, ging ihre Verfolgung nach und
nach von Gerichten auf Inquisitionstribunale über, wobei Prozesse nun nicht länger ausschließlich Sache der streitenden
Parteien waren; vielmehr spielten jetzt die Interessen der sich
verteidigenden Gesellschaft eine wesentliche Rolle. Dieses
System der Inquisition machten sich die meisten kirchlichen
und weltlichen Gerichte zu eigen, wenn es um Hexenprozesse
ging. So sprachen etwa die Verfasser des »Hexenhammers« die
Empfehlung aus, den Angeklagten eine Begnadigung zu versprechen, sofern sie ihre Schuld einzugestehen bereit seien,
fügten aber hinzu, daß es keine Verpflichtung gäbe, dieses
Versprechen später einzulösen; manche Richter folgten hierin
ihrem Rat. Die von Inquisitoren gestellten Fragen an Angeklagte waren zumeist aus ihrer Kenntnis sogenannter dämono-
logischer Schriften abgeleitet, sowie aus Tatbeständen, die in
früheren Prozessen zur Sprache gekommen waren; Verhöre,
häufig mit Folterungen oder ihrer Androhung verbunden,
förderten konsequent die gewünschten Antworten zutage;
unter ihnen solche, daß magische Heilverfahren angewandt,
diverse Liebestränke bereitet oder Wachspuppen angefertigt
worden seien, und zwar in der Gestalt derjenigen Person, die
das betreffende Opfer dann, von Nadeln durchstochen, unter
seiner Türschwelle wiedergefunden habe.
Der Glaube an magische Kräfte und ihre Wirksamkeit lebte im
Volk fort, ohne daß es dem Christentum gelang, ihn auszurot-
ten; dabei ging die Vorstellung von einem Statansbündnis und
ähnlichen Erscheinungen nicht selten auf gelehrte Geistliche
zurück, die es verstanden, nach und nach weite Kreise mit ihr zu
infiltrieren. Bestimmte Vorstellungen innerhalb des Volksglaubens, wie etwa die angebliche Fähigkeit von Hexen zu fliegen,
durch geschlossene Türen zu dringen, oder sich in Tiere zu
verwandeln, fügten sich nahtlos in gängige, kirchliche Klischees
ein.[56] Wie R. Kieckhefer gezeigt hat, war es bis etwa gegen
Ende des 15. Jahrhunderts üblich, Hexerei mit folgenden Anschuldigungen zu verbinden: Krankheit, Impotenz oder Unfruchtbarkeit sei durch sie verursacht worden, Kühe verweiger-
ten aufgrund dieser die Milch, o. ä.; von einer Verschwörung
mit dem Teufel war in diesem Zusammenhang nie die Rede.
Daß diejenigen Kirchenmänner, die die Auffassung vertraten,
Hexen paktierten unmittelbar mit dem Teufel, neurotisch oder

geistesgestört seien, hält Kieckhefer allerdings nicht für zutreffend; vielmehr meint er, sie seien zu einer solchen Vorstellung eher aus intellektuellen, denn psychologischen Motiven gelangt: Dadurch nämlich, daß sie den Gedanken eines Teufelspakts entwickelten, hätten sie die magische Interpretation der Zauberei gegen eine theologische eingetauscht; ihr zufolge gelingen Menschen Hexenkunststücke, weil der Teufel sie verführt, den seinerseits Gott gewähren läßt. Wenngleich die meisten Geistlichen sich weigerten, die Magie als eine Realität anzuerkennen, so verzichteten sie doch nicht darauf, in eigener Weise Magie zu praktizieren, etwa indem Priester mit einer geweihten Hostie Felder umschritten, um Stürme fernzuhalten, oder um die Ernte zu segnen; allerdings wurden derartige Handlungen nicht als magische bezeichnet.[57] Im Laufe der Zeit trat die Lehre vom Satanspakt ihren Weg aus gelehrten Kollegien in Gerichte und von dort in eine breite Öffentlichkeit an. Der Gedanke, daß die Kirche gegen Zauberer und Hexen deshalb vorging, weil ihre Magie mit der eigenen in Konkurrenz trat, und zudem die Vorstellung vom Priester als einem Beweger übernatürlicher Kräfte gefährdete, mag vielleicht nicht völlig abwegig sein; allein deshalb nicht, weil die Angriffe von kirchlicher Seite genau zu dem Zeitpunkt einsetzten, als magische Praktiken im Gefolge der Pest und ihrer Wirkungen erheblich zunahmen. So meint H. Trevor-Roper, Inquisitoren hätten sich Hexen deshalb aufs Korn genommen, weil sie selbst eine neue Existenzberechtigung benötigten, nachdem die gefährlichsten Ketzer, die Katharer, ausgelöscht und die Waldenser in den Untergrund gegangen waren. Es steht außer Zweifel, daß daneben psychologische und soziale Beweggründe bei Hexenverfolgungen mitspielten. So erklären einige Anthropologen den Zuwachs von Beschuldigungen dieser Art innerhalb einer bestimmten Epoche und Gesellschaft als Folge gestörter zwischenmenschlicher Beziehungen und drohender Katastrophensituationen; einige Historiker haben sich dieser Betrachtungsweise angeschlossen.[58] Nichtsdestoweniger müssen wir von der Existenz bestimmter geistiger Voraussetzungen ausgehen, die das Aufkommen von Beschuldigungen, wie aktive Überzeugungen von magischen Fähigkeiten, allererst ermöglichten. Die Rolle der Kirche darf in diesem Zusammenhang nicht zu gering eingeschätzt werden: Indem sie die Vorstellung vom Teufelsbündnis aufrechterhielt und Hexen zu einem Sündenbock ersten Ranges stempelte, lieferte sie die Grundlage für entsprechende Anklagen. Darüber hinaus kultivierte sie über

Jahre ein Vorstellungsbild von Frauen innerhalb der christlichen Gesellschaft, welches im Zusammenhang mit der neuen Lehre über Magie als Satanswerk dazu angetan war, Verdächtigungen dieser Art gegenüber Frauen als plausibel und gerechtfertigt erscheinen zu lassen.

Nach der Studie Kieckhefers waren im Zeitraum zwischen 1300 und 1500 zwei Drittel aller der Hexerei Beschuldigten Frauen.[59] Lediglich in den Jahren 1300 bis 1330, als eine Welle von Prozessen gegen Angehörige der Oberschicht anlief, denen man vorwarf, sie hätten sich der Magie zu politischen Zwecken bedient, war der weibliche Anteil relativ gering. Dennoch betroffene Frauen, wie etwa die irische Adlige Alice Kyteler, beschuldigte man der Anstiftung, der Beihilfe zur Anstiftung und einer berufsmäßigen Ausübung der Tat gegen Bezahlung.[60] Auch eine Begine, die anfangs wegen ihrer prophetischen Talente am Hofe Philipps IV. ein hohes Ansehen genossen hatte, wurde beschuldigt, sie habe in flämischem Auftrag versucht, den Bruder des Königs zu vergiften. Ihr Prozeß endete jedoch mit Freispruch; auch Mahaut von Artois, eine Lehnserbin mit weitreichenden Herrschaftsbefugnissen, der wir in früherem Zusammenhang begegnet sind, wurde freigesprochen.[61] Hier und in anderen Fällen lautete die Anklage gegen Frauen nicht auf »rituelle Magie«, und zwar, weil angenommen wurde, zu dieser gehöre eine gehobene Bildung und gelehrtes Wissen. Die Zahl weiblicher Angeklagter ging jedoch in der zweiten Hälfte des 15. Jahrhunderts sprunghaft in die Höhe, als Hexenprozesse zunehmend mit dem Argument vom Teufelsbündnis abgestützt wurden. Ein Beleg: Von jenen 300 Personen, die in den Jahren 1415 bis 1525 in Savoyen wegen Hexerei vor Gericht gestellt wurden, sind uns 103 Personen namentlich bekannt; 88 von ihnen waren Frauen, der Rest Männer. Auch im England der Tudors und der Stewarts waren es Frauen, die die überwältigende Mehrheit der Angeklagten in solchen Verfahren darstellten.[62]

Wenn wir andere, von Männern dominierte Gesellschaftsordnungen betrachten, so finden wir ebenfalls zahlreiche Frauen, die der Hexerei beschuldigt wurden; etwa bei einem großen Teil der Naturvölker[63], wie auch in Griechenland, Rom und dem alten Germanien. Schon in der Bibel (2. Mose 22,17) lesen wir: »Zauberinnen sollst du nicht leben lassen.« Und im Talmud (Mischna) steht geschrieben: »Wer Frauen vermehrt, mehrt die Zauberei.« Weniger eindeutig freilich, als es uns diese Textstellen nahelegen wollen, läßt sich beantworten, ob

253

Frauen häufiger als Männer das Handwerk der Hexerei betrieben, und wenn ja, in welchem Ausmaß. Die afrikanischen Dschundscha beispielsweise hielten folgende geschlechtsspezifische Rollenverteilung aufrecht: Zauberei von Männerhand galt als ein legitimes Kampfmittel, von Frauen aber als eine eminente Schandtat, die nur auf einer launenhaften und bösartigen Veranlagung beruhen konnte. Folglich hatten männliche Magier keinerlei Folgen, Frauen hingegen grausame Strafen zu gewärtigen.[64]

Wenn wir auf das Europa der Jahre 1300 bis 1500 zurückblicken, so interessiert uns zunächst, wer diese Frauen waren, die in jener Epoche der Hexerei beschuldigt wurden. Über ihr Alter ist uns nichts bekannt; doch wissen wir aus einzelnen Quellen, daß es sich zumeist um verheiratete Frauen handelte. Manche von ihnen bedienten sich magischer Heilkünste, andere wurden angeklagt, weil sie bei Versuchen der Heilung oder bei Geburtshilfen scheiterten.[65] Dabei ist in Erinnerung zu rufen, daß Fehlgeburten des öfteren mit Zauberei in Verbindung gebracht wurden. Wieder andere waren Dirnen oder ältliche Kupplerinnen.[66] Auch kam es vor, daß Frauen mit einer sog. anrüchigen Sexualmoral leichthin der Hexerei verdächtigt wurden. Dabei wurden Beschuldigungen häufig von seiten ihrer früheren Liebhaber vorgebracht, die eine andere Frau geheiratet hatten, oder auch von Nachbarn und Nachbarinnen, mit denen sie in Auseinandersetzungen oder Handgreiflichkeiten geraten waren. Die Vorwürfe lauteten zumeist wechselnd auf Handlungen im eigenen Interesse, oder auf Tatausführung gegen Bezahlung.[67] Da wir bereits in früherem Zusammenhang gesehen haben, daß »Dirne« und »Hexe« die am meisten unter Frauen geläufigen Schimpfworte waren, verwundert es nicht, daß Frauen häufig ihre Geschlechtsgenossinnen anzeigten. Wenn es eines Beweises dafür bedarf, daß Hexen-Sekten mit dem Ziel einer Auflehnung gegen Männerherrschaft nicht existierten, so dürfte er hiermit erbracht sein.[68] In einem Punkt ist den Verfassern des berüchtigten »Hexenhammers« beizupflichten: Die meisten der Hexerei angeklagten Frauen stammten in der Tat aus niedrigen Schichten. Die Erklärung beider Verfasser hierfür wollen wir unseren Lesern nicht vorenthalten. Sie lautet schlicht: Die Verbindung von Hexen mit dem Teufel zahle sich deshalb schlecht aus, weil der Widersacher in seinem Bemühen, den Schöpfer zu kränken, ihre Dienste für einen möglichst billigen Preis einhandele. Auf diese Weise spotte er dem Herrn ebenso wie seinen eigenen Handlangern.

Wenn wir, wie andere vor uns, nach Gründen für die gegen Männer wie Frauen gerichteten Anschuldigungen suchen, so bewegen wir uns mit unseren Erklärungen notgedrungen auf dem Feld der Spekulation, einer Spekulation über Grundzüge der menschlichen Natur. Wie B. Malinowski es prinzipiell formuliert hat: Zauberei sei die Antwort auf ein Gefühl von Verzweiflung, das Männer und Frauen in einer Welt empfunden hätten, die sich ihrer Kontrolle entzogen habe.[69] Andere greifen auf die geläufige Tatsache zurück, daß der einzelne angesichts von Fehlschlägen und Mißgeschick nur allzuleicht Zuflucht bei einer Erklärung suche, die es ihm gestatte, eigenes Versagen auf Fremde abzuwälzen. Aus diesem Grund habe man die Ursache für eigene Krankheit, den Verlust von Besitz oder für eigenes berufliches Versagen in magischen Kräften x-beliebiger Männer und Frauen gesucht. Manche auch hätten sich von Angst, Wut, Begierde und Schlechtigkeit, derer sie sich schämten, befreien wollen, indem sie all diese Empfindungen auf einen angeblichen Zauberer übertrugen. Fast immer hatten derartige Anwürfe ihren Kern darin, daß der Beschuldigte sich seinem Ankläger bei früherer Gelegenheit als geistig überlegen erwiesen hatte. Und K. Thomas schließlich führt aus, daß im England des 17. Jahrhunderts Schuldgefühle gegenüber Bettlerinnen, denen ein Almosen verweigert wurde, häufig durch den Vorwurf abreagiert wurden, sie seien Hexen.

Generell gehörten Frauen am ehesten zu den Verdächtigen, weil sie den ärmsten und zudem von nachbarschaftlicher Hilfe abhängigsten Bevölkerungsteil in einer Zeit bildeten, die von der Auflösung überkommener Sozialstrukturen gekennzeichnet war.[70] Gemeinsam mit Dirnen und Kupplerinnen gerieten auch männliche Randfiguren der Gesellschaft, wie Bettler, Vagabunden und umherziehende Sänger bisweilen unter Anklage der Hexerei, von denen sich einige tatsächlich mit Magie befaßt hatten. So wurde etwa ein Lehrbuch der Zauberei bei einem Landstreicher entdeckt, der sich ansonsten mit Glücksspielen und Diebstählen durchschlug.[71] Ein anderes Beispiel: Im Jahr 1460 wurden in Artois ein wandernder Sänger, ein umherziehender Maler, ein zum Vagabunden heruntergekommener Söldner und einige Dirnen wegen Hexerei auf dem Scheiterhaufen verbrannt.[72] Weitere Opfer stellten Geisteskranke dar, unter ihnen vor allem jene, die latente Aggressionen aufstachelten. Wie es einsame und schwache Greisinnen gab, die sich magischer Kräfte rühmten, nur um etwas Aufmerksamkeit und Respekt zu erlangen, so andere, die von der

Angeberei zur Tat übergingen, da sie sich anders aus ihren ärmlichen Verhältnissen nicht befreien konnten. Überliefert ist uns daneben der Typus jenes Menschen, der zur Stunde des Verhörs aufgrund bestimmter psychischer Dispositionen bereit ist, Dinge zuzugeben, die er nicht verübt hat, und dies ohne den Zwang der Folter. Auf seiten der Ankläger waren ohne Zweifel viele davon überzeugt, sie seien verhext worden; andere griffen ohne Scham zu den wüstesten Verdächtigungen, wenn sie hofften, ihre Gegner dadurch beseitigen zu können. All diese Erscheinungen traten gleichermaßen bei Männern wie Frauen zutage. Wenn dem so ist, warum stellten dann Frauen zwei Drittel aller angeblichen Hexen, obgleich sie doch innerhalb der Gesellschaft keinerlei Vorrangstellung innehatten?[73]

Psychologen haben dieses Phänomen mit dem Mißtrauen und der Geringschätzung des Mannes gegenüber Frauen in einer von Männern dominierten Gesellschaft zu erklären versucht. Derartige Haltungen, so meinen sie, lägen häufig in einer frühen Eltern-Kind-Beziehung begründet. Nach Auffassung etwa von Sigmund Freud wurzelt das sexuelle Angstgefühl der Kastration beim Mann in kindlichen Schuldgefühlen. Da er gleichzeitig von der Frau angezogen würde, sei das Ergebnis eine durch und durch ambivalente Haltung ihr gegenüber: auf der einen Seite Angst und Ablehnung, die bis zur Verachtung gehen könne, auf der anderen Seite stärkste Anziehung. Ferner löse die Fähigkeit der Frau, Leben zu gebären, Angst aus, denn wer dieses vermöge, könne gleichzeitig auch Leben vernichten.[74] Solche ambivalenten Empfindungen sind uns daneben aus verschiedenen Mythen als Ausdruck eines kollektiven Unterbewußten geläufig; so stehen etwa den Archetypen der guten Mutter – Demeter, Artemis, Isis u. a. – die zerstörerischen gegenüber: die indische Göttin Kali, die Gorgonen der griechischen Sage und Hekate.

Neben solchen psychischen »Fundamentalien« dürfen wir die Gestalt weiblicher Urbilder innerhalb der christlichen Literatur, auf die wir in vorangegangenen Kapiteln gestoßen sind, nicht aus dem Auge verlieren. Bereits die Schöpfungsgeschichte im 1. Buch Mose ist von prinzipieller Ambivalenz im Verhältnis zur Frau geprägt, einer Ambivalenz, der das Christentum diejenige von Eva und Maria hinzufügte. Im Gegensatz allerdings zu den Archetypen der guten und bösen Jungfrau, bzw. Mutter in heidnischen Göttersagen, konzentriert sich der christliche Glaube auf die Urgestalt der jungfräulichen Mutter: die heilige Maria, die entgegen allen Naturgesetzen

256

Jesus gebar; sie gehört nicht in das Schema positiver Fruchtbarkeitsmütter. Folglich kann die normal empfangende Frau nicht ein Abbild Marias sein. Wie wir gesehen haben, gilt die Frau innerhalb der religiösen Literatur als durch und durch minderwertiges Geschöpf, als Ursprung aller Sünde, als ewige Verführerin zur Fleischeslust; sie spielt somit innerhalb der Menschheitsgeschichte eine unheilvolle Rolle. Das Hingezogensein zu ihr schafft nicht nur Abhängigkeit, sondern ist in sich selbst bereits Sünde. Die Betonung dieses Faktums artete bei einigen Geistlichen des Mittelalters geradezu in Manie aus. Sein sündiges Verlangen projizierte der Mann somit auf die Frau. Selbst das Verbot der Homosexualität wußte beispielsweise ein Kirchenlehrer mit Anwürfen gegen Frauen zu verbinden. So schreibt Anselm von Laon in seiner Auslegung der einschlägigen Bibelstelle im 3. Buch Mose, 20, 13 (»Wenn jemand bei einem Mann liegt wie bei einer Frau, so haben sie getan, was ein Greuel ist, und sollen beide des Todes sterben.«), daß das männliche Geschlecht im Gegensatz zum weiblichen mit vollkommenen und edlen Eigenschaften ausgestattet sei; deshalb dürfe ein Mann in Sprache und Verhalten nicht feminin werden. Wer sich in solcher Weise versündige, sei des Todes schuldig.[75]

Betrachten wir in Ergänzung zur christlichen Literatur die bildnerischen Darstellungen der Frau innerhalb der mittelalterlichen Kunst, so fällt zunächst die Verbindung zwischen Frau und Satan ins Auge. Auf einem Säulenkapitell in der Basilika von Vézalay ist ein Teufel dargestellt, der auf einer Frau wie auf einem Musikinstrument spielt. Und am Eingang der Kirche von Moissac sind zwei Schlangen zu sehen, die an den schlaffen Brüsten einer Frau hängen, eine Kröte sitzt auf ihrem Schoß, und die Quälerei beider wird von einem Teufel überwacht. Jede Form sexueller Begierden wurde überdies stets mit weiblichen Zügen versehen, wobei symbolische Attribute entbehrlich waren, da der weibliche Körper bereits als Ausdruck aller Leidenschaften figurierte. In der Kathedrale von Autun aus dem 12. Jahrhundert ist ein Dämon abgebildet, der eine Frau bei den Schultern packt, während sich eine Schlange um ihren Körper windet und ihre Brust aussaugt.[76] Da solche künstlerischen Darstellungen im Gegensatz zu den theologischen Abhandlungen jener Zeit breite Volksmassen erreichten, waren sie geeignet, gängige Predigten über weibliche Sündhaftigkeit bildlich zu untermauern.

Darüber hinaus wurden Geistliche nicht müde, stets aufs neue hervorzuheben, daß Frauen für das Handwerk der Zauberei besonders anfällig seien. Beispiele hierfür bieten der Beichtspiegel Burkhard von Worms' aus dem 11. Jahrhundert, der ausführt, daß vor allem Frauen an die Wirksamkeit von Hexerei glaubten;[77] das Predigerlehrbuch von Humbert de Romans,[78] in dem die Affinität armer Dorfbewohnerinnen zur Zauberei angeprangert wird, sowie schließlich Schriften anderer Prediger, die von der Anwendung magischer Praktiken durch Frauen berichten.[79] Ausführungen hier wie dort darüber, daß Frauen aufgrund ihrer Wollust, Leichtsinnigkeit und Wankelmütigkeit dazu geschaffen seien, an die Kraft zauberischer Mittel zu glauben und sie folglich auch in weitaus stärkerem Maße als Männer eingesetzt hätten, lassen sich faktisch nicht verifizieren. Das einzige, was unbezweifelbar ist: daß die Zahl weiblicher Angeklagter, die der Zauberei beschuldigt wurden, zu dem Zeitpunkt in die Höhe schnellte, als die Lehre von der Hexe als einer Gehilfin Satans allgemein anerkannt worden war. Dabei liegt es nahe anzunehmen, daß das durch die christliche Literatur wie Ikonographie geprägte Bild der Frau einen Teil der ideologischen Voraussetzungen für derartige Anklagen und ihre Rechtfertigung lieferte. So hatten die Verfasser des »Hexenhammers« keine prinzipiell neue Arbeit zu leisten; ein leichtes Aufpolieren jenes Bildes reichte aus, und schon befanden sie sich in der Nachbarschaft anerkannter Kirchenlehrer, von Johannes Chrysostomos bis zu Bernhard von Clairvaux. Interessant sind die Argumente, die der »Hexenhammer« zum Beweis dessen anführt, daß sich mehr Frauen als Männer der Hexerei bedient hätten. Zunächst wird mit der schwachen Natur des Weibes argumentiert: Aufgrund dieser neige sie zu Extremen und kenne keine Ausgeglichenheit. Zwar habe es einige Ausnahmen von der Regel gegeben, wie Deborah, Judith, Esther, Chlothilde, doch sei der größte Teil der Frauen lüstern, beeinflußbar, leichtgläubig und geschwätzig. Ihre Bereitschaft, alles leichthin für bare Münze zu nehmen, mache es Dämonen leicht, sie zu überzeugen und böse Einflüsse auf sie auszuüben. Da ihr jede Selbstdisziplin fehle, sei sie nicht nur dem Mann intellektuell unterlegen, sondern auch durch ihre Sinnlichkeit charakterlich schwächer als jener. Bereits der Name *Femina* spiele auf solche Mängel an, bedeute er doch nichts anderes als *Fe* und *minus*. Vergessen werden dürfe nicht, daß sie durch ihre Verführung Adams den Fall der gesamten Menschheit heraufbeschworen habe. Doch damit nicht genug. Das Register weiblicher Missetaten, das uns beide Verfasser vor Augen führen, ist noch wesentlich reichhaltiger. Als Beispiele für spezifisch weibliche Eifersucht und Rachegelüste werden angeführt: der Kampf Saras gegen Hagar, Rahels gegen Lea, Hannas gegen Peninna, Martas gegen Maria. Auch die Auseinandersetzung zwischen Moses und Miriam sei allein durch weibliche Mißgunst bedingt gewesen. Schließlich seien auch Frauen die Ursache dafür gewesen, daß zahlreiche Königreiche zusammenstürzten: so Troja wegen Helena, Juda wegen Isebel und ihrer Tochter Atalja, Rom wegen Kleopatra. Das Ausmaß von Unheil, welches Eifersucht und Vergeltungswahn einer Frau bewirken könne, ließe sich aus der Geschichte Josephs und seiner Gemahlin Potifar ebenso ablesen wie aus den Handlungen Medeas. Mit ihrer Stimme, den Sirenen vergleichbar, locke sie einen jeden an, um ihn sodann zu zerstören. Ihr Hochmut sei nichts anderes als die Fassade ihrer Schwäche, aus der heraus sie den leichtesten Weg, also die Zauberei, zur Erreichung ihrer Ziele und Befriedigung ihrer Rachegelüste wähle. Derartige weibliche Eigenschaften würden jedoch vor dem schlimmsten Laster der Frauen, der Fleischeslust, die in ihrer Unersättlichkeit weit über die eines Mannes hinausreiche, verblassen. Sie bilde auch die Hauptursache dafür, daß Frauen sich leichter vom Teufel und seinen Gehilfen, den Dämonen, verführen ließen. Speziell anfällig in dieser Hinsicht seien jene Frauen, die unzüchtige oder ehebrecherische Beziehungen eingegangen seien. Es läge daher auf der Hand, Ketzerei von Zauberern mit dem weiblichen Namen der Hexen und nicht dem männlichen der Hexenmeister zubelegen.[80] Soviel zur schwarzen Liste des Verfassers des »Hexenhammers«. Bedacht werden muß ferner, daß der Satan innerhalb der christlichen Religion stets in männlicher Gestalt auftritt, und nur seine Sendboten, die Dämonen, weibliche wie männliche Züge tragen. Die Sexualphantasie jener beiden Verfasser ließ sich hierdurch nachweisbar stimulieren. So lautet der Titel des einschlägigen Abschnitts bei ihnen: »Von Hexen, die mit Dämonen schlafen.« Als Johann Weyer in der zweiten Hälfte des 16. Jahrhunderts gegen den verbreiteten Glauben an die reale Wirksamkeit von Hexerei zu Felde zog und ihn – obgleich er persönlich von der Existenz der Teufel und Dämonen überzeugt war – als vom Satan inspirierte Illusion anprangerte, wiederholte er in seiner Darstellung doch manche Vorstellungen und Klischees aus dem früheren »Hexenhammer«; diejenigen vom Satan als einem listigen Widersacher, der vor allem das schwache Geschlecht verführe, weil es inkonsequent, wankelmütig, ungeduldig, böswillig und melancholisch sei, und weder seine Gefühle noch Sinne zu beherrschen vermöge. Aus diesem Grunde fielen speziell närrische alte Frauen dem Aberglauben der Hexerei und ihrer Wirksamkeit zum Opfer.[81]

Wenn wir ein Résumé aus all unseren einzelnen Betrachtungen ziehen wollen, so mag es dieses sein: daß das von der mittelalterlichen Kirche übernommene und konsequent weiterentwickelte Bild der Frau seine Wirkungen auf ihre Stellung innerhalb der zeitgenössischen Gesellschaft nicht verfehlte. So bedurfte es, nachdem die Theorie über Hexen als Verbündete des Satans ausgebildet war, nur noch geringer Anstöße, um Verfolgungen von Frauen unter dieser Signatur in Gang zu bringen. Zwar förderten psychologische Faktoren in Verbindung mit der allgemeinen gesellschaftlichen Verfassung jener Zeit die Anklagen und Verdächtigungen von Frauen als Hexen, doch wäre deren Wirksamkeit zweifellos begrenzter geblieben, wenn sie nicht durch die kirchliche Doktrin legitimiert worden wäre. Indem der mächtige Kirchenapparat alle Beschuldigten »um des Glaubens willens« verfolgte, regte er weltliche Behörden an, es ihm gleich zu tun.

Verschweigen wollen wir zum Schluß nicht, daß innerhalb der mittelalterlichen Kultur neben dem negativen Bild der Frau ein zweites existierte, das allerdings nicht im entferntesten an die Herrschaft jenes anderen heranreichte. Zu ihm gehören die verschiedenartigsten Frauenfiguren, die mehr oder weniger in der Nachfolge der Jungfrau Maria anzusiedeln sind: die treuen Begleiterinnen Jesu, heilige Frauen, Ehefrauen als Freundin und Gehilfin ihres Mannes, die umworbene Herrin der höfischen Literatur, um deretwillen Männer für gute und edle Zwecke kämpften, die tüchtige Frau aus den Sprüchen Salomos, sowie hier und da auch die Gestalt einer sich aufopfernden Mutter, wie sie etwa in der Basilika von Vézelay in der Darstellung einer barfüßigen Bäuerin, die sich um ihr Kind sorgt, vorliegt.[82] Dennoch: Wir haben allen Grund anzunehmen, daß das entgegengesetzte und negative Bild der Frau nicht nur dominierte und reichhaltiger ausgestaltet wurde, sondern, daß es auch während der Epoche der großen Hexenjagden die allgemeine Lebenswirklichkeit in massiver und grausamer Weise bestimmt hat.

Anmerkungen

Vorwort

1 In mancher Hinsicht bahnbrechend für die Erforschung der Geschichte der Frauen in der mittelalterlichen Gesellschaft war E. Powers Aufsatz: »The Position of Women«, in: *The Legacy of the Middle Ages*, hrsg. v. C. G. Grump u. E. F. Jacob, Oxford, 1926, S. 401–433; postum erschien: E. Power, *Medieval Woman*, hrsg. v. M. M. Postan, Cambridge, 1975

2 S. Shahar, »De quelques aspects de la femme dans la pensée et la communauté religieuses aux XII et XIIIe siècles«, *Revue de l'histoire des religions*, CLXXXV, 1974

3 Siehe C. Erickson u. K. Casey, »Women in the Middle Ages: A Working Bibliography«, *Medieval Studies*, XXXVIII, 1976; außerdem wurden die Vorträge und Diskussionen zweier historischer Fachkonferenzen über die Geschichte der Frau im Mittelalter veröffentlicht, von denen eine in New York und die zweite in Poitiers stattfand: *The Role of Woman in the Middle Ages*, hrsg. v. R. T. Morewedge, New York, 1975; *Cahiers de civilisation médiévale, X–XII siècles*, Nr. 2–3, 1977

4 Z. Razi, *The Peasants of Halesowen 1270–1460. A Demographic Social and Economic Study*, unveröffentlichte Dissertation, Abteilung für mittelalterliche Geschichte, Universität Birmingham, 1976

Zur Geschichte der Frau im Mittelalter

1 U. a.: H. Hacker, »Women as a Minority Group«, *Social Forces*, XXX, 1951; A. Montagu, *The Natural Superiority of Women*, New York, 1970, S. 29

2 J. Le Goff, *La civilisation de l'occident médiéval*, Paris, 1904, S. 319–327; G. Duby, *Les trois ordres, ou l'imaginaire du féodalisme*, Paris, 1978, S. 11–17

3 Humbert de Romans, *De Eruditione Praedicatorum*, Barcelona, 1607 – an Nonnen verschiedener Orden: Kap. XLIII–LI. Kap. XCIII – ad omnes mulieres. XCV – ad mulieres nobiles. XCVI – ad mulieres burgenses XCVII – ad familias divitum. XCIX – ad mulieres pauperes in villulis. C – ad mulieres males corpore sive meretrices

4 Etienne Fougères, *Livre de Manières*, hrsg. v. A. A. Heutsch, *La littérature didactique du moyenâge*, Halle, 1903, S. 42–45

5 Siehe J. Huizinga, *The Waning of the Middle Ages*, New York, 1954, S. 145–146

6 Siehe R. Mohl, *The Three Estates in Medieval and Renaissance History*, New York, 1962; B. Jarret, *Social Theories of the Middle Ages, 1200–1500*, Boston, 1926, Kap. III

7 *Chronicon Hugonis Abbatis Flaviacensis*, MGH Scr., Bd. VIII, S. 384

8 Geoffrey Chaucer, *Canterbury-Erzählungen*, dt. v. Detlef Droese, Zürich, 1971, S. 288

9 Siehe E. McLeod, *The Order of the Rose. The Life and Ideas of Christine de Pisan*, London, 1975, S. 133–135
C. C. Willard, »A 15th Century View of Woman's Role in Medieval Society. Christine de Pizan's ›Livre des rois Vertus‹« in R. T. Morewedge (Hrsg.), *The Role of Woman in Medieval Society*, New York, 1975

10 Philippe de Novare, *Les quatre âges de l'homme*, hrsg., v. M. de Fréville, Paris, 1888, S. 10

11 R. Lakoff, *Language and Woman's Place*, New York, 1975, S. 40–41

12 Zitiert bei Ch. Petouraud, »Les léproseries lyonnaises au moyen âge et à la renaissance«, *Cahiers d'histoire*, VII, 1962, S. 440

13 F. L. Lucas, *Tragedy in Relation to Aristotle's Politics*, London, 1930, S. 114–115

14 E. Auerbach, *Mimesis. Dargestellte Wirklichkeit in der abendländischen Literatur*, Bern, 1946, 6. Aufl. 1977. S. 134; über die Literatur des Mittelalters Kap. VI–X

15 Siehe K. Millet, *Sexual Politics*, New York, 1969

16 Bernardus Silvestris, *De mundi universitate duo libri, sive megacosmos et microcosmos*, hrsg. v. C. S. Barach und J. Wrobel, Frankfurt, 1964
Über das Werk und die von der Verfasserin benutzten Quellen siehe E. R. Curtius, *Europäische Literatur und lateinisches Mittelalter*, Bern und München 1948, S. 118–123

17 H. Huizinga, a.a.O., S. 156; E. Neumann, *The Great Mother. An Analysis of an Archetype*, London, 1955, S. 176–177, 331

18 »In precendenti anno, venit de Anglia virgo decora valde pariterque fecunda dicens se Spiritum Sanctum, incarnatum in redemptionem mulierum, et bapticavit mulieres in nomine Patris et Filii ac sui...« siehe *Annales Colmarienses Maiores*, A-1301, MGHS, Bd. XVII, S. 226

Öffentliche Ämter und gesetzliche Rechte

1 R. Mohl, *The Three Estates in Medieval and Renaissance Literature*, S. 341

2 »...qui non possunt nec debent nec solent esse in servitio domini

Regis in exercitu nec aliis servitiis regalibus.« Siehe F. Pollock u. F. Maitland, *A History of English Law*, Cambridge, 1898, Bd. I, S. 485

3 Zum Thema Ideologie: D. J. Bem, *Attitudes and Human Affairs*, Belmont, California, 1970, S. 89–96

4 *Coutumier d'Artois*, hrsg. v. E. J. Tardif, tit. 52, Art. 2 *La très ancienne coutume de Bretagne*, hrsg. v. M. Planiol, Rennes, 1896, S. 126, 186

5 J. T. Rosenthal, *Nobles and the Noble Life. 1295–1500*, London, 1976, S. 26–27

6 Z. B.: »...quod propter hoc si ipsa mulier, non debeat repelli ab hujis modi successione et quod officium facere poterat per interpositam personam.« in *Les olims ou registres des arrêts*, hrsg. v. A. A. Comte Beugnot, Paris, 1842, Bd. I, S. 417

7 *Ordonnances des Roys de France*, hrsg. v. M. Secousse, Paris, 1736, Bd. IV, S. 173

8 *Le livre de la taille de Paris, l'an 1296*, hrsg. v. K. Michäelsson, Göteborg, 1958, S. III–XVIII; *Le livre de la taille de Paris, l'an 1297*, ders. Hrsg., Göteborg, 1962, S. X; *Le livre de la taille de Paris, l'an 1313*, ders. Hrsg., Göteborg 1951, S. XVIII. Im Jahre 1296 zahlten 776 Frauen die Steuer, 1297 waren es 1177, 1313 dann 672

9 S. Thrupp, *The Merchant Class of Medieval London*, Michigan, 1968, S. 168

10 J. C. Russel, *British Medieval Population*, Albuquerque, 1948, S. 150–156

11 *Recueil de documents relatifs à l'histoire du droit municipal en France des origines à la Révolution*, hrsg. v. G. Espinas, Artois, 1943, Bd. III, S. 214

12 *Memorials of London and London Life*, hrsg. v. H. T. Riley, London, 1868, S. 108

13 Ph. de Beaumanoir, *Coutumes de Beauvaisis*, hrsg. v. A. Salmon, Paris, 1899, Bd. I, § 190. Bd. II, § 1287

14 Rosenthal, *a.a.O.*, S. 125

15 Ph. de Beaumanoir, *a.a.O.*, Bd. I, S. 484

16 Pollock und Maitland, *a.a.O.*, Bd. I, S. 484–485

17 J. Gilissen, »La femme dans l'ancien droit belge«, *Recueils de la Société Jean Bodin*, XII, 1962. G. Rossi, »La femme en droit italien«, ebd. *Liber Augustalis or Constitutions of Melfi*, Promulgated by the Emperor Frederick II for the Kingdom of Sicily in 1231, engl. v. J. M. Powell, New York, 1971, S. 100

18 *Magna Charta*, § 54, in W. Stubbs, Select Charters and other Illustrations of English Constitutional History, Oxford, 1921, S. 299

19 Y. Brissaud, »L'infanticide à la fin du moyen âge, ses motivations

psychologiques et sa répression«, *Revue historique de droit français et étranger*, L, 1972; »Emmeline la Duchesse matronne jurée du Roy et la nostre.«, *Registre criminel de la justice de St. Martin des Champs à Paris*, hrsg. v. L.Tanon, Paris, 1877, S.43, 64, 82, 132, 139, 147, 159, 188. »bonnas mulieres et legales matronas«. *Très ancienne coutume de Normandie*, hrsg. v. E.J.Tardif, Rouen, 1881, S.40

20 L.Tanon, *Histoire de la justice des anciennes églises et communautés monastiques de Paris*, Paris, 1883, S.356

21 J.Bellamy, *Crime and Public Order in England in the Later Middle Ages*, London, 1973, S.13

22 *Borough Customs*, hrsg. v. M.Bateson, London, 1904, Bd.I, S.185. *Calendar of Select Pleas and Memoranda of the City of London, 1381–1412*, hrsg. v. A.H.Thomas, Cambridge, 1932, S.51

23 *Visitations of Religous Houses in the Doicese of Lincoln*, hrsg. v. A.H.Thompson, Horncastle, 1914, S.113

24 *Leet Jurisdiction of the City of Norwich during the 13th and 14th Centuries*, hrsg. v. W.Hudson, Selden Society, London, 1892, S.51

25 Pollock u. Maitland, *a.a.O.*, Bd.I, S.484

26 *Calendar of Wills, Court of Husting*, hrsg. v. R.Sharpe, London, 1889, S.675–677; *Year Book of Edward II*, Selden Society, Bd.V, London, 1910, S.10

27 M.Goodich, »The Politics of Canonization in the 13th Century. Lay and Mendicant Saints«. *Church History*, XLIV, 1975. Über die von Frauen gemachten Aussagen vor dem Ausschuß, den der Papst in Vorbereitung für die Heiligsprechung Elisabeths von Thüringen ernannt hatte, siehe: A. Vauchez, »Charité et pauvreté chez Sainte Elisabeth de Thuringie d'après les actes du procès de canonisation.« in M.Mollat (Hrsg.), *Histoire de la pauvreté (moyen âge – XVIe siècle)*, Paris 1974, S.163–164

28 Ph. de Beaumoir, *a.a.O.*, Bd.I § 824; *Les olims ou registres des arrêts, Bd.I, S.420; Year Book of Edward II*, S.134–135 und Anm.1

29 *Liber Augustalis*, S.24, 26

30 H.Thienne, »Die Rechtsstellung der Frau in Deutschland«. *Rec. Soc. Jean Bodin*, XII, 1962

31 H.Dillard, »Women in Reconquest Castille. The Fueros of Sepulveda and Cuena«, in *Women in Medieval Society*, hrsg. v. S.Mosher, Pennsylvania, 1976, S.81

32 Pollock u. Maitland, *a.a.O.*, Bd.II, S.494

33 *Liber Augustalis*, S.26–27

34 *Registre criminel de la justice de St. Martin de Champs à Paris*, S.44, 159; *Registre criminel du Châtelet de Paris*, hrsg. v. H.Duplès-Agièr, Paris, 1864, Bd.I, S.55–61

35 R. Nelli, *La vie quotidienne des Cathares du Languedoc au XIIIe siècle*, Paris, 1969, S. 82

36 *Year Book of Edward II*, S. 111 und Anm. 2

37 R. Herschberger, *From Adams Rib*, New York, 1948, S. 15–27

38 J. B. Given, *Society and Homicide in 13th Century England*, Stanford, 1977, S. 48, 117, 134–149

39 B. A. Hanawalt, »The Female Felon in 14th Century England«, in *Women in Medieval Society*, S. 125–140; ders., »Childrearing among the Lower Classes of Later Medieval England«, *Journal of Interdisciplinary History*, VIII, 1977, S. 15–16 Anmerkungen über weitere belegte Verbrechen, die von Frauen begangen wurden, erscheinen in den Kapiteln über die Städterinnen und Bäuerinnen.

40 J. L. Flandrian, »Mariage tardif et vie sexuelle«. *Ann. E.S.C.* XXVII, 1972, S. 1356–1359

41 Ph. de Beaumanoir, *a.a.O.*, Bd. II § 1956; W. S. Holdworth, *A History of English Law*, London, 1909, Bd. II, S. 373 und Anm. 3

42 *Liber Augustalis*, S, 145

43 H. Thienne, *a.a.O.*, S. 373–374

44 J. W. Bosh, »La femme dans les Pays Bas septentrionaux«, *Rec. Soc. Jean Bodin*, XII, 1962

45 B. A. Hanawalt, »The Female Felon in 14th Century England«, S. 136

46 Y. Bougert, *Cours d'histoire de droit pénal*, Paris, 1966/67, S. 330

47 *Ordonnances des Roys de France*, Bd. IV, S. 48

48 *Registre criminel du Châtelet de Paris*, S. 351; R. B. Pugh, *Imprisonment in Medieval England*, Cambridge, 1968, S. 103, 357–358; *The Paston Letters*, hrsg. v. J. Warrington, London, 1956, Bd. I, S. 75–76

49 *Ordonnances des Roys de France*, Bd. V, S. 673

50 Diese Unterscheidung der Hinrichtungsarten für Männer und Frauen findet sich z. B. nicht in der Gesetzgebung Ludwig IX. Siehe *Recueil général des anciennes lois françaises*, hrsg. v. A. J. L. Jourdan, De Crusy, Isambert, Paris, 1822–1830, Bde. I–II, S. 400

51 Beispiele für die Hinrichtung von Frauen auf dem Scheiterhaufen oder lebendig im Grab finden sich in: Tanon, *Histoire de justice des anciennes églises*, S. 30–31, 334, 364, 447; *Registre criminel de St. Martin de Champs*, S. 43, 220; *Registre criminel du Châtelet de Paris*, Bd. I, S. 268, 327, 363, 480, Bd. II, S, 60, 64, 337, 393, 436–437. Über Hinrichtung mittels solcher Methoden beim Verbrechen der Kindstötung siehe: Brissaud, *a.a.O.*

52 Jean Chartier, *Chronique de Charles VII*, in L. Tanon, *Histoire de justice des anciennes églises*, S. 33

53 G. Rossi, »La femme en droit italien«; E. Poullet, Histoire du droit pénal dans l'ancien Duché de Brabant«, *Rec. Soc. Jean Bodin*, XII, 1962

54 Y. Bougert, *a.a.O.*, S. 76

55 P. Viollet, *Le droit du XIIIe siècle dans les coutumes de Touraine-Anjou*, Paris, 1881, S. 164, Viollet zitiert Wilda ebenda; Y. Brissaud, *a.a.O.*, S. 248 Anm. 78, 256 Anm. 88

56 J. C. Schmidt, »Le suicide au moyen âge«, *Ann. E.S.C.*, XXXI, 1976, S. 1–3, 5

57 Siehe J. Huizinga, *a.a.O.*, S. 11–12

58 Siehe Anm. 51

Beterinnen

1 J. C. Davies, »Deacons, Deaconeses and the Minor Orders in the Patristic Period«, *Journal of Ecclesiastical History*, XIV, 1936 Über die begrenzte Rolle der Diakonissen nach Thomas von Aquin siehe: Thomas Aquinas, *Summa Theologica*, Rom, 1894, Bd. V, Supplementi tertiae partis, S. 197

2 A. Borst, *Les cathares*, Paris 1974, S. 251; E. S. Duckett, *The Gateway to the Middle Ages Monasticism*, Ann Arbor, 1963, S. 65–66 Über den Status der Frau im kanonischen Recht: R. Metz, »Le statut de la femme en droit canonique médiéval«, in *Société Jean Bodin.*

3 Tertullian, *De Virginibus Valendis*, P. L. Bd. II, Spalten 899–900

4 Works of Chrysostom, in *Select Library of the Nicean and Post Nicean Fathers*, hrsg. v. P. Schaff, Buffalo, 1886, Bd. XII, S. 151, 222

5 Augustinus, *De Civitate Dei*, P. L. Bd. XLI, Spalte 419

6 Ders., *De Trinitate*, P. L. Bd. XLII, Spalten 1002–1003
Ders., *De Genesi ad Litteram*, P. L. Bd. XXXIV, Spalte 450

7 Petrus Damiani, *De Sancta Simplicitate*, P. L. Bd. CXLV, Spalte 695

8 Thomas Aquinas, *Summa Theologica*, Bd. I. S. 717–718

9 Zur biologischen Minderwertigkeit der Frau u. a: Gallenus, *Oeuvres*, hrsg. u. übers. v. Ch. Daremberg, Paris, 1854–56, Bd. II, S. 99–101; siehe auch: M. T. d'Alverny, »Comment les théologiens et les philosophes voient la femme«, *Cahiers de civilisation médiévale, X–XIIe siècles*, XX, 1977

10 Anselm von Canterbury, *Cur Deus homo*, P. L. Bd. CLVIII, Spalte 364

11 »Anselm de Canterbury«, in *Dictionnaire de théologie catholique*, hrsg. v. A. Vacant, E. Mangenot u. E. A. Mann, Paris 1927

12 Gilbert de Nogent, *Histoire de sa vie*, hrsg. v. G. Bourgin, Paris, 1907, L. I. C. 26. Siehe auch *Miracula Beatae Mariae*, (Ms de XIIe siécle), in Bibliothéque Nationale, Paris, fonds latins 3177, vol. 137 V^0, 147^0; Rutebeuf, *Oeuvres complètes*, hrsg. v. A. Jubinal, Paris, 1839, Bd. II, S. 1. Jehan Bodel *Li jus Saint Nicolaï*, hrsg. v. L. J. N. Monmerqué, Paris 1832

13 Saint Bernard, *Opera secundi curis Domini Johannis Mabillon,* Paris, 1690, Bd. I, »Epistola«, CLXXIV, S. 169–170

14 Ders., *De Laudibus Virginis Matris, Homeliae,* ebenda, Bd. I, S. 735, 737, 750, 996, 1005, 1006, 1012, 1066; Bd. II, 695a, 722d

15 Petrus Abälard, *Epistolae VII.* P. L. Bd. CLXXVII, Spalte 243; ders., *Sermo V* in *Purificatione Sanctae Mariae* ebenda Spalte 419

16 K. Young, *The Drama of the Medieval Church,* Oxford, 1933, Bd. II, Kap. 24

17 Jacopone da Todi, *Stabat Mater,* hrsg. v. L. M. Guffroy, Nancy, 1880

18 St. Anselm, *Oratio ad Sanctam Mariam Magdalenam,* P. L. Bd. CLVIII, Spalte 1010

19 K. Young, *a.a.O.,* Bd. I Visitatio Sepulchri

20 V. Saxer, *Le culte de Marie Madelaine en occident,* Paris, 1959

21 Saint Bernard, *Opera,* Bd. I, S. 899, Bd. II, S. 1046–1050

22 Petrus Abälard, *Epistolae VII,* P. L. Bd. CLXXVIII, Spalte 246

23 Saint Bernard, *Opera,* Bd. I, S. 738a

24 Petrus Venerabilis, *Epistolarum Lib. IV,* P. L. Bd. CLXXXIX, Spalte 348

25 Héloise, *Epistolae IV,* P. L. Bd. CLXXVIII, Spalte 195

26 Petrus Abälard, *Epistolae III,* P. L. Bd. CLXXVIII, Spalte 190

27 Ders., *Epistola VII,* ebenda, Spalte 228

28 Ders., ebenda, Spalte 256
Die Zeile der manichäischen Hymne ist zitiert bei: J. T. Noonan, *Contraception. History of its Treatment by the Catholic Theologians and Canonists,* Cambridge, Mass., 1965, S. 112

29 Saint Bernard, *Opera,* Bd. I, S. 121

30 Ders., ebenda, *Epistola,* CXIV

31 Zur Analogie zwischen dem Jungschen Archetyp und der Christologie vgl.: P. Evdokimov, *La femme et le salut du monde,* Paris, 1958, S. 193, C. G. Jung, *Zentralblatt für Psychotherapie,* IX, Leipzig, 1936, S. 259–274

32 R. Metz, »La femme en droit canonique médiéval«, *Soc. Jean Bodin,* a.a.O. S. 105–107

33 J. Heers, *Fêtes, jeux et joutes dans la société de l'occident à la fin du moyen âge,* Paris, 1971, S. 126

34 Siehe auch Offenbarung 14,4

35 Petrus Damiani, *De Coelibatu Sacerdotum,* P. L. Band. CXLV. C. XVIII. Spalte 384; Thomas Aquinas, *Summa Theologica,* Rom, 1899, Bd. II–II, S. 985–986

36 Petrus Abälard, *Epistolae V,* P. L. Bd. CLXXVIII, Spalte 199

37 »Capiatur unicornu virginis amplexu«, *The Goliard Poets,* hrsg. v. F. Whicher, New York, 1949, S. 166

38 Über eine Benediktinerin, die *anachoreta* werden wollte, nachdem sie zuvor in einer Gemeinschaft von Nonnen gelebt hatte, siehe: *Visitations of Religious Houses in the Diocese of Lincoln,* hrsg. v. A. H. Thompson, Horncastle, 1914, S. 113

39 »Chanoinesse« in *Dictionnaire de droit canonique*, hrsg. v. R. Naz, Paris, 1942, Bd. III, Spalten 488–500; über eine Kanonikerin in Lothringen, die nicht in einer Gemeinschaft lebte, siehe: M. Parisse, *La noblesse lorraine, XI–XIIIe siècles*, Paris, Lille, 1976, S. 418, 431; über die Toskana im Spätmittelalter: D. Herlihy u. Ch. Klapisch, *Les Toscans et leurs familles*, Paris, 1978, S. 580–581

40 Humbert de Romans, *De Eruditione Praedicatorum*, S. 31

41 »Abbesse« in *Dictionnaire de droit canonique*, Bd. I, Spalte 6271; S. Roisin, »L'efflorescence cistercienne et le courant féminin de piéti au XIIIe siècle«, *Rev. d'histoire ecclésiastique*, XXXIX, 1943, S. 367–368

42 *Corpus iuris canonici*, hrsg. v. A. Friedberg, Leipzig, 1789, Pars II, Causa XXXIII q. V. C. 1,2, Spalte 1255

43 M. Bates, »Origins and Early History of Double Monasteries«, *T.R.H.S. XIII*, 1899; M. Barlière, »Les monastères doubles au XIIe et siècle« in *Académie royale de Belgique, classe de lettres et des sciences morales et politiques, Mémoires Sér. 2 XVIII, 1923*, S. 4–32

44 E. W. McDonnell, *The Beguines and Beghards in Medieval Culture*, New York, 1969, S. 104, 343

45 Petrus Abälard, *Epistolae V, VI*, Hist. calam. Spalte 178; *Epistolae VIII*, P. L. Bd. CLXXVIII, Spalten 260–261, 272, 275, 276; T. P. MacLaughlin, Abelard's Rule for Religious Women, *Medieval Studies*, XVIII, 1956
Da nie eindeutig bewiesen wurde, daß die Briefe eine Fälschung sind, können wir davon ausgehen, daß Brief VIII Abälards Ansichten über weibliches Klosterwesen wiedergibt. Ein Versuch, die Echtheit der Briefe zu widerlegen, wurde u. a. unternommen von: J. F. Benton, »Fraud, Fiction and Borrowing in the Correspondence of Abelard and Héloise«, R. Louis (Hrsg.), *Les courants philosophiques, littéraires et artistiques en occident au milieu du XIIe siècle*, Paris, 1975, S. 469–511; s. auch: J. Monfrin, »Le problème de l'authencité de la correspondence d'Abelard et d'Héloise«, *ebenda*, S. 409–424

46 K. Horney, »Distrust between Sexes« in *Feminine Psychology*, hrsg. v. H. Kelman, New York, 1967, S. 107–118

47 R. Metz, »La femme en droit canonique médiéval«, *Soc, Jean Bodin*, S. 99

48 J. Moorman, *The Franciscan Order from its Origins to the Year 1517*, Oxford, 1968, S. 35; M. Barlière, »Les monastères doubles«, S. 26 und Anm. 43.
Über die Haltung religiöser Orden gegenüber Nonnen vgl.: H. Grundmann, *Religiöse Bewegungen im Mittelalter*, Darmstadt, 1961. Von Marcigny-sur-Loire waren 15 Frauenklöster abhängig. Siehe: P. Cousin, *Précis d'histoire monastique*, Belgique, 1956, S. 233

49 Das Beispiel einer Äbtissin, die den Landbesitz ihres Klosters in Eigentum hielt, findet sich in: *Inquisitions and Assessments Relating to Feudal Aids: 1284–1431*, (Prepared) under the Superintendance of the Deputy Keeper of the Records), London, 1849, Bd. I, S. 31; klösterlicher Besitz als Lehen: *ebenda*, Bd. II, S. 247

50 In einem Fall, der sich mit Rechtsprechungsbefugnissen zur Zeit Ludwigs IX. in Frankreich beschäftigte, wurde z. B. folgendermaßen argumentiert: »pronunciatum est quod alta et basa justitia in terra remaneat abbatisse et conventum supradictis.« *Les olims ou registres des arrêts*, Bd. I, S. 328–329

51 Über Privilegien, die dem wohlhabenden Bürgertum von Caen durch Äbtissinnen der Heiligen Dreieinigkeit bestätigt wurden: *Le bourgage de Caen*, hrsg. v. L. Legras, Paris, 1911, S. 405, 413, 422

52 *Le droit coutumier de la ville de Metz au moyen âge*, hrsg. v. J. J. Salverda de Grave, E. M. Meijers u. J. Schneider, Haarlem, 1951, Bd. I, S. 581–583; *Les olims ou registres des arrêts*, Bd. I. S. 711, 1254–1273; H. Regnault, *La condition du bâtard au moyen âge*, Pont-Audemer, 1922, S. 136–137

53 E. Power, *Medieval English Nunneries*, Cambridge, 1922, S. 1–3; E. W. McDonnell, *a.a.O.*, S. 93; J. Moorman, *The Franciscan Order*, S. 407; A. Bouquet; »Les Clarisses méridionales«, in *Cahiers de Fanjeaux*, VIII, 1973; F. Rapp, »Les abbayes, hospices de la noblesse: L'Influence de l'aristocratie sur les couvents bénédictins dans l'Empire«, in *La noblesse au moyen age*, hrsg. v. P. Contamine, Paris, 1976

54 »Abbesse« in *Dictionnaire de droit canonique*, Bd. I, Spalten 67–79; R. Metz, »Le statut de la femme en droit canonique médiéval«, S. 99–103; S. Roisin, »L'efflorescence cistercienne«, S. 366–368

55 E. Power, *Medieval English Nunneries*, S. 14; N. F. Rapp, *a.a.O.*, S. 315–338; N. F. Cantor, »The Crisis of Western Monasticism 1050–1130« in *American Historical Review*, LXVI, 1960/61, S. 48 u. Anm. 3

56 *Chronicon universale anonymi Laudunensis*, MGHS, Bd. XXVI, S. 447

57 G. Duby, *La société au XIe et XIIe siècle dans la région maconnaise*, Paris, 1953, S. 8, 418–421

58 D. Herlihy, »Vieillir au quatrocento«, *Annales (E.S.C.)* XXVII, 1972

59 R. C. Trexler, »Le célibat à la fin du moyen âge. Les religieuses de Florence«, *ebenda*

60 *Calendar of Wills. Court of Husting, London 1258–1688*, S. 126

61 *Memorials of London and London Life*. S. 535

62 Beispiele: E. Power, *Medieval English Nunneries*, Kap. II; A. Lewis, *The Development of Southern French and Catalan Society*,

Austin, 1965, S.250–251; M.Parisse, *La noblesse lorraine, XI–XIIIe siècles*, S.429–438

63 u.a.: E.Power, *a.a.O.*, S.29–35

64 *The Women Troubadours*, hrsg. v. M.Bogin, London, 1976, S.144

65 *Corpus Iuris Canonici*, Bd.II, Spalten 843–848

66 J.Ancelet-Hustache, *Mechtilde de Magdebourg 1207–1282*, Paris, 1926, S.65; siehe auch E.W.McDonnell, *a.a.O.*, S.87; C.Carozzi, »Une beguine joachamite, Douceline soeur d'Hugues de Digne«, *Cahiers de Fanjeaux*, X, 1975, S.184

67 Humbert de Romans, *De Eruditione Praedicatorum*, S.187

68 *Corpus Iuris Canonici*, Bd.II, Spalte 1051

69 E.Power, *a.a.O.*, S.1–3; F.Rapp, *a.a.O.*, S.318, 322–323; R.C.Trexler, »Le célibat à la fin du moyen âge«

70 Über Frauen, die sich dem Kartäuserorden anschlossen, siehe: Gilbert de Nogent, *Histoire de sa vie* hrsg. v. G.Bourgin, Paris, 1907, L. I. C. 11, S.35; über Klarissen in Südfrankreich: A.Bouquet, »Les Clarisses méridionales«, *Cahiers de Fanjeaux*, VIII, 1973

71 *Visitations of Religious Houses in the Diocese of Lincoln*, Bd.I, S.32; N.F.Rapp, *a.a.O.*, S.337

72 *Visitations of Religious Houses in the Diocese of Lincoln*, Bd.I, S.107–108

73 *Ebenda*, S.53

74 »Hospitals«, *The Catholic Encyclopedia*, Bd.VII; J.Riley-Smith, *The Knights of St.John in Jerusalem and Cyprus 1050–1310*, London, 1967, S.240–242; *Memorials of London and London Life* S.488; *Records of the Corporation of Gloucester*, hrsg. v. W.H.Stevenson, Gloucester, 1893, S.49, 109, 112, 367, 372, 375

75 Vgl. u. a. *La littérature didactique au moyen âge*, hrsg. v. A. A. Heutsch, Halle, 1903, S.62; siehe auch: R.Riché, »L'enfant dans la sociéte monastique, R.Louis (Hrsg.), *a.a.O.*, S.692–694

76 R.Mohl, *The Three Estates in Medieval and Renaissance Literature*, S.352

77 J.Moorman, *a.a.O.*, S.409–410

78 *Calendar of Wills. Court of Husting*, Bd.II, S.218; Ralph de Neville hinterließ eine bestimmte Summe für seine Nichten, die bei den Klarissen weilten, sowie einen Betrag für ihr Kloster, siehe: J.T.Rosenthal, *Nobles and the Noble Life, 1295–1500*, London, 1976, S.184–185

79 Geoffrey Chaucer, *Canterbury-Erzählungen*, S.10–12; zur Analyse dieser Gestalt und ihrem historischen background siehe: M.Power, *Medieval People*, London, 1951, S.71–95

80 u.a.: *Visitations of Religious Houses in the Diocese of Lincoln*, Bd.I, S.54, 82–86

81 *Visitations of Religious Houses in the Doicese of Lincoln*, Bd.I,

S. 24–26–30, 53, 54; L. Delisle, »D'après le registre d'E. Rigaud«
in *Bibliothèque de l'Ecole de Chartres*, XXV, 1846, S. 495f. Über
Kaiserklöster in Deutschland: F. Rapp: *a.a.O.*; über Klöster der
Toskana: D. Herlihy u. Ch. Klapisch, *a.a.O.*, S. 580–581

82 M. Goodich, »Sodomy in Ecclesiastical Law and Theory«, *Journal
of Homosexuality*, I, 1976; *Visitations of Religious Houses in the
Diocese of Lincoln*, Bd. I, S. 24; *The Ancren Riwle*, S. 62; *The Rule
of Saint Benedict*, hrsg. v. J. McCann, London, 1952, S. 70; Pierre
Dubois, *De Recuperatione Terrae Sanctae*, hrsg. v. Ch. V. Langlois,
Paris, 1891, S. 83; Der Text, der Anschuldigungen gegen die
Lollarden in Alt-Englisch und Latein enthält, wurde veröffent-
licht von H. S. Cronin in *English Historical Review*, XXII, 1907,
S. 294–304

83 Humbert de Romans, *a.a.O.*, S. 187

84 *Visitations of Religious Houses in the Diocese of Lincoln*, Bd. I,
S. 53; E. W. McDonnell, *a.a.O.*, S. 373–375; S. Roisin, *L'efflorescence cistercienne*

85 Philippe de Novare, *Les quatre âges de l'homme*, S. 25

86 Petrus Abälard, *Epistolae VIII*, P. L. Bd. CLXXVIII, Spalte 309f

87 *Le héraut de l'amour divin, révélations de Sainte Gertrude*, hrsg. v.
den *Frères bénédictins de Solesmes*, Paris-Poitiers, 1898, S. 9, 101

88 Ch. Singer, *From Magic to Science*, New York, 1958, S. 199–239;
über Nonnenausbildung generell: L. Echenstein, *Women under
Monasticism*, Cambridge, 1896; siehe ferner: R. Lejeune, »La
femme dans les littératures françaises et occitanes du XIe au XIIIe
siècle«, *Cahiers de civilisation médiévale*, XX, 1977, S. 202

89 *Documents relatifs à l'histoire de l'industrie drapière en Flandre*,
hrsg. v. G. Espinas u. H. Pirenne, Brüssel, 1929, Bd. I, S. 42, 307,
Bd. II, S. 401

90 *Le livre de la taille de Paris de l'an 1296*, hrsg. v. K. Michäelsson,
S. 158; *Le livre de la taille de Paris de l'an 1297*, ders. Hrsg., S. 5

91 Humbert de Romans, *a.a.O.*, S. 201–202

92 S. Roisin, *a.a.O.*, S. 337–342

93 Das Beispiel einer Begine, die in Besitzfragen prozessierte: *Le
droit coutumier de la ville de Metz au moyen âge*, Bd. I, S. 17, 57,
59, 173

94 M. Goodich, »Sodomy in Medieval Secular Law«, *Journal of
Homosexuality*, I, 1976

95 Jakob v. Vitry, *Vita Mariae Ogniacensis, Acta Sanctorum*, Antwerpen, 1707, Bd. IV, S. 637. Das Kapitel ist den »guten« Beginen gewidmet

96 R. Nelli, *Dictionnaire des hérésies médiévales*, Toulouse, 1968, S. 66

97 Die wichtigsten Untersuchungen über Beginen, die wir benutzt
haben, sind: E. W. McDonnell, *The Beguines and Beghards in
Medieval Culture*, New York, 1969; H. Grundmann, *Religiöse
Bewegungen im Mittelalter*, Darmstadt 1961; über eine Begine,

die zur Heiligen erklärt wurde: C. Carozzi, »Une béguine joachi-mite: Douceline soeur d'Hugues de Digne«, *Cahiers de Fanjeaux*, X, 1975; ders., »Douceline et les autres«, Cahiers de Fanjeaux, XI, 1976; über von Beginen geführte Schulen: E. W. McDonnell, *a.a.O.*, S. 272, 383; über Ketzereien, die Beginen zugeschrieben wurden: Bernard Gui, *Manuel d'inquisiteur*, hrsg. v. G. Mollat, Paris, 1964, Bd. I, S. 81–108

98 Aufgeführt in: E. Underhill, *Mysticism*, New York, 1955

99 »Congratulamur gratia Dei quae in te est...Diceris enim caelesta secreta rimari et ea quae supra homines sunt spiritu sancto illustrante dignoscere...«, Saint Bernard, *Opera*, Bd. I, *Epistola* CCCLXVI, Spalte 331

100 E. W. McDonnell, *a.a.O.*, S. 282

101 J. Moorman, *a.a.O.*, S. 37

102 Thomas Aquinas, *Summa Theologica*, Bd. V, Supplementi tertiae partis, q. XXXIX, art. I, S. 197

103 »Homo enim plenum opus Dei est... Femina enim opus viri est... illaque in disciplinatu illius existens ei subdita est.« Hildegard von Bingen, *Liber Operum Divinorum simplicis hominis*, P. L. Bd. CXCVII, Spalte 885; siehe auch: dies. *Liber Scivias II*, visio 6, ebenda, Spalten 545–546

104 E. W. McDonnell, *a.a.O.*, S. 377

105 P. Salmon, *L'abbé dans la tradition monastique*, Sirey, 1962, S. 73; S. Roisin, *a.a.O.*, S. 346–349

106 »... cum domino suaviter quiescentes, quanto spiritu conforta-bantur, tanto corpore infirmabantur«, Jakob v. Vitry, *Vita Mariae Ogniacensis*, Acta Sanctorum, *a.a.O.*, S. 637

107 *Le héraut de l'amour divin, Révélations de Sainte Gertrude*, Bd. I, XVI–XVIII

108 E. W. McDonnell, *a.a.O.*, S. 305

109 S. de Beauvoir, *Le deuxième sexe*, Paris, 1949, Kap. XXIV

110 G. Scholem, *Major Trends in Jewish Mysticism*, New York, 1941, S. 37–38

111 Saint Bernard, *Opera*, Bd. II, *Sermo XX*, Spalten 62–66

112 Sainte Angèle de Foligno, *Le livre de l'expérience des vrais fidèles*, hrsg. v. J. Férre u. L. Baudry, Paris, 1927, S. 12

113 J. Ancelet-Hustache, *a.a.O.*, S. 217; Sainte Angèle de Foligno, *a.a.O.*, S. 10

114 Saint Bernard, *Opera*, Bd. II, Sermo I, Spalten 1–5

115 Ders., *ebenda*, Bd. I, *Epistola* CCCXXII, Spalte 299

116 Philipp des Kartäusers *Marienleben*, in *Erzählende Dichtungen des späten Mittelalters*, hrsg. v. F. Bobestag, Berlin, 1886, S. 46

117 Ramon Lullus, *Obres*, hrsg. v. D. Jeronimo Rosello, Palma, 1886–87, S. 89–90

118 *Offenbarungen der Mechthild von Magdeburg*, hrsg. v. P. Morel, Regensburg, 1869, Bd. I. Kap. III

119 E. W. McDonnell, *a.a.O.*, S. 310–319
120 J. Ancelet-Hustache, *a.a.O.*, S. 96–98
121 *Revelations of Divine Love. Recorded by Julian Anchoress at Norwich*, hrsg. v. G. Warrack, London, 1901, Kap. V–VI
122 R. E. Lerner, *The Heresy of the Brothers of the Free Spirit in the Later Middle Ages*, California, 1972, S. 2, 71–77, 200–208, 274, Anm. 35.

Verheiratete Frauen

1 J. Hajmal, »European Marriage Patterns in Perspective«, in *Population in History*, hrsg. v. D. V. Glass u. D. E. C. Everly, London, 1965, S. 118–119, 123
2 *Le héraut de l'amour divin. Révélation de Sainte Gertrude*, Bd. I, S. 352–353
3 Petrus Lombardus, *Sententiarium libri quatuor*, P. L. Bd. CXCII, Spalten 687–688
4 Thomas Aquinas, *Summa Theologica*, Bd. IV, S. 546; Bd. V, S. 249–258; ders., *In Decem Libros Ethicorum Aristotelis ad Nicomachum*, hrsg. v. P. Fr. Raymundi, M. Spiazzi O. P., Turin u. Rom, 1949, S. 452
5 J. T. Noonan, *Contraception*, Kap. III
6 Augustinus, *Soliloquiorum libri duo*, P. L. Bd. XXXII, Spalten 878–880
7 *Corpus Iuris Canonici*, Teil II, Spalten 1128–1129
8 J. T. Noonan, *Contraception*, S. 148–194; Gregor der Große, *Regulae Pastoralis*, P. L. Bd. LXXVII, Spalte 102
9 »Fornicarii sunt, non conjuges qui sterilitatis venena procurant«, *Corpus Iuris Canonici*, Teil II, Spalte 1121; über sexuelle Beziehungen, die »gegen die Natur« sind, siehe J. T. Noonan, *Contraception*, S. 223–227
10 Vgl. die Gesetzgebung des 4. Laterankonzils: Mansi, Johannes Dominicus, *Sacrorum Conciliorum nova et amplissima Collectio*, Florenz, 1759, Bd. XXII, Spalten 981–982. Zum Problem der Rechtfertigung einer Ehe in Petrus Waldes' Glaubenbekenntnis: Ch. Thouzellier, *Catharisme et Valdéisme en Languedoc à la fin du XIIe et au début du XIIIe siècle*, Paris, 1966, S. 28–29
11 Zitiert bei J. T. Noonan, *Contraception*, S. 83. Siehe ferner: E. Patlagean, »Sur la limitation de la fécondité dans la haute époque byzantine«, *Annales (E. S. C.)*, 1969, S. 1353–1369
12 »Meum semen centena fruge fecundam est«. Saint Jérôme, *Lettres*, hrsg. v. J. Labourt, Paris, 1949, Brief XXII *Ad Eustochium*, S. 128
13 Y. Dossat, »Les Cathares d'après les documents de l'Inquisition«, *Cahiers de Fanjeaux*, III, 1968, S. 100–101 u. Anm. 56

14 Thomas Aquinas, *Summa Theologica*, Bd. IV, S. 253

15 J. T. Noonan, *Contraception*, S. 284–285

16 *Corpus Iuris Canonici*, Teil II, Spalten 1250–1251

17 »Nec sacrificium de tuo, sed de alieno...«, Ivo von Chartres, *Epistolae*, P. L. Bd. CLXII, Spalten 251–252

18 Burkhard von Worms, *Decretum*, P. L. CXL, Spalten 971–972

19 J. J. Flandrin, »Mariage tardif et vie sexuelle«, *Annales (E. S. C.)* XXVII, 1972, S. 1356–1359; zur Verneinung weiblicher Geschlechtlichkeit siehe: H. Ellis, *Little Essays of Love and Virtue*, London, 1930, S. 102–115

20 *Tractatus Henrici de Saxonia, Alberti Magni discipuli, De Secretis Mulierum*, Frankfurt, 1615, S. 51; über die Vorstellungen der Theologen von weiblicher Begierde: M. T. Alverny, »Comment les théologiens et les philosophes voient la femme«, in *Cahiers de civilisation médiévale X–XIIe siècles*, Nr. 2–3, 1977, S. 123–125

21 Etienne Fougères, *Livre de manières*, in A. A. Heutsch, *La littérature didactique du moyen-âge*, Halle, 1903, S. 43

22 *Les quinze joies de mariage*, hrsg. v. F. Fleuret, Paris, 1936, S. 59 bis 63

23 Geoffrey Chaucer, *Canterbury-Erzählungen*, S. 350

24 *Aucassin et Nicolette*, hrsg. v. M. Roques, Paris, 1936

25 R. Nelli, »Catharisme vu à travers les Troubadours«, in *Cahiers de Fanjeaux*, III, 1968, S. 193

26 *Le Ménager de Paris*, hrsg. v. J. Pichon, Paris, 1846, Bd. I, S. 92–94

27 Christine de Pisan, *Le livre du chemin de long estude*, hrsg. v. R. Püschel, Genf, 1974, S. 4–5

28 *Oeuvres poétiques de Christine de Pisan*, hrsg. v. M. Roy, Paris, 1886, S. 216; Thomas Aquinas, *Summa Contra Gentiles*, Rom, 1924, L. III, c. 103, S. 446

29 *Tractatus Henrici de Saxonia, Alberti magni discipulus, De Secretis Mulierum*, Frankfurt, 1615, S. 51

30 J. N. Biraben, *Les hommes et la peste en France et dans les pays européens et méditerranéens*, Paris, 1976, Bd. II, S. 39; über die Furcht vor Frauen: H. R. Hays, *The Dangerous Sex*, New York, 1964

31 Geoffrey Chaucer, *Canterbury-Erzählungen*, S. 268–269

32 Über die Ehe: Jewamot 63, Tosefta Jewamot 88; Beispiele frauenfeindlicher Äußerungen: »Sogar die beste Frau ist von Hexerei besessen«. (Sofrim 41); »Wer dem Rat seiner Frau folgt, verfällt der Hölle.« (Baba Mezia 59); »Eine Frau ist ein Sack voller Kot, und ihr Mund ist voll Blut, und alle rennen ihr nach.« (Schabbat 152)

33 Petrus Abälard, *Historia calamitatum*, P. L. Bd. CLXXVIII, Spalten 130–132

34 Ders., Sermo 33, *De Sancto Joanne Baptista*, ebenda, Spalte 582

35 Geoffrey Chaucer, *Canterbury-Erzählungen*, S. 399

35a Zit. nach E. R. Curtius, Europ. Literatur u. lat. Mittelalter, S. 125

35b *Summa Poetica. Griechische und lateinische Lyrik von der christlichen Antike bis zum Humanismus,* hrsg. v. C. Fischer, München u. Zürich, o. J., S. 452

36 J. Huizinga, *The Waning of the Middle Ages,* S. 110

37 Über Inzucht in primitiven Gesellschaften: M. Mead, *Male and Female. A Study of the Sexes in a Changing World.,* London, 1950, S. 33–34, 198–200; nach christlicher Auffassung: Augustinus, *De Civitate Dei,* P. L. Bd. XLI, Spalten 457–460; Thomas Aquinas, *Summa Contra Gentiles,* Rom, 1924, L. III, c. 125, S. 477–478

38 Über fränkisches Eherecht: F. Ganshof, »La femme dans la monarchie franque«, *Rec. Soc. Jean Bodin,* XII, 1962

39 Zur Anschauung Gratians und Petrus Lombardus': »Mariage«, *Dictionnaire de théologie catholique,* Bd. IX 2; siehe ferner: J. Imbert, *Histoire du droit privé,* Paris, 1950, S. 56

40 E. Poullet, *Histoire du droit pénal dans l'ancien Duché de Brabant,* Brüssel, 1866, Bd. I, S. 324–328; Heath Dillard, »Women in Reconquest Castille: The Fueros of Sepulveda and Cuenca«, in *Women in Medieval Society,* hrsg. v. Mosher-Stuard, Pennsylvania, 1976, S. 79–80

41 Über Privatehen: R. H. Helmholz, *Marriage Litigation in Medieval England,* Cambridge, 1974, S. 22–34; »Clandestinité« in *Dictionnaire de droit canonique*

42 Zur Kirchengesetzgebung: *Corpus Iuris Canonici,* Teil II, Spalten 1104–1106; Mansi, *Sacrorum Conciliorum Collectio,* Spalten 1035, 1038–1039; Zum Beispiel einer privaten Eheschließung innerhalb des Adels vgl.: *The Letters of John of Salisbury 1153–1161,* hrsg. v. J. Miller u. S. J. Butler, Nelson Series, 1955, S. 267–271 u. Anhang VI

43 M. M. Sheehan, »The Formation and Stability of Marriage in the 14th Century in England. Evidence of the Ely Register.«, *Medieval Studies,* XXXII, 1971, S. 228–263; R. H. Helmholz, *a.a.O.,* S. 60–61

44 J. Ph. Lévy, »L'officialité de Paris et les questions à la fin du XIVe siècle«, in *Etudes d'histoire du droit canonique dédiées à Gabriel le Bras,* Paris, 1965, Bd. II, S. 1265–1294

45 J. M. Turlan, »Recherches sur le mariage dans la pratique coutumière (XIIe–XVIe siècles)«, *Rev. historique de droit francais et étranger,* CCXVII, 1957, S. 477–528

46 *The Paston Letters,* hrsg. v. J. Warrington, London, 1956, Bd. I, Briefe 28, 81, 82, 277; Bd. II, Briefe 290, 406, 407, 424

47 J. Ph. Lévy, *a.a.O.*; R. M. Helmholz, *a.a.O.,* S. 105

48 z. b. Ph. de Beaumanoir, *Coutumes de Beauvaisis,* Bd. II, § 1627 – 1629, 1634

49 R. H. Helmholz, *a.a.O.,* S. 105–106

50 *Vita S. Roberti de Arbrisello,* P. L. Bd. CLXII, Spalte 1053;

R.H. Helmholz, *a.a.O.*, S. 89; K. Thomas, *Religion and the Decline of Magic*, London 1973, S. 29 u. Anm. 4

51 Zur Anschauung, daß sich der Status der Frau unter dem Einfluß des Christentums verschlechterte: D.M. Stenton, *The English Woman in History*, London, 1957, S. 11–12, 30; zur Auffassung, daß das Christentum ihren Status verbesserte: P. Guichard, *Structures sociales, »orientales« et occidentales dans l'Espagne musulmane*, Paris, 1977, S. 81–84. G. Duby zufolge wurden die Eigentums- und Erbrechte der Frau im 11. Jahrhundert in Mâcon eingeschränkt. Aber geschah dies unter christlichem Einfluß? G. Duby, »Lignage, noblesse et chevalerie au XIIIe siècle dans la région mâconnaise«, *Annales (E. S. C.)*, 1972, S. 803–823

52 R. Metz, *a.a.O.*, S. 91; und nach Thomas von Aquin: »...vincula matrimonii non se extendit ultra vitam, in qua contrahitur...« *Summa Theologica*, Bd. V, S. 253

53 *Calendar of Wills. Court of Hustings. London 1258–1688*, hrsg. v. R.R. Sharpe, London, 1890, Bd. II, S. 3, 65, 319, 336

54 F. Maranda, *a.a.O.*, S. 100

55 F. Pollock u. F. Maitland, *a.a.O.*, Bd. II, S. 406

56 *La très ancienne coutume de Bretagne*, hrsg. v. M. Planiol, Rennes, 1890, § 222; *Le livre de droit de Verdun*, hrsg. v. J.J. Salverda de Grave u. E.M. Meijers, Haarlem, 1940, S. 28

57 Ph. de Beaumanoir, *a.a.O.*, Bd. II, § 1965; W.S. Holdsworth, *A History of English Law*, Bd. II, S. 373 u. Anm. 3

58 Ph. de Beaumanoir, *a.a.O.*, Bd. II, § 1631

59 E. Poullet, *Histoire du droit pénal dans l'ancien Duché de Brabant*, S. 145

60 J. Gilissen, »La femme dans l'ancien droit belge«, in: *Société Jean Bodin*, S. 290–291

61 L. Tanon, *Registre criminel de la justice de St. Martin de Champs à Paris*, S. 143, 189

62 »Asinus«, in Du Cange, *Glossarium Novum ad Scriptorem Medii Aevi*, Paris, 1776

63 D. Herlihy, »The Medieval Marriage Market«, *Medieval and Renaissance Studies*, VI, 1976. Im Venedig des 14. Jahrhunderts steuerten Frauen aus ihrem Eigentum manches bei, um die Mitgift für ihre Töchter und andere weibliche Verwandte aufzubringen: S. Chojnacki, »Doweries and Kinsmen in Early Renaissance Venive«, *Journal of Interdisciplinary History*, I, 1975, S. 571–600

64 *Der Sachsenspiegel*, I, 31, 2, in O. Stobbe, *Handbuch des deutschen Privatrechts*, Berlin, 1884, Bd. IV, S. 76

65 u.a.: Ph. de Beaumanoir, *a.a.O.*, Bd. I, § 622

66 Über das Recht einer Frau, ihre Kleidung und ihren Schmuck ohne Genehmigung des Ehemannes zu vererben: *Le droit coutumier de la ville de Metz au moyen âge*, Bd. I, S. 279, 290; über von Frauen verfaßte Testamente: S. Chojnacki, *a.a.O.*, Beispiele für

Frauentestamente: *Calendar of Wills. Court of Hustings*, Bd. I,
S. 11, 15, 20, 209–210, 428.

67 u. a.: Ph. de Beaumanoir, *a.a.O.*, Bd. I, § 622, Bd. II, § 1330

68 z. B.: *Calendar County Court, City Court and Eyre Rolls of
Chester 1259–1297*, hrsg. v. R. Steward Brown, Aberdeen, 1925,
S. 18

69 *Liber Augustalis*, S. 99

70 Ph. de Beaumanoir, *a.a.O.*, Bd. II, §§ 1054, 1796; im englischen
Recht: F. Pollock u. F. Maitland, *a.a.O.*, Bd. II, S. 403

71 *Liber Augustalis*, S. 66–67; Ph. de Beaumanoir, *a.a.O.*, Bd. II,
§ 1288

72 *Liber Augustalis*, S. 100

73 Ph. de Beaumanoir, *a.a.O.*, Bd. II, §§ 1330, 1378

74 *Recueil général des anciennes lois françaises*, Bd. I, S. 546

75 Beispiele: L. Tanon, *a.a.O.*, S. 144; F. Maitland, (Hrsg.), *Select
Pleas of the Crown*, London, 1888, S. 28

76 Das Recht einer Witwe auf Wiederheirat im kanonischen Recht:
Corpus Iuris Canonici, Teil II, Spalten 1111–1112; siehe auch
R. Metz, *a.a.O.*, S. 91–95

77 Erwähnt im Glaubensbekenntnis des Petrus Waldes: Ch. Thouzellier, *a.a.O.*, S. 29

78 L. Tanon, *a.a.O.*, S. 152

79 *Der wälsche Gast*, in A. A. Heutsch, *La littérature du moyen âge*,
Halle, 1903, S. 54

80 *Ebenda*, S. 113–114

81 *Le Ménager de Paris*, Bd. I, S. 166, 168

82 *Calendar of Wills. Court of Hustings*, Bd. I, S. 18, 421, 452, 672,
673, 680, 684, 685, Bd. II, S. 65, 319

83 J. Hajnal, *a.a.O.*, S. 128–129

84 Ph. de Beaumanoir, *a.a.O.*, § 1335

85 Gemäß § 7 der Magna Charta steht einer Witwe als *dos* nicht ein
Drittel dessen, was ihr Ehemann bei der Hochzeit besaß, sondern
ein Drittel dessen, was ihm bei seinem Tode gehörte, zu, es sei
denn, anderes war ausdrücklich bestimmt worden. In Frankreich
erhält sie lt. Ph. de Beaumanoir seit d. Regierungszeit Philipps II.
die Hälfte von den, was ihr Mann bei der Hochzeit besessen hatte.
Nach der Gesetzgebung Ludwigs IX. bekam sie nur ein Drittel,
nach Verduner Recht die Hälfte. *Magna Charta*, § 7, in W. Stubbs,
*Select Charters and other Illustrations of English Constitutional
History*, Oxford, 1921, S. 294; Ph. de Beaumanoir, *a.a.O.*, Bd. I, §
445; *Le livre de droit de Verdun*, S. 1, 73

86 Zum Recht von Frauen, die Vormundschaft über ihre Kinder
auszuüben: *La très ancienne coutume de Bretagne*, S. 384, 433–
434; Ph. de Beaumanoir, *a.a.O.*, Bd. I, §§ 629, 631; P. Viollet, *Le
droit du XIIIe siècle dans les coutumes de Touraine-Anjou*, Bd. I,
Kap. XXI; W. Stubbs, *a.a.O.*, S. 118. Beispiele für Frauen, die

tatsächlich zum Vormund über ihre Kinder ernannt wurden, folgen in den Kapiteln über Frauen einzelner Gesellschaftsklassen.

87 Saint Jérôme, *Lettres*, hrsg. v. J. Labourt, Paris, 1949, Brief 22, Ad Eustochium, S. 125

88 Zitiert bei F. R. Du Boulay, *An Age of Ambition*, London, 1970, S. 108

89 Gilbert de Nogent, *Histoire de sa vie*, L. I. C. XIII

90 E. McLeod, *a.a.O.*, S. 33–35

91 R. H. Helmholz, *a.a.O.*, S. 108 u. Anm. 124

92 Thomas Aquinas, *Summa Theologica*, Bd. V, S. 251; J. T. Noonan, *a.a.O.*, S. 279–282

93 Philippe de Novare, *Les quatre âges de l'homme*, hrsg. v. M. de Fréville, Paris, 1888, § 79, S. 46

94 J. Heers, *a.a.O.*, S. 102; G. R. Owst, *Litterature and Pulpit in Medieval England*, Oxford, 1966, S. 34

95 Ailred von Rievaulx, *De Sanctimoniali de Wattun*, P. L. Bd. CXCV, Spalten 789–796. Einige Gelehrte meinen, daß man die Nonne gezwungen habe, ihn zu entmannen: G. Constable, »Ailred of Rievaulx and the Nun of Watton: An Episode in the Early History of the Gilbertine Order«, in *Medieval Women*, hrsg. v. D. Baker, Oxford, 1978, S. 208 u. Anm. 9

96 E. Fromm, *The Forgotten Language*, London, 1952, Kap. VII, S. 169–201. (Hier auch die wichtigsten Theorien über das Matriarchat.)

97 Humbert de Romans, *De Eruditione Praedicatorum*, S. 274

98 Ph. Ariès, *Centuries of Childhood. A Social History of Family Life*, New York, 1962; dt.: *Geschichte der Kindheit*, München 1975, 3. Aufl. 1976.

99 R. Mohl, *a.a.O.*, S. 347

100 A. A. Heutsch, *a.a.O.*, S. 151

101 Philippe de Novare, *Les quatre âges de l'homme*, S. 81–82, 46–47

102 Zit. nach J. Huizinga, *The Waning of the Middle Ages*, S. 35

103 *Le Livre du Chevalier de la Tour Landry*, hrsg. v. M. A. Anatole de Montaiglon, Paris, 1854, S. 169

104 *Registre de l'Inquisition de Jacques Fournier 1318–1325*, hrsg. v. J. Duvernoy, Toulouse, 1965, Bd. III, S. 268d

105 C. Crozzi, *a.a.O.*, S. 193. Angèle de Foligno, *Le livre de l'expérience des vrais fidèles*, hrsg. v. J. Ferré u. L. Baudry, Paris, 1927, S. 10

106 *The English Works of Wycliffe*, hrsg. v. J. Arnold, London, 1869–1871, S. 199

107 F. Pollock u. F. Maitland, *a.a.O.*, Bd. II, S. 484–485

108 Ph. de Beaumanoir, *a.a.O.*, Bd. I, § 933–934

109 *Liber Augustalis*, S. 147

110 Heath Dillard, *a.a.O.*, S. 81

111 J. Benton, »Clio and Venus: An Historical View of Medieval

Love«, in *The Meaning of Courtly Love*, hrsg. v. F. X. Newman, New York, 1968, S. 19–43

112 Ein Beispiel für die zunehmende Strenge gegenüber Männern, der Unzucht und des Ehebruchs angeklagt, findet sich in der Gesetzgebung der Stadtregierung von Parma aus dem Jahr 1233. Dieses neue Recht wurde im Zuge einer durch die Dominikaner inspirierten Sittenreform erlassen. M. Vauchez, »Une campagne de pacification en Lombardie autour de 1233«, *Mélanges d'archéologie et d'histoire*, 1966, S. 534

113 Heath Dillard, *a.a.O.*, S. 85–86

114 *Liber Augustalis*, S. 145

115 *Les olims ou registres des arrêts, rendus par la Cour du Roi*, Bd. III, S. 688, 1484

116 In manchen Gegenden Englands nannte man das von leibeigenen Frauen für Ehebruch, Unzucht oder die Geburt eines Bastards zu entrichtende Bußgeld ›leyrwyte‹, in anderen gab es einen Spezialausdruck für die bei solchen Vergehen zu zahlende Strafe, nämlich ›childwyte‹. Siehe: J. Scammel, »Freedom and Marriage in Medieval England«, *The Economic History Review*, Sec. Ser. XXVII, 1974, S. 526; Z. Razi, *The Peasants of Halesowen 1270–1400. A Demographic, Social and Economic Study*, Department of History, University of Birmingham, 1976, unveröffentlichte Dissertation, S. 12; *Select Pleas in Manorial and Other Seignorial Courts*, Bd. I, S. 162

117 P. Vinogradoff, Villainage in England, Oxford, 1892, S. 154

118 P. Bonnassie, *La Catalogne au milieu du Xe siècle à la fin du XIe siècle*, Toulouse, 1975, Bd. II, S. 826

119 E. Le Roy Ladurie, *Montaillou: Village occitan, Paris 1975*, S. 242

120 *Select Pleas in Manorial and Other Seignorial Courts*, S. 8

121 J. F. Benton, *a.a.O.*; D. W. Robertson, *a.a.O.*

122 F. Pollock u. F. Maitland, *a.a.O.*, Bd. I, S. 398

123 *Le Ménager de Paris*, S. 182–185

124 Zur Kirchengesetzgebung im Fall von Bastarden: »Bâtard«, in *Dictionnaire de théologie catholique*, Spalte 2558

125 R. H. Helmholz, *a.a.O.*, S. 108

126 U. a.: *Recueil général des anciennes lois francaises*, Bd. I, S. 848; *La très ancienne coutume de Bretagne*, S. 258–261, 479, 506; F. Pollock u. F. Maitland, *a.a.O.*, Bd. II, S. 397–398; M. Bateson, *Borough Customs*, Bd. II, S. 135

127 A. A. Heutsch, *a.a.O.*, S. 113

128 *Le Ménager de Paris*, S. 182–185

129 »Nicholaus filius sacerdotis«, W. O. Ault, »Village Assemblies in Medieval England«, in Album Helen M. Cam, *Studies Presented to the International Commission for the History of Representative and Parliamentary Institutions*, Bd. XXIII, Löwen, 1960, S. 95

130 *The Earliest Lincolnshire Assize Rolls, 1202–1203,* hrsg. v. D. M. Stenton, London, 1926, S. 69, 105

131 E. Le Roy Ladurie, *a.a.O.,* S. 138–240

132 Y. B. Brissaud, *a.a.O.;* über die Mätresse eines Priesters und ihre Nachkommen in Colmar: *Annales Colmarienses Maiores,* M. G. H. S., Bd. XVII, Hannover, 1861, S. 231

133 *The Letters of John of Salisbury,* S. 25

134 J. Heers, *Le clan familial au moyen âge,* Paris, 1974, S. 75–76

135 *Beverly Town Documents,* hrsg. v. A. Leach, Selden Society, London, 1900, S. 11; Heath Dillard, *a.a.O.,* S. 81

136 H. Regnault, *La condition juridique du bâtard au moyen âge,* Port-Audemer, 1922, S. 124

137 M. Harsegor, »L'essor des bâtards nobles au XVe siècle«, *Revue historique,* CCLIII, 2, 1975, S. 349

138 D. Herlihy u. Ch. Klapisch, *a.a.O.,* S. 577; vgl. auch: *The Society of Renaissance Florence. A Documentary Study,* hrsg. v. G. Brucker, New York, 1971, S. 40–42

139 S. Thrupp, *The Merchant Class of Medieval London,* Michigan, 1968, S. 263

140 M. Harsegor, *a.a.O.*

141 H. Regnault, *a.a.O.,* S. 123

142 J. Meers, *a.a.O.,* S. 82

143 E. Power, *Medieval English Nunneries, C. 1275–1535,* Cambridge 1922, S. 31

144 Z. Razi, *a.a.O.,* S. 92–100, 234–235

145 E. Le Roy Ladurie, *a.a.O.,* S. 61, 73–74, 76, 78, 91

146 Z. Razi, *a.a.O.,* S. 99

147 Ph. de Beaumanoir, *a.a.O.,* Bd. II, § 1813

148 *Recueil général des anciennes lois françaises,* Bd. I, S. 380

149 W. Stubbs, *a.a.O.,* S. 118, § 4

150 Diese Straffreibriefe wurden vom königlichen Kanzleigericht gewährt; sie erwirkten für eine ordnungsgemäß gerichtete und verurteilte Übeltäterin einen Erlaß ihrer Strafe. Richter stellten diese aufgrund schriftlicher Zeugnisse nach genauer Prüfung aus. Sie enthalten zusätzlich Einzelheiten über die Angeklagte, die Umstände der Ermordung, oder Aussetzung des Kindes

151 Registre de l'Inquisition de Jacques Fournier, Bd. II, 244–45

152 F. L. Flandrin, »Contraception, mariage et relations amoureuses dans l'occident chrétien«, *Annales (E.S.C.),* XXIV, 1969, S. 1370–1390; ders., »Mariage tardif et vie sexuelle«, *Annales (E.S.C.),* XXVII, 1972, S. 1351–1376

153 M. Riquet, »Christianisme et population«, *Population,* IV, 1949, S. 615–630

154 Dieser Abschnitt stützt sich weitgehend auf J. T. Noonan, *Contraception, A History of its Treatment by the Catholic Theologians and Canonists.* Cambridge, Mass., 1965, Kap. V u. S. 212–235. Das

Problem unterschiedlicher Kinderzahl in reichen und armen Familien wird in den Kapiteln über Frauen als Angehörige verschiedener gesellschaftlicher Klassen behandelt.

155 u.a. Burkhard von Worms, *Decretum*, P.L. Bd. XL, Spalten 971–972

156 C.H. Talbot, *Medicine in Medieval England*, London, 1967, S. 136; A. Vanchez, »Une campagne de pacification en Lombardie autour 1233«, *Mélange d'archéologie et d'histoire*, LXXVIII, 1966, S. 533

157 Der ges. Abschnitt stützt sich weitgehend auf J.T. Noonan, Hrsg., *The Morality of Abortion. Legal and Historical Perspectives*, Cambridge, Mass., 1971, S. 1–42

Edelfrauen

1 Humbert de Romans, *a.a.O.*, Sermo XCV.

2 Vgl. M. Bloch, *La société féodale*, Paris, 1949, Bd. II, S. 58–60; G. Duby, *La société du XIe et XIIe siècles dans la région mâconnaise*, Paris, 1963, S. 635; ders., »Structure de parenté et noblesse. France du Nord, IX–XIIe siècles«, in *Miscellanea medievalia in memoriam J.F. Niermeyer*, Groningen, 1967, S. 159; Ph. Contamine, Hrsg., *La noblesse du moyen âge*, Paris, 1976, Vorwort. Im Katalonien des 10. Jahrhunderts wurde die Zugehörigkeit zur mütterlichen Seite betont: P. Bonnassie, *La Catalogne au milieu de Xe siècle à la fin du XIe siècle*, Toulouse, 1975–76, Bd. I, S. 279. Zum Adel von Metz: J. Heers, *Le clan familial au moyen âge*, Paris, 1974, S. 22–26. Wegen der Minderwertigkeit von Frauen kam es nach den Gesetzen der Bretagne allein auf den Adel des Vaters an: »... Car il n'est mye saige qui ayde que femme franchise homme, mais homme franchist bien la femme. Car si un homme de grant lignaige prenoit la fille a ung villain les enfens pourroint estre chevaliers.« *La très ancienne coutume de Bretagne*, S. 508; siehe auch: *Recueil général des anciennes lois françaises*, Bd. I–II, S. 388–389.

3 G. Duby, »Lignage, noblesse et chevalerie au XIIIe siècle dans la région mâconnaise«, *Annales (E.S.C.)*, XXVII, 1972.

4 R.M. Pidal, *La España del Cid*, Madrid, 1929, Bd. II, S. 618–620; zu Beispielen von Frauen, die an Schlachten teilnahmen, siehe: J. Verdon, »Les sources de l'histoire de la femme en Occident aux X–XIIe siècles«, in *Cahiers de civilisation médiévale X-XIIe siècles*, XX, 1977, S. 229; Über die Anfänge weiblicher Erbschaft von mit Ämtern ausgestatteten Lehen in Südfrankreich und Katalonien siehe: A. Lewis, *The Development of Southern French and Catalan Society*, (718–1050), Austin, 1965, S. 123–124.

5 Über Amazonen: B. Roy, »La marge du monde connu: Les races

des monstres«, in G. H. Allard, Hrsg., *Aspects de la marginalité au moyen âge*, Montreal, 1975, S. 73.

6 Über Lehnserbschaften von Frauen in unterschiedlichen Regionen: M. Bloch, *La société féodale*, Paris, 1939, Bd. I, S. 293–321; F. Ganshof, *Feudalism*, London, 1952, S. 128–129; ders., *El Feudalismo*, Barcelona, 1963, S. 297; H. Thienne, »Die Frau im öffentlichen Recht in der Politik«, *Rec. Soc. Jean Bodin*, XII, 2, 1962, S. 357; J. Gilissen, »La femme dans l'ancien droit belge«, *a.a.O.*, S. 282–283.

7 J. Heers, *a.a.O.*, S. 220–221.

8 T. H. Hollingworth, »A demographic Study of the British Ducal Families«, *Population Studies*, XI, 1957, S. 4–26.

9 J. T. Rosenthal, »Medieval Longevity and the Secular Peerage, 1350–1500«, *Population Studies*, XXVII, 1973, S. 287–293. Zum gewaltsamen Tod von Edelmännern im Nordwestlichen Frankreich des 12. Jahrhunderts: G. Duby, »Dans la France du Nord-Ouest au XIIe siècle: Les ›jeunes‹ dans la société aristocratique«, *Annales (E.S.C.)*, XIX, 1964, S. 839–843.

10 Zu diesem Phänomen in England: K. B. McFarlane, *The Nobility of Later Medieval England*, Oxford, 1973.

11 Zum Recht auf ein *dos*. vgl. 4. Kap. unseres Buches.

12 M. Gastoux, *Béatrix de Brabant*, Löwen, 1943, S. 120; M. Parisse, *a.a.O.*, Bd. I, S. 615.

13 *Liber Augustalis*, S. 114.

14 D. Herlihy, »Land, Family and Women in Continental Europe, 701–1200«, *Traditio*, XVIII, 1962, S. 89–120.

15 A. Longnon, Hrsg., *Documents relatifs au Comté de Champagne et de Brie,1172–1361. Les Fiefs*, Paris, 1901, u. a. S. 32, 56, 59, 146. Das letzte Beispiel: »Comitissa Grandis Pratri fecit homagium ligium de hereditate sua de Espaux nec aliud debet facere homagium. Preterea fecit homagium ligium de dotalitio suo. Fecit etiam homagium de ballio fratris suis.«

16 *Inquisitions and Assessements Relating to Feudal Aids 1284–1431 prepared under the Superintendence of the Deputy Keeper of the Records*, London, 1973, Bd. I, S. 319, 323, 324, 327, 31, 32, 85, 221; Bd. II, S. 104, 293.

17 D. Herlihy, *a.a.O.*, S. 89–120; über Dubois' Plan: Pierre Dubois, *De Recuperatione Terrae Sanctae*, hrsg. v. Ch. Langlois, Paris, 1891, S. 15–16; J. Verdon, »Note sur la femme en Limousin vers 1300«, in *Annales du Midi*, CXXXVIII-CXXXIX, 1978, S. 319–329.

18 P. Bonnassie, *a.a.O.*, Bd. II, S. 863–864.

19 Beispiele aus dem mittleren und niederen Adel: J. T. Rosenthal, *a.a.O.*, S. 135–136; M. Parisse, *a.a.O.*, Bd. I, S. 331–336.

20 *Liber Augustalis*, S. 18.

21 W. Stubbs, Hrsg., *Select Charters and other Illustrations of English*

Constitutional History, Oxford, 1966, S. 118, §§ 3–4; siehe auch Magna Charta Libertatum, §§ 6, 7, 8, *ebenda*, S. 294; J. T. Rosenthal, *a.a.O.*, S. 171–173, 176–177.

22 Beispiele: K. B. MacFarlane, *a.a.O.*, S. 152–153.

23 D. C. Douglas u. G. W. Greenway, Hrsg., *English Historical Documents*, London, 1961, Bd. II, S. 921–922.

24 »Adam vendit ei predictam Emmam cum terra sua«, zitiert bei F. Joün de Longrais, *a.a.O.*, S. 159.

25 J. Richard, *Les Ducs de Bourgogne et la formation du Duché*, Paris, 1954, S. 188; M. de Laurière, Hrsg., *Ordonnances des Roys de France*, Bd. I, S. 155–156.

26 F. Ganshof, *Feudalism*, S. 128–129.

27 Über die Gräfin Mathilde: H. E. J. Cowdrey, *The Cluniacs and the Gregorian Reform*, Oxford, 1970, S. 160–161; D. B. Zema, »The Houses of Tuscany and of Pierleone in the Crisis of Rome in the 11th Century«, *Traditio*, II, 1944, S. 155–175; *Selections from the First Nine Books of the Chronica of Giovanni Villani*, Westminster, 1896, S. 93–96; *Ottonis et Rahewini Gesta Friderici I*, Imperatoris, hrsg. v. G. Waitz, Hannover u. Leipzig, 1912, S. 14, 34, 276; A. Kelly, *Eleonor of Aquitaine and the Four Kings*, New York, 1957.

28 *The Paston Letters*, hrsg. v. J. Warrington, London, 1956, Bd. II, Briefe 290, 291, 298.

29 Vgl. E. Power, *Medieval Women*, hrsg. v. M. M. Postan, Cambridge, 1975, S. 39. Zu Littleton: F. Joün de Longrais, *a.a.O.*, S. 148; über Kinderehen: J. C. Russel, *British Medieval Population*, Albuquerque, 1948, S. 156.

30 Zitiert nach E. McLeod, *The Order of the Rose. The Life and Ideas of Christine de Pisan*, London, 1975, S. 30.

31 J. T. Rosenthal, *a.a.O.*, S. 177–178.

32 J. C. Russel, *a.a.O.*, S. 157–158; kritisch gegenüber J. C. Russels Schlußfolgerungen: J. Krause, »The Medieval Household, Large or Small?«, *E. H. R.*, IX, 1957, Krause wirft die Frage auf, ob das Erbalter zwangsläufig mit dem Heiratsalter identisch war.

33 D. Herlihy, »The medieval Marriage Market«, *Medieval and Renaissance Studies*, VI, 1967; G. Duby, »Dans la France du Nord-Ouest au XIIe siècle: Les ›jeunes‹ dans la société aristocratique«, *Annales (E. S. C.)*, XIX, 1964, S. 840.

34 T. H. Hollingworth, »A Demographic Study of the British Ducal Families«, *Population Studies*, XI, 1957, S. 4–26.

35 J. Hajnal »European Marriage Patterns in Perspective«, in *Population in History*, hrsg. v. D. V. Glass u. E. C. Eversley, London, 1965, S. 101–143, vor allem S. 113, 116–122.

36 G. Duby, »Structure de parenté et noblesse. France du Nord. XIe-XIIIe siècles«, in *Miscellanea medievalia in memoriam J. F. Niermeyer*, Groningen, 1967, S. 159.

37 Ders., *La société du XIe et XIIe siècles dans la région mâconnaise,* S. 266–270.

38 Beispiele: S. Thrupp, *The Merchant Class of Medieval London,* Michigan, 1968, S. 263; J. T. Rosenthal, *a.a.O.,* S. 89.

39 T. H. Hollingworth, »A Demographic Study of the British Ducal Families«, *Population Studies,* XI, 1957, S. 4–26.

40 J. T. Rosenthal, *a.a.O.,* S. 173–175, 177–178.

41 Beispiele: Gilbert von Nogent, *Histoire de sa vie,* S. 133–135; R. Nelli, *La vie quotidienne des Cathares en Languedoc au XIIIe siècle,* Paris, 1969, S. 90, 211 u. Anm. 7.

42 P. Guichard, *Structures sociales, »orientales« et »occidentales« dans l'Espagne musulmane,* Paris, 1977, S. 92.

43 *Liber Miraculorum S. Fidis,* hrsg. v. A. Bauillet, Paris, 1897, S. 29; Matthew Paris, *Chronica Majora,* R. S., London, 1880, S. 323.

44 Zum geringen Nachwuchs in ärmeren Familien in Pistoia und seiner ländlichen Umgebung: D. Herlihy, *Medieval and Renaissance Pistoia,* New Haven, 1967, S. 90–97, 118; in der Toskana allgemein: Ch. Klapisch, »Household and Family in Tuscany in 1427«, in *Household and Family in Past Times,* hrsg. v. P. Laslett, u. R. Wall, Cambridge, 1974, S. 267, 281; in der Bauernschaft: Z. Razi, *a.a.O.,* S. 118, 119, 238, 243, 164, Anm. 178.

45 M. Parisse, *a.a.O.,* Bd. I, S. 306.

46 G. Duby, »Lignage, noblesse et chevalerie au XIIe siècle dans la région mâconnaise«, *Annales (E.S.C.),* XXVII, 1972, S. 803-823.

47 M. Parisse, *a.a.O.,* Bd. I, S. 309–310; G. Duby, »La societé au XIe et XIIe siècles dans la région mâconnaise«, S. 8; ders., »Dans la France du Nord-Ouest au XIIe siècle: Les ›jeunes‹ dans la société aristocratique«, *Annales (E.S.C.),* XIX, 1964; C. Russel, *a.a.O.,* S. 158.

48 T. H. Hollingworth, *a.a.O.,* S. 4–26.

49 M. Parisse, *a.a.O.,* S. 310.

50 J. T. Rosenthal, *a.a.O.,* S. 90.

51 Über das Alter von Universitätsstudenten: J. Verger, »Noblesse et savoir: Etudiants nobles aux universités d'Avignon, Cahors, Montpellier et Toulouse« (fin du XIVe siècle), in Ph. Contamine, Hrsg., *La noblesse du moyen âge,* Paris, 1976, S. 306; Über Mädchen, die in Klöstern erzogen wurden, obwohl sie nicht Nonnen werden sollten: E. Rapp, »Les abbayes: Hospice de la noblesse. L'influence de l'aristocratie sur les convents bénédictins dans l'Empire à la fin du moyen-âge«, *ebenda,* S. 315; über Mädchen, die zur Erziehung in andere Adelshaushalte geschickt wurden: *The Paston Letters,* Bd. I, Brief 50.

52 G. Duby, »Dans la France du Nord-Ouest au XIIIe siècle: Les ›jeunes‹ dans la société aristocratique«.

53 G. Longnon, »La Champagne«, in F. Lot u. R. Fawtier, Hrsg.,

Histoire des institutions francaises au moyen âge. Bd. I, Institutions seigneuriales, Paris, 1957, S. 128.

54 P. Bonnaissie, *a.a.O.,* Bd. I. S. 277.

55 Gilbert von Nogent, *Histoire de sa vie,* S. 19.

56 S. Sheridam-Walker, »Widow and Ward: The Feudal Law of Child Custody in Medieval England«, in *Women in Medieval Society,* hrsg. v. S. Mosher-Stuard, Pennsylvania, 1976, S. 159–172.

57 Héloise, *Epistolae* XX, P. L. Bd. 189, Spalte 428.

58 M. Bogin, *The Women Troubadours,* S. 144.

59 M. Goodich, »Childhood and Adolescence among the 13th Century Saints«, *History of Childhood Quarterly,* I, 1973; M. Hunt, *Cluny under Saint Hugh, 1049–1109,* London, 1967, S. 26 u. Anm. 4.

60 »... pater meae carnis occubuit: et magnas inde tibi gratias, qui hunc hominem sub Christiano, affectu fecisti decedere, providentiae tuae ...« Gilbert von Nogent, *Histoire de sa vie,* S. 12; zum Verhältnis zwischen Gilbert und seiner Mutter, vgl.: J. F. Benton, *Self and Society in Medieval France,* New York, 1970, Einleitung.

61 Jean-Paul Sartre, *Les mots,* Paris, 1964, S. 11.

62 E. Le Roy Ladurie, *Montaillou: Village occitan,* Paris, 1975, S. 307. u. Anm. 1; über Mutter-Kind-Beziehungen in der patriarchalischen Gesellschaft: F. Fromm-Reichmann, »Note on the Mother Role in the Family Group«, in *Psychoanalysis and Psychotherapy,* Chicago, 1959, S. 290–305.

63 Über das Verhältnis zum Kind innerhalb des Adels: M. M. McLaughlin, »Survivors and Surrogates: Children and Parents from the 9th to the 13th Centuries«, in L. de Mause, Hrsg., *The History of Childhood,* London, 1974, S. 101–181; das Zitat aus Frau Avas Gedicht: *ebenda,* Anm. 10; über St. Anselm, *ebenda,* S. 127 u. Anm. 156; *Registre de l'Inquisition de Jacques Fournier,* Bd. I, 221.

64 R. G. Glanville, *De Legibus et Consuetudinibus Regni Angliae,* Kap. IV, zitiert in D. C. Douglas u. G. W. Greenway, Hrsg., *English Historical Documents,* London, 1961, Bd. II, S. 941.

65 *Ebenda,* S. 938.

66 Ebenda, S. 921–922.

67 F. Ganshof, *El Feudalismo,* S. 297.

68 M. Planiol, *Histoire des institutions de la Bretagne,* Bd. VIII, Rennes, 1955, S. 30; E. de la Gorgne de Rosny, *Du droit de gens mariés dans la coutume du Boulonnais,* Paris, 1910, S. 181.

69 F. Ganshof, »La Flandre«, in F. Lot u. R. Fawtier, Hrsg., *Histoire des institutions françaises au moyen âge,* Bd. I, Institutions seigneuriales, Paris, 1957.

70 Y. Labande-Maillert, »Pauvreté et paix dans l'iconographie romane, X-XII siècles«, in M. Mollat, Hrsg., *Etude sur l'histoire de la*

pauvreté: moyon âge – XVIe siècle, Paris, 1973, Bd. I, S. 337–338, Figur 17.

71 H. Regnault, *La condition juridique du bâtard au moyen âge*, Pont-Audemer, 1922, S. 118.

72 *Receuil de documents relatifs à l'histoire du droit municipal en France des origines à la révolution. Artois*, hrsg. v. G. Espinas, Paris, 1938–1943, Bd. II, S. 338–540, Bd. III, S. 345–354, 368–369, 738.

73 *Recueil de documents relatifs à l'histoire de l'industrie drapière*, hrsg. v. G. Espinas u. H. Pirenne, Brüssel, 1924, Bd. III, S. 277–278.

74 G. Heers, *Fêtes, jeux et joutes dans les sociétés d'Occident à la fin du moyen âge*, Paris, 1971, S. 19–20; M. Mollat, Hrsg., *Etudes sur l'histoire de la pauvreté. Moyen âge – XVIe siècle*, Bd. I, S. 29; J. M. Richard, *Comtesse d'Artois et de Bourgogne*, Paris, 1887; A. Kemps-Welch, *Of Six Medieval Women*, London, 1915.

75 Beispiele: Ph. Contamine u. R. Delort, *L'Europe au moyen âge*, Bd. III, Paris, 1971, S. 283–284; *Recueil de documents relatifs à l'histoire de l'industrie drapière en Flandre*, Bd. III, S. 349.

76 P. Bonnaissie, *a.a.O.*, Bd. I, S. 277.

77 R. B. Pugh, *Imprisonment in Medieval England*, Cambridge, 1968, S. 351.

78 Weitere Beispiele für Frauen, die Lehen aufgrund eines *dos* oder einer Vormundschaft besaßen: Katharina von Clermont; vgl. G. G. Aclocque, *Les eorporations, l'industrie et le commerce à Chartres*, Paris, 1907, S. 328; Alice de Vergy, vgl. J. Richard, »Les institutions ducales dans le Duché de Bourgogne«, in F. Lot u. R. Fawtier, Hrsg., *a.a.O.*

79 E. Power, *a.a.O.*, S. 45.

80 *Oeuvres de Froissart, Chroniques*, hrsg. v. J. M. Kervyn de Letten-hove, Osnabrück, 1967, Bd. III, S. 423; über Adele von Blois: J. Verdon, »Les sources de l'histoire de la femme en Occident aux X-XIIIe siècles«, in *Cahiers de civilisation médiévales X-XII siècles*, XX, 1977, S. 239.

81 Zur Verwaltungs- und Wirtschaftstätigkeit der Margarete Paston: *The Paston Letters*, Bd. I, 16, 47, 65, 133, 145, 148f., 151, 155, 170f., 174, 178, 195, 198f., 219–223, 237f., Bd. II, 240–272, der Gräfin von Norfolk: *ebenda*, Bd. I, Brief 135.

82 »The Rules of Saint Robert«, in *Walter of Henley's Husbandry together with an Anonymous Husbandry, Senechaucie and Robert Grosseteste's Rules*, hrsg. v. E. Lamond, London, 1890, S. 121–150.

83 D. Herlihy, »Land, Family and Women in Continental Europe, 701–1200«, in *Traditio*, XVIII, 1962, S. 89–120.

84 A. Coville, *Gontier et Pierre Col et l'humanisme en France au temps de Charles VI*, Paris, 1934, S. 63.

85 Zitiert bei E. McLeod, *a.a.O.*, S. 135.

86 *Recueil de documents relatifs à l'histoire du droit municipal en France*, hrsg. v. G. Espinas, Paris, 1938–1943, Bd. III, S. 300.

87 P. Bonnassie, *a.a.O.*, Bd. I., S. 276.

88 E. Power, *a.a.O.*, S. 40–41.

89 Johannes von Salisbury, *Policraticus*, P. L. Bd. 199, Spalte 393; L. F. Salzman, *English Industries of the Middle Ages*, Oxford, 1923, S. 217.

90 Zur Schilderung des Einzugs Karls VI in Paris 1389: B. Guenée u. F. Leroux, Hrsg., *Les Entrées royales françaises de 1328–1515*, Paris, 1968, S. 55, 57, 58.

91 B. Jarret, *Social Theories in the Middle Ages 1200–1500*, Boston, 1926, S. 88; A. A. Heutsch, *a.a.O.*, S. 151.

92 *Ebenda*, S. 53–54, 101.

93 Philippe de Novare, *Les quatre âges de l'homme*, §§ 24–25.

94 E. McLeod, *a.a.O.*, S. 128.

95 Pierre Dubois, *De Recuperatione Terrae Sanctae*, hrsg. v. V. Langlois, Paris, 1891, S. 50–52, 57–71.

96 E. Rapp, *a.a.O.*

97 E. W. McDonnell, *a.a.O.*, S. 320.

98 *Visitations of Religious Houses in the Diocese of Lincoln*, Bd. I, 1420–1436, hrsg. v. A. Thompson, Horncastle, 1919, S. 53.

99 *Registre de l'inquisition de Jacques Fournier*, Bd. II, S. 252.

100 Marie de France, *Dic Lais*, hrsg., v. A. Elwert, Oxford, 1944, S. V–VI.

101 Zitiert nach H. Rashdall, *The Universities of Europe in the Middle Ages*, Neuausgabe v. F. M. Powicke u. A. B. Emden, Oxford, 1951, Bd. II, S. 88.

102 J. Richard, *Mahaut Comtesse d'Artois et de Bourgogne*, Paris, 1887, Kap. VIII.

103 J. Verger, »Noblesse et savoir: Etudiants nobles aux universités d'Avignon, Cahors, Montpellier et Toulouse«, in *La noblesse au moyen âge*, S. 289–313.

104 R. Southern, *Saint Anselm and his Biographer. A Study of Monastic Life and Thought*, Cambridge, 1963, S. 37.

105 R. R. Bolgar, *The Classical Heritage and its Beneficiaries*, Cambridge, 1954, S. 186.

106 A. A. Heutsch, *a.a.O.*, S. 47; Beispiele von Frauen, die als Patroninnen der Schriftsteller und Dichter fungierten in: R. Lejeune, »La femme dans les littératures françaises et occitanes du XIe au XIIIe siècle«, in *Cahiers de civilisation médiévale, Xe–XIIe siècles*, XX, 1977.

107 » . . . attractiva ad vanitas mulierum . . .«, zitiert in J. Heers, *Fêtes, jeux et joutes dans les sociétés d'Occident à la fin du moyen âge*, S. 48.

108 Simone de Beauvoir, *Le deuxième sexe*, Paris, 1949, Kap. VII.

109 Vgl. G. Koch, *Frauenfrage und Ketzertum im Mittelalter*, Berlin, 1962.

110 Höfische Liebe als sinnliche Liebe u. a. in: *Les poésies de Cerca-mon*, hrsg. v. A. Jeanroy, Paris, 1921, S. 9–12; *Les poésies de Bernard Marti*, hrsg. v. E. Hoepffner, Paris, 1929, S. 10, 13, 24, 31, 33–35; auch in der höfischen didaktischen Literatur dominiert nicht stets die platonische Liebe: A. A. Heutsch, *a.a.O.*, S. 56–57; zynisch-sinnliche Gedichte verfaßte Herzog Wilhelm IX. von Aquitanien (sowie andere, die eine ideale höfische Liebe beschrieben): *Les chansons de Guillaume IX Duc d'Aquitaine, 1071–1127*, hrsg. v. A. Jeanroy, Paris, 1927, S. 8–13; ferner: E. Köhler, *L'aventure chevaleresque, idéal et réalité dans le roman courtois*, Paris, 1974.

111 J. M. Ferrante, *The Conflict of Love and Honour. The Medieval Tristan Legend in France, Germany and Italy*, Den Haag u. Paris, 1973.

112 Vgl. J. F. Benton, »Clio and Venus. An Historical View of Medieval Love«, in *The Meaning of Courtly Love*, hrsg. v. F. X. Newman, New York, 1968, S. 19–43; M. Bogin, *a.a.O.*, Einleitung. Zur begrenzten Auswirkung höfischer Liebe auf das Alltagsleben: E. Power, *a.a.O.*, S. 26–29.

113 *Ebenda*, S. 56; R. Nelli, *L'érotique des Troubadours*, Paris, 1974, S. 223-224.

114 Hildegard von Bingen, *Liber scivias*, P. L. Bd. 197, Spalten 595, 461.

115 Marie de France, *Lais*, hrsg. v. A. Elwert, Oxford, 1952, S. 5–6.

116 M. M. McLaughlin, »Abelard as an autobiographer. The Motives and Meaning of his Story of Calamities«, *Speculum*, XL II, 1967.

117 E. McLeod, *a.a.O.*, S. 135.

118 *Ebenda*, S. 148,118.

119 *Oeuvres poétiques*, 3 Bde hrsg. v. M. Roy, Bd. II, Paris 1891, S. 21–23.

120 E. McLeod, *a.a.O.*, S. 117–118.

121 Zitiert bei P. Guichard, *a.a.O.*, S. 90.

Städterinnen

1 Vgl. *Receuil de documents relatifs à l'histoire du droit municipal en France*, hrsg. v. G. Espinas, Bd. III, S. 315.

2 *ebenda*, S. 236.

3 Über Stadtbürgerschaft von Frauen: *Calendar of Plea and Memoranda Rolls preserved among the Archives of the Corporation of the City of London at the Guildhall, 1364–1381*, hrsg. v. A. H. Thomas, Cambridge, 1929, S. LXI

4 So im Fall einer Londonerin, die um ein Begnadigungsschreiben nachsuchte. Der Bürgermeister wurde förmlich befragt, ob sie Bürgerin der Stadt sei. Die Antwort war positiv, ihrem Gesuch

wurde stattgegeben. *Ebenda*, S. 152; siehe auch: *Le Livre Roisin, droit coutumier lillois de la fin du 13e siècle*, hrsg. v. R. Monier, Paris u. Lille, 1932, S. 2–3. 20–21, 41

5 E. Bourquelot, »Un scrutin du XIVe siècle«, *Mémoires de la Société nationale des Antiquaires de France*, XXI, 1852, S. 455. Es ist anzunehmen, daß Frauen, bei denen weder der Name des Ehemannes noch ihr Witwenstand vermerkt ist, ledig waren.

6 E. Boutaric, *La France sous Philippe le Bel*, Brionne, 1861, S. 37 u. Anm. 7

7 Über die Rechte eines Sohnes, der bei seinem Vater lebte: W. Stubbs, Hrsg., *a.a.O.*, S. 133–134

8 z. B.: A. Ballard u. J. Tait, Hrsg., *British Borough Charters, 1216–1307*, Cambridge, 1923, S. 133

9 *Calendar of Wills, Court of Hustings, London, 1258–1688*, hrsg. v. R. Sharpe, London, 1889, Bd. I, S. 418, 420, 430, 678, 682, 686, Bd. II, S. 9, 15, 17, 204, 207, 213, 468, 537, 596

10 *Calendar of Plea and Memoranda Rolls preserved among the Archives of the Corporation of the City of London at the Guildhall, 1364–1381*, S. 294

11 *Memorials of London and London Life, 1276–1419*, hrsg. v. H. T. Riley, London, 1868, Bd. I. S. 68

12 J. Gillisen, *a.a.O.*; E. M. Meijers u. J. J. Salverda de Grave, Hrsg., *Le livre de droit de Verdun*, Haarlem, 1940, S. 33–34; H. Dillard, *a.a.O.*

13 G. Rossi, *a.a.O.*; A. Pertile, *Storia del diritto italiano*, Turin, 1896–1903, Bd. IV, S. 58–59; G. Heers, *Le clan familial au moyen âge*, Paris, 1974, S. 108; M. A. Maulde, Hrsg., *Coutumes et règlements de la République d'Avignon*, Paris, 1879, S. 156

14 J. Heers, *a.a.O.*, S. 63; D. Owen Hughes, »Family Structure in Medieval Genova«, *Past and Present*, LXVI, 1975

15 z. B.: *Les olims ou registres des arrêts*, Bd. I, § XXXIV

16 S. Thrupp, *a.a.O.*, S. 192 u. Anm. 2

17 Philippe de Novare, *Les quatre âges de l'homme*, S. 48

18 Ein Beispiel aus der Yorker Bogenschützengilde: *York Memorandum Book*, Teil I, *1376–1419*, hrsg. v. M. Sellers, London 1912, S. 54

19 J. Noonan, *Contraception*, S. 229

20 Siehe: D. Herlihy, *Medieval and Renaissance Pistoia*, S. 118–120

21 S. Thrupp, *a.a.O.*, S. 105–106

22 G. Brucker, Hrsg., *The Society of Renaissance Florence. A Documentary Study*, New York, 1971, S. 29–31

23 S. Chojnacki, »Doweries and Kinsmen in Early Renaissance Venice«, *Journal of Interdisciplinary History*, V, 1975, S. 571–600; D. Herlihy, »The Medieval Mariage Market«, *Medieval and Renaissance Series*, VI, 1976. Andererseits leisteten in London

beide Seiten fast den gleichen Beitrag: S. Thrupp, *a.a.O.*, S. 106

24 T. Smith, *English Guilds*, E.E.T.S., 1870, S. 194, 340

25 *British Borough Charters*, S. 134

26 *Ordonnances des Roys de France*, Bd. V, hrsg. v. Secousse, Paris, 1736, S. 509; D. Herlihy, »Vieillir au Quattrocento«, *Annales (E.S.C.)*, XXIV, 1969; D. Herlihy u. Ch. Klapisch, *a.a.O.*, S. 205–207, 394–400; S. Thrupp, *a.a.O.*, S. 196

27 *Calendar of Plea and Memoranda Rolls preserved among the Archives of the Corporation of the City of London at the Guildhall, 1364–1381*, S. 107; S. Thrupp, *a.a.O.*, S. 172 u. Anm. 38

28 Zur hohen Kinderzahl in reichen Familien: D. Herlihy, *Medieval and Renaissance Pistoia*, S. 117–118

29 D. Herlihy, »The Tuscan Town in the Quattrocento. A Demographic Profile«, *Medievalia et Humanistica*, I, 1970. In den Zeiten der Pest starben in der Toskana weniger Jungen als Mädchen. Dem steht gegenüber, daß mehr Frauen als Männer im fortgeschrittenen Alter eines natürlichen Todes starben. Siehe D. Herlihy u. Ch. Klapisch, *a.a.O.*, S. 462; S. Thrupp, *a.a.O.*, S. 197–200

30 Siehe J. Gillisen, *a.a.O.*

31 *Die Kölner Schreinsbücher des 13. und 14. Jahrhunderts*, hrsg. v. H. Planitz u. T. Buyken, Weimar, 1937, S. 197

32 D. Herlihy, *Medieval and Renaissance Pistoia*, S. 61

33 *Borough Customs*, hrsg. v. M. Bateson, London, 1966, S. 112

34 Siehe beispielsweise das Testament von Petronilla Ledeney aus Gloucester: *Records of the Corporation of Gloucester*, hrsg. v. W. H. Stevenson, Gloucester, 1893, S. 358

35 *British Borough Charters*, S. 90–91

36 *Ebenda*, S. 134

37 *Ebenda*, S. 100

38 *Bristol Record Society Publications*, hrsg. v. E. W. Veale, Bristol, 1931, Bd. II, S. 264

39 *Le droit coutumier de la ville de Metz au moyen âge*, hrsg. v. J. Salverda de Grave, M. Meijers u. J. Schneider, Haarlem, 1951, S. 134-135

40 S. Thrupp, *a.a.O.*, S. 263

41 Siehe Kap. IV und ferner: R. H. Helmholz, *a.a.O.*, S. 160

42 D. Herlihy u. Ch. Klapisch, *a.a.O.*, S. 594

43 S. Mosher Stuard, »Women in Charter and Statue Law: »Medieval Ragusa (Dubrovnik)«, in *Women in Medieval Society*, hrsg. v. S. Mosher Stuard, Universität von Pennsylvania, 1976, S. 204

44 Siehe Kap. V und ferner E. Le Roy Ladurie, *Montaillou*, S. 281

45 Ammen werden u. a. in der Verordnung über Löhne des Königs Johann II. erwähnt: R. de Lespinasse, Hrsg., *Les métiers et corporations de la ville de Paris*, Paris, 1886, S. 31

46 D. Herlihy u. Ch. Klapisch, *a.a.O.*, S. 552–570. Über Kinder, die Ammen übergeben wurden, siehe: R. C. Trexler, »Infanticide in

Florence: New Sources and First Results«, in *History of Childhood Quarterly*, I, 1973–74, S. 98–116

47 V. S. Pritchett, *Balzac*, London, 1973, S. 25

48 Über Lehrverträge: L. F. Salzman, *a.a.O.*, S. 339; *Borough Customs*, Bd. I, S. 229; *Calendar of Plea and Memoranda Rolls preserved among the Archives of the Corporation of the City of London at the Guildhall*, S. 107, 219; D. Herlihy u. Ch. Klapisch, *a.a.O.*, S. 573–574

49 *Vita B. Petri Damiani per Johannem monachum ejus discipulum*, P. L., Bd. CXLIV, Spalte 116

50 M. Goodich, »Childhood and Adolescence among the 13th Century Saints«, *History of Childhood Quarterly*, I, 1973

51 B. A. Hanawalt, »Childrearing among the Lower Classes of Late Medieval England«, *Journal of Interdisciplinary History*, VIII, 1977, S. 20–21

52 V. S. Pritchett, *a.a.O.*, S. 26–30

53 *Complete Works of Thomas Moore*, Yale, 1965, Bd. IV, Buch II, S. 130–131

54 Siehe z. B.: G. Aclocque, *Les corporations, l'industrie et le commerce à Chartres du XIe siècle à la Révolution*, Paris, 1917, S. 108–109

55 *Règlements sur les arts et métiers de Paris, rédigés au XIIIe siècle, et connus sous le nom du Livre de Métiers d'Etienne Boileau*, hrsg. v. G. B. Depping, Paris, 1837, S. 80–85

56 *Ebenda*, S. 99–101; R. Lespinasse, *a.a.O.*, Bd. III, S. 9

57 *Ebenda*, Bd. II, S. 13–19, 86–87, 556–559

58 K. Michaelsson, Hrsg., *Le Livre de la Taille de Paris de l'an 1296*, Göteborg, 1958, S. 266; ders. Hrsg., *Le Livre de la Taille de Paris de l'an 1313*, Göteborg, 1951, S. 214

59 R. de Lespinasse, *a.a.O.*, Bd. III, S. 303–307

60 *Statuti senesi scritti in volgare nel secolo XIIIe–XIVe*, hrsg. v. F. L. Polidori, Bologna, 1863–1877, Bd. I, S. 274, 279, 306, 329; in Perugia arbeiteten zu Beginn des 15. Jahrhunderts 176 Weberinnen und 28 Weber: M. Weber, *Wirtschaft und Gesellschaft*, 5. rev. Aufl., Tübingen, 1972, S. 778

61 D. Staley, *The Guilds of Florence*, London, 1906, S. 68, 353

62 J. H. Mundy u. P. Riesenberg, *The Medieval Town*, Princeton, 1958, S. 175–176

63 E. W. McDonnell, *a.a.O.*, S. 85, 273

64 *Calendar of Plea and Memoranda Rolls preserved among the Archives of the City of London at the Guildhall, 1364–1381*, S. 102

65 *Borough Customs*, Bd. I, S. 229; *Memoranda Rolls preserved among the Archives of the Corporation of the City of London at the Guildhall, 1364–1381*, S. 107, 219

66 *York Memorandum Book*, Teil I, *1376–1419*, S. 82

67 *The Little Red Book of Bristol*, hrsg. v. F.B. Brickley, Bristol, 1900, Bd. I, S.43; T. Smith, *a.a.O.*, S.343

68 *Court Rolls of the Borough of Chester*, Chester, 1921, Bd. I, S.XIII. Weitere Beispiele von Frauen, die gegen das Biergesetz verstießen: *ebenda*, Bd. II, S.1, 182–184, Bd. III, S.1–2, 16, 51

69 R. de Lespinasse, *a.a.O.*, Bd.III, S.580–583

70 *Ebenda*, Bd.I, S.45; *Select Cases concerning the Law Merchants*, hrsg. v. C. Gross, Selden Society, London, 1908, Bd.I, S.66, 72–73; *The Little Red Book of Bristol*, Bd.I, S.5, 8; *York Memorandum Book*, Teil I, *1376–1419*, S.6–7, 10–12

71 Weitere Beispiele in: E. Power, *Medieval Women*, S.56-57

72 Vgl. S. Thrupp, *a.a.O.*, S.173

73 *Ordonnances des Roys de France*, Bd.II, S.354

74 *Memorials of London and London Life*, S.26

75 S. Thrupp, *a.a.O.*, S.173

76 J. Gillisen, *a.a.O.*, S.272; *Recueil général des anciennes lois françaises*, Bd.I, S.546; Ph. de Beaumanoir, *a.a.O.*, Bd.II, § 1336; F. Rörig, *The Medieval Town*, London, 1967, S.115; *Calendar of Plea and Memoranda Rolls preserved among the Archives of the Corporation of the City of London at the Guildhall, 1364–1381*, S.23

77 *Documents relatifs à l'histoire de l'industrie et du commerce en France*, hrsg. v. G. Fagniez, Paris, 1974, Bd.I, S.263, 310

78 L.F. Salzman, *a.a.O.*, S.217

79 *Documents relatifs à l'histoire de l'industrie et du commerce en France*, Bd.II, S.172–173

80 *Livre des Métiers*, S.69–73

81 G. d'Avenal, *a.a.O.*, Bd.II, S.36, Bd.III, S.608, 611

82 S. Thrupp, »Medieval Industry«, in *The Fontana Economic History of Europe. The Middle Ages*, hrsg. v. C.M. Chipolla, Glasgow, 1975, S.266

83 *York Memorandum Book*, Teil I, *1376–1419*, S.54

84 *Documents relatifs à l'histoire de l'industrie et du commerce en France*, Bd.I, S.245

85 Zitiert in: S. Thrupp, *a.a.O.*, S.173

86 In Florenz standen Barbiere, Chirurgen und Hebammen unter der Aufsicht von Ärzte- und Apothekergilden: E. Staley, *The Guilds of Florence*, London, 1906, S.238, 241; über Hexereibeschuldigungen: R. Kieckhefer, *European Witch Trials*, California, 1976, S.56

87 Nach den Yorker Stadtverordnungen mußten sowohl Männer wie Frauen eine Praxisgenehmigung bei der Baderzunft einholen: *York Memorandum Book*, Teil I, 1376–1419, S.109; siehe ferner V.L. Bullough, *The Development of Medicine as a Profession*, New York, 1966, S.88-90

88 C.H. Talbot, *a.a.O.*, Kap. VII

89 *Ordonnances des Roys de France*, Bd.I, S.491–492, Bd.IV,

S.496–497, 499–501; Chirurginnen in Paris: *Livre des Métiers*, S.419-420

90 *Collectio Salernitana*, hrsg. v. S. de Renzi, Neapel, 1854, Bd.II, S.338

91 C.H. Talbot, *a.a.O.*, S.96

92 Über die Institutionalisierung der Medizin: V.L.Bullough, *a.a.O.*

93 Über jene, die eine Heilkunst ohne Lizenz praktizierten: *ebenda*, S.68–72; C.H. Talbot, *a.a.O.*, S.118, 196, 202; Gesetzgebungs-beispiele: Recueil général des anciennes lois françaises, Bd.IV, S.676

94 *Cartularium Universitatis Parisiensis*, hrsg. v. H. Denifle, Paris, 1891, S.257–267

95 *Ebenda*, S.267

96 *Ebenda*, S.267

97 Ebenda, S.266

98 J. Heers, *Le clan familial au moyen âge*, S.49–58, 80

99 K. Bücher, *Die Frauenfrage im Mittelalter*, Tübingen, 1910, S.6; D. Herlihy, Medieval and Renaissance Pistoia, S.83–84

100 *Ordonnances des Roys de France*, Bd.II, S.370

101 Frauen, die in Weinbergen arbeiteten, erhielten beispielsweise 8–12 Shillinge pro Tag (ohne Essen); der Höchstlohn einer Dienerin, die nur im Hause arbeitete: 30 Schillinge; versorgte sie auch Kühe und Schweine: 50 Schillinge; eine Amme erhielt höchstens 50 Schillinge; wenn sie das Kind in ihrem Haushalt pflegte: 100 Schillinge; *ebenda*, S.368

102 *Select Charters concerning the Law Merchant*, Bd.I, *Court of St. Ives*, hrsg. v. C. Gross, Selden Society, London, 1908, S.99

103 *Le Ménager de Paris*, Bd.II, S.53–72

104 Augustinus, *De Ordine*, P.L., Bd.XXXII, Spalte 1000

105 Humbert de Romans, *a.a.O.*, C.C. – ad mulieres malas corpore sive meretrices

106 *Liber Augustalis*, S.146

107 Vgl. E. Le Roy Ladurie, *Montaillou*, S.30, 217–218

108 J. Bloch, *Die Prostitution*, Berlin, 1912, S.705–717. Messen im südschwedischen Scania waren nicht nur wegen der herbeiströ-menden Kaufleute und Fischer berühmt, sondern vor allem wegen der großen Zahl an Dirnen. Vgl. J.A. Gade, *The Hanseatic Control of Norwegian Commerce during the Middle Ages*, Leyden, 1951, S.16; auch: *Fair Court of St. Ives. Select Cases concerning the Law Merchant*, Selden Society, London, 1908, hrsg. v. C. Gross, Bd.I, S.14–16

109 *Le Livre du Chevalier de la Tour Landry*, hrsg. v. M.A. Montai-glon, Paris, 1854, § 127

110 B. Geremek, *Les marginaux parisiens aux XIVe et XVe siècles*, Paris, 1976, S.248–253

111 Über die Anfänge der Prostitution vom 12. bis 14. Jahrhundert

sowie unterschiedliche Bezeichnungen für Dirnen vgl. *ebenda,* S. 732–739, 740–747

112 J. Bloch, *a.a.O.,* S. 760

113 Siehe: B. Geremek, *a.a.O.,* S. 260–261

114 Beispiele für Verbote, vorgeschriebene Bezirke zu verlassen: *Recueil des anciennes lois françaises,* Bd. V. S. 320; *Memorials of London and London Life,* S. 535; auch: B. Geremek, *a.a.O.,* Kap. VII u. Anm. 11; D. Herlihy u. Ch. Klapisch, S. 581–582

115 Über Prostitution und öffentliche Badehäuser: J. Bloch, *a.a.O.,* S. 182–188; zum Verbot, diese in Bordelle umzuwandeln: *Livre des Métiers,* S. 189; *Ordonnances des Roys de France,* Bd. I, S. 441; Thomas Chobham wird zitiert bei G. Le-Goff, *Pour un autre moyen âge,* Paris, 1977, S. 102

116 *Memorials of London and London Life,* S. 484

117 Beispiele königlicher und städtischer Gesetzgebung zum Thema: *ebenda,* S. 458; *Recueil général des anciennes lois françaises,* Bd. VI, S. 685

118 Siehe: B. Geremek, *a.a.O.,* S. 246

119 *Coutumes et règlements de la ville d'Avignon,* Paris, 1879, hrsg. v. M. A. Maulde, C. CXXXVII, S. 200

120 *Leet Jurisdiction of Norwich during the 13th and 14th Centuries,* S. 59

121 A. Vauchez, »Une campagne de pacification en Lombardie autour 1233«, in *Mélange d'archéologie et d'histoire,* LXXVIII, 1966, S. 533–535; *Ordonnances des Roys de France,* Bd. I, S. 105; *Recueil général des anciennes lois françaises,* Bd. VI, S. 559

122 Burkhard von Worms, *Decretum,* P. L., Bd. CXL, L. 19, Spalte 1010

123 G. Chaucer, Canterbury-Erzählungen, S. 283–284

124 L. F. Salzman, *a.a.O.,* S. 339

125 Vgl. M. Jourdain, *L'éducation de femmes au moyen âge,* Paris, 1871

126 *Les chroniques de Jean Froissart,* hrsg. v. J. A. C. Buchon, Paris, 1835, Bd. III, S. 479, 482

127 *Chronica di Giovanni Villani,* Florenz, 1823, S. 184–185

128 Zitiert in: S. Thrupp, *a.a.O.,* S. 171

129 E. Power, *Medieval Women,* S. 86 u. Kap. IV

130 E. M. McDonnel, *a.a.O.,* S. 272, 383, 386

131 Peter Abälard, *Historia calamitatum,* P. L., Bd. 178, Spalte 134

132 M. Jourdain, *a.a.O.,* S. 10

133 *Chronica di Giovanni Villani,* S. 185

134 J. Verger, *a.a.O.,* S. 289–313

135 Vgl. S. Thrupp, *a.a.O.,* Anhang B

136 J. Huizinga, *a.a.O.,* S. 11; Jean Chartier, »Chronique de Charles VII«, zitiert in L. Tanon, *Histoire de justice des anciennes églises et communautés monastiques de Paris,* Paris, 1883, S. 33

Bäuerinnen

1 Humbert de Romans, *a.a.O.*, C. XCIX.
2 Zitiert bei A. Pertile, *Storia del diritto italiano*, Turin, 1894, S. 43
3 Vgl. R. Hilton, *The English Peasantry in the Later Middle Ages*, Oxford, 1975, S. 105–106
4 G. Duby, *La société aux XIe et XIIe siècles dans la région mâconnaise*, Paris, 1953, S. 369–370
5 J. Yver, *Essai de géographie coutumière*, Paris, 1966; E. Le Roy Ladurie, »Structures familiales et coutumes d'héritage en France au 16e siècle«, *Annales (E.S.C.)*, XXVII, 1972, S. 825–846
6 D. Le Roy Ladurie, *Montaillou, village occitan de 1294–1324*, Paris, 1975, S. 66–67. 73–79, 80–81
7 C. Klapisch u. M. Demonet, »›A uno pane e uno vino‹. La famille toscane au début de XIVe siècle«, *Annales (E.S.C.)*, XXVII, 1972, S. 873–901
8 R. Hilton, *a.a.O.*, S. 98
9 R. Aubenas, »Réflexe sur les ›fraternités artificielles‹ au moyen âge«, in *Etudes d'histoire à la mémoire de Noël Didier*, Paris, 1960, S. 8–9: Z. Razi, *a.a.O.*, S. 209; F. Maitland, Hrsg., *Select Pleas in Manorial and other Seignorial Courts*, Bd. I, Selden Society, London, 1889, S. 123; E. Le Roy Ladurie, *Montaillou*, S. 64
10 J. Gilissen, *a.a.O.*
11 F. Pollock u. F. Maitland, *a.a.O.*, Bd. II, S. 261
12 Beispiele für Merchetzahlungen: Z. Razi, *a.a.O.*, S. 226; Ph. Döllinger, *L'évolution des classes rurales en Bavière*, Paris, 1949, S. 254–255
13 *Les olims ou registres des arrêts*, Bd. I, S. 164–165; G. Duby, *a.a.O.*, S. 125; Ildefons v. Arx, *Geschichten des Kantons St. Gallen*, St. Gallen, 1810–1813, S. 66
14 F. Le Roy Ladurie, *Montaillou*, S. 260–266
15 P. Malansséna, *La vie en Provence au XIVe et XVe siècle, un exemple, Grasse à travers les actes notariés*, Paris, 1969
16 F. Maitland, *Select Pleas in Manorial and other Seignorial Courts*, Bd. I, S. 46
17 G. C. Hommans, *English Villagers of the 13th Century*, Cambridge, Mass., 1941, S. 175
18 Vgl. E. Le Roy Ladurie, *Montaillou*, S. 221, 270, 272, 273, 403
19 F. Maitland u. P. Baildon, *The Court Baron together with Select Pleas from the Bishops of Ely's Court of Littleport*, Selden Society, London, 1891, S. 137–138
20 B. Given, *a.a.O.*, S. 195; E. Le Roy Ladurie, *Montaillou*, S. 83, 135, 279, 280, 378
21 F. Maitland u. P. Baildon, *a.a.O.*, S. 54–55

22 F. Maitland, *Select Pleas in Manorial and other Seignorial Courts*, Bd. I, S. 32

23 M. M. Postan u. J. Z. Titow, »Heriots and Prices on Winchester Manors«, in M. M. Postan, Hrsg., *Essays on Medieval Agricultural and General Problems of Medieval Economy*, Cambridge, 1973, S. 159–160, 180–183; Z. Razi, *a.a.O.*, S. 67, 74–91, 100; über Mädchen und ihre Mitgift: *ebenda*, S. 43, 74

24 J. Hajnal, *a.a.O.*, S. 124

25 Z. Razi, *a.a.O.*, S. 229–231

26 William Langland, *Peter the Plow Man*, hrsg. v. W. W. Skeat, Oxford, 1901, C. Passus X. 72–79, S. 234

27 Hartmann von Aue, *Der arme Heinrich*, hrsg. v. Hermann Paul, 14. Aufl., Tübingen, 1972.

28 Wernher der Gartenaere, *Meier Helmbrecht*, hrsg. v. Friedrich Panzer, 8. Aufl., Tübingen, 1968

29 *Le registre de l'Inquisition de Jacques Fournier (1318–1325)*, Bd. I, 382

30 *Ebenda*, 370

31 Ebenda, 320 und 202

32 *Ebenda*, Bd. II, 414–415

33 Z. Razi, *a.a.O.*, S. 97; F. Maitland, *Select Pleas in Manorial and other Seignorial Courts*, Bd. I, S. 173

34 Robert Mannyng von Brunne, *Handlyng Synne*, zitiert *ebenda*, S. 155

35 D. Herlihy, *a.a.O.*, S. 83–84; R. Hilton; *a.a.O.*, S. 99

36 J. Z. Titow, *English Rural Society, 1200–1300*, London, 1972, S. 87

37 Über Rechte aus einem *dos*: R. Hilton, *a.a.O.*, S. 98–100; R. J. Faith, »Peasant Families and Inheritance Customs in Medieval England«, *The Agricultural Historical Review*, XIV, 1966, S. 77–96; J. Heers, *Le clan familial au moyen âge*, Paris, 1974, S. 225; Beispiele für Erbrechte eines Witwers: F. Maitland, *Select Pleas in Manorial and other Seignorial Courts*, Bd. I, S. 37, 29, 121

38 J. Z. Titow, »Some Differences between Manors and their Effects on the Condition of the Peasant in the 13th Sentury«, *Agricultural Historical Review*, X, 1962, S. 1–13; Z. Razi, *a.a.O.*, S. 235

39 G. C. Homans, *a.a.O.*, S. 88

40 *Ebenda*, S. 188

41 Als Meier Helmbrecht seine Schwester von dem Gedanken abzubringen versucht, einen Bauern zu heiraten, führt er ihr alle Arbeiten vor Augen, die sie als Bauersfrau zu verrichten hat; vgl. *Meier Helmbrecht*

42 Siehe z. B.: G. Duby, *L'économie rurale et la vie des campagnes au moyen âge*, Paris, 1962, Bd. II, S. 694

43 J. Quicheret, *Procès de condamnation et de réhabilitation de Jeanne d'Arc*, Paris, 1841, Bd. I, S. 51, Bd. II, S. 429

44 Über Frauenarbeit siehe: J.E.T. Rogers, *Six Centuries of Work and Wages*, London, 1917, S.235; R. Hilton, *a.a.O.*, S.101; R. Hilton, *The Economic Development of some Leicester Estades in the 14th and 15th Centuries*, Oxford, 1947, S.145–146; E. Le Roy Ladurie, *Montaillou*, S.27–30, 381

45 Z. Razi, *a.a.O.*, S.47

46 E. Le Roy Ladurie, *Montaillou*, S.139-140

47 Zitiert in G.C. Homans, *a.a.O.*, S.436

48 L.F. Salzman, *English Industries of the Middle Ages*, Oxford, 1923, S.55

49 R. Hilton, *The English Peasantry in the Later Middle Ages*, S. 102

50 *Ordonnances des Roys de France*, Bd.II, S.368

51 J.J. Bagley u. P.B. Rowley, *a.a.O.*, Bd.I, S.217

52 R. Hilton, *a.a.O.*, S.101–103

53 E. Perroy, »Wage Labour in France in the Late Middle Ages«, *Economic History Review*, VIII, 1955; siehe auch: G. d'Avenal, *Histoire économique de la propriéte, des salaires, des denrées et de tous les prix en général depuis l'an 1200 jusqu'à l'an 1800*, Paris, 1898, Bd.II, S.36, Bd.III, S.491–494, 518–519, 525–527, 538–539, 550–551

54 R. Hilton, *The English Peasantry in the Later Middle Ages*, S.101–103

55 E. Le Roy Ladurie, *Montaillou*, S.78; von der Armut einer Magd zeugen die Dinge, die sie nach ihrem Tod hinterließ: G. Duby, *L'économie rurale et la vie des campagnes dans l'Occident médiéval*, Bd.I, S.755

56 R. Hilton, *The English Peasantry in the Later Middle Ages*, S.103

57 E. Le Roy Ladurie, *Montaillou*, S.332

58 *Ebenda*, S.23, 29, 43, 110; F. Maitland, *Select Pleas in Manorial and other Seignorial Courts*, Bd.I, S.8, 27, 31, 33

59 Ein Beispiel: F. Maitland, *Select Pleas in Manorial and other Seignorial Courts*, Bd.I, S.143

60 E. Le Roy Ladurie, *Montaillou*, S.36

61 Z. Razi, *a.a.O.*, S.109, 113, 140, 159, 169, 170, 171; J.B. Given, *a.a.O.*, S.167, 169; B.A. Hanawalt, *a.a.O.*, S.125–140

62 *Walter of Henley's Husbandry*, S.8

63 M. Sahlin, *Etude sur la carole médiévale*, Uppsala, 1940; G.C. Homans, *a.a.O.*, Kap. XXIII

64 Alvari Pelagii, *De Planctu Ecclesiae*, Venedig, 1560, L.II, fol.147b

65 *Acta Sanctorum*, Antwerpen, 1658, Februaris, Bd.III, S.298–357

66 Siehe J. Verger, »Noblesse et Savoir. Etudiants nobles aux

universités d'Avignon, Cahors, Montpellier et Toulouse (fin du
XIVe siècle«), in Ph. Contamine, Hrsg., *La noblesse au moyen
âge*, Paris, 1976, S. 289–315

Ketzerinnen und Hexen

1 Radulfus Glaber, *Les cinq livres de ses histoires*, hrsg. v. M. Prou,
Paris, 1886, S. 74–81
Landulf Senior, *Historia Mediolanensis* II, M G H S, Bd. VIII,
S. 65–66

2 Aus *Actus pontificum Cenomannis in urbe degentium*, in *Heresies
of the High Middle Ages*, hrsg. u. übers. v. W. L. Wakefield u. A. P.
Evans, Columbia, 1969, S. 108

3 *Monumenta Bambergensis*, hrsg. v. P. Jaffé, Berlin, 1869, S. 296–
300 Johannes von Salisbury, *Historia Pontificalis*, hrsg. v. M.
Chibnall, London, 1956, S. 62, 64

4 Gilbert von Nogent, *a.a.O.*, L. III, Kap. 17
Heribert der Mönch, *Epistola*, P. L. Bd. 181, Spalte 1721–1722
Radolfus von Coggeshall, *Chronicon anglicanum*, hrsg. v. J.
Stevenson, Roll Series LXVI, London, S. 121–125

5 *Chartularium Universitatis Parisiensis*, hrsg. v. H. Denifle, Paris,
1889, Bd. I, S. 71–72

6 M. D. Lambert, *Medieval Heresy. Popular Movement from Bogo-
mil to Hus*, London, 1977, S. 193; S. E. Wessley, »The 13th
Century Guglielmites: Salvation through Women« in D. Baker,
Hrsg., *Medieval Women*, Oxford, 1978, S. 289–303

7 Vgl. R. E. Lerner, *The Brothers of the Free Spirit*, California, 1972,
über Frauen: S. 229–230
Über Pseudo-Apostel: Bernard Gui, *Manuel de l'inquisiteur*, hrsg.
v. G. Mollat, Paris, 1964, S. 84–104

8 B. Geremek, *Les marginaux parisiens au XIVe siècle*, Paris, 1976,
S. 345 u. Anm. 21

9 Vgl. J. A. F. Thomson, *The Later Lollards, 1414–1520*, Oxford,
1965; eine Untersuchung über die Urkunden jener Gerichte, vor
denen Männer und Frauen abgeurteilt wurden, die einer Verbreitung lollardischer Glaubenssätze beschuldigt wurden. Ferner:
C. Gross, »Great Reasoner in Scripture: The Activities of Women
Lollards, 1380–1530« in D. Baker (Hrsg.), *Medieval Women*,
Oxford, 1978, S. 359–380

10 G. Leff, *Heresy in the Later Middle Ages*, Manchester, 1967,
S. 470

11 Erzählt von Laurentius aus Brêjové, in K. Höfler, *Geschichts-
schreiber der hussitischen Bewegung*, Wien, 1856–1866, S. 438,
§ 29–33

12 Alanus von Lille, *De fide catholica, contra haereticos sui tempo-*

ris, P.L. Bd. 210, Spalte 379; J. Leclercq, »Le témoignage de Geoffroy d'Auxerre sur la vie cistercienne«, *Analecta Monastica* 2. *Studia Anselmiana 31*, Rom 1953, S. 195; Bernard Gui, *a.a.O.*, S. 34; Jacques Fournier, *a.a.O.*, Bd. I, 1, 2, 7, 33, 34

13 Burchard von Ursberg, *Chronicon*, hrsg. v. O. Holder-Egger u. B. von Simson, (Scriptores rerum Germanicarum in usum scholarum), Hannover u. Leipzig, 1916, S. 107

14 *Litterae Episcopi Placentini de pauperibus de Lugduno*, hrsg. v. A. Dondaine, in *Archivum Fratrum Praedicatorum*, XXIX, 1959, S. 271–274, *Beiträge zur Sektengeschichte des Mittelalters*, hrsg. v. I. von Döllinger, München, 1890, Bd. II, S. 6–7; M. Koch, *Frauenfrage und Ketzertum im Mittelalter*, Berlin, 1962, Kap. X u. S. 185

15 Stefan von Bourbon, *Tractatus de diversis meteriis praedicabilibus*, hrsg. v. A. Lecoy de la Marche, Paris, 1887, S. 292
Jacques Fournier, *a.a.O.*, Bd. I, 7c, 3d
Ein Zeuge sagte aus, Frauen dürfen weder predigen noch als Priesterinnen dienen.

16 *Ebenda*, 10c. Dieses Problem hatte bereits Augustinus beschäftigt; er vertrat die Auffassung, jeder werde in seiner angeborenen Geschlechtlichkeit auferstehen, da die Natur vor dem Sündenfall gut gewesen sei und es am Ende aller Tage wieder sein werde. Augustinus, *De civitate Dei*, P.L. Bd. 41, L. XXII, C. 17

17 Deus verus ex patre esset et homo verus ex matre, veram carnem habens ex viceribus matris et animam humanum rationabilis; natus ex Virgine Maria, vera nativitate carnis.
Zit. bei Ch. Thouzellier, *a.a.O.*, S. 28–29. Dazu: W. L. Wakefield, *a.a.O.*, S. 204–206

18 Jacques Fournier, *a.a.O.*, Bd. I, 9b, 2a; *Beiträge zur Sektengeschichte*, Bd. II, S. 9, 306, 307, 339, 620

19 *Bernardi abbatio Fontis Calidi ordinis praemonstratensis, adversus Waldensium sectam liber*, P.L. Bd. 204, Spalten 805–812, 825–826; vgl. auch: Ch. Thouzellier, *a.a.O.*, S. 50–57.
Ein weiteres Beispiel einer Disputatio mit Waldensern: Alanus von Lille, *Contra haereticos sui temporis*, P.L. Bd. 210, Spalten 306–309, 316, 377–380

20 L. Baudry, *Guillaume d'Occam*, Paris, 1950, S. 171, 176; G. Lechler, *Johann von Wicliff und die Vorgeschichte der Reformation*, Leipzig, 1873, Bd. I, S. 127

21 K. Thomas, »Women in the Civil War Sects«, *Past and Present*, XIII, 1958, S. 42–62

22 J. Giraud, *Histoire de l'inquisition au moyen âge*, Paris, 1933, Bd. I, S. 291, Jacques Fournier, *a.a.O.*, Bd. II, 126c

23 Über katharische Frauen: E. Griffe, »Le Catharisme dans le diocèse de Carcassonne et le Lauragais au XIIe siècle«, *Cahiers de Faujeaux*, III, 1968, S. 216, 224, 23; M. Becamel, »Le Catharisme

dans le diocèse d'Albi«, *ebenda*, S. 248–250; Y. Dossat, »Les Cathares d'après les documents de l'Inquisition«, *ebenda*, S. 73, Anm. 8, S. 103, Anm. 9, S. 86, Anm. 82, S. 96, Anm. 138, S. 98–99, Anm. 148, 149, 150, 151; H. Blanquière u. Y. Dossat, »Les Cathares au jour le jour, confessions inédites de Cathares quercynois«, *ebenda*, S. 262, 266, 268, 269, 271, 272; Y. Dossat, »Confession de G. Donadieu«, *ebenda* S. 290–297; R. Nelli, *a.a.O.*, Kap. IV; G. Giraud, *a.a.O.*, Bd. I, S. 147–148; A. Borst, *Die Katharer*, Stuttgart, 1953, S. 207; A. Borst, »Transmission de l'hérésie au moyen âge«, in *Hérésies et Société dans l'Europe préindustrielle, XI-XVIIIe siècles*, hrsg. v. J. Le Goff, Paris, 1968, S. 276 u. Anm. 13–14; G. Koch, *a.a.O.*, Kap. II u. S. 184; über ein von Frauen gespendetes »consolamentum«: J. Fournier, *a.a.O.*, Bd. II, 126c

24 R. Nelli, *Dictionnaire des hérésies méridionales*, Toulouse, 1968, S. 206–207

25 *Cena Secreta ou Interrogatio Johannis*, hrsg. v. J. Ivanof, in *Légendes et écrits bogomiles*, Sofia, 1925, S. 82
Zur Vision Jesajas: R. Nelle, *Le phénomène cathare*, Paris, 1925, S. 107 u. Anm. 14

26 J. Fournier, *a.a.O.* Bd. I, 94c

27 *La somme des autorités à l'usage des Prédicateurs méridionaux au XIIIe siècle*, v. C. Douais, Paris, 1896, S. 125, 119; *Monetae Cremonensis adversus catharos et valdenses libri cinque*, hrsg. v. T. A. Ricchini, Rom, 1743, S. 5; *Beiträge zur Sektengeschichte*, Bd. II, S. 58, 277, 161

28 *Cena Secreta*, S. 78–79

29 *Ebenda*, S. 79

30 Jacques Fournier, *a.a.O.*, Bd. II, 218b, c, 202b

31 *Ebenda*, 209c

32 Ebenda, 126a; *Beiträge zur Sektengeschichte*, Bd. II, S. 149–151

33 Jacques Fournier, *a.a.O.*, Bd. III, 268a

34 *Beiträge zur Sektengeschichte*, Bd. II, S. 33, 35, 320; A. Borst, *Die Katharer*, S. 181

35 *Cena Secreta*, S. 78

36 Jacques Fournier, *a.a.O.*, Bd. III, 269b, 265c; über frühe »dualistische Sekten« und Johannes Scotus: M. T. Alverny, »Comment les théologiens et les philosophes voient la femme«, *Cahiers de civilisation médiévale, X-XIIe siècles*, 1977, S. 106

37 *Un traité neo-manichéen du XIIIe, siécle. Le, Liber de duobus principiis*, hrsg. v. A. Dondaine, Rom, 1939, S. 137; Raynier Sacconi, *De Catharis et Pauperibus de Lugduno, ebenda*, S. 71

38 *Un traité cathare inédit du début du 13e siècle d'après le Liber contra Manicheos de Durand Huesca*, hrsg. v. Ch. Thouzellier, Löwen, 1961, S. 90

39 Y. Dossat, »Les Cathares d'après les documents de l'inquisition«, *Cahiers de Fanjeaux*, III, 1968, S. 79, Anm. 47–50, S. 103

40 *Le Nouveau Testament traduit au XIIIe siècle en langue provençale* suivi d'un rituel cathare, hrsg. v. L. Clédal, Paris, 1887, S. X

41 *Fragmentum ritualis*, hrsg. v. A. Dondaine, in *Liber de duobus principiis*, S. 162

42 Jacques Fournier, *a.a.O.*, Bd. III, 272b

43 Siehe L. Löwenthal u. N. Guterman, *Prophets of Deceit: A Study of the Techniques of the American Agitator*, New York, 1949

44 Über den hohen Prozentsatz von Katharerinnen, die vom Inquisitionsgericht verurteilt wurden: Y. Dossat, *Les crises de l'Inquisition toulousaine au XIIIe siècle (1233–1274)*, Bordeaux, 1959, S. 251–257

45 Der »Hexenhammer« war nicht das erste Werk seiner Art; »kleine Hammer«, wie H. Trevor-Roper sie nennt, waren ihm vorausgegangen. Ein großer Teil solcher Texte wurde veröffentlicht in: *Quellen und Untersuchungen des Hexenwahns und der Hexenverfolgung im Mittelalter*, hrsg. v. J. Hansen, Bonn, 1901, S. 38–239; Schriften, die bereits den Pakt mit dem Teufel anführen: *ebenda*, S. 423–444

46 Gregor von Tours. *Historiae Francorum*, hrsg. v. R. Poupardin, Paris, 1913, S. 237

47 *Ex Vitis Adelhardi et Walae Abbatum Corbiensium*, M G H S, Bd. II, S. 533; J. Caro Baroja, *The World of Witches*, London, 1964, Kap. III; G. L. Kittredge, *Witchcraft in Old and New England*, Cambridge, Mass., 1929, S. 152; N. Cohn, *Europes Inner Demons*, London, 1975, S. 149–152

48 Vgl. Burchard von Worms, *Decretum*, P. L. Bd. 140, L. 1 – C. 1 – Col. 831. Ivo von Chartres, *Decretum*, P. L. Bd. 161, pass. II, C. 2., Spalten 746–747. *Corpus Iuris Canonici*, hrsg. v. A. Friedberg, Leipzig, 1879, Teil II, Fall XXVI, Frage V, C. 2, Spalte 1023

49 R. Kieckhefer, *European Witch Trials*, California, 1976, S. 38–39

50 Gilbert von Nogent, *a.a.O.*, L. I. c. 12

51 N. Cohn, *a.a.O.*, S. 154–155

52 Einige auf Hexerei lautende Anklagen wurden im England des 13. und 14. Jahrhunderts vor weltlichen Gerichten erhoben. Dabei wurde niemandem ein Zusammenwirken mit dem Teufel vorgeworfen. Die für schuldig Befundenen mußten sich der Prüfung durch ein heißes Eisen unterziehen oder kamen an den Pranger. *Pleas before the King of his Justice*, hrsg. v. D. M. Stenton, Selden Society, London, 1953, Bd. I, S. 45; J. B. Given, *a.a.O.*, S. 139; *Memorials of London and London Life*, hrsg. v. T. Riley, London, 1868, S. 462, 475. In einem Fall ergriff ein Geistlicher Partei für eine Frau, die als Hexe verfolgt wurde, und rettete sie vor der Wut des Volkes: *Annales Colmariensis Maiores*, M G H S, Bd. 17, S. 206. Es handelte sich um eine Nonne, die die aufgebrachte Menge bei lebendigem Leib verbrannt hätte, wenn Dominikaner ihr nicht zur Hilfe gekommen wären.

53 Thomas von Aquin, *Questiones disputatae*, Turin u. Rom, 1949, Bd. II, Frage 6, Art. V, S. 185–187

54 Beispiele: Heribert der Mönch, *Epistola*, P. L. Bd. 181, Spalten 1721–1722; Radolfus von Coggeshall, *a.a.O.*, S. 121–125; Gilbert von Nogent, *a.a.O.*, L. III, c. 17; ferner: W. L. Wakefield, *a.a.O.*, S. 249–251; J. Caro Bajora, *a.a.O.*, S. 74–78; R. Kieckhefer, S. 40–43

55 E. E. Evans-Pritchard, *Witchcraft, Oracles and Magic among the Azande*, Oxford, 1973, S. 21

56 Über volkstümliche Vorstellungen dieser Art: N. Cohn, *a.a.O.*, S. 209–210, 215

57 K. Thomas, *Religion and the Decline of Magic*, London, 1971, S. 25–50

58 Zum Beispiel: P. Brown, »Sorcery, Demons and the Rise of Christianity from Late Antiquity to the Middle Ages«, in *Witchcraft, Confessions and Accusations*, hrsg. v. M. Douglas, New York, 1970; K. Thomas, »The Relevance of Social Anthropology to the Historical Study of English Witchcraft«, *ebenda*; ders., *Religion and the Decline of Magic*, S. 435 ff.; J. Bednarski, »The Salem Witch Scare Viewed Sociologically«, in *Witchcraft and Sorcery*, hrsg. v. M. Marwick, London, 1970

59 R. Kieckhefer, *a.a.O.*, S. 96. Seine Studie basiert zum Teil auf Protokollen von Hexenprozessen aus den Jahren 1240–1540, veröffentlicht von: J. Hansen, *a.a.O.*, S. 495–613

60 N. Cohn, *a.a.O.*, S. 198–204; J. Caro Bajora, *a.a.O.*, S. 83; R. Lerner, *The Heresy of the Free Spirit in the Later Middle Ages*, S. 70; R. Kieckhefer, *a.a.O.*, S. 14

61 Abel Rigault, *Le procès de Guichard, Evêque de Troyes (1308–1313)*, Paris, 1896, S. II u. Anm. 6

62 M. Macfarlane, »Witchcraft in Tudor and Stuart England«, in *Witchcraft, Confessions and Accusations*: Von 270 Angeklagten waren nur 23 Männer. M. Jarrin, »La sorcellerie en Bresse et en Bugey«, *Annales de la Société d'Emulation de l'Ain*, X, 1877, S. 193–231, insbes. S. 226–227

63 P. Mayer, »Witches«, in *Witchcraft and Sorcery*, S. 47, 62; ein Versuch, Anklagen gegen Frauen primär als Folge der Familien- und Sozialstruktur in »patrilinearen« Gesellschaften zu erklären. C. J. Baroja, *a.a.O.*, Kap. 3–4

64 E. Goody, »Legitimate and Illegitimate Aggression in a West African State«, in *Witchcraft, Confessions and Accusations*

65 E. Le Roy Ladurie, *a.a.O.*, S. 62; Burchard von Worms, *Decretum*, Spalte 972

66 B. Geremek *a.a.O.*, S 257–258; *Registre criminel du Châtelet de Paris*, Bd. I, S. 327, Bd. II, S. 303–343

67 R. Kieckhefer, *a.a.O.*, S. 97–100

68 Über Hexen in Form einer weiblichen Sekte, die aus Protest gegen

eine männliche Vorherrschaft gebildet worden sei: P. Hughes, *Witchcraft*, London, 1965, S. 85–86; der Verfasser stützt sich in seinen Thesen vornehmlich auf: M. Murray, *The Witchcult in Western Europe*, Oxford, 1921. Nach J. B. Russell, *Witchcraft in the Middle Ages*, Cornell, 1972, existierte eine Hexengemeinschaft als Protestbewegung gegen die Übermacht christlicher Religion. C. J. Baroja, *a.a.O.*, S. 256, schließt die Existenz von Hexengemeinschaften, zumindest im klassischen Zeitalter, nicht aus.

69 B. Malinowski, »The Art of Magic and the Power of Faith«, in *Magic, Science and Religion and other Essays*, New York, 1955, S. 79–84

70 K. Thomas, *Religion and the Decline of Magic*, S. 520

71 B. Geremek, *a.a.O.*, S. 345–346

72 *Ebenda*, S. 340

73 England bildet hier vermutlich die einzige Ausnahme. Nach K. Thomas und A. Macfarlane resultieren die Hexenprozesse im England des 16. und 17. Jahrhunderts aus der Auflösung des Systems von Gemeinschaftshilfen. Besonders betroffen waren ärmste Witwen, die zu betteln anfingen und des öfteren von solchen, die sie abwiesen, als Hexen bezeichnet wurden. Krankhafte Sexualphantasien und antifeministische Tendenzen machten sich jedoch hier bei Anschuldigungen nicht bemerkbar.

74 K. Horney, »Distrust between Sexes« in *Feminine Psychology*; hrsg. v. H. Kelman, New York, 1967, S. 107–118

75 M. Goodich, »Sodomy in Ecclesiastical Law and Theory«, *Journal of Homosexuality*, I, 1976, S. 429

76 Ch. Frugoni, »L'iconographie de la femme au cours des Xe-XIIIe siècles«, *Cahiers de civilisation médiévale, X-XIIe siècles*, XX, 1977, insbes. S. 180–182, 184

77 Burchard von Worms, *Decretum*, Spalten 963, 973

78 »... mulieres solent esse multum prone a sortilegia.« Humbert de Romans, *De Eruditione Praedicatorum*, S. 279

79 *Alvari Pelagii de Planctu Ecclesieae*, Venedig, 1560, L. II, C. 44: ad conditionibus et vitiis mulierum, f. 85, b. col. 2

80 *Malleus Maleficarum*, Frankfurt, 1582, Paris I, q. 6, S. 90–105. Zum Text, seinen verschiedenen Ausgaben und Verfassern vgl. J. Hansen, *a.a.O.*, S. 360–407; *Le Marteau des Sorcières*, übers. v. A. Donet, Paris, 1973; *Introduction, Malleus Maleficarum*, übers. v. M. Summers, London, 1928, S. VXII–VXIII

81 Sexus fragilitas; propter sexus imbecillitatem; ... cum primis autem effortas, stupidas, mentemque titubantes, vetulas inducit subdolus ille veterator; *Ionnis Vivieri de Praestigiis Daemonum et incantationibus ac veneficiis Libri Sex*, Basel, 1568, L. III, C. VI, S. 224–227

82 H. Kraus, *The Living Theatre of Medieval Art*, Bloomington, Ind., 1967, S. 57 u. Anm. 34.

Ein Kulturbild des deutschen Judentums zwischen Absonderung und liberaler Emanzipation

Dies ist die erste Anthologie deutschsprachiger Ghetto-Geschichten aus dem 19. Jahrhundert. Neben bekannteren Erzählungen dieses Genres von Heine, Gutzkow und Franzos wird in diesem Buch auch eine Fülle weitgehend vergessener, aber sehr aufschlußreicher Geschichten vorgestellt. Zwischen 1820 und 1910 geschrieben, behandeln sie fast durchweg die politische, religiöse, wirtschaftliche und gesellschaftliche Problematik von Außenseitern. Hier gibt sich die Geschichte am besten zu erkennen.

316 Seiten
mit Abbildungen
gebunden mit
Schutzumschlag

athenäum

Jüdisches Lexikon

Ein enzyklopädisches Handbuch des jüdischen Wissens in 5 Bänden
Begründet von Georg Herlitz und Bruno Kirschner.
5 Bände, zus. 4.482 Seiten mit über 2.000 Illustrationen, Beilagen, Karten und Tabellen

Das Jüdische Lexikon ist ein breit angelegtes Gesamtwerk der geistigen Geschichte des europäischen Judentums von unersetzlichem Wert. Gerühmt für seine Klarheit und Verständlichkeit, informiert es über·die jahrtausendealte Geschichte jüdischen Denkens und jüdischer Kultur vom Altertum bis in die Moderne.

Seine Mitarbeiter, etwa 300 namhafte jüdische Gelehrte und Wissenschaftler, stammen aus allen Ländern der Welt; sie arbeiteten in unermüdlichen Studien am Zustandekommen dieser Enzyklopädie beinahe ein volles Jahrzehnt.

Das Lexikon ist in Auswahl und Darstellung bewußt so abgefaßt, daß ein breites Publikum gebildeter Laien angesprochen wird. Die einzelnen Stichwörter versammeln die unterschiedlichsten Gegenstände, Themen und Personen, die einen wesentlichen sachlichen oder persönlichen Bezug zum klassischen, mittelalterlichen und gegenwärtigen Judentum haben.

Das Lexikon informiert über Altertümer und geschichtliche Ereignisse, Personen und Familien, Länder und Städte, Schrifttum und Buchwesen, religiöse und philosophische Begriffe, kultische und rituelle Einrichtungen, Sprichwörter und Zitate, Organisationen, Verbände, Institutionen u. a.

Ein Gesamtwerk liegt damit vor, dem in der Vielfalt und Verzweigtheit seiner Wissensgebiete nichts Vergleichbares an die Seite zu stellen ist.

Jüdischer Verlag bei **athenäum**

Stéphane Mosès
Spuren der „Schrift"
Von Goethe bis Celan
150 Seiten
geb. mit Schutzumschlag

Aus zwei Quellen ist die europäische Kultur entsprungen: der griechischen und der hebräischen. Athen und Jerusalem als Symbole des Heidentums und des biblischen Glaubens sind die beiden Pole, zwischen denen unsere geistige Tradition sich bewegt. Das Christentum hat beide Pole in sich aufgenommen, und deren innige Verflechtung hat den Geist der westlichen Kultur grundlegend geprägt.

Die von der deutschen Reformation veranlaßte Rückwendung zum Text der Bibel hat die Rolle der Heiligen Schrift, also auch des Alten Testaments, als bevorzugte Eingebungsquelle für Künstler und Dichter bekräftigt. Mit dem von der Aufklärung eingeleiteten Prozeß der Säkularisierung wurde die Bibel als „älteste Urkunde des Menschengeschlechts" (Herder) zu einer dichterischen Bezugsquelle, zu einer Fundgrube von Motiven, die in der Literatur wieder-

aufgenommen und zugleich umgedeutet wurden.

Im vorliegenden Buch wird dieser Säkularisierungsprozeß an einigen Beispielen aus der deutschen Literatur dargestellt, wobei besonderer Nachdruck auf das Alte Testament und dessen Deutung in der jüdischen Tradition gelegt wird. Von Goethe über Nietzsche, Rosenzweig, Benjamin, Thomas Mann und Paul Celan wird die Bibel, die von diesem Zeitpunkt an ihren Offenbarungscharakter eingebüßt hat, zum Ausgangspunkt neuer dichterischer Interpretationen. Zugleich aber behalten die biblischen Motive, die nun als Mythen behandelt werden, eine sinngebende Funktion: Was bedeuten Schöpfung, Offenbarung und Erlösung, Paradies und babylonische Sprachverwirrung, Lehre und Auserwähltheitsgedanke in einer Welt, in der der Mythos nicht mehr zu uns spricht?

Anhand genauer Textanalysen versucht Stéphane Mosès, den bald deutlichen, bald verschlüsselten jüdisch-biblischen Hintergrund einiger Werke der deutschen Literatur hervorzuheben und somit den neuen Sinn zu erhellen, den Dichter und Denker unseres säkulären Zeitalters jenen uralten Motiven der biblischen Überlieferung zu verleihen wußten.

Jüdischer Verlag bei **athenäum**

athenäum⁵ taschenbücher

Adler/Langbein/Lingens-Reiner,
  Auschwitz 30
Altwegg (Hg.), Die Heidegger
  Kontroverse 114
Ann Anders (Hg.), Autonome
  Frauen 120
Anselm, Angst und Solidarität 47

Bergson, Denken und schöpferisches
  Werden 50
v. Bethmann, Die Deflationsspirale
  102
Bosse, Diebe, Lügner, Faulenzer 39
Brumlik, Jüdisches Leben in
  Deutschland seit 1945 104

Chasseguet-Smirgel (Hg.), Wege des
  Anti-Ödipus 79
Colli, Nach Nietzsche 17

Dannecker, Der Homosexuelle und
  die Homosexualität 74
Daudet, Pariser Sittenbild 97
Deleuze, Nietzsche und die Philo-
  sophie 70
Devereux, Baubo 63
Döll, Philosoph in Haar 16
Dörner, Bürger und Irre 27
Doyle, Das Congoverbrechen 51
Duerr (Hg.), Der Wissenschaftler
  und das Irrationale I 56
Duerr (Hg.), Der Wissenschaftler
  und das Irrationale II 57
Duerr (Hg.), Der Wissenschaftler
  und das Irrationale III 58
Duerr (Hg.), Der Wissenschaftler
  und das Irrationale IV 59
Duerr (Hg.), Der Wissenschaftler
  und das Irrationale, 4 Bände in
  Kassette 60

Ebeling, Der Tod in der Moderne 36
Ebeling/Lütkehaus (Hg.),
  Schopenhauer und Marx 64
Elbogen/Sterling, Die Geschichte der
  Juden in Deutschland 111
Erdheim, Prestige und Kulturwan-
  del 67

Fletcher, Inseln der Illusion 82
Franzos, Der Pojaz 112
Frauensichten, hrsg. vom
  Psychoanalytischen Seminar
  Zürich 98
Fried, Höre Israel 19

Gerstner, Der Künstler und die
  Mehrheit 73
Giedion, Befreites Wohnen 48
Ginzburg, Der Käse und die Würmer
  10
Denkwürdigkeiten der Glückel von
  Hameln 99
Goldmann, Das Jüdische Paradox 13
Gorsen, Salvador Dali 5
Gorz, Abschied vom Proletariat 106
Grassi, Die Macht der Phantasie 28

Hallgarten/Radkau, Deutsche
  Industrie und Politik 81
Hirsch, Der Sicherheitsstaat 87
Hofmann/Helman/Warnke,
  Goya 93
Honegger/Heintz (Hg.), Listen der
  Ohnmacht 38
Horkheimer/Adorno, Sociologica 41

Jervis, Kritisches Handbuch der
  Psychiatrie 4
Jones, Die Theorie der Symbolik 90

Kerker, Im Schatten der Paläste 88
Kierkegaard, Der Begriff Angst 21
Kierkegaard, Die Wiederholung,
  Die Krise 22
Kierkegaard, Furcht und Zittern 23
Kierkegaard, Die Krankheit zum
  Tode 24
Kierkegaard, Philosophische
  Brocken 25
Kiltz, Das erotische Mahl 86
Kluge, Der Angriff der Gegenwart
  auf die übrige Zeit 46
Koltès, Quai West, In der Einsamkeit
  der Baumwollfelder 84

Kramer/Sigrist, Gesellschaften ohne Staat I 6

Kramer/Sigrist, Gesellschaften ohne Staat II 20

Laube, Ella fällt 68

Lindner/Wiebe (Hg.), Verborgen im Licht 65

zur Lippe, Autonomie als Selbstzerstörung 33

Lülfing, Über ein Spiel mehr von sich selbst erfahren 54

Luxemburg, Briefe an Freunde 77

Luxemburg, Politische Schriften 95

Malinowski, Argonauten des westlichen Pazifik 26

Malinowski, Das Geschlechtsleben der Wilden in Nordwest-Melanesien 12

Mandel, Ein schöner Mord 103

Mannoni, Der Psychiater, sein Patient und die Psychoanalyse 8

Mannoni, »Scheißerziehung« 92

Massing, Vorgeschichte des politischen Antisemitismus 78

Mattenklott, Bilderdienst 62

Memmi, Die Salzsäule 66

Memmi, Rassismus 96

Mies, Indische Frauen und das Patriarchat 85

Mill, Über Freiheit 101

Mitscherlich, Der Kranke in der modernen Gesellschaft 29

Morgenthaler, Technik 72

Müller, Architektur und Avantgarde 32

Müller, Schöner Schein 89

Die neuen Narzißmustheorien: zurück ins Paradies? 18

Neuss, Wir Kellerkinder 15

Neuss, Neuss Testament 55

Nordhofen (Hg.), Philosophen des 20. Jahrhunderts in Portraits 71

Oettermann, Läufer und Vorläufer 40

Oettermann, Zeichen auf der Haut 61

Parin, Der Widerspruch im Subjekt 9

Parin/Parin-Matthèy, Subjekt im Widerspruch 118

Petersen, Böse Blicke 94

Piaget, Probleme der Entwicklungspsychologie 44

Rosenberg, Demokratie und Sozialismus 116

Rosenberg, Die Entstehung und Geschichte der Weimarer Republik 2

Rosenberg, Geschichte des Bolschewismus 100

Roussel, In Havanna 31

Schreber, Denkwürdigkeiten eines Nervenkranken 52

Schulte, Sperrbezirke 45

Schwendtess Kochbuch 119

Shahar, Die Frau im Mittelalter 115

Sexualität, hrsg. vom Psychoanalytischen Seminar Zürich 83

Sonnemann, Die Einübung des Ungehorsams in Deutschland 35

Sonnemann, Gangarten einer nervösen Natter bei Neumond 91

Sonnemann, Das Land der unbegrenzten Zumutbarkeiten 49

Soziologische Exkurse 14

Spazier, Der Tod des Psychiaters 69

Stscherbak, Protokolle einer Katastrophe 105

Sweezy/Dobb u.a., Der Übergang vom Feudalismus zum Kapitalismus 42

Tschajanow, Reise ins Land der bäuerlichen Utopie 37

Thalmann/Feinermann, Die Kristallnacht 108

Voltaire, Recht und Politik 75

Voltaire, Republikanische Ideen 76

Williams, Descartes 117

Wolfe, Mit dem Bauhaus leben 43

Worbs, Nervenkunst 107

Ziehe, Pubertät und Narzißmus 34

athenäum

Savignystr. 53

6000 Frankfurt a.M. 1

Gegen das Vergessen – Geschichte, die lebt

Rita Thalmann / Emmanuel Feinermann

DIE KRISTALLNACHT

Die kleine weiße Reihe, Band 108
ISBN 3-610-04708-9

»Die Kristallnacht« ist eine im Hinblick auf die zahllosen zertrümmerten Fensterscheiben verharmlosende Bezeichnung für den von Goebbels organisierten, von NSDAP, SA und aufgehetzten Jugendlichen durchgeführten Pogrom in der Nacht vom 9. zum 10. November 1938. In dieser Nacht des Schreckens wurden bei angeblich »spontanen« Kundgebungen 91 Juden ermordet und fast alle Synagogen sowie über 7000 jüdische Geschäfte im Deutschen Reich zerstört oder schwer beschädigt. Mit Hilfe bisher unveröffentlichter Dokumente und Archivmaterialien werden in diesem Buch die tragischen Ereignisse und Exzesse dieser Nacht rekonstruiert. Die hier vorgelegten Zeugenaussagen sind das erschütternde Dokument einer brutalen Etappe des Nationalsozialismus auf dem Weg zur sog. »Endlösung« der Judenfrage. Sie zeigen die Grausamkeit der Täter, die Leiden der Opfer und die Reaktionen des Auslands auf die Terroraktionen des Pogroms, der den Völkermord einläutete.